新编21世纪思想政治教育专业系列教材

总主编 张耀灿

思想政治教育学原理

第二版

The Principles of Ideological and Political Education

主　编　毕红梅　陈万柏

中国人民大学出版社
·北京·

“新编21世纪思想政治教育专业系列教材”编写委员会

编 者 简 介

毕红梅，华中师范大学教授、博士生导师，研究方向为思想政治教育基本理论和实践、当代社会思潮与思想政治教育。国家级精品课程“思想政治教育学原理”主讲人之一，入选“湖北省高等学校马克思主义中青年理论家培育计划”。先后主持国家社科基金项目、教育部人文社科基金项目和湖北省社科基金项目多个。在《马克思主义与现实》《高等教育研究》《思想教育研究》《探索与争鸣》《思想理论教育》《光明日报》《中国社会科学报》和求是网等上发表论文 50 余篇；出版专著、教材多部。

陈万柏，华中师范大学教授，长期从事马克思主义理论教育和思想政治教育基本理论研究。国家级精品课程“思想政治教育学原理”主讲人之一。先后主持省部级课题多项。在《江汉论坛》《华中师范大学学报》《求索》《中南民族大学学报》《社会主义研究》《理论月刊》《思想教育研究》等上发表文章 20 余篇，其中 7 篇被中国人民大学复印报刊资料全文转载；出版专著、教材多部。

内 容 简 介

“思想政治教育学原理”是思想政治教育专业的基础课之一。本书紧紧围绕思想政治教育学的基本理论问题展开，既向学生传授系统的思想政治教育学基础知识，帮助他们搭建学科知识框架；又引导学生领会和掌握思想政治教育学的核心理论问题，并在此基础上培养他们的兴趣和能力。就具体内容而言，思想政治教育学的理论基础与知识借鉴、思想政治教育的地位和功能、思想政治教育的目的和任务、思想政治教育过程、思想政治教育者与教育对象、思想政治教育内容、思想政治教育方法、思想政治教育环境和思想政治教育载体是重点，思想政治教育学的基本范畴、思想政治教育规律、思想政治教育的本质和特征是难点。本书反映了思想政治教育实践的新经验和理论研究的新成果，具有相对完整的理论体系和严密的逻辑思维体系，适用对象为思想政治教育专业本科生、党政机关干部和其他自学者。

总　　序

“新编 21 世纪思想政治教育专业系列教材”出版了，它是高等教育质量工程的产物。高等教育质量工程是新世纪高等教育发展的生命工程。我国要在新世纪建设学习型社会，跻身创新型国家行列，实现全面小康，进而基本实现现代化，作为基础和支撑、作为各领域专门人才的摇篮的高等教育便一定要注重质量。高等教育注重质量，就要坚持以本科为本，如果没有本科教育的质量保障，便不可能为社会主义现代化事业提供合格的人才，也不可能为研究生教育提供优质的生源。目前，全国高校设思想政治教育本科专业的有 200 多个，由于该专业的重要性及特殊性，又由于它是文科专业中招生人数最多的专业之一，注重和提高思想政治教育专业建设质量便有着特殊的战略意义。

本系列教材的组织编写和出版发行，其背景和意义是多方面的。它除了是响应教育部提出和推动的高等教育质量工程的实际行动外，还应当从以下几个方面来认识：一是 2005 年底，国务院学位委员会、教育部发文增设了马克思主义理论一级学科，思想政治教育学科调整为它的一个二级学科，从此，思想政治教育学科定位更加明确、更加科学。在此背景下，如何进一步搞好思想政治教育学科建设？二是中等学校政治课改革力度加大，全国的初中“思想品德”课、高中“思想政治”课均在实施新的课程标准，中等职业学校也在实施新的德育课教学大纲，而为中等学校政治课培养、培训师资的高校思想政治教育专业的教改（包括教材改革）却相对显得滞后。如何改变这一状况，开展新一轮的课程改革、教材改革，以便更好地为中等学校政治课提供理论支撑、人才支撑？三是本系列教材各位主编所在的高校专业点是国家重点学科或省（市）重点学科，基本上都有马克思主义理论一级学科博士点和博士后科研流动站。有的高校思想政治教育专业是教育部、财政部批准的特色专业建设点。我们这些博士点、重点学科以及特色专业点，如何在学科专业建设上发挥带头、示范作用？教材建设无疑是重点学科以及特色专业点建设的重要方面，它是体现质量和特色的必要条件与基础。质量和特色就是生命。

本系列教材编写的指导理念是坚持以马克思列宁主义、毛泽东思想和中国特色社会主义理论体系为指导，认真学习贯彻习近平总书记系列重要讲话，以社会主义核心价值体系和核心价值观引领教材建设。在编写中，加强从整体上学习、研究、把握马克思主义理论的科学体系，并运用其研究成果来指导思想政治教育学科建设；坚持以人为本，以学生的成人成才发展为本，为中国特色社会主义事业培育高素质的思想政治教育专门人才服务；从抓好思想政治教育专业主干课程的教材建设做起，逐步拓展、深化，努力探索马克思主义理论体系、思想政治教育理论体系转化为课程体系、教材体系的规律；探索研究性学习的教材特点，关注思想政治教育实践的时代课题，吸取思想政治教育学科理论发展的新成果，在教材内容、编写体例、呈现方式上改革创新；打通思想政治教育专业师范性与非师范性的界限，增强教材的专业适应性。

为了体现上述指导思想，本系列教材纳入编写出版计划、分批逐步推出的有：从整体上学习、研究马克思主义的课程教材、思想政治教育学科课程教材、相关学科课程教材和培养应用能力的课程教材等。

本系列教材是在2009年起陆续出版的“21世纪思想政治教育专业系列教材”的基础上，吸纳学科发展的最新成果，吸收更多具有长期教学经验、丰富研究成果的专家担纲，重新修订升级换版而成的新的系列教材。教材建设是一个与时俱进的长期的过程，相信“新编21世纪思想政治教育专业系列教材”的面世，一定能够为推进这一过程做出宝贵的贡献，为今后深化改革、发展完善思想政治教育专业教材体系积累经验。在本系列教材即将陆续推出、接受教学实践检验之时，写了上面一些话共勉之，是为序。

张耀灿

2014年10月

目　录

导　论

要点提示

● 思想政治教育学是一门研究人的思想品德形成发展规律和思想政治教育规律的应用性科学。其研究对象就是人的思想品德形成发展规律和思想政治教育规律。

● 思想政治教育特殊的研究领域为人的思想水平、政治觉悟、道德品质、文化素养的形成、变化和发展。这一领域的特殊矛盾是，一定社会的思想品德要求与教育对象思想品德水平之间的矛盾。

● 思想政治教育学具有阶级性、实践性和综合性等特征，其理论体系包括思想政治教育学基本理论、思想政治教育史、思想政治教育学的分支学科等。

● 思想政治教育学的基本范畴有：个人与社会、思想与行为、内化与外化、教育主体与教育客体、教育与管理等。

关键词　思想政治教育　思想政治工作　思想政治教育学　思想政治教育范畴

思想政治教育学是以马克思主义基本理论和中国特色社会主义理论为指导，在总结党的思想政治教育丰富实践经验的基础上，于20世纪80年代产生的一门综合性应用科学。思想政治教育学的研究对象是什么、有哪些基本范畴和特点、学科建设有什么经验等，是我们在进入这个学科时首先要了解的。

第一节　思想政治教育学的研究对象

一、思想政治教育及其相关概念

思想政治教育学是对思想政治教育实践的理论概括，思想政治教育是该学科的中心概念。对思想政治教育学任何方面的探讨，都必然涉及这一概念。因此，导论首先要对这一概念及其相关的若干重要概念进行讨论。

自阶级形成和国家产生以来，思想政治教育活动就是一种客观存在。但在不同的阶级社会、不同的历史时期，其名称不一样。思想政治教育概念与无产阶级政党的活动相关联，其形成和演变有一个历史过程。马克思恩格斯没有提出和使用思想政治教育这一概念，他们所使用的是与这一概念相近的“宣传工作”“鼓动工作”等概念。早在 1847 年马克思恩格斯创立第一个国际性无产阶级政党——共产主义者同盟时，就明确要求其成员要“具有革命毅力并努力进行宣传工作”①，这里所说的宣传工作就相当于我们今天所说的思想政治工作。列宁除沿用宣传工作等概念外，在 1903 年前后明确提出“政治工作”和“政治教育工作”等概念，斯大林在 1934 年进一步提出“思想工作”和“政治思想工作”这两个概念。

中国共产党诞生后，在很长一段时间里沿用上述各种不同的提法指称思想政治教育活动。但在不同时期，使用的重点概念有所区别。在新中国成立以前的革命战争年代主要使用“政治工作”这一概念，著名的“生命线”论断首先就是与政治工作联系在一起提出来的。1932 年 7 月，中共中央在给苏区中央局及苏区闽赣两省省委的信中指出：“政治工作在红军中有决定的意义……政治工作不是附带的，而是红军的生命线。”② 中华人民共和国成立后，对这一概念的使用发生了新的变化。1951 年，在第一次全国宣传工作会议上，刘少奇在其所做的报告《党在宣传战线上的任务》中提出了“思想政治工作”概念。1957 年，毛泽东在《关于正确处理人民内部矛盾的问题》中进一步阐述了这一概念，并提出了“思想政治教育”概念。虽然党的领导人提出了“思想政治工作”和“思想政治教育”概念，但在整个 20 世纪 50 年代，这两种概念只是诸多提法中的两种，并没有成为统一的提法。这一时期，除在军队中仍然统一使用“政治工作”概念外，在全国思想政治工作战线则呈现交替使用或并用“政治工作”“思想工作”“思想政治工作”“政治思想工作”等提法。自 1960 年开始，直到 1978 年党的十一届三中全会前，“政治思想工作”才取代了其他的提法，成为思想政治工作领域统一的标准提法。党的十一届三中全会决定把

① 马克思，恩格斯．马克思恩格斯全集：第 4 卷．北京：人民出版社，1958：572.

② 中央档案馆．中共中央文件选集：第 8 册．北京：中共中央党校出版社，1991：310.

党和国家的工作重点转移到社会主义现代化建设上来，要求各项工作都必须服从和服务于经济建设这个中心。在这种历史条件下，思想政治工作发生了许多重大的变化，在概念上则是以"思想政治工作"或"思想政治教育"取代"政治思想工作"这一概念。党的十一届六中全会通过的《关于建国以来党的若干历史问题的决议》指出毛泽东思想从六个方面丰富和发展了马克思列宁主义，其中的第五个方面是"关于思想政治工作和文化工作"，并重申"思想政治工作是经济工作和其他一切工作的生命线"①。"思想政治工作"成为新时期思想政治工作领域统一的标准提法。

综上所述，政治工作、思想工作、思想政治工作、思想政治教育、政治思想工作这几个概念有着内在的紧密联系。在实际工作中，很多时候被人们当作同一概念使用，似乎也无大碍。但从科学研究的角度看，这些概念之间又确实存有一定差异，必须把它们区别开来。这里着重对前四个概念做些辨析。

政治工作是指一定的阶级、政党、团体为实现自己的纲领和根本任务而进行的活动，如组织工作、干部工作、保卫工作、统战工作、纪检工作等，都属于政治工作的范畴。思想工作则是指一定的阶级或群体帮助人们树立既与社会发展要求相一致，又与个人身心发展规律相协调的思想所进行的活动，其目的是使人们的思想更符合社会要求和个人发展，以便更有效地改造客观世界和主观世界。思想工作的内容是多方面的，从总体上可分为政治性的思想工作和非政治性的思想工作。可见，政治工作和思想工作各有自己不同的工作领域，不能完全等同；同时，在实际工作中，两者又往往密切联系，你中有我，我中有你。简言之，两者既有区别又有联系，不可相互混淆。

政治工作或思想工作是否完全等同于思想政治工作呢？学者们对此有比较一致的看法，即思想政治工作不完全等同于政治工作，当然也不完全等同于思想工作。但对这三者的关系，仍有一些不尽恰当的看法。有学者提出，"思想政治工作是思想工作和政治工作的总称"②，认为思想政治工作既包括思想工作的全部内容，也包括政治工作的全部内容。我们认为，这一规定太宽泛，使思想政治工作的外延太大，承载太重。思想政治工作当然应该、事实上也覆盖了思想工作和政治工作，但并不包括它们的全部，只包括其一部分，即思想工作中的政治性部分或政治性的思想工作。思想政治工作也不包括政治工作的全部，而只包括其一部分，主要是指政治工作中有关意识形态方面的实践活动，即政治工作中的思想性部分。思想政治工作就是思想工作中的政治性部分和政治工作中的思想性部分的叠加、融合。这样理解，就可恰当规定思想政治工作领域，既不把政治工作中的许多内容如保卫、纪检、组织、人事工作等归入思想政治工作领域，也不把非政治性思想工作归入思想政治工作领域。当然，现实生活是非常复杂的，在思想政治领域内，非思想性、非政治性与思想性、政治性的内容往往是紧密联系的，且

---

① 中共中央文献研究室．三中全会以来重要文献选编：下．北京：人民出版社，1982：831.

② 刘绍龙．关于德育与思想政治教育、思想政治工作的思辨．江西师范大学学报，1990（4）.

还存在难以确定、难以划分的部分。应特别注意对具体情况做具体分析，以便恰当地确定思想政治工作领域。

思想政治工作与思想政治教育这两个概念是什么关系呢？一般而言，这两个概念含义近似，可以通用，事实上人们在很多时候也是将其当作同一概念使用的。但细辨起来，两者还是有一定区别的。前者的含义较宽泛，如“思想政治工作”要组织人们参加各种实践活动，尽管其中也有教育的意义，但终究不能简单地称之为“思想政治教育”。后者的含义较窄小，它是思想政治工作的主要的或基本的内容，是受政治制约的思想教育，是侧重于思想理论方面的政治教育，也不排除思想政治教育实践活动。在我国目前的实际工作中，工厂、农村、党政机关等领域多使用“思想政治工作”这一概念，而学校则主要使用“思想政治教育”这一概念。在本书中，我们主要使用“思想政治教育”这一概念。

思想政治教育也是一种教育实践活动。广义的教育是指以影响社会成员的身心发展为目的的社会活动。狭义的教育专指学校教育，即在学校机构内，按一定的社会要求，根据个体的身心发展规律，有目的、有计划、有组织地培养人们尤其是青少年的思想品德、传授知识与技能、发展智力和体力的社会活动；其中对学生的思想政治教育，通常称之为“德育”。无论是学校教育还是社会教育，思想政治教育都是其中不可缺少的重要内容，它既是狭义的教育，也是广义的教育。

概括地说，思想政治教育是指教育者根据社会需要和教育对象身心发展规律，在适应与促进人和社会全面发展的过程中，用一定的思想观念、政治观点、道德规范，对教育对象施加有目的、有计划、有组织的影响，使他们形成符合一定社会、一定阶级所要求的思想品德的社会实践活动。思想政治教育是不是人类社会的普遍活动呢？我们的回答是肯定的。有人认为，思想政治教育的概念是无产阶级政党提出来的，因而它是社会主义社会特有的活动，剥削阶级社会没有思想政治教育活动，这种看法是不符合实际因而是不恰当的。因为不能说谁提出一个概念，这个概念所指称的事物就属于谁；更重要的是，考察某种活动，不能只看其名称，而要看它所指称的事物是否确实存在。不错，在过去的剥削阶级社会以至今天的资本主义社会，确实没有“思想政治教育”这一概念，但这种活动却是实际存在的。任何统治阶级都力图用他们的思想观念、政治观点、道德规范来影响其社会成员，使社会成员尤其是年青一代成为统治阶级所需要的人，从而巩固其统治。这就决定了在任何阶级社会，思想政治教育都是一种客观存在。至于这种活动叫什么名称，则因社会制度的不同而各异。当然，无产阶级的思想政治教育与其他阶级的思想政治教育有本质的区别，它是无产阶级政党以马克思主义指导思想教育人民，提高人们的思想道德素质，动员人们为建设社会主义、实现共产主义而奋斗的社会实践活动。但以此否定其他阶级社会也存在思想政治教育活动，则是不符合实际的。承认思想政治教育是人类社会历史不同阶段和不同阶级共有的社会活动，有助于我们更深刻地认识思想政治教育的客观必然性，有助于批判地继承和借鉴中外历史上不同阶级思想政治教育的一切有益经验，也有助于通过比较更好地把握党的思想政治教育的本质特征，从而更好地开展思想政治教育活动。至于这个概念的实际运用，我们同意有学者提出的“泛指”和“特指”的意见。① 思想政治教育泛指人类所有阶级社会共有的培养人的思想品德的活动，特指无产阶级培养人的思想品德的活动。本书在具体的语境中使用这一概念，其含义都是明确的，不再一一另加说明。

二、思想政治教育学的研究对象

> 科学研究的区分，就是根据科学对象所具有的特殊的矛盾性。因此，对于某一现象的领域所特有的某一种矛盾的研究，就构成某一门科学的对象。
>
> ——毛泽东. 毛泽东选集：第1卷. 2版. 北京：人民出版社，1991：309.

每一学科都有自己特有的研究对象，确定研究对象是一个学科成立的根据和发展的逻辑起点。要确定思想政治教育学的研究对象，就要考察思想政治教育学是否具有特殊的研究领域，该领域的特殊矛盾是什么。

思想政治教育作用的对象是人，开展思想政治教育，就是要引导人们形成符合社会发展要求和个人身心发展需要的思想品德，培养和调动人们参与社会活动的自觉性、积极性和主动性，进而推动人的全面发展和社会的文明进步。从根本上说，思想政治教育学是研究如何做人的工作的学问；要做好人的工作，当然要研究人，但不能因此说思想政治教育学的研究对象是人。因为人是一个复杂的多面体，既具有自然属性，即受生物规律支配的基本的生命属性，这主要是生物学、生理学、人类学等学科研究的内容；又具有社会属性，如人能制造和使用工具、进行生产劳动、人的活动是有计划有组织的结群活动、人的生活有规范化的模式等，这是众多社会科学研究的内容，但每一学科都只是从特定的角度研究人的社会属性的某一方面。思想政治教育学也不例外，它并不研究人的社会属性的所有方面，只研究其中的一个重要方面，即人的思想水平、政治觉悟、道德品质、文化素养的形成、变化和发展，这就是思想政治教育学特殊的研究领域，是思想政治教育学区别于其他学科的重要根据。习近平总书记指出：“思想政治工作从根本上说是做人的工作，必须围绕学生、关照学生、服务学生，不断提高学生思想水平、政治觉悟、道德品质、文化素养，让学生成为德才兼备、全面发展的人才。”② 因此，思想政治教育学对人的这几个方面的研究，其目的就是要摸清人的思想品德变化发展规律，从而有针对性地开展思想政治教育，使人们的思想品德在符合自身身心发展规律的基础上向社会发展所要求的方向变化，进而促进人的全面发展。

① 史沐. 思想政治工作概念三题. 思想政治工作研究，1991（7）.

② 习近平在全国高校思想政治工作会议上强调　把思想政治工作贯穿教育教学全过程　开创我国高等教育事业发展新局面. 人民日报，2016-12-09.

思想政治教育学这一研究领域的特殊矛盾是什么呢？关于这一问题，学术界有许多不同的看法，例如，主体和客体、思想和行为的矛盾，主体意识形态和客体思想行为的矛盾，主体的正确思想政治意识与客体的错误思想政治意识的矛盾，无产阶级思想政治意识与非无产阶级思想政治意识的矛盾，主体传播的无产阶级意识形态与客体思想行为的矛盾，等等。[①] 这些意见或因比较模糊易引起歧义，或过于狭窄，或概括力不够，值得进一步斟酌。我们认为，思想政治教育学研究领域的特殊矛盾可表述为：一定社会的思想品德要求与教育对象思想品德水平之间的矛盾。

之所以做这样的表述，是因为：第一，这一矛盾是思想政治教育存在的内在根据。一般来讲，在实际生活中，教育对象思想品德水平同一定社会的思想品德要求之间总是存在距离，很难完全一致，这就是矛盾。进行思想政治教育就是要帮助人们逐步缩小这一距离，解决两者之间的矛盾，使两者趋于协调。没有这一矛盾，就不需要进行思想政治教育了。第二，这一矛盾贯穿于思想政治教育始终，推动其不断发展。这一矛盾是思想政治教育的起点和动力。进行思想政治教育，首先要研究这一矛盾，衡量思想政治教育要求是否恰当，分析教育对象的思想品德哪些方面不符合社会要求以及不符合的程度，然后才能确定合适的教育内容，采取适当措施引导教育对象的思想品德与社会要求由不协调到基本协调。这可以看作一次教育过程的完结。随着社会环境的变化，社会提出新要求，教育对象的思想也会出现新情况，两者之间又会出现新的不平衡即新的矛盾，为解决新的矛盾，又开始一个新的教育过程，如此循环往复，推动着思想政治教育不断向前发展。第三，这一矛盾还制约着思想政治教育领域的其他矛盾。在思想政治教育过程中，还存在许多其他的矛盾，如教育者与社会发展的客观要求之间的矛盾，教育者与教育对象之间的矛盾，社会发展的客观要求与社会环境之间的矛盾，教育对象精神世界发展的需要与满足这些需要的行为之间的矛盾等。这些矛盾可以看作上述特殊矛盾的具体表现，它们的解决都服务于基本矛盾的解决，都是为了促使教育对象将社会所要求的思想道德规范转化为自己的思想品德意识并进一步外化为相应的行为。总之，一定社会的思想品德要求与教育对象思想品德水平之间的矛盾是思想政治教育存在的基本依据，发展的主要动因，并规定着其他矛盾，因而可看作思想政治教育学研究领域的特殊矛盾。对这一特殊矛盾的研究，就构成思想政治教育学的研究对象。

研究这一特殊矛盾是为了解决它，推动人们的思想向社会要求的方向发展；而要解决这一矛盾，就必须把握人们思想品德形成和发展的规律，并根据这一规律对人们进行思想政治教育。因而一般研究者就把思想政治教育学的研究对象定位在“规律”上。研究什么规律？或者说，思想政治教育学的研究对象是什么？

---

① 曾光亮．全国思想政治工作基础理论研讨会观点介绍．四川社联通讯，1990（6）；冷浩然．思想政治工作基本矛盾初探．思想政治工作研究，1991（3）．

对此有一些不同意见。概括起来，主要有两种，一是“两个规律论”，即认为思想政治教育学的研究对象是人的思想品德形成发展规律以及思想政治教育规律；二是“一个规律论”，即主张思想政治教育学专以思想政治教育规律作为研究对象，而对人的思想品德形成和发展规律应建立另外的学科进行研究。我们认为，“两个规律”紧密相连，对人的思想品德形成发展规律的研究和把握，是对思想政治教育规律研究和把握的前提和基础，二者内在统一地构成思想政治教育学的研究对象。因为要解决人们实际的思想品德水准与社会要求之间的矛盾，就要分析人们的思想品德结构，分析人的思想变化发展的规律性表现及其制约因素；研究如何确定社会要求，如何通过思想政治教育引导人们的思想向社会要求的方向发展；简言之，就要遵循人的思想品德形成发展规律以及思想政治教育规律去开展工作。可见，要对思想政治教育领域的特殊矛盾进行深入研究，就必须把握人的思想品德形成发展规律和思想政治教育规律。因此，我们认为思想政治教育学的研究对象应规定为：人的思想品德形成发展规律以及思想政治教育规律。与此相应，我们认为思想政治教育学是一门研究人的思想品德形成发展规律和思想政治教育规律的应用性科学。

思想政治教育学是一门科学，这在事理上和逻辑上都是成立的。然而在思想政治教育学研究中，有人往往把思想政治教育和思想政治教育学这两个概念混为一谈，不加区别，认为“思想政治教育（工作）是一门科学”。作为一般的提法，我们可以把它理解为强调思想政治教育也是一项专门的工作，其中大有学问，可以将其作为科学研究的客体，在实践中探索它固有的规律性，从而形成一门新学科。但将其作为一个科学命题，则是不妥当的。因为这一提法把思想政治教育学与它的研究客体——思想政治教育混为一谈，这就容易在理论和实践上造成混乱。思想政治教育学和思想政治教育既有联系又有区别，其联系表现在：思想政治教育是思想政治教育学产生的前提条件、基础和源泉，思想政治教育学是思想政治教育丰富实践经验的理论概括，是关于思想政治教育的知识体系。没有思想政治教育实践，思想政治教育学就会成为无源之水、无本之木，不能成为真正的科学，其本身也将失去意义；离开思想政治教育学的理论指导，思想政治教育实践就可能出现盲目性，难以取得理想的效果。其区别表现在：思想政治教育是一项社会实践活动，它以人为作用对象；其目的在于帮助人们形成符合社会要求的思想品德，主要帮助人们解决“做什么”“怎样做”的问题；这项活动由来已久。而思想政治教育学则是一门科学，它以思想政治教育实践活动为研究客体，其目的在于科学地认识和分析思想政治教育领域的各种现象，揭示思想政治教育的规律，主要解决思想政治教育“是什么”“为什么”的问题；这门科学是直到20世纪80年代才产生的学科体系。由此看来，必须把二者区分开来而不能混为一谈。

第二节 思想政治教育学的学科体系

一、思想政治教育学的学科特征

1. 阶级性

> 科学越是毫无顾忌和大公无私，它就越符合工人的利益和愿望。
>
> ——马克思，恩格斯. 马克思恩格斯选集：第 4 卷. 2 版. 北京：人民出版社，1995：258.

在阶级社会里，各阶级的思想政治教育理论都反映了本阶级的根本利益和要求，都是为本阶级的利益和要求服务的，具有明显的阶级性特征。不过，剥削阶级一般不愿或不敢承认这一点。无产阶级思想政治教育学则公开声明它是为工人阶级和广大劳动人民服务的。它旗帜鲜明地坚持马克思主义基本理论，并将其贯穿到思想政治教育理论研究的方方面面，努力为培养一代社会主义新人服务。与一般的社会科学相比，思想政治教育学具有更加突出的无产阶级党性。强调思想政治教育学的阶级性特征，并不意味着否定其真理性特征。思想政治教育学致力于人的思想品德形成发展规律和思想政治教育规律的研究，这一研究以马克思主义科学体系为指导，建立在对社会发展规律深刻认识的基础上，反映了社会发展的要求；而无产阶级与最先进的生产方式相联系，代表了历史发展的方向；思想政治教育学为无产阶级事业服务，就能推动社会循着自身的发展规律不断进步。同时，无产阶级没有自己的狭隘私利和特权要维护；科学越彻底，越具有客观真理性，就越符合无产阶级的根本利益。只有坚持真理性原则，思想政治教育学才能更好地为无产阶级利益服务，更好地为建设社会主义和谐社会服务。可见，思想政治教育学的阶级性与真理性是完全一致、高度统一的。

2. 实践性

思想政治教育学是一门应用科学，具有强烈的实践性特征。这种实践性首先突出地表现在它是直接建立在长期的思想政治教育实践经验基础之上的，其形成和发展都有赖于思想政治教育实践。长期的思想政治教育实践产生了丰富的经验和深刻的教训，思想政治教育学就是对这些经验的概括、总结和升华以及对教训的汲取、反思和转化。从理论形态上看，它不是思辨的产物，也不是推理的结果，而是建立在对思想政治教育丰富的实践经验材料分析研究基础之上的。思想政治教育学研究的资料直接来源于思想政治教育实践，要从资料的分析中引出结论，提出新见解，或验证已有的理论。其次，思想政治教育学对思想政治教育实践具有很强的指导意义。思想政治教育学在总结思想政治教育实践经验的基础上，从其实践出发，科学地说明了思想政治教育实践中的一系列重大问题，如思想政治教育的地位和功能、目的和任务、内容和原则、途径和方法等，从而反作用于思想政治教育实践，促进其顺利发展并取得更好的效果。总之，思想政治教育学理论一刻也不能脱离实践；它在思想政治教育实践中逐步形成，指导着思想政治教育实践并受到实践的检验，随着实践的发展而发展完善。

3. 综合性

思想政治教育学的综合性特征突出表现在以下两个方面：首先，思想政治教育学综合考虑各种因素。它在探讨人的思想品德形成发展规律时，在研究思想政治教育领域的现象和问题时，总是对与其相关的各种社会因素、心理因素乃至一些自然环境因素做多变量的综合考察。在现实生活中，每个人的思想和行为都受到多层次社会关系的制约，每一种思想政治教育的现象和问题也都受到多种因素的影响。因此，思想政治教育学强调从多角度多侧面对人的思想和行为、对各种思想政治教育现象和问题进行“立体”的综合分析，反对将复杂的人、复杂的现象简单化。只有这样，才能对人的思想和行为以及各种思想政治教育现象做出实事求是的分析，为在实际工作中更好地引导人的思想和行为提供科学的理论指导。其次，思想政治教育学综合借鉴和运用多学科知识。思想政治教育学是运用多学科知识研究本领域问题所形成的一门应用性学科，因而需要综合借鉴和运用相关学科知识进行研究。思想政治教育学不仅要运用马克思主义理论特别是其思想政治教育理论进行研究，同时还要借鉴融合政治学、教育学、伦理学、社会学、心理学等相关学科的知识于研究工作之中。凡能够用来说明人的思想和行为、说明思想政治教育现象的知识，思想政治教育学都可予以借鉴。当然，借鉴不是简单照搬，而是根据思想政治教育学研究的实际将其“熔为一炉”，形成具有本学科特色的基本知识体系。

二、思想政治教育学的理论体系

思想政治教育学的理论体系是由本学科特有的概念、范畴和术语以及由它们组织起来的基本理论和研究方法所构成的知识体系。关于思想政治教育学的理论体系，存在一些不同的意见。我们认为，思想政治教育学的理论体系主要由以下三大部分所组成。

第一，思想政治教育学基本理论。它表现为思想政治教育学特有的一系列基本概念和基本原理。包括思想政治教育学理论基础即马克思主义思想政治教育理论的研究，思想政治教育学研究对象和基本范畴的研究，思想政治教育的地位和功能的研究，人的思想品德形成发展规律的研究，思想政治教育过程及其规律的研究，思想政治教育者与教育对象的研究，思想政治教育目的、任务、内容及原则的研究，思想政治教育与环境相互作用的研究等。包括上述内容在内的有关方面的理论就构成思想政治教育学的基本理论。

第二，思想政治教育史。它是关于思想政治教育起源与发展历史的理论。思想政治教育是人类历史的产物，随着社会的发展变化而不断发展。了解思想政治教育的历程，总结并借鉴其历史经验，对于开展思想政治教育的理论研究和实际工作都有重要意义；有关思想政治教育史的理论知识是思想政治教育理论体系不可或缺的组成部分。这一部分内容包括马克思主义诞生前（包括奴隶社会、封建社会、早期资本主义社会）的思想政治教育史、近现代资本主义的思想政治教育史和无产阶级的思想政治教育史等。在这笔丰富的历史遗产中，无产阶级思想政治教育史尤其是中国共产党思想政治教育史的历史经验和优良传统应该是研究的重点。在社会主义现代化进程中，尤其应注意总结党的思想政治教育丰富的历史经验，发扬其优良传统，以更好地培育担当民族复兴大任的时代新人。

第三，思想政治教育学分支学科。在关于思想政治教育学理论体系的讨论中，许多人认为思想政治教育的方法理论和管理理论分别是思想政治教育学理论体系的一个组成部分，笔者过去也持这一观点。现在看来，这一看法值得进一步斟酌，因为随着思想政治教育学理论研究的深入，其分支学科逐渐增多；如果每一分支学科都被看作思想政治教育学理论体系独立的组成部分，那这一理论体系就处于极不稳定的状态之中，也缺乏弹性。因此，本书认为，思想政治教育学理论体系的第三个部分可概括成“思想政治教育学分支学科”，包括思想政治教育方法论、思想政治教育管理学、思想政治教育心理学等。思想政治教育学分支学科是运用思想政治教育学基本理论研究思想政治教育某一领域、某一方面所形成的学说，既与基本理论有着密切联系，又具有相对独立性；无论是对于思想政治教育学学科建设，还是对于思想政治教育实践，分支学科都有十分重要的意义，值得深入研究。

由于思想政治教育学创立未久，上述内容的研究有些还不尽充分，需要继续努力，对思想政治教育学学科体系的方方面面进行深入研究，进而建立完善的具有中国特色的思想政治教育学理论体系。

三、思想政治教育学的基本范畴

> 范畴是反映客观事物本质和普遍联系的思维形式。思想政治教育学范畴是对本学科所研究的特殊对象普遍本质联系的反映和概括，是思想政治教育学的基本概念。

思想政治教育学范畴在思想政治教育实践的基础上产生，反过来又对其起指导作用。范畴研究有利于揭示思想政治教育的本质和规律，有利于推进思想政治教育学学科研究的不断深化。

思想政治教育学范畴研究是近十年来思想政治教育学研究的重要领域。由于各自的观点不同、研究的角度不同，学者提出的范畴也各不相同，意见分歧较大。有学者对其做了较为系统的梳理，认为思想政治教育学范畴是一个由起点范畴、中心范畴、中介范畴、结果范畴和终点范畴所构成的范畴体系。① 我们认为，思想政治教育学除了“思想政治教育”和“思想品德”两个核心范畴之外，还有其他基本范畴，以

① 张耀灿，徐志远．现代思想政治教育学科论．武汉：湖北人民出版社，2003：第7章．

下对思想政治教育学的若干基本范畴做一简略探讨，以期深化对思想政治教育学范畴的讨论和认识。

1. 个人与社会

个人与社会是揭示人的本质和思想政治教育本质的重要范畴。马克思主义认为，个人是历史的具有社会性的个体；社会则是以共同的物质生产活动为基础而相互联系和运动发展的人类生活共同体。马克思指出，个人“是一个**特殊的**个体，并且正是他的特殊性使他成为一个个体，成为一个现实的、**单个的**社会存在物”①。然而，“人的本质不是单个人所固有的抽象物，在其现实性上，它是一切社会关系的总和”②。现实的人总是生活在一定的社会关系之中，每个人都不能离开社会而生存；人的生存和发展受到社会的制约。社会也总是人的社会，由无数个体所组成，离开了人，社会也就不复存在；人在受到社会制约的同时也会作用于社会。个人与社会的这种紧密联系、相互依存的关系启示我们，在研究人的思想和行为时，不仅要看到个人和个人行为，而且要看到个人及其行为的背景，即一定的社会结构和社会关系；在进行思想政治教育时，不仅要注意教育的影响作用，还要注意包括社会结构和社会关系在内的多种因素所造成的社会环境的影响和制约。同样，研究社会生活和社会关系也不能忽视人和人的活动，因为社会生活和社会关系都是由人的活动所创造并改变的。要建设社会主义和谐社会，形成良好的社会关系，就必须重视个人的社会化，努力培养担当民族复兴大任的时代新人。由此可见，个人与社会这一对范畴规定着思想政治教育的任务。

2. 思想与行为

人的总体面貌往往表现为思想与行为两个方面。思想与行为就是揭示人的思想活动和行为表现相互关系的范畴。思想政治教育学所研究的思想，是指制约人的行为的各种精神因素的总和，包括人的理性认识（这是主要的）和部分感性认识；行为则是在思想支配下所产生的言论、活动等外在表现。人的思想和行为紧密相连，相互作用。思想是行为的先导，支配和改变行为；除条件反射行为外，人的行为都受到思想不同程度的制约。行为表现思想，并通过其效果对思想产生反馈作用。人的思想和行为在很多时候是一致或基本一致的，因而可以通过人的思想预知其行为，也可以通过人的行为分析其思想。然而在现实生活中，在许多人身上，思想和行为的不一致也是经常发生的，表现为知行脱节、表里不一。引导人们形成正确的思想，并帮助人们解决思想和行为相脱节的矛盾，使人们在社会实践的过程中按照社会要求实现思想和行为的统一，正是思想政治教育的重要任务。由于思想政治教育学要研究如何使人们形成符合社会要求的思想，如何使人们正确的思想转化为相应的行为，因此，对思想和行为范畴的科学把握，有助于揭示人的思想品德形成发展规律以及思想政治教育规律。

3. 内化与外化

内化与外化是揭示人的思想行为变化发展过程及其规律的重要范畴。内化是

---

① 马克思，恩格斯．马克思恩格斯全集：第42卷．北京：人民出版社，1979：123.

② 马克思，恩格斯．马克思恩格斯选集：第1卷．2版．北京：人民出版社，1995：56.

指在思想政治教育过程中，教育对象在教育者的帮助下将社会发展所要求的思想观念、政治观点、道德规范纳入自己的态度体系，使之成为自己品德意识有机组成部分的过程。外化则是指教育对象在教育者的引导下将已经形成的品德意识转化为行为表现和行为习惯的过程。思想政治教育是否有效，最重要的是看思想政治教育所传导的思想、观念、规范能否为教育对象所真正接受，即内化为他们的思想和态度，并通过相应的行为表现出来。因此，内化与外化就成为思想政治教育至关重要的问题。在思想政治教育过程中，内化与外化既紧密联系又有所不同。内化是教育者促使教育对象变"社会要我这样做"为"我要这样做"，外化则是教育者引导教育对象变"我要这样做"为"我正在（已经）这样做"。内化是外化的基础和前提，外化是内化的外显和表现，它们分别表明人的思想品德形成发展过程的不同阶段，也在某种意义上表明思想政治教育过程的不同阶段。当然，我们又不能仅仅将内化与外化看作前后相继的两个阶段。因为内化中有外化，即在内化过程中会有相应的行为表现；外化中也有内化，即行为表现又会强化内化。两者实际上是思想政治教育过程和人的思想品德形成发展过程中，侧重点各有不同的、联系密切的两种活动，它们共同推动教育对象的思想不断向社会要求的方向发展。

4. 教育主体与教育客体

教育主体是指思想政治教育过程中有目的地施加教育影响的教育者，教育客体则是指接受思想政治教育影响的教育对象。教育主体与教育客体是思想政治教育过程的两个基本因素，两者之间的关系是教育过程中最基本的关系。教育主体与教育客体就是反映两者之间关系及其互动规律的基本范畴。在具体的思想政治教育过程中，教育者是主体，处于主导地位，发挥着主导作用；教育对象则是教育所作用的对象，是客体，两者的区别是明确的。然而，两者的界限又是相对的，不存在绝对的教育者和教育对象。在具体的思想政治教育过程中，教育者既是主体又是客体：一方面，教育者必先受教育，只有很好地学习并领会社会发展的要求，才能充分发挥其主导作用；另一方面，现代社会信息双向交流的特点，决定教育者在施教的同时亦要向教育对象学习，从而不断充实、完善自己，更有效地开展思想政治教育。教育对象既是客体又是主体：教育对象在受到教育影响时，是客体；但教育影响只有通过教育对象主动积极地接受、消化，通过其自身内在的思想矛盾运动，才能起作用，教育对象在这个过程中又起着主导的作用，是自我教育的主体。教育主体与教育客体相互联系、相互作用的关系，规定着思想政治教育的诸多原则。要正确处理两者之间的相互关系，就必须贯彻疏导原则、言传与身教相结合的原则、教育与自我教育相结合的原则等，在发挥教育者主导作用的同时，充分发挥教育对象的积极性、主动性和创造性，从而达到思想政治教育的目的。

5. 教育与管理

教育与管理是反映思想政治教育与其重要的平行子系统——管理之间相互关系的重要范畴。思想政治教育是教育者对教育对象施加有组织、有计划、有目的的教育影响的实践活动，它主要靠说服教育，以理服人，以情感人，以达到提高教育对象思想道德素质的目的。管理则是组织运用经济、行政、纪律、法规等手段规范人们的行为，以维护正常的工作和生活秩序的实践活动，它主要靠规范约束，带有一定的强制性。管理和思想政治教育是两种不同的活动，二者性质不同，功能有异，但又有着密切联系，在实际工作中，二者相互渗透，互为基础，互相促进，相辅相成。一方面，思想政治教育离不开管理。科学的、规范的管理可以起到理顺关系、化解矛盾、促进社会活动有序进行的作用，这在客观上有助于营造良好的思想政治教育环境，有利于促进人们良好的思想品德及行为习惯的形成。可见，有效的管理是思想政治教育顺利进行并取得实效的重要基础。另一方面，管理也需要思想政治教育的作用。只有在科学管理的同时，加强思想政治教育，使人们对法规、制度、纪律等管理手段产生认同感，自觉遵守它们，才能更好地发挥管理的作用。管理和思想政治教育紧密联系、相互作用的关系，要求思想政治教育学要把管理纳入自己的研究视野，认真研究管理在思想政治教育过程中的功用及其发挥功用的特征，为在实践中更好地发挥管理的教育作用提供理论指导；同时也要求思想政治教育学要认真探讨如何将思想政治教育渗透到管理之中，以更好地作用于教育对象。

从上述简略的讨论就可看出，范畴研究涉及思想政治教育学学科建设的方方面面。加强思想政治教育学范畴研究，必将促进思想政治教育学学科建设向高水平发展。

第三节 思想政治教育学的形成与发展

一、思想政治教育学的学科建设进程

思想政治教育学是 20 世纪 80 年代初开始形成和发展起来的一门应用性科学。在此之前，中国共产党在对人民群众进行深入的思想政治教育的同时，也十分注意对其进行科学研究，初步形成了思想政治教育的知识体系。当然，这一知识体系在理论形态上还不完备，在 80 年代前并未成为一门独立的学科。十一届三中全会以后，党中央强调在新的历史条件下要加强思想政治教育及其科学研究，广大思想政治教育者也深感思想政治教育理论研究的迫切性，纷纷开展理论研究。经过几十年的理论探索和研究，作为一门学科的思想政治教育学终于形成并不断发展。思想政治教育学的学科建设进程大体上可以分为三大阶段。

1. *初步探索时期*（1978 年至 1984 年）

“文化大革命”结束后，我国进入社会主义现代化建设的新阶段，出现了很多新情况、新问题。为使思想政治教育适应时代发展的新要求，就必须对思想政治教育的一系列理论课题进行深入研究。1978 年，叶剑英在全军政治工作会议

上指出，毛主席关于革命军队政治工作的学说，是无产阶级军事科学的一个重要组成部分；这就明确地将有关政治工作的学说看作一门科学。随后，部队和地方的许多思想政治教育者开始撰文探讨这一问题。1980 年 5 月，原第一机械工业部和全国机械工会联合召开思想政治工作座谈会，会议提出思想政治工作科学化的新命题及其研究设想。此后，在全国开展了思想政治工作科学化的热烈讨论，思想政治教育理论研究和学科建设由此发端。总之，在党中央的领导下，广大思想政治教育者在这一时期就如何建立思想政治教育学这一课题进行了有益探索，提出了许多很好的意见，为思想政治教育学学科的创立奠定了基础。

2. 系统建设时期（1984 年至 1999 年）

1983 年 7 月中共中央批转的《国营企业职工思想政治工作纲要（试行）》提出，有条件的高等院校应创立政治工作专业，要在全国逐步建立起初、中、高级政治工作人才正规化培训网络，培养一大批思想政治工作的专家。为落实这一精神，教育部召开了政治工作专业论证会，确定学科名称为“思想政治教育学”，专业名称为“思想政治教育专业”，初步议定了专业的课程设置，并决定 1984 年开始招生。经教育部审批，第一批开办思想政治教育专业的高校共 12 所。在高校设立思想政治教育专业，标志着思想政治教育学作为一门学科正式形成。此后，思想政治教育学进入了学科建设的规范化发展阶段，取得了很大成就，主要表现在以下三方面：

第一，思想政治教育学学科专业体系逐渐形成，教学和研究队伍逐步扩大。自 1984 年创办思想政治教育专业至 1997 年，全国共有 70 所高校设置思想政治教育专业，其中 35 所高校先后获得硕士学位授予权，3 个博士点 5 所高校开始招博士生。1997 年，全国高校学科专业调整，本科层次政治教育专业和思想政治教育专业合并，统称思想政治教育专业；研究生层次马克思主义理论教育和思想政治教育专业合并，统称马克思主义理论和思想政治教育专业。调整以后，本科专业点和硕士点分别超过 70 个，博士点 6 个。至此，思想政治教育学已形成层次完善的学科专业体系。高校从事思想政治教育学教学和研究的专兼职教师达数千人，是本学科建设的主要力量。除此之外，社会研究力量也是思想政治教育理论研究不可忽视的重要力量。这支研究力量主要分为党政系统、企业系统和军队系统三部分。党政系统主要是宣传部门，它既是思想政治教育工作的领导部门，又是理论研究的组织和指导部门；企业系统在“中国职工思想政治工作研究会”的组织和指导下，研究工作也相当活跃；军队系统相对独立，各大单位都设有政治工作研究会或研究委员会。由于思想政治教育涉及方方面面，因此它的研究力量也散布在各系统、各部门，这是思想政治教育学研究与其他学科研究的不同之处。

第二，思想政治教育学研究成果丰硕。在这一阶段，广大思想政治教育工作者在比较困难的条件下，坚持进行思想政治教育理论研究，取得了丰硕成果。据不完全统计，到 1990 年时，已出版思想政治教育学方面的著作 350 种。1990 年以后，研究论著更是大量出版，质量也有所提高。如原国家教委组织编写的思想政治教育专业统编教材共出版 15 种，中国职工思想政治工作研究会组织编写的《新时期思想政治工作丛书》先后出版 16 种。在论文方面，全国每年有数百篇论文发表。思想政治教育研究的刊物也达几十种，给学科研究提供了阵地。这些成果，从一个方面展示了思想政治教育学研究的成绩，推动了学科研究的深化。

第三，思想政治教育理论研究的领域不断扩大，论题不断深化。从 80 年代中期开始，思想政治教育学界就非常注重对基础理论的研究，多次召开基础理论研讨会。同时，自“六五”计划开始，思想政治教育学许多研究课题不断获得国家社科基金和省部级社科基金资助。所涉及的研究领域非常广泛，主要有：思想政治教育学学科的基本概念、范畴、研究对象和理论体系，思想政治教育学理论基础及知识基础，思想政治教育的地位、价值和功能，人的思想品德形成发展规律，思想政治教育过程及规律，思想政治教育对象的现状和特点，思想政治教育者的素质修养，思想政治教育的目的、任务和内容，思想政治教育的原则、方法、载体，思想政治教育与社会环境，思想政治教育的评估，思想政治教育领导和管理体制，思想政治教育的队伍建设，市场经济条件下思想政治教育的改革，思想政治教育与社会主义和谐社会建设，思想政治教育创新等。研究领域的扩大和深化，表明思想政治教育学正处于不断发展之中。

3. 全面建设时期（1999 年至今）

1999 年以来，党中央进一步加强了对思想政治教育的领导，加大了对思想政治教育及其理论研究指导的力度。1999 年 9 月，中共中央颁发了《关于加强和改进思想政治工作的若干意见》，给全国思想政治工作和思想政治教育理论研究以巨大的推动。2004 年 10 月，中共中央、国务院《关于进一步加强和改进大学生思想政治教育的意见》颁发，这一文件成为 21 世纪大学生思想政治教育的纲领性文件。2016 年 12 月 7 日至 8 日，中共中央召开全国高校思想政治工作会议，习近平总书记出席会议，并发表了题为《把思想政治工作贯穿教育教学全过程 开创我国高等教育事业发展新局面》重要讲话，系统地论述了我国高校思想政治工作的重要地位、根本要求、中心环节、实践路径等重大问题①，随后，中共中央和国务院联合下发了《关于加强和改进新形势下高校思想政治工作的意见》，为高校思想政治工作进一步发展提出了切实可行的要求和行之有效的措施。这些文件是加强和改进高校思想政治教育的纲领性文件和重大举措。在这些文件精神的指引下，开创了我国高等教育事业发展新局面，思想政治教育学学科进入了全面建设的新阶段。

这一阶段，思想政治教育学学科建设力度明显加大。2005 年，国务院学位委员会调整专业设置，决定设立马克思主义理论一级学科，思想政治教育专业成为该一级学科下独立的二级学科。至 2014 年 10 月，思想政治教育专业共有博士点约 75 个，硕士点约 300 个，本科点约 300 个。专业点的增加，使思想政治教

---

① 习近平在全国高校思想政治工作会议上强调 把思想政治工作贯穿教育教学全过程 开创我国高等教育事业发展新局面. 人民日报，2016-12-09.

育学研究队伍进一步扩大，也对学科建设提出了新要求，无疑会进一步促进学科建设的大发展。思想政治教育学学科发展不仅体现在专业点数量增加上，而且体现在质量提高上。自 2002 年以来，不少高校的思想政治教育学学科被评为国家级重点学科，本科专业被教育部、财政部批准为特色专业，“思想政治教育学原理”被评为国家级精品课程。所有这些都标志着思想政治教育学的学科建设上了一个新台阶。

这一时期，思想政治教育学的研究呈现向高水平发展的趋势。教育部组织编写的思想政治教育专业新一轮统编教材陆续出版；不少教材入选教育部重点教材和“面向 21 世纪教材”以及“马克思主义理论研究和建设工程重点教材”，并获得教育部高校优秀教材奖；中国人民大学、武汉大学、华中师范大学、中山大学和南京师范大学等高校相继推出思想政治教育研究丛书；武汉大学、华中师范大学等高校陆续出版思想政治教育博士文库。与前两个阶段相比，这一时期的研究成果更规范，也更具有学术性，水平明显提高。

虽然思想政治教育学的研究已取得很大成绩，但由于全面系统研究的时间较短，学科建设还存在一些亟待解决的问题，如研究水平还不够高、基础理论研究仍显薄弱、创新意识不强等。

二、思想政治教育学的学科建设经验

思想政治教育学从初步探索到全面建设，已经走过 40 余年的历程，积累了丰富的经验。

第一，坚持马克思主义理论指导与博采众长相结合。思想政治教育学以马克思列宁主义、毛泽东思想和中国特色社会主义理论体系为指导，贯彻习近平新时代中国特色社会主义思想，以建设具有中国特色的思想政治教育学学科为目标。思想政治教育学要真正成为科学，就必须始终坚持以马克思主义理论为指导，这是由思想政治教育学的学科性质所决定的。习近平指出，“要坚持马克思主义的指导地位，坚持把马克思主义基本原理同当代中国实际和时代特点紧密结合起来，推进理论创新、实践创新，不断把马克思主义中国化推向前进”①。思想政治教育学要在马克思主义中国化的进程中实现自身的理论创新和实践创新，用马克思主义中国化最新理论成果丰富自身的理论体系。同时，作为社会科学大家族中的一名新成员，思想政治教育学与教育学、伦理学、政治学、社会学、心理学等学科有着密切联系，必须积极借鉴融合相关学科的知识理论。两者的紧密结合、有机统一，促成了思想政治教育学的形成和发展。

第二，坚持思想解放和学术民主的原则。思想政治教育学是一门党性很强的学科，要为党的事业服务；但它既然是一门科学，就应有特殊的服务方式，即通

① 习近平．在庆祝中国共产党成立 95 周年大会上的讲话．人民日报，2016-07-02.

过理论创新推动思想政治教育实践活动的创新，进而促进党和国家各项事业的发展。为此，就必须坚持思想解放，提倡研究者有独立的学术意识，不唯书不唯上；同时，应贯彻“双百”方针，积极支持学术讨论和争鸣，促成学术流派的形成。只有这样，思想政治教育学研究园地才能百花齐放，思想政治教育学理论之树才能高大茂密。

第三，加强具有中国特色、中国风格、中国气派的思想政治教育学基础理论研究。基础理论是思想政治教育学理论体系的基本骨架，对思想政治教育学发展至关重要。80 年代末以来，学术界加大了基础理论研究的力度，使思想政治教育学学科建设在世纪之交上了一个新台阶，有了重大进展。但也应看到，基础理论研究薄弱依然是制约思想政治教育学发展的重大内在因素。习近平指出，“着力构建中国特色哲学社会科学，在指导思想、学科体系、学术体系、话语体系等方面充分体现中国特色、中国风格、中国气派”①。因此，我们必须集中力量，下大功夫开展基础理论研究，以使学科理论在 21 世纪有新的重大突破，从而建成具有中国特色、中国风格、中国气派的完整的思想政治教育学理论体系。

第四，紧密结合思想政治教育实践进行理论研究。思想政治教育学是在思想政治教育实践基础上产生和发展起来的，其研究不能脱离思想政治教育实践，要对实践中的重大问题进行研究，对实践经验进行总结并从中抽象出具有一定概括力的理论，用以指导教育实践。从某种意义上讲，40 多年来思想政治教育学就是在不断研究新时期思想政治教育的新情况、新问题，总结新经验的过程中发展起来的。我们必须继续运用这一经验，坚持对思想政治教育实践中出现的新情况、新问题进行深刻的理性分析，做出令人满意的有价值的说明，从而推动思想政治教育学不断更新和发展。

第五，加强思想政治教育研究队伍建设。学科进步需要一批有志于此的高素质研究者的推动。思想政治教育学已经形成了一支基本的研究队伍，在他们的不懈努力下，学科建设有了长足发展。但毋庸讳言，这支队伍还不能完全适应思想政治教育学进一步发展的需要。必须采取多种措施稳定和壮大这支队伍，提高研究者的整体素质，以保证思想政治教育学的持续发展。

第四节　思想政治教育学的研究方法和研究意义

一、思想政治教育学的研究方法

思想政治教育学的研究方法和其他社会科学学科的研究方法大体相同，这里结合思想政治教育学的研究实际，对其中几种主要方法做简要说明。

---

① 习近平主持召开哲学社会科学工作座谈会强调　结合中国特色社会主义伟大实践　加快构建中国特色哲学社会科学. 人民日报，2016-05-18.

1. 文献法

> 文献法是从各种文献如报刊、图书、文件、档案、报表、报告以及音像材料中收集研究者所需要的资料的方法。

文献法是一种间接收集资料的方法。其使用有两种情况：一是收集历史上的文献资料以研究当时的社会现象，了解以前的社会状况，并探讨过去与现在状况之间的联系。研究思想政治教育史的主要方法就是文献法。二是收集反映当前社会生活各方面状况的文字及其他方面的材料，来研究现实生活某一方面的现象、规律及其与社会生活其他方面的联系。如研究高中生当前的思想状况，除了研究者自己的观察、调查以外，还需要广泛查阅资料，包括研究专著、论文、调查报告、新闻报道和统计数据等，以便对高中生的思想状况有一个总体把握，对其思想状况做出实事求是的说明。

在思想政治教育学研究中，任何经验研究和理论研究都离不开与课题有关的文献。如研究当代大学生价值观的演变，就要查阅有关文献，明确相关研究达到了什么水平，用以借鉴；了解以前的大学生价值观的表现，用作比较，在此基础上才能较好地确定明确的研究主题和恰当的研究角度。可见，广泛收集文献资料并对其进行认真分析，是思想政治教育理论研究的重要基础。

文献法是思想政治教育学常用的研究方法之一。它能帮助研究者突破时间空间上的限制，研究不可能接近的对象，如已经远去的人物或事件，因而可节省人力、物力和时间。但由于资料庞杂，在运用文献法时，要注意鉴别材料的真伪，并对材料进行综合分析；要对相关研究领域有相当了解，全面掌握与所研究问题相关的文献资料。只有这样，研究才能深入，才能出新。

2. 观察法

> 观察法是研究者带着明确的目的，用自己的感官和辅助工具系统地、直接地了解研究对象，收集第一手感性材料的方法。

研究人的思想行为变化发展的规律和思想政治教育的规律，除了其他方法之外，对人的活动以及思想政治教育活动的直接观察也是不可缺少的。

观察法可分为参与观察和非参与观察两大类。参与观察是研究者参与到被研究对象的群体中，在与研究对象的共同活动和相互交往过程中进行观察。如研究青年志愿者活动，研究者可以志愿者身份全程参与某次志愿服务活动，在与其他志愿者共同活动和相互交往过程中观察青年志愿者的表现。非参与观察则是指观察者身处被观察对象之外，完全不参与其活动，以局外人的身份进行观察。如要了解大学生课余学习情况，可选择某个时点在图书馆及自习室进行观察。无论运用哪一种观察法，都必须遵循下列准则：观察者需有一定的研究目的或假设；观察需有计划、有组织、有系统，且有一定的范围和项目；除用感官观察外，观察者应注意借助工具如照相机、录音机、录像机等辅助观察；对观察到的情况进行客观记录；对观察到的现象和结果，须通过验证才能下结论等。科学的观察法不是“走马观花”或“道听途说”；观察者必须经过认真学习和严格训练，才能很好地掌握和运用这一方法。

在思想政治教育学研究中，通常运用观察法进行个案研究或典型研究。通过亲身观察，观察者可收集到大量关于个体或典型的第一手资料，从而对个人或群体的思想和行为现象做出深入而细致的说明。

3. 实验法

> 实验法是指在一定条件下，按照设计程序对研究对象的活动加以观察、记录、分析而直接获取资料，以得出研究结论的方法。

思想政治教育学运用实验法，主要是用来检验思想政治教育的某种制度、措施、方法的实际效果，探索教育对象某方面思想、行为变化的原因和制约条件等。

实验法可分为两类。一类是标准实验，即人为控制和改变某些条件，考察某些社会现象之间的因果关系。具体做法是：用随机法把研究对象分为相似的两组，准备人为地向其施加条件的组为实验组，另一组为控制组；测量两组在所要研究方面的状况，分别记为 a_1 和 a_2；给实验组施加条件 b，而对控制组不施加任何影响；经过一个时期后，再次测量两组在上述方面的状况，记为 a_3 和 a_4；比较两组在这方面的差异：$(a_3-a_1)-(a_4-a_2)$，结果就是条件 b 所产生的效果。结果为零，说明施加的条件对事物某一方面的特征没影响，反之则是有影响。例如，对学生综合素质测评这一措施效果的检验，就可按照上述步骤，选择两个情况大体相同的班级进行实验。在进行标准实验时，要注意对实验组和控制组进行全面控制，防止与实验无关的因素对它们的影响与干扰。另一类是自然实验，即对研究对象不加控制，不改变条件，观察某一因素在自然状态下对不同组别所起的不同作用，然后比较分析，得出结论。例如，在大学生中开展创建文明寝室的活动，可分别对不同寝室实施不同的措施，看看某一措施在不同寝室产生的效果，进而研究如何帮助大学生在日常的学习生活中养成良好的行为习惯。

4. 社会调查法

思想政治教育学研究有许多是实证研究或以实证为基础的研究，除了查阅已有的调查报告、研究论文、统计资料外，还必须进行一些实际调查，以获得第一手资料和对问题的实际感受，从而为得出正确的结论打下基础。

社会调查法包括社会调查的方式和具体方法两部分。社会调查方式主要有普遍调查、典型调查、个案调查和抽样调查四种，其中抽样调查因其既经济又科学，是社会调查中最常用的方式。社会调查的具体方法主要包括访谈法和问卷法等。在开展社会调查时，要注意将上述方式方法结合起来，并严格按照各种方式方法的要求进行。如运用抽样调查的方式，在抽出样本后，应使用问卷法；为了使所得到的资料更生动、更直观，还需对研究对象进行深入访谈或个案调查。使用哪种方式或方法，要根据实际情况和研究的需要来决定。

运用社会调查法进行研究，必须注意将定性研究和定量研究结合起来。要使思想政治教育科学化、规范化，除了定性研究之外，定量研究也是必不可少的，因而思想政治教育学要加强定量研究。当然，强调定量研究，并不是要抛弃定性研究而进行单纯的定量研究。在思想政治教育学研究中，绝不可滥用定量方法，因为人的思想行为的许多内容和某些思想政治教育现象是难以量化的，必须进行定性研究。不仅如此，成功的定量研究还必须建立在正确的定性研究的基础之上。只有准确把握人的思想行为和思想政治教育现象的质的规定，才能恰当地选择各项变量，设计量度指标，建立科学的系统模型；而且，在测出变量之间的相关度之后，还要以定性研究为指导，才能对这些变量为什么相关做出科学的、正确的解释。

5. 总结经验法

思想政治教育学建立在思想政治教育实践基础之上，教育实践丰富的经验是思想政治教育学产生和发展的源泉。因此，总结思想政治教育经验，将其概括上升为理论，是思想政治教育学研究的基本方法之一。经验本身不是理论，只有经过抽象概括，将其纳入一定的理论架构中，才能成为具有普遍意义的理论。总结思想政治教育经验，既要认真总结历史经验，又要注意研究社会主义现代化建设时期的新情况、新问题，总结新时期思想政治教育的新鲜经验；还要把总结历史经验和总结现实经验结合起来。在总结经验时，一定要实事求是，尊重客观事实。只有这样，才能通过对丰富而庞杂的经验材料的分析，探索出思想政治教育的客观规律。

6. 质性研究法

思想政治教育学是一门实践性很强的学科，研究对象十分复杂，研究过程受到诸多因素的制约，因而需要一种具备深刻洞察力的研究策略。质性研究法的特征是，既能够对人们的思想行为及其变化发展进行深入探讨，也有助于思想政治教育的反馈检验。

质性研究法是区别于定性研究、定量研究等传统思想政治教育学研究方法的一种新的研究取向，具有较强的微观性和操作性，具有以下鲜明特征：

第一，自然情境性。质性研究法强调在自然情境中探究某一现象，在最自然的情况下，人们才最有可能表现出自身最真实的心理和行为状态，且随着自然情境的多变和流动，人们的心理和行为也会发生相应变化，这就要求研究者必须深入发生场域和研究现象中进行观察和体验，能动地捕捉有价值的信息。

第二，描述归纳性。质性研究法同结构式访问、问卷调查和量表测验等主要用数字和量度来描述现象、表达结果的方法有着相似之处，也有着显著区别。首先，质性研究具有整体性。质性研究注重通过多种渠道收集相关资料、多种角度发现相关背景，以实物、文字和图片等描述现象，从而对研究现象进行整体性考察，获得研究现象的完整画面。其次，质性研究具有动态性。质性研究是对多种现象或同一现象的不同侧面进行动态观察和意义建构的过程，且这一过程并非一成不变或预先设定的，而是不断流动变化的。最后，质性研究具有归纳性。质性研究通过对已经收集的描述性材料加以比较和分类，进而找出其间的相互关联性，或组合成完整的故事情境，或提炼出原始资料中所反映出的某种概念或范畴。

第三，理解反思性。质性研究的目的不仅在于揭示研究对象的真实面貌，更在于理解、解释存在于其背后的意义。在对意义进行解释的过程中，一方面需要质性研究者通过亲身体验，了解被研究者的情感、思想、价值观念等，从而对被研究者的行为活动或社会现象做出意义解释；另一方面，质性研究者也需要对包括自身素质、研究活动、研究关系等在内的理解过程不断进行反思，了解自己是否客观如实地对研究对象进行描述及解释，反思这种解释是否已确切做出判断。

第四，参与互动性。定量研究者坚守价值无涉的立场，认为科学研究应该排除主观判断的介入，没有任何价值偏好是定量研究的基本要求。在一定意义上可以说，质性研究是一种主体性的互动过程。质性研究者认为价值问题不应被回避，价值中立是一种理想追求。当然，质性研究者通常会对自己的身份角色、价值立场、与研究对象之间的关系以及这些因素对研究顺利开展和结果推论等造成的正面或负面影响进行反省。

不可否认，在质性研究发展的过程中，争议从来不曾消失过。由于质性研究法一般不做量化资料，又不用问卷量表，所以被实证研究者视为不精确。但值得注意的是，质性研究和量化研究往往不是完全对立，而是相对统一的。虽然两者研究效度的内涵存在差别，但也有相通之处，可以互相补充。质性与量化整合在许多学者看来已发展为一种新的研究方法，也不失为思想政治教学研究方法之一。

二、思想政治教育学的研究意义

第一，有利于加强思想政治教育，促进思想政治教育科学化。思想政治教育是完成党的政治任务的中心环节。在新民主主义革命和社会主义建设时期，思想政治教育都发挥了巨大的作用。在社会主义现代化建设的新时代，仍然需要充分发挥思想政治教育的作用。改革开放以来，思想政治教育在顺应时代发展的要求、努力培养时代新人方面做了大量的工作，取得了明显成效；但也存在不少问题，其内容、形式、方法等都还不能完全适应新形势的要求，未能很好地满足人的发展和社会发展的需要，急需改进与加强。而认真研究人的思想品德形成发展规律和现实的思想政治表现及特点，研究思想政治教育的本质和客观规律，研究新形势下思想政治教育的内容、方针、原则、方法和载体，研究思想政治教育与社会大环境的相互作用，无疑有利于加强和改进思想政治教育。同时，新时代环境和教育对象的新变化，要求变过去那种经验型的、非系统的思想政治教育为系统化、规范化、科学化的思想政治教育，以与之相适应，而要完成这一转变，也必须对思想政治教育进行多方面的深入研究。例如，新时代思想政治教育如何定位，功能怎样拓展；如何确定思想政治教育的目的和任务；怎样确定思想政治教育的内容，在一定时期突出哪些重点教育内容；思想政治教育的原则、方法、载体应做哪些调整，怎样运用网络等新型传播媒介开展教育；如何改进思想政治教育的管理机制，怎样加强其队伍建设；对思想政治教育活动及其效益应如何评估；对新型社会阶层如何有效地施加教育影响等，都需要进行深入探讨。对这些方面的深入研究，无疑有助于将思想政治教育置于科学的基础之上，从而促进思想政治教育科学化。

第二，有利于促进社会主义市场经济建设与和谐社会建设的顺利进行。改革开放使我国社会面貌发生了巨大变化，现在改革开放正在更高的层次上进行，我们进入了社会主义市场经济建设和和谐社会建设的新阶段。市场经济是法制经济、规范经济，即使是市场本身的交易活动，除了市场调节和政府调节以外，道德力量的调节也是必不可少的，这已为我国市场经济的实践所证实；至于广泛存在的社会生活的非交易领域，则更多地需要道德调节。而社会主义和谐社会建设，当然更需要发挥思想政治教育的作用。思想政治教育通过提高人的思想道德素质，培养具有文明素质的公民；通过调动人的积极性，使人们富有活力、创造性地从事各种社会活动；通过协调人际关系，使人们和谐相处等，无疑有助于大大推进社会主义和谐社会建设。简言之，社会主义市场经济需要一代新人来推动，社会主义和谐社会需要一代新人来建设，而培养一代新人正是思想政治教育的基本任务。研究思想政治教育学，把思想政治教育置于科学的基础上，就能使其更好地承担这一任务，培养与社会主义和谐社会相适应的一代新人，从而更好地为改革开放、市场经济建设、和谐社会建设服务。同时，改革开放和市场经济建设，必然引起我国社会结构的变动和各阶层人们利益的调整，使社会关系发生新变化。与此同时，人们的思想也出现了许多新变化，产生了大量的思想问题及行为问题。如果不及时解决这些问题，改革开放和市场经济建设就会受到影响，和谐社会建设就无从谈起。解决这些问题，使人们的思想与社会主义市场经济建设与和谐社会建设进程相适应，正是新形势下思想政治教育的重要任务。思想政治教育学运用马克思主义关于思想政治教育的原理和方法，从理论层面探讨解决这些问题的举措，就能给思想政治教育实践提供强有力的理论指导，进而促进思想政治教育对人们的思想问题进行积极疏导，并采取措施予以解决，从而为社会主义市场经济建设与和谐社会建设创造思想文化条件。

第三，有助于提高人们的思想政治素质，更好地开展思想政治教育。作为现代社会合格的公民，良好的精神品质是不可或缺的。而思想政治教育学说到底是研究如何提升人的精神品质，如何促进人的全面发展的理论。学习和研究思想政治教育学，会在潜移默化中提升自己的思想政治素质。同时，学习和研究思想政治教育学，目的是要做好思想政治教育工作，促进人的全面发展。思想政治教育学是关于思想政治教育的系统的科学理论，它对人的思想品德形成发展规律的研究丰富了我们对人自身的认识；对思想政治教育规律的研究，增加了我们对思想政治教育活动的理性认知。学习和掌握思想政治教育学理论知识，无疑有助于我们更好地开展思想政治教育，并取得更好的效果。

复习思考题

1. 简要说明思想工作、政治工作、思想政治工作、思想政治教育等概念。
2. 什么是思想政治教育学？其研究对象是什么？有哪些主要特征？

3. 试论思想政治教育学的基本范畴。
4. 思想政治教育学学科建设的主要经验有哪些?
5. 研究思想政治教育学有什么意义?

阅读书目

1. 陈万柏，张耀灿. 思想政治教育学原理. 2版. 北京：高等教育出版社，2007.
2. 陆庆壬. 思想政治教育学原理. 北京：高等教育出版社，1991.
3. 戴耀荣. 思想政治工作学比较研究：讲授提纲. 上海：上海人民出版社，1992.

第一章 思想政治教育学的理论基础与知识借鉴

要点提示

● 思想政治教育学的理论基础是马克思主义。要完整准确地理解马克思主义的科学体系，领会其精神实质。

● 要把马列主义、毛泽东思想和中国特色社会主义理论体系看作一脉相承、与时俱进的科学体系，特别是要用中国化的马克思主义来指导学科建设。

● 思想政治教育学的直接理论依据包括：社会历史发展总趋势和无产阶级历史使命的理论、社会存在与社会意识辩证关系原理、政治与经济辩证关系原理、马克思主义人学理论、社会主义意识灌输理论、正确处理人民内部矛盾的学说、社会主义核心价值体系与社会主义核心价值观理论、马克思主义党的建设理论等。

● 要借鉴教育学、心理学、政治学、社会学和现代管理科学等相关学科的理论知识建设中国特色的思想政治教育学。

关键词　马克思主义　理论基础　直接理论依据　知识借鉴

思想政治教育学是一门科学，有自己特殊的研究对象，同时有自己坚实的理论基础，即马克思主义尤其是中国化的马克思主义。思想政治教育学的健康发展正是建立在这一理论基础之上的。

第一节　马克思主义是思想政治教育学的理论基础

一、用完整准确的马克思主义指导学科建设

马克思主义是一个十分完整而严密的理论体系。我们必须坚持这一理论的整体性和系统性，防止和克服教条主义、实用主义等不良倾向，坚持以完整准确的马克思主义科学体系指导思想政治教育学的理论研究。

要理解马克思主义的整体性，必须首先回答“什么是马克思主义，怎样坚持马克思主义”，即应该“坚持什么样的马克思主义，如何坚持马克思主义”这个首要的、基本的理论问题。

1. 坚持以完整准确的马克思主义为指导

第一，坚持马克思主义的本质规定性。马克思主义的本质规定性直接体现了马克思主义的实质；坚持马克思主义，最根本的就是要坚持马克思主义的本质规定性。一是坚持辩证唯物主义和历史唯物主义的世界观和方法论，这是马克思主义最根本的理论特征；二是坚持为建设社会主义和实现共产主义而奋斗，这是马克思主义最崇高的社会理想；三是坚持为无产阶级和广大人民群众谋利益，这是马克思主义最鲜明的政治立场；四是坚持一切从实际出发，理论联系实际，实事求是，在实践中检验真理和发展真理，这是马克思主义最重要的理论品质。[①] 马克思主义的本质规定性是区分真假马克思主义的分水岭和试金石，也是揭示马克思主义中国化客观规律的关键所在。我们通常所说的“一脉相承”的“脉”主要就体现在这几个方面，“不丢老祖宗”主要也是指不丢这几条根本原理。

第二，坚持马克思主义的基本原理。马克思主义的基本原理，是马克思主义科学体系的内核和基本内容，是马克思主义本质规定性的生动体现。它是指马克思、恩格斯及其继承者们创立和发展的、经受了社会实践反复检验所证明为真理的那些科学原理，即关于自然、社会和思维发展一般规律的理论，也就是马克思主义哲学、政治经济学、科学社会主义共同揭示的基本理论和基本观点。其中包括：马克思主义哲学所揭示的基本原理，如关于哲学基本问题的原理、反映论原理、唯物辩证法、历史决定性的原理、社会结构和社会基本矛盾的原理，还有马克思主义人学特别是人的本质、人的主体性、人的交往实践、人的全面发展原理，马克思主义的价值论等；政治经济学所揭示的基本原理，主要有劳动价值论、剩余价值论、所有制理论和分配理论等；科学社会主义所揭示的基本原理，如关于资本主义和社会主义的历史命运的理论、阶级斗争和阶级分析法的理论、无产阶级革命理论、无产阶级专政理论、共产主义的发展阶段理论、无产阶级政

① 中共中央文献研究室．十六大以来重要文献选编：上．北京：中央文献出版社，2005：362-364.

党建设理论等。要结合不断发展的社会生活实际对这些基本原理做出科学阐释，并不断推进实践基础上的理论创新，在发展中坚持马克思主义的基本原理。

第三，坚持马克思主义的基本特征。马克思主义的基本特征是马克思主义的本质规定性和基本原理的外在表现，是马克思主义与其他思想体系的根本区别的标志。在纪念马克思诞辰200周年大会上，习近平鲜明地指出了马克思主义的基本特征，“马克思主义是科学的理论，创造性地揭示了人类社会发展规律”；“马克思主义是人民的理论，第一次创立了人民实现自身解放的思想体系”；“马克思主义是实践的理论，指引着人民改造世界的行动”；“马克思主义是不断发展的开放的理论，始终站在时代前沿”①。马克思主义的基本特征是分层次的。第一层次是科学性、人民性、实践性，这是马克思主义最根本的特征；第二层次是开放性、发展性、创新性，这是第一层次特征的必然要求和具体体现。与时俱进是马克思主义最根本的理论品格。坚持马克思主义的基本特征，既要坚持马克思主义的科学性、人民性、实践性，又要坚持马克思主义的开放性、发展性、创新性，并把两者有机地统一起来。只有这样，才能在坚持马克思主义基本原理的同时，不断创新和发展马克思主义。

马克思主义的本质规定性、基本原理和基本特征是相辅相成而又内在统一的。坚持马克思主义，最根本的是要坚持马克思主义的本质规定性、坚持马克思主义的基本原理和马克思主义的基本特征，只有这样，才能完整准确地理解和把握马克思主义的科学体系，以指导思想政治教育学学科的健康发展。

2. 如何坚持以完整准确的马克思主义为指导

第一，必须完整准确地把握马克思主义的科学体系。只有这样，才能真正领会马克思主义的精神实质。这就要求我们必须深入研究马克思主义发展史、马克思主义基本原理，掌握马克思主义的立场、观点和方法，用科学的态度对待马克思主义，反对任何对马克思主义的割裂、肢解、歪曲、断章取义、望文生义、以偏概全、庸俗化以及实用主义的态度。不应当把马克思主义经典作家在一定条件下讲的话，不问时间、地点、条件，到处搬用。比如，19世纪四五十年代，马克思恩格斯的视野主要在欧洲，《德意志意识形态》、《共产党宣言》和《资本论》所论述的资本主义起源和发展的历史阶段，主要是根据欧洲资本主义国家的历史概括出来的，马克思恩格斯从来没有把它看作历史发展的一般规律，更没有将它作为世界各国、各民族社会发展的一般道路。要正确和全面地理解为什么20世纪社会主义运动总是先在经济文化较落后的国家取得胜利，就必须深入学习和完整地把握马克思的东方社会理论，弄清楚为什么可能而且必须跨越资本主义“卡夫丁峡谷”及怎样跨越的问题，从而从中得到理论启迪，坚定走中国特色社会主义道路的信念。可见，要正确地回答哪些是必须长期坚持的马克思主义基本原理，哪些是需要结合新的实际加以丰富发展的理论判断，哪些是必须破除的对马克思主义的教条式的理解，哪些是必须澄清的附加在马克思主义名下的错误观

① 习近平．在纪念马克思诞辰200周年大会上的讲话．人民日报，2018-05-05.

点，就必须进行深入的理论研究，完整地、准确地把握马克思主义的科学体系，领会其精神实质。只有这样，才能更好地坚持和发展马克思主义。

第二，必须坚持和巩固马克思主义在意识形态领域的指导地位。要勇敢地回应种种挑战和攻击，旗帜鲜明地捍卫马克思主义。对新形势下出现的“马克思主义过时论”“社会主义破产论”“社会主义失败论”“意识形态终结论”等，应根据马克思主义基本原理对其进行科学的批判，做出有充分说服力的回答。对国内经济关系多样化、经济利益多样化、组织形式多样化、就业岗位多样化给人们带来的种种困扰，应联系实际加强马克思主义理论教育，用马克思主义中国化的最新成果武装人们头脑，帮助人们解除困扰。

第三，必须坚定不移地推进马克思主义中国化、时代化、大众化。习近平指出，“我们党之所以能够不断历经艰难困苦创造新的辉煌，很重要的一条就是我们党始终重视思想建党、理论强党”，“必须把马克思主义作为看家本领，以更宽广的视野、更长远的眼光来思考把握未来发展面临的一系列重大问题，不断提高全党运用马克思主义分析和解决实际问题的能力，不断提高运用科学理论指导我们应对重大挑战、抵御重大风险、克服重大阻力、解决重大矛盾的能力”①。用马克思主义中国化的最新成果来解决中国重大的实际问题，把中国特色社会主义事业不断向前推进，才能真正坚持马克思主义。“发展21世纪马克思主义、当代中国马克思主义，必须立足中国、放眼世界，保持与时俱进的理论品格”，“锲而不舍推进马克思主义中国化、时代化、大众化”②。

第四，必须不断丰富和发展马克思主义。坚持和发展是辩证统一的，应在坚持中发展，在发展中更好地坚持。正如习近平所说，“时代在变化，社会在发展，但马克思主义基本原理依然是科学真理”，“在坚持以马克思主义为指导这一根本问题上，我们必须坚定不移，任何时候任何情况下都不能动摇”③。同时要看到，“新中国成立以来特别是改革开放以来，中国发生了深刻变革，置身于这一历史巨变之中的中国人更有资格、更有能力揭示这其中所蕴含的历史经验和发展规律，为发展马克思主义作出中国的原创性贡献”，“要立足我国实际，以我们正在做的事情为中心，聆听人民心声，回应现实需要，深入总结中国特色社会主义实践，更好实现马克思主义的基本原理同当代中国实际相结合，同时也要放宽视野，吸收人类文明一切有益成果，不断创新和发展马克思主义”④。

二、坚持以马克思主义中国化的理论成果指导学科建设

在坚持马克思主义中发展马克思主义，在发展马克思主义中坚持马克思主义，不仅是对待马克思主义的科学态度、发挥马克思主义创造活力的关键所在，

---

① 习近平．习近平谈治国理政：第2卷．北京：外文出版社，2017：67.

② 同①65.

③④ 同①66.

而且是中国共产党的优良传统和新时代仍须继续坚持的根本原则。中国共产党之所以能够经受住国际形势风云剧变的严峻考验，坚持马克思主义在意识形态领域的指导地位，其根本原因正在于此。

中国共产党在把马克思主义同中国实际相结合的过程中，实现了两次历史性的飞跃，产生了马克思主义中国化的重大理论成果——毛泽东思想和中国特色社会主义理论体系。我党不断推进马克思主义中国化取得的理论创新成果，极大地丰富了马克思主义的理论宝库，推动了马克思主义的发展，为思想政治教育学奠定了更为丰富、坚实的理论基础。我们要坚持把一脉相承和与时俱进相统一的中国化马克思主义理论作为思想政治教育及其学科建设的指导思想和理论基础。我们在学习马克思列宁主义、毛泽东思想的基础上，中心内容应学习中国特色社会主义理论体系；我们要用马克思列宁主义、毛泽东思想、中国特色社会主义理论体系来指导思想政治教育的学科建设，特别是要用习近平新时代中国特色社会主义思想来指导学科建设。究竟是从本本出发，还是从实际出发、用马克思主义的立场观点方法来研究和解决中国的现实问题，是一个关系着是否以科学态度对待马克思主义、能否发挥马克思主义创造活力的大问题。我们党在长期革命斗争中形成了理论联系实际的优良传统和优良学风，一直把马克思主义的基本原理是否同中国革命、建设和改革的实践相统一作为党是否成熟以及成熟程度的标准来看待。今天，我们建设中国特色社会主义，加强中国特色的思想政治教育学学科建设，仍然必须发扬这个优良传统。一方面，要牢记马克思主义的基本原理一定不能丢，丢了就会丧失根本；另一方面，要以我国改革开放和现代化建设的实际问题、以我们正在做的事情为中心，着眼于马克思主义理论的运用，着眼于实际问题的理论思考，着眼于新的实践和理论的发展。马克思列宁主义、毛泽东思想和中国特色社会主义理论体系是一脉相承和与时俱进的科学体系。因此，坚持中国特色社会主义理论体系就是真正坚持马克思主义；高举中国特色社会主义理论的旗帜，就是真正高举马克思主义的旗帜。与此相应，现代思想政治教育的学科建设，特别要强调坚持以中国特色社会主义理论体系为根本指导思想；坚持以党的基本理论、基本路线和基本方略为指针。当前我党强调深入贯彻落实十九大精神，朝着建设社会主义现代化强国、实现中华民族伟大复兴的宏伟目标迈进，思想政治教育及其学科建设当然也必须坚持以十九大精神和习近平新时代中国特色社会主义思想为指导，以推进思想政治教育及其学科建设又好又快地发展。

第二节　思想政治教育学的直接理论依据

一、社会历史发展总趋势和无产阶级历史使命的理论

马克思恩格斯创立了历史唯物主义。他们在《德意志意识形态》中，通过对

西欧资本主义起源的历史考察，第一次以所有制形式即生产关系的类型为科学标准，概述了社会历史演进的几个阶段（部落所有制、古代公社所有制、封建主义所有制、资本主义所有制、共产主义所有制），标志着马克思社会形态理论的初步形成。后来，马克思在《政治经济学批判·序言》中，以生产关系为核心，以社会基本矛盾为主线，对社会形态理论做了完整的经典的表述，标志着这一理论的成熟。1867年出版的《资本论》则是马克思社会形态理论的运用和深化，使社会形态理论通过验证由“假设”变为科学，表明马克思社会形态理论达到了一个新高度。马克思社会形态理论认为，经济基础和上层建筑的统一是社会形态的基本内容，社会形态的发展是由经济基础和上层建筑的矛盾直接推动的，而经济基础与上层建筑的矛盾又是受生产力和生产关系矛盾制约的，社会生产力的发展是社会形态更替的终极动因。马克思社会形态理论的根本任务，不是描绘不同社会形态的更替运动，而是揭示社会形态发展的自然历史过程中的客观规律。在马克思主义完整的社会形态理论中，一方面，马克思恩格斯坚持认为，任何民族、国家和地区的历史发展都受到生产力决定生产关系这一客观规律的制约；另一方面，马克思恩格斯又指出社会历史发展道路的多样性。19世纪50年代马克思开展了对东方社会的研究，认识到东方社会结构与西方社会结构不同，还存在较多的农村公社，提出俄国有可能跨越资本主义的“卡夫丁峡谷”而径直过渡到社会主义的设想。马克思逝世后，晚年的恩格斯继续探索，深化和发展了马克思跨越资本主义“卡夫丁峡谷”的设想，丰富了马克思东方社会理论。20世纪社会主义运动兴起，特别是俄国和中国革命的胜利而先于发达资本主义国家进入社会主义社会的事实，是对马克思东方社会理论的印证和发展。东欧剧变、苏联解体后，国外一些学者因此认为经济文化较不发达的国家在任何条件下都不能跨越“卡夫丁峡谷”。这些论调不仅被这些国家在革命胜利后经济文化获得迅速发展的事实驳倒，而且也不符合马克思关于东方社会理论的设想。中国特色社会主义理论体系全面坚持和发展了马克思东方社会理论，使已经跨越了“卡夫丁峡谷”的中国，走上了中国特色社会主义道路，使社会主义优越性有希望得以充分发挥。

当今世界科技进步日新月异，人工智能、黑科技等方兴未艾。在此情况下，马克思恩格斯所揭示的社会历史发展总趋势是否会逆转呢？答案是否定的。在美国等发达资本主义国家，《共产党宣言》所揭示的资本主义社会的基本矛盾——生产社会化同生产资料资本家私人占有的矛盾，并没有也不可能由于科技新成果的出现而消失。当然，资本家剥削的形式改变了，已由过去以剥削绝对剩余价值为主转变为以剥削相对剩余价值为主，由过去以剥削本国工人阶级、劳苦大众为主转变为既剥削本国工人阶级又剥削广大发展中国家（富国剥削穷国）。但剥削的本质从未改变。只要资本主义社会的基本矛盾仍然存在，无产阶级反对资产阶级的斗争就必然继续存在和发展。尽管斗争是长期的、曲折的，斗争形式和发展道路也是多样的，但是，社会主义革命的条件或迟或早总会渐渐成熟，《共产党宣言》所揭示的资本主义必然灭亡、社会主义必然胜利这一历史总趋势是不会改变的。

马克思主义关于社会历史发展总趋势和无产阶级历史使命的理论，从总体上规定了思想政治教育的地位、作用、目的、任务、内容及其效果的衡量标准。思想政治教育是无产阶级革命事业和社会主义建设事业的重要组成部分，是为实现无产阶级的历史使命服务的。对思想政治教育的坚持和热爱，来源于对社会主义、共产主义的坚定信念。无产阶级政党要通过思想政治教育来提高人们认识和改造世界的能力，培育一代又一代社会主义建设者和接班人；思想政治教育的核心内容和主旋律就是要帮助人们树立坚定的社会主义信念和崇高的共产主义理想；思想政治教育的正确与否，要以是否符合社会历史发展的必然趋势和要求为根本标准；衡量思想政治教育效果的好坏与大小，也要看它对人们树立坚定的社会主义信念、增强人们的历史使命感、提高人们的社会主义积极性所起的作用如何。

二、社会存在与社会意识辩证关系原理

社会存在与社会意识辩证关系原理，是唯物史观最根本的原理，它科学地回答了社会历史观的基本问题，揭示了唯物史观的实质。马克思主义认为，社会存在是第一性的，社会意识是第二性的；不是社会意识决定社会存在，而是社会存在决定社会意识。人们不能自由地选择社会形态，总是在既定的、现存的条件下创造历史。“历史过程中的决定性因素**归根到底**是现实生活的生产和再生产”[①]，“经济的前提和条件归根到底是决定性的”[②]，社会存在是全部社会生活的基础、社会历史发展的最终决定因素，决定了社会意识的存在和发展。一切以往的社会意识，都是当时社会经济状况的产物。社会意识反映着经济基础，随经济基础的发展变化而发展变化。“一个阶级是社会上占统治地位的**物质**力量，同时也是社会上占统治地位的**精神**力量。支配着物质生产资料的阶级，同时也支配着精神生产资料”[③]。

社会意识由经济基础所决定但又反作用于经济基础，具有相对独立性。其发展有历史继承性，同经济发展并非总是平衡的，“经济上落后的国家在哲学上仍然能够演奏第一小提琴”[④]。各种意识形式之间相互作用、相互制约，其中政治思想对其他意识形式影响最大，处于社会意识的核心地位，往往成为经济条件与其他意识形式相互作用的中介。社会意识对社会存在具有能动的反作用，这是社会意识相对独立性最突出的表现，它或者促进社会进步，或者阻碍社会发展。“人们的社会存在，决定人们的思想。而代表先进阶级的正确思想，一旦被群众掌

① 马克思，恩格斯．马克思恩格斯选集：第4卷．2版．北京：人民出版社，1995：695.
② 同①696.
③ 马克思，恩格斯．马克思恩格斯选集：第1卷．2版．北京：人民出版社，1995：98.
④ 同①704.

握，就会变成改造社会、改造世界的物质力量。”①

社会存在与社会意识辩证关系原理启示我们，作为社会意识的组成部分，思想政治教育既为社会存在所决定，又反作用于社会存在。我们必须正确认识思想政治教育的本质、地位和作用，防止和克服思想政治教育“无用论”“万能论”这两种错误倾向，自觉按照经济基础发展的要求开展思想政治教育，为巩固社会主义经济基础服务。

三、政治与经济辩证关系原理

马克思主义认为，经济是基础，政治是经济的集中表现。由于政治较之道德、文艺等上层建筑更直接、更集中地反映经济，所以，它在上层建筑中处于核心地位，起着主导作用。政治既是经济基础的反映，又反作用于一定的经济基础，这种反作用的形式有武装斗争、法律斗争、思想理论斗争等。科学把握政治与经济辩证关系原理，就要全面理解政治的含义。在无产阶级革命时期，政治的主要任务是阶级斗争，是武装夺取政权，为建立社会主义经济关系开辟道路；在无产阶级政权建立和巩固后，政治的主要任务则是经济建设，大力发展生产力。生产力的发展在此时成为巩固政权、增强综合国力、改善人民生活的力量源泉，因而在社会主义时期，经济建设是最大的政治。当然，经济建设的发展方向须由政治来把握，正如列宁所说，“一个阶级如果不从政治上正确地看问题，就不能维持它的统治，因而也就不能完成它的生产任务”②，“政治同经济相比不能不占首位”③。

政治与经济辩证关系原理是“思想政治工作是经济工作和其他一切工作的生命线”论断的理论依据。根据这一原理，在实际工作中，要坚持政治与经济的统一，既要反对“空头政治家”，又要反对“迷失方向的经济家和技术家”，在坚持以经济建设为中心的同时，始终把坚定正确的政治方向放在第一位。

四、马克思主义人学理论

马克思主义人学理论是马克思主义哲学的核心内容和实质部分，是思想政治教育学的重要理论基础和直接理论依据。马克思主义人学理论包括人的存在论、人的本质论、人的发展论等基本内容。对这些问题的科学认识，有助于我们更好地把握思想政治教育学的理论基础。

---

① 毛泽东. 毛泽东著作选读：下册. 北京：人民出版社，1986：839.

② 列宁. 列宁选集：第4卷. 3版. 北京：人民出版社，1995：408.

③ 同②407.

1. 人的存在论是马克思主义人学理论的前提和基础

唯物史观以“现实的人”为观察、理解社会历史现象的前提和出发点。马克思关于“现实的人”的论断是对旧哲学唯心史观“抽象的人”的否定。马克思认为历史只能是人的历史，既不能像黑格尔那样，把人归结为“绝对精神”，看作抽象的精神存在物，又不能像费尔巴哈那样，把人仅仅看作具有肉体、情欲的“感性的对象”，孤立的抽象的个体。马克思所说的人是指处在现实关系和一定历史条件中具有鲜活生命、从事实践活动的人。马克思恩格斯指出：“全部人类历史的第一个前提无疑是有生命的个人的存在。”① 有生命的个人的存在是形成“现实的人”的自然生物基础，但又不能把人的自然性简单归结为一般动物性。现实的人是有激情、有欲望的人，人的欲望不同于动物式的本能欲望，除客观本能一面外还有主观指向性的一面，受精神因素影响，为需要和利益所驱使。如果脱离人的社会实践和社会生活便不可能全面、科学地理解人的自然属性，会把人性降低为兽性，归结为动物的机能。“现实的人”是在一定社会物质生活条件下从事活动的人，这种活动包括物质生产、精神生产、人自身的生产三个方面，其中物质生产是最根本的，是人类生存发展的第一个前提。正如马克思恩格斯指出的那样，“人们为了能够‘创造历史’，必须能够生活。但是为了生活，首先就需要吃喝住穿以及其他一些东西。因此第一个历史活动就是生产满足这些需要的资料，即生产物质生活本身”②，“这种活动的基本形式当然是物质活动，一切其他的活动，如精神活动、政治活动、宗教活动等取决于它”③。马克思还指出：“人们自己创造自己的历史，但是他们并不是随心所欲地创造，并不是在他们自己选定的条件下创造，而是在直接碰到的、既定的、从过去承继下来的条件下创造。”④“现实的人”的活动不是离群索居、互不关联的纯粹个人的行为，而是彼此结成一定社会关系，既分工又协作，共同进行的社会行为。只有存在于具体的社会关系中从事现实活动的人，才是真实存在的人。“现实的人”不是机械受动的人，而是能动表现自己的人。“历史不过是追求着自己目的的人的活动而已。”⑤ 总之，马克思人的存在论从分析事关人的生存的两种基本关系——人和自然、人和社会的矛盾入手，揭示出人是自然存在、社会存在、精神存在三位一体的现实存在。“现实的人”是全部历史活动的承担者，社会正是通过人的创造性活动而存在和发展的。马克思人的存在论思想启示我们：现实的个人及其活动所形成的生活世界是思想政治教育产生和发展的基础，而思想政治教育则是现实的人生成、存在和发展的必要条件和重要方式。

2. 人的本质论是马克思主义人学理论的核心

马克思对人的本质有着丰富的科学的阐释，其论述集中在三个命题上。

---

① 马克思，恩格斯．马克思恩格斯选集：第1卷．2版．北京：人民出版社，1995：67.

② 同①79.

③ 同①123.

④ 同①585.

⑤ 马克思，恩格斯．马克思恩格斯文集：第1卷．北京：人民出版社，2009：295.

一是认为劳动、自由自觉的活动是人的本质。马克思在《1844年经济学哲学手稿》中指出："劳动这种**生命活动**、这种**生产生活**本身对人说来不过是满足他的需要即维持肉体生存的需要的**手段**。而生产生活本来就是类生活。这是产生生命的生活。一个种的全部特性、种的类特性就在于生命活动的性质，而人的类特性恰恰就是自由的自觉的活动。"① 在马克思看来，作为人的生命活动的物质生产劳动实践，同动物的生命活动最本质的区别就在于：动物只是按照它所属的那个种的尺度为求生而建造，而人却懂得按照任何一个种的尺度为人类不断发展的需要而生产，按照美的规律去建造。人类的这一本质特性是产生和决定其他所有特性的根据。正是在这个意义上，恩格斯说劳动创造了人。

二是认为人的本质是一切社会关系的总和。马克思在《关于费尔巴哈的提纲》中指出："人的本质不是单个人所固有的抽象物，在其现实性上，它是一切社会关系的总和。"② 马克思认为，人的实践活动总是在一定的社会关系中进行的，人通过社会实践塑造和表现自己，在人的历史实践过程中和基础上生成了人的一切社会关系。"一切社会关系"包括人与自然的关系和人与社会的关系，其中，生产关系是最主要、起决定性作用的社会关系，在生产关系的基础上人们进而形成了经济关系、政治关系、法律关系、思想关系等，它们从不同侧面、不同层次反映和体现着人的本质。

三是认为人的需要即人的本质。马克思恩格斯在《德意志意识形态》中提出了涵盖前两个命题内容的论断——人的需要即人的本性，指出："在任何情况下，个人总是'**从自己**出发的'，但由于从他们彼此不需要发生任何联系这个意义上来说他们不是**唯一的**，由于他们的**需要**即他们的本性，以及他们求得满足的方式，把他们联系起来（两性关系、交换、分工），所以他们**必然要**发生相互关系。"③ 马克思恩格斯在此揭示了人的需要是人的内在的本质规定性，是人的全部生命活动的动因和根据，也是人的各种社会关系的根本动因，因为人不是孤立存在的，而是处在相互联系的社会之中，相互联系的动因就是追求自身需要的满足。

马克思关于人的本质的三个命题是紧密联系的有机整体。人们的一切劳动、全部自由自觉的实践活动总是在一定社会关系中进行的，只有结成一定的社会关系才能进行活动；人们的社会关系又是在实践活动中形成的，社会关系是人们实践活动的表现形式；离开人的实践活动，就不可能产生人的社会关系，也不可能满足人的需要，而离开人的需要，人的一切实践活动和一切社会关系都将不会产生也不复存在。简言之，实践活动是内容，社会关系是形式，人的需要是动因，三者缺一不可，是有机统一的整体。思想政治教育要坚持"以人为本"，就必须全面把握人的本质的理论，注重从人的需要出发，注重实践，注重社会关系的优化。

---

① 马克思，恩格斯．马克思恩格斯全集：第42卷．北京：人民出版社，1979：96.

② 马克思，恩格斯．马克思恩格斯选集：第1卷．2版．北京：人民出版社，1995：56.

③ 马克思，恩格斯．马克思恩格斯全集：第3卷．北京：人民出版社，1960：514.

3. 人的发展论是马克思主义人学理论的归宿

马克思运用科学性与价值性相统一的方法，从四个方面对人的发展问题进行了研究。

一是从对他那个历史时代人的发展“异化”现状的思考和批判开始，分析了无产阶级的生存境遇和发展命运，提出了人的全面发展的目标。“代替那存在着阶级和阶级对立的资产阶级旧社会的，将是这样一个联合体，在那里，每个人的自由发展是一切人的自由发展的条件。”① 这是马克思所提出的理想社会状态。

二是通过剖析人的发展的“异化”产生的根源，阐释了人的全面发展的基本内涵。马克思认为分工的发展和私有制的产生是劳动“异化”的根源，人的发展的“异化”到了资本主义大工业出现后达到了顶点。针对工人成为生产机构的附属物、工厂的一个部件、人的片面发展的境况，马克思认为人的全面发展应包括人的劳动能力的全面发展、人的社会关系的全面发展、人的自由个性的全面发展等。

三是通过分析生产力和生产关系的矛盾运动以及人的活动规律，揭示了社会发展规律，提出了实现个人全面发展与社会全面进步和谐一致理想目标的现实道路。

四是通过分析人与自然、人与社会的关系，提出了人的全面发展的三个历史阶段的理论。在马克思看来，人类解放、人的全面发展的历史过程，是在人类社会发展规律作用下的必然过程，这个过程须经历不同的社会形态后才能最终达到理想境界。马克思指出：“人的依赖关系（起初完全是自然发生的），是最初的社会形式，在这种形式下，人的生产能力只是在狭小的范围内和孤立的地点上发展着。以物的依赖性为基础的人的独立性，是第二大形式，在这种形式下，才形成普遍的社会物质交换、全面的关系、多方面的需要以及全面的能力的体系。建立在个人全面发展和他们共同的、社会的生产能力成为从属于他们的社会财富这一基础上的自由个性，是第三个阶段。第二个阶段为第三个阶段创造条件。”② 马克思对人的发展三个历史阶段的划分，说明人的全面发展是一个不断推进、逐渐提高和永无止境的历史过程，前一阶段是后一阶段的前提和基础，为后一阶段的发展提供条件，后一阶段是前一阶段的必然趋势和发展结果。

中国共产党继承和发展了马克思人的全面发展思想，并赋予这一思想中国特色和时代特色。毛泽东提出：“应该使受教育者在德育、智育、体育几方面都得到发展，成为有社会主义觉悟的有文化的劳动者。”③ 邓小平提出要培养“有理想、有道德、有文化、有纪律”的社会主义新人。江泽民强调，建设有中国特色社会主义的各项事业和我们进行的一切工作，“既要着眼于人民现实的物质文化生活需要，同时又要着眼于促进人民素质的提高，也就是要努力促进人的全面发

① 马克思，恩格斯．马克思恩格斯选集：第 1 卷．2 版．北京：人民出版社，1995：294.

② 马克思，恩格斯．马克思恩格斯文集：第 8 卷．北京：人民出版社，2009：52.

③ 毛泽东．毛泽东著作选读：下册．北京：人民出版社，1986：780-781.

展。这是马克思主义关于建设社会主义新社会的本质要求。”[①] 胡锦涛提出科学发展观，强调坚持以人为本，“要始终把实现好、维护好、发展好最广大人民的根本利益作为党和国家一切工作的出发点和落脚点，尊重人民主体地位，发挥人民首创精神，保障人民各项权益，走共同富裕道路，促进人的全面发展，做到发展为了人民、发展依靠人民、发展成果由人民共享”[②]。2018 年 9 月，习近平在全国教育大会上强调，坚持中国特色社会主义教育发展道路，培养德智体美劳全面发展的社会主义建设者和接班人。这些论述都是对马克思人的全面发展思想的继承和发展，为思想政治教育确立正确的目的、任务、内容指明了方向。

新时代的思想政治教育及其学科建设要自觉坚持以马克思主义人学理论为指导，树立“以人为本”的思想政治教育观，努力培养德智体美劳全面发展、能担当民族复兴大任的时代新人。

五、社会主义意识灌输理论

社会主义意识灌输理论是指无产阶级政党必须反对自发论，坚持把科学社会主义思想灌注和输送到无产阶级和人民群众中去，提高其政治意识和阶级觉悟的学说。该理论是确立思想政治教育地位、作用、方针、原则、任务、内容的直接理论依据。

列宁在《怎么办?》一书中系统论述了灌输理论。他指出，“工人本来**也不可能有**社会民主主义的意识。这种意识只能从外面灌输进去，各国的历史都证明：工人阶级单靠自己本身的力量，只能形成工联主义的意识”[③]。社会主义意识不可能在工人运动的进程中自发产生，这是由私有制条件下历史形成的社会分工和工人阶级的生活境况所决定的。马克思恩格斯指出，“分工也以精神劳动和物质劳动的分工的形式在统治阶级中间表现出来，因此在这个阶级内部，一部分人是作为该阶级的思想家出现的”，他们根据本阶级的意志和利益，概括并表达了统治阶级的思想体系，而这一阶级的其余成员（包括积极成员）都“很少有时间来编造关于自身的幻想和思想”[④]。在资本主义社会中，工人阶级由于经济地位、生活条件、文化条件等的限制，难以从事系统的精神生产并提出思想体系。列宁指出，“社会主义学说则是从有产阶级的有教养的人即知识分子创造的哲学理论、历史理论和经济理论中发展起来的”[⑤]，它“是完全不依赖于工人运动的自发增长而产生的，它的产生是革命的社会主义知识分子的思想发展的

---

① 江泽民．江泽民文选：第 3 卷．北京：人民出版社，2006：294.

② 胡锦涛．高举中国特色社会主义伟大旗帜　为夺取全面建设小康社会新胜利而奋斗．人民日报，2007-10-25.

③ 列宁．列宁选集：第 1 卷．3 版．北京：人民出版社，1995：317.

④ 马克思，恩格斯．马克思恩格斯选集：第 1 卷．2 版．北京：人民出版社，1995：99.

⑤ 同④317-318.

自然和必然的结果”[①]。因此，无产阶级政党必须坚持从经济斗争范围之外给工人群众灌输政治意识，从工人同厂主斗争范围之外给工人群众灌输阶级意识，使本阶级成员接受科学社会主义思想，自觉地为实现无产阶级的伟大历史使命而奋斗。

今天，国际国内条件发生了巨大变化，但是，社会主义思想必须灌输的理论、原则并没有过时，应该说，灌输的条件好多了，与此同时，对灌输的要求也更高了。我们要坚决反对“自发论”，坚持灌输原则，改进灌输方法，大力弘扬主旋律，在中国特色社会主义事业中充分发挥党的领导和自觉成分的作用，努力开创思想政治教育的新局面。

六、正确处理人民内部矛盾的学说

在社会主义改造基本完成以后，剥削阶级作为完整的阶级已被消灭，阶级斗争已不再是我国社会的主要矛盾，但阶级斗争在一定范围内仍将长期存在，在一定条件下还可能激化。阶级、阶级斗争观念和阶级分析法的教育仍是政治观教育的重要内容。然而，人民内部矛盾已成为我国社会生活的主题，严格区分和正确处理两类不同性质的矛盾就显得十分重要。毛泽东提出关于正确处理人民内部矛盾的学说，这是对马克思主义的重大发展。

在社会主义时期，一切赞成、拥护和参加社会主义建设事业的阶级、阶层和社会集团，都是建设中国特色社会主义事业的依靠力量，都属于人民的范围；反之，则是人民的敌人。敌我矛盾是对抗性矛盾，人民内部矛盾一般说来是非对抗性矛盾。两类矛盾性质不同，解决的方法也不同；对敌人实行专政，而在人民内部则实行民主集中制。“凡属于思想性质的问题，凡属于人民内部的争论问题，只能用民主的方法去解决，只能用讨论的方法、批评的方法、说服教育的方法去解决”[②]。为了维护社会秩序，有效地进行生产、工作和学习，政府和领导者发布适当的带强制性的行政命令、规章制度，这与说服教育是相辅相成的。人民中间的犯法分子也要受到法律制裁，但这同对敌人的专政是有原则区别的。要坚持以说服教育为主、法纪处理为辅的方针，在执行法纪中也要伴之以说服教育。毛泽东根据我们党的历史经验，把解决人民内部矛盾的这种民主方法，概括为“团结—批评—团结”的公式，意即从团结的愿望出发，经过批评或思想斗争，分清是非，使矛盾得到解决，从而在新的基础上达到新的团结。这是与“残酷斗争，无情打击”相对立，而以“惩前毖后，治病救人”为宗旨的正确方法。

正确处理人民内部矛盾的学说，是确定思想政治教育方针、原则、方法的直

① 列宁．列宁选集：第1卷．3版．北京：人民出版社，1995：318.

② 毛泽东．毛泽东著作选读：下册．北京：人民出版社，1986：762.

接理论依据。思想政治教育的方针、原则和方法，必须符合正确处理人民内部矛盾的要求，必须有助于解决人民内部矛盾。在我国社会转型时期，人民内部矛盾呈现出许多新特点，大量地表现为各种群体性的利益矛盾。对这些矛盾如果处理不当，就有可能使矛盾激化，给敌对势力以可乘之机。因此，要坚持人民群众共建共享的原则，正确认识、努力化解各种社会利益矛盾，减少不和谐因素，增加社会和谐因素。同时，由于人民内部矛盾有时会与敌我矛盾交织在一起，一时难以分清，这就要求我们要结合新情况深入研究并丰富发展正确处理人民内部矛盾的学说，努力提高政策和策略水平，严格区分和正确处理两类不同性质的矛盾，形成化解社会利益矛盾的长效机制，促进社会的和谐稳定。

七、社会主义核心价值体系与社会主义核心价值观理论

2006 年 5 月，胡锦涛在云南考察时首次提出了建设和谐文化的战略思想。2006 年 10 月，党的十六届六中全会通过的《中共中央关于构建社会主义和谐社会若干重大问题的决定》深刻论述了和谐文化建设问题，指出，“建设和谐文化，是构建社会主义和谐社会的重要任务。社会主义核心价值体系是建设和谐文化的根本”。以社会主义核心价值体系为根本的和谐文化建设理论的提出，是对社会主义精神文明建设理论的丰富和发展，既充实、完善了党在社会主义初级阶段的文化建设纲领和理论，又充分体现了文化建设与经济、政治、社会、生态等方面建设的有机联系，具有鲜明的时代特色，更加符合规律性、富于创造性。思想政治教育是社会主义精神文明与和谐文化建设的基础工作，应当坚持以社会主义核心价值体系为指导，自觉担当起推进以社会主义核心价值体系为根本的和谐文化建设的重任。

所谓和谐文化是指倡导和谐价值取向和以和谐理念贯穿其中的文化现象和文化状态，是社会主义先进文化的重要组成部分和生动体现，是构建社会主义和谐社会的灵魂。和谐文化具有和谐性、人本性、整体性、历史性和永续性等特征，具有导向、凝聚、支撑、审美和陶冶等功能。在我国，和谐文化建设必须以社会主义核心价值体系为统领。

党的十七大报告高度概括了文化建设在当今中国的重要地位，指出，“文化越来越成为民族凝聚力和创造力的重要源泉，越来越成为综合国力竞争的重要因素，丰富精神文化生活越来越成为我国人民的热切愿望”①。在当今复杂多变、迅速发展的国际国内形势下，我国文化建设如何正确定位，关系着能否增强文化软实力、扩大中华文化影响力、占领文化发展的制高点、掌握国际竞争的主动权、为建立和谐世界做贡献，关系着能否尊重差异、包容多样、打牢社会和谐的思想

---

① 胡锦涛. 高举中国特色社会主义伟大旗帜 为夺取全面建设小康社会新胜利而奋斗. 人民日报，2007-10-25.

道德基础、为全面建成小康社会提供强大的精神动力和可靠的思想保证。我们应当从这样的高度认清以社会主义核心价值体系为根本的和谐文化建设的战略意义。

《中共中央关于构建社会主义和谐社会若干重大问题的决定》和十七大报告都深刻论述了社会主义核心价值体系的基本内容及其内在联系，可用图 2-1 做简要概括。

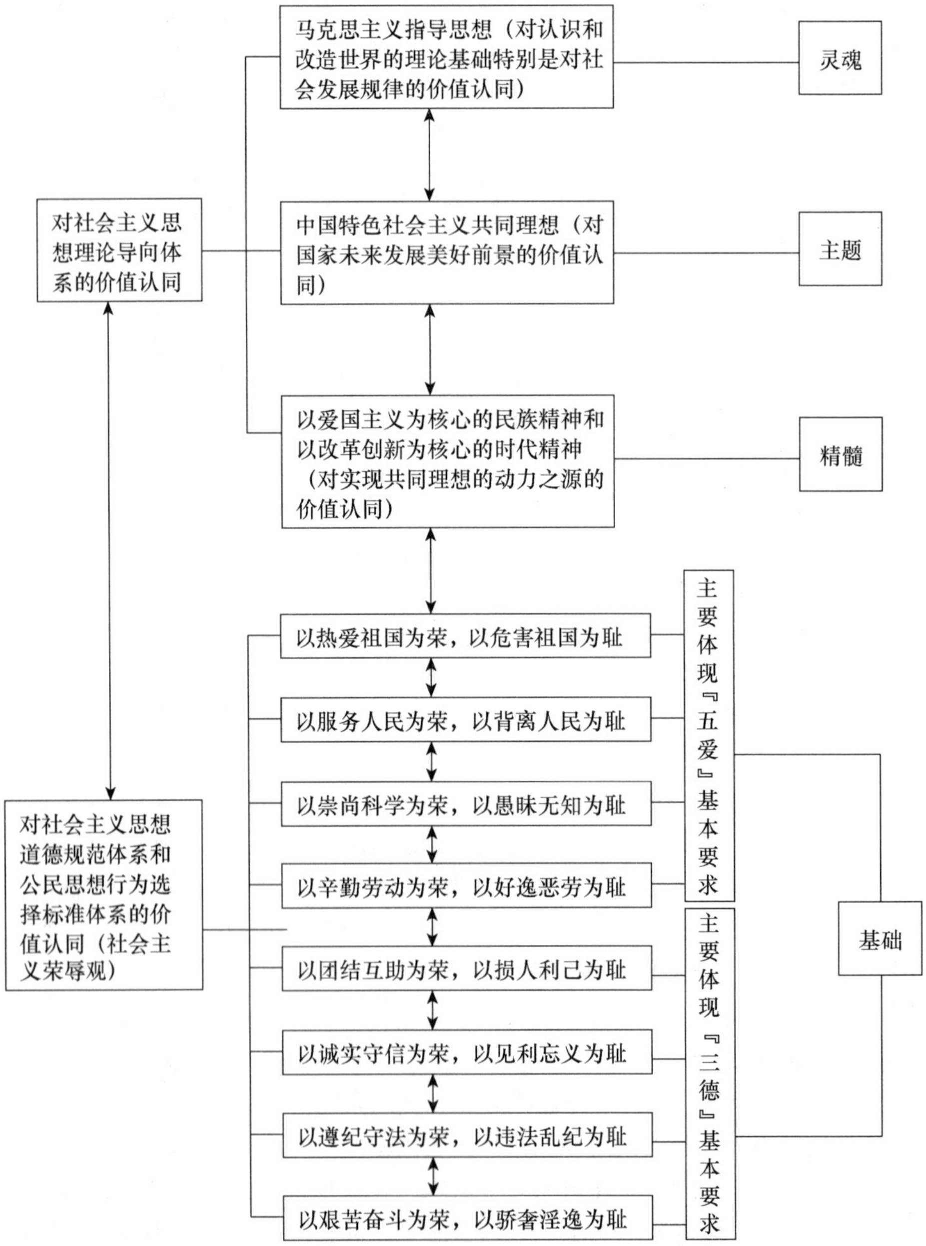

图 2-1　社会主义核心价值体系的基本内容及其内在联系

上述几个方面的内容层次清楚、定位明确、结构严谨，是我们党根据马克思主义基本原理，结合我国改革开放以来的实际，对解决社会主义价值观念问题的新创造，是从思想文化方面对发展中国特色社会主义所面临的现实问题所做出的科学解释。社会主义核心价值体系鲜明地回答了在新的历史条件下，我们党用什么样的精神旗帜团结带领全国人民开拓前进，中华民族以什么样的精神风貌屹立于世界民族之林的重大问题。它具有鲜明的主导性、广泛的包容性、强烈的时代性和独特的民族性，集中体现了社会主义意识形态的本质属性，是社会主义思想道德建设的指导方针，是激励全民族奋发向上的精神力量，是维系全民族团结奋斗的精神纽带，也是一个在实践中不断完善的科学体系。党的十七大报告提出，要“切实把社会主义核心价值体系融入国民教育和精神文明建设全过程，转化为人民的自觉追求”，“加强和改进思想政治工作，注重人文关怀和心理疏导”，“深入开展群众性精神文明创建活动，完善社会志愿服务体系”等[①]，这对新形势下思想政治教育的发展创新提出了很高要求，指出了明确方向。

社会主义核心价值观是中国共产党理论创新的成果之一。党的十八大报告对加强社会主义核心价值体系建设做出了新部署、提出了新要求，指出“要深入开展社会主义核心价值体系学习教育，用社会主义核心价值体系引领社会思潮、凝聚社会共识”，“坚持不懈用中国特色社会主义理论体系武装全党、教育人民”，“推动中国特色社会主义理论体系进教材进课堂进头脑”，强调“倡导富强、民主、文明、和谐，倡导自由、平等、公正、法治，倡导爱国、敬业、诚信、友善，积极培育和践行社会主义核心价值观”等。[②] 自党的十八大提出“培育和践行社会主义核心价值观”重大命题以来，习近平关于社会主义核心价值观的重要论述为我们了解、把握和研究社会主义核心价值观指明了方向。

第一，社会主义核心价值观的价值要求是国家、社会、公民三位一体。富强、民主、文明、和谐是国家层面的价值目标，自由、平等、公正、法治是社会层面的价值取向，爱国、敬业、诚信、友善是公民个人层面的价值准则，这24个字是社会主义核心价值观的基本内容。习近平指出：“我们提出的社会主义核心价值观，把涉及国家、社会、公民的价值要求融为一体，既体现了社会主义本质要求，继承了中华优秀传统文化，也吸收了世界文明有益成果，体现了时代精神。”[③] 习近平既鲜明地指出了它的基本内容，又深入挖掘了其深层意蕴，明确了其终极指向，从而展现了立体丰富的社会主义核心价值观的内涵。

第二，社会主义核心价值观的永恒主题和根本基调是爱国主义。2014年习近平在文艺工作座谈会上发表重要讲话，谈道，“在社会主义核心价值观中，最深层、最根本、最永恒的是爱国主义”[④]。弘扬和践行社会主义核心价值观，最重

---

① 胡锦涛. 高举中国特色社会主义伟大旗帜 为夺取全面建设小康社会新胜利而奋斗. 人民日报，2007-10-25.

② 胡锦涛. 坚定不移沿着中国特色社会主义道路前进 为全面建成小康社会而奋斗. 人民日报，2012-11-18.

③ 习近平. 习近平谈治国理政：第1卷. 2版. 北京：外文出版社，2018：169.

④ 习近平. 在文艺工作座谈会上的讲话. 人民日报，2015-10-15.

要的是进行爱国主义宣传教育，让爱国主义精神在广大人民心中生根发芽。以爱国主义的强大凝聚力、精神感召力、价值引领力形成一个民族赖以维系的精神纽带和一个国家共同的思想道德基础。正是因为社会主义核心价值观中始终不变的是爱国主义精神，我们才能真正在其培育和践行中汇聚起实现中华民族伟大复兴的磅礴力量，引导广大人民群众积极投身于社会主义现代化建设。

第三，社会主义核心价值观的基本要求是“明大德、守公德、严私德”。

习近平在北京大学师生座谈会上发表重要讲话，指出，“核心价值观，其实就是一种德，既是个人的德，也是一种大德，就是国家的德、社会的德”①。在上海考察时指出，“要注意把社会主义核心价值观日常化、具体化、形象化、生活化，使每个人都能感知它、领悟它，内化为精神追求，外化为实际行动，做到明大德、守公德、严私德”②。社会主义核心价值观的基本要求最终还是要落实到国家、社会和个人的德上，在涉及国家、民族层面的大事上，要树立爱国为民情怀，把个人梦想融入实现中华民族伟大复兴的中国梦当中；在社会公共秩序的建设方面，要维护社会公平正义，鼓励见义勇为的行为；在个人品德的塑造上，要培养诚实守信、孝老爱亲、艰苦奋斗、勤俭节约等优良品质。

在党的十九大上，我党首次把加强社会主义核心价值观建设作为坚持和发展新时代中国特色社会主义的基本方略确定下来，成为新时代增强全党全国人民精神力量的必然遵循。指出：“必须坚持马克思主义，牢固树立共产主义远大理想和中国特色社会主义共同理想，培育和践行社会主义核心价值观，不断增强意识形态领域主导权和话语权，推动中华优秀传统文化创造性转化、创新性发展，继承革命文化，发展社会主义先进文化，不忘本来、吸收外来、面向未来，更好构筑中国精神、中国价值、中国力量，为人民提供精神指引。”③

社会主义核心价值体系与社会主义核心价值观既有内在联系，又各有侧重，相互区别。社会主义核心价值体系是社会主义核心价值观的必要条件、来源和基石，没有社会主义核心价值体系，就不会有社会主义核心价值观的产生、发展和演进。而社会主义核心价值观从国家目标、社会治理和公民准则三个方面概括了主要的价值追求，是对社会主义核心价值体系精神实质的高度凝练，是社会主义核心价值体系的内核和最高抽象，集中体现了我国价值观念建设的“最大公约数”，体现了社会主义的价值本质，决定了社会主义核心价值体系的基本特征和基本方向，引领社会主义核心价值体系的建构。因此，确立社会主义核心价值观与构建社会主义核心价值体系，是相辅相成、有机统一的，在本质上是一致的，都是建设中国特色社会主义不可或缺的组成部分。

---

① 习近平．青年要自觉践行社会主义核心价值观．人民日报，2014-05-05.

② 当好全国改革开放排头兵　不断提高城市核心竞争力．人民日报，2014-05-25.

③ 习近平．决胜全面建成小康社会　夺取新时代中国特色社会主义伟大胜利．人民日报，2017-10-28.

八、马克思主义党的建设理论

马克思主义党的建设理论是思想政治教育的重要理论依据。发展中国特色社会主义，搞好经济建设、政治建设、文化建设、社会建设和生态文明建设，关键都在党，搞好执政党的建设便成为做好思想政治教育的根本保证。思想政治教育要自觉坚持党的领导，同时，要把坚持党的领导作为坚持四项基本原则教育最重要的内容认真抓好。

马克思主义党的建设理论是马克思主义理论的重要组成部分，是无产阶级政党建设的思想武器。中国共产党不断发展、成熟和壮大的历史，就是马克思主义党的建设基本原理同党的建设实际日益相结合的历史。这是中国共产党自身建设最基本的经验。在此基础上，中国共产党还积累了丰富的党的建设的重要经验：紧紧围绕党的政治路线加强党的建设；把党的思想建设放在首位，强调党员不仅要在组织上入党，而且要在思想上入党；坚持和发扬理论联系实际、密切联系群众、批评和自我批评等优良作风；重视党的基层组织建设，注意在实际工作中培养和造就接班人；按照“团结-批评-团结”的公式和“惩前毖后，治病救人”的方针正确处理党内矛盾等。把党建设成为领导中国特色社会主义事业的核心力量是现阶段党的建设的主题和目标。围绕这一主题，党中央领导集体高度重视并采取切实措施加强党的建设，进一步丰富和发展了执政党建设理论。

坚持党的工人阶级先锋队性质是党的建设的根本问题。在新的历史条件下，阶级关系的新变化没有也不能改变党的工人阶级先锋队性质，党的阶级基础依然是工人阶级，党始终是工人阶级的先锋队，同时是中华民族和中国人民的先锋队。要根据社会阶层结构的新变化，巩固党的阶级基础，扩大党的群众基础。全心全意为人民服务是党的根本宗旨，坚持群众观点、贯彻群众路线是坚持党的根本宗旨的基本途径；要坚持人民群众是历史的创造者、向人民群众学习、全心全意为人民服务、干部的权力是人民赋予的、对党负责和对人民负责相一致、要依靠群众又要教育引导群众前进等群众观点，贯彻执行一切为了群众、一切依靠群众，从群众中来、到群众中去的根本工作路线。党的领导就是党的政治领导、思想领导和组织领导的统一。执政党要增强执政意识，提高执政本领，增强执政能力，巩固执政基础，就必须加强和改善党的领导。要坚持共产党领导的多党合作和政治协商制度。要加强党的基层组织建设，充分发挥党支部的战斗堡垒作用。加强和改善党的领导最重要的是要加强和改进思想政治工作。在正确处理党内矛盾中发展壮大是党的建设的客观要求，反对党内错误思想倾向要坚持既反右又反“左”的两条战线的斗争，有右反右，有“左”反“左”，在反对一种倾向时，要注意防止它可能掩盖着的另一种倾向。着重从思想上建党是马克思主义的重要建党原则，因此，必须坚持马克思主义的灌输原理，把思想理论建设放在党的建设的首位，不断推进马克思主义中国化、时代化、大众化。加强马克思主义理论学习和教育是党的根本的思想建设，应将其放到党的思想建设的中心地位。坚持民主集中制是维护党的工人阶级先锋队性质的根本组织保证，为此，必须搞好基本制度的改革和建设。党风问题关系执政党的生死存亡，必须加强党风建设，克服党内不正之风和腐败现象。要开展保持共产党员先进性的教育，建立保持党的先进性的长效机制。要严格党员标准，增强党性锻炼，充分发挥党员的先锋模范作用。要坚持党管干部的原则，加强党政干部和科技干部队伍建设，要坚定不移地贯彻执行干部队伍革命化、年轻化、知识化和专业化的方针，全面提高干部的素质，大力培养和造就能够担当民族复兴大任的时代新人，确保党和国家的各级领导权掌握在忠于马克思主义的人手里。

党的十六届四中全会通过的《中共中央关于加强党的执政能力建设的决定》强调，执政能力建设是党执政后的一项根本建设，关系党的生死存亡和国家长治久安。在总结了半个多世纪执政经验的基础上，《决定》明确指出加强党的执政能力建设的指导思想是必须坚持以马克思列宁主义、毛泽东思想、邓小平理论和“三个代表”重要思想为指导，全面贯彻党的基本路线、基本纲领、基本经验，以保持党同人民群众的血肉联系为核心，以建设高素质干部队伍为关键，以改革和完善党的领导体制和工作机制为重点，以加强党的基层组织和党员队伍建设为基础，努力体现时代性，把握规律性，富于创造性；指出加强党的执政能力建设的总体目标是通过全党共同努力，使党始终成为立党为公、执政为民的执政党，成为科学执政、民主执政、依法执政的执政党，成为求真务实、开拓创新、勤政高效、清正廉洁的执政党，归根到底成为始终做到“三个代表”、永远保持先进性、经得住各种风浪考验的马克思主义政党，带领全国各族人民实现国家富强、民族振兴、社会和谐、人民幸福；指出当前和今后一个时期加强党的执政能力建设的主要任务，是按照推动社会主义物质文明、政治文明、精神文明协调发展的要求，不断提高驾驭社会主义市场经济的能力、发展社会主义民主政治的能力、建设社会主义先进文化的能力、构建社会主义和谐社会的能力、应对国际局势和处理国际事务的能力。《决定》抓住了执政党建设的主要矛盾，为全面加强和改进党的建设，使党的执政方略更加完善、执政体制更加健全、执政方式更加科学、执政基础更加巩固指明了方向。

党的十七大丰富和发展了党的指导思想，提出改革开放新时期党的理论创新的最大收获就是形成了中国特色社会主义理论体系，它的内容包括邓小平理论、“三个代表”重要思想、科学发展观等重要战略思想，它是对马克思列宁主义、毛泽东思想的坚持和发展，是马克思主义中国化的最新成果。十七大报告把十三大表述的党的基本路线予以充实、完善，指出党在社会主义初级阶段的奋斗目标是把我国建设成为富强、民主、文明、和谐的社会主义国家。十七大指出，在当今中国，坚持中国特色社会主义道路就是真正坚持社会主义，坚持中国特色社会主义理论体系就是真正坚持马克思主义。十七大强调要“以改革创新精神全面推进党的建设新的伟大工程”①，其丰富内涵主要是要以思想理论建设为根本，以党的理论创新引领各方面的创新；以党的执政能力建设和先进性建设为主线，坚持党要管党、从严治党的方针，贯彻为民、务实、清廉的要求，从思想建设、组织建设、作风建设、制度建设、反腐倡廉建设等方面全面推进党的建设；目标是要“使党始终成为立党为公、执政为民，求真务实、改革创新，艰苦奋斗、清正廉洁，富有活力、团结和谐的马克思主义执政党”②。党的十七届四中全会进一步提出要把中国共产党建设成为学习型的政党。这些都深刻地揭示了中国特色社会主义事业是改革创新的事业，领导这一伟大事业的执政党只有以改革创新精神加强自身建设，只有坚持加强学习，才能成为富有创新精神的马克思主义执政党，推进社会主义现代化和中华民族伟大复兴宏伟目标的顺利实现。

党的十八大总结了我们党的理论创新的重大成果，正式把科学发展观确定为党的指导思想的重要内容。科学发展观是马克思主义同当代中国实际和时代特征相结合的产物，是马克思主义关于发展的世界观和方法论的集中体现，对新形势下实现什么样的发展、怎样发展等重大问题做出了新的科学回答，把我们对中国特色社会主义规律的认识提高到新的水平，开辟了当代中国马克思主义发展新境界。科学发展观是中国特色社会主义理论体系最新成果，是中国共产党集体智慧的结晶，是指导党和国家全部工作的强大思想武器。科学发展观同马克思列宁主义、毛泽东思想、邓小平理论、“三个代表”重要思想一道，是党必须长期坚持的指导思想。党的十八大提出了“全面提高党的建设科学化水平”的战略任务，指出党在现阶段的基本纲领和中国特色社会主义建设的总任务就是团结带领人民全面建成小康社会、推进社会主义现代化、实现中华民族伟大复兴。根据新形势、新问题和党的建设的重大课题，对党的建设提出了新的目标要求，即“要增强紧迫感和责任感，牢牢把握加强党的执政能力建设、先进性和纯洁性建设这条主线，坚持解放思想、改革创新，坚持党要管党、从严治党，全面加强党的思想建设、组织建设、作风建设、反腐倡廉建设、制度建设，增强自我净化、自我完善、自我革新、自我提高能力，建设学习型、服务型、创新型的马克思主义执政党，确保党始终成为中国特色社会主义事业的坚强领导核心”。因此，要坚持和加强党的领导，全党必须增强政治意识、大局意识、核心意识、看齐意识，自觉维护党中央权威，在思想上、政治上、行动上同党中央保持高度一致；要完善和坚持党的领导的体制机制，从政治建设、思想建设、组织建设、作风建设、纪律建设等方面坚持党对一切工作的领导，坚持民主集中制，严明党的政治纪律和政治规矩，坚决防止和反对个人主义、分散主义、自由主义、本位主义、好人主义，坚决防止和反对宗派主义、圈子文化、码头文化，坚决反对搞两面派、做两面人，提高党把方向、谋大局、定政策、促改革的能力和定力，确保党始终总揽

①② 胡锦涛．高举中国特色社会主义伟大旗帜　为夺取全面建设小康社会新胜利而奋斗．人民日报，2007-10-25.

全局、协调各方。要扎实推进全面从严治党工作，从推动全党尊崇党章和增强“四个意识”入手，层层落实管党治党政治责任；在全党开展理想信念教育，坚持“照镜子、正衣冠、洗洗澡、治治病”的要求，开展以为民、务实、清廉为主题的党的群众路线教育实践活动和“三严三实”专题教育，推进“两学一做”学习教育制度化常态化。贯彻好干部标准，加强干部队伍建设，促进选人用人风清气正。要紧紧围绕提高科学执政、民主执政、依法执政水平来深化党的建设制度改革，使党内法规制度体系不断完善。要把纪律挺在前面，贯彻落实“八项规定”，严厉整治形式主义、官僚主义、享乐主义和奢靡之风，坚决反对特权，“把权力关进制度的笼子里”，着力解决人民群众反映最强烈、对党的执政基础威胁最大的突出问题。坚持反腐败无禁区、全覆盖、零容忍，坚定不移“打虎”“拍蝇”“猎狐”，努力实现干部不敢腐、不能腐、不想腐的目标，形成和巩固反腐败斗争压倒性态势。要彰显巡视的利剑作用，做到中央和省级党委巡视的全覆盖，根据巡视发现的问题线索认真查处各类腐败案件，使巡视成为党风廉政建设和反腐败斗争的重要平台、强化党内监督的重要举措，发挥巡视在深化反腐、形成威慑中的重要作用，推动全面从严治党不断向纵深发展，使党自我净化、自我完善、自我革新、自我提高能力显著增强，党的创造力、凝聚力、战斗力显著增强，党的执政基础和群众基础更加巩固，为党和国家事业发展提供坚强的政治保证。

我们党有思想建党、理论强党的优良传统，党的十八大以来，我们党勇于进行具有许多新的历史特点的伟大斗争，推动党和国家事业取得历史性成就、发生历史性变革，党的理论创新也实现了新飞跃，形成了习近平新时代中国特色社会主义思想。

党的十九大报告指出：“经过长期努力，中国特色社会主义进入了新时代，这是我国发展新的历史方位。”① 我国社会的主要矛盾已经变为“人民日益增长的美好生活需要和不平衡不充分的发展之间的矛盾”②。只有解决好发展不平衡不充分的问题，才能在更高水平上满足人民日益增长的美好生活需要。中国特色社会主义新时代本质上就是中华民族实现强起来的时代，即要在实现“第一个百年”奋斗目标——全面建成小康社会的基础上，分两步走，在2035年提前实现“第二个百年”奋斗目标——基本实现社会主义现代化，到本世纪中叶把我国建成富强民主文明和谐美丽的社会主义现代化强国，实现中华民族伟大复兴的中国梦。今天，我们比历史上任何时期都更接近、更有信心和能力实现中华民族伟大复兴的目标，我国日益走近世界舞台中央。党的十九大报告指出，“实现伟大梦想，必须进行伟大斗争”，“实现伟大梦想，必须建设伟大工程”，“实现伟大梦想，必须推进伟大事业”，“伟大斗争，伟大工程，伟大事业，伟大梦想，紧密联系、相互贯通、相互作用，其中起决定性作用的是党的建设新的伟大工程”③。党的十九大把伟大斗争、伟大工程、伟大事业、伟大梦想作为一个统一整体提出来，这是

①②③ 习近平. 决胜全面建成小康社会 夺取新时代中国特色社会主义伟大胜利. 人民日报，2017-10-28.

一个重大的理论创新，不仅对党的历史使命提出了新要求，而且进一步明确了党在新时代治国理政的总战略、引领全局的总蓝图、谋划工作的总坐标，深刻回答了什么是新时代党的历史使命、怎样实现新时代党的历史使命这一重大理论和实践问题，使我们党对自身肩负历史使命的认识达到了新的高度。

党的十九大报告指出："新时代中国特色社会主义思想，是对马克思列宁主义、毛泽东思想、邓小平理论、'三个代表'重要思想、科学发展观的继承和发展，是马克思主义中国化最新成果，是党和人民实践经验和集体智慧的结晶，是中国特色社会主义理论体系的重要组成部分，是全党全国人民为实现中华民族伟大复兴而奋斗的行动指南，必须长期坚持并不断发展。"[①] 习近平新时代中国特色社会主义思想围绕"新时代坚持和发展什么样的中国特色社会主义、怎样坚持和发展中国特色社会主义"这个重大时代课题，从理论和实践的结合上做出了系统回答，包括新时代坚持和发展中国特色社会主义的总目标、总任务、总体布局、战略布局和发展方向、发展方式、发展动力、战略步骤、外部条件、政治保证等基本问题。其精神实质和丰富内涵集中体现在"八个明确"和"十四个坚持"基本方略之中。"八个明确"即，第一，明确坚持和发展中国特色社会主义，总任务是实现社会主义现代化和中华民族伟大复兴，在全面建成小康社会的基础上，分两步走在本世纪中叶建成富强民主文明和谐美丽的社会主义现代化强国；第二，明确新时代我国社会主要矛盾是人民日益增长的美好生活需要和不平衡不充分的发展之间的矛盾，必须坚持以人民为中心的发展思想，不断促进人的全面发展、全体人民共同富裕；第三，明确中国特色社会主义总体布局是"五位一体"、战略布局是"四个全面"，强调坚定道路自信、理论自信、制度自信和文化自信；第四，明确深化改革的总目标是完善和发展中国特色社会主义制度、推进国家治理体系和治理能力现代化；第五，明确全面推进依法治国总目标是建设中国特色社会主义法治体系、建设中国特色社会主义法治国家；第六，明确党在新时代的强军目标是建设一支听党指挥、能打胜仗、作风优良的人民军队，把人民军队建设成为世界一流军队；第七，明确中国特色大国外交要推动构建新型国际关系、推动构建人类命运共同体；第八，明确中国特色社会主义最本质的特征是中国共产党领导，中国特色社会主义制度的最大优势是中国共产党领导，党是最高政治领导力量，提出新时代党的建设总要求，突出政治建设在党的建设中的重要地位。

新时代坚持和发展中国特色社会主义的基本方略共十四条：第一条，坚持党对一切工作的领导；第二条，坚持以人民为中心；第三条，坚持全面深化改革；第四条，坚持新发展理念；第五条，坚持人民当家作主；第六条，坚持全面依法治国；第七条，坚持社会主义核心价值体系；第八条，坚持在发展中保障和改善民生；第九条，坚持人与自然和谐共生；第十条，坚持总体国家安全观；第十一条，坚持党对人民军队的绝对领导；第十二条，坚持"一国两制"和推进祖国统

① 习近平. 决胜全面建成小康社会　夺取新时代中国特色社会主义伟大胜利. 人民日报，2017-10-28.

一；第十三条，坚持推动构建人类命运共同体；第十四条，坚持全面从严治党。

党的十九大报告强调“全面从严治党永远在路上”，提出了新时代党的建设总要求，即坚持和加强党的全面领导，坚持党要管党、全面从严治党，以加强党的长期执政能力建设、先进性和纯洁性建设为主线，以党的政治建设为统领，以坚定理想信念宗旨为根基，以调动全党积极性、主动性、创造性为着力点，全面推进党的政治建设、思想建设、组织建设、作风建设、纪律建设，把制度建设贯穿其中，深入推进反腐败斗争，不断提高党的建设质量，把党建设成为始终走在时代前列、人民衷心拥护、勇于自我革命、经得起各种风浪考验、朝气蓬勃的马克思主义执政党。这个总要求气势恢宏、内涵丰富，指明了新时代党的建设的根本方针、工作思路、总体布局、迫切任务和总目标，是指导新时代党的建设的总纲领和总遵循。

习近平强调：“不忘初心，方得始终。中国共产党人的初心和使命，就是为中国人民谋幸福，为中华民族谋复兴。”① 号召全党要不忘初心、牢记使命、继续奋斗。思想政治教育就是要通过初心和使命教育引导广大党员坚定理想信念、践行党的根本宗旨，确保全党始终把人民对美好生活的向往作为我们的奋斗目标。

第三节　思想政治教育学对相关学科的知识借鉴

一、思想政治教育学对教育学等学科知识的借鉴

教育学是研究教育现象、揭示教育规律的科学。它是教育科学体系中的基础学科，它所揭示的教育发展的一般规律以及教育的性质、目的、原则、方法等，对教育科学体系中的其他学科都有指导作用。从一定意义上说，思想政治教育学也是教育学的一个分支学科，它当然也要遵循教育学所揭示的教育的基本原理、原则和方法。但它不是简单的套用，而是借助于这些原理、原则和方法去研究思想政治教育所固有的特殊规律，进而建立思想政治教育学特有的原理、原则、方法的学科体系。同时，思想政治教育学的研究又从一个方面充实和丰富教育学的科学体系和内容。可见思想政治教育学和教育学之间有着密切的联系。但两者又有明显的区别，教育学全面地研究德育、智育、美育等整个教育，主要是研究学校教育，而不是专门研究德育和思想政治教育；思想政治教育学则专门研究思想政治教育，不仅面向学校而且面向整个社会，即要研究全体社会成员的思想政治教育，这个任务又是一般教育学难以完成的。

伦理学是研究道德起源、道德本质、道德关系及其发展规律的科学。马克思主义伦理学所揭示的共产主义道德形成和发展的规律、基本原则和规范，为思想

① 习近平．决胜全面建成小康社会　夺取新时代中国特色社会主义伟大胜利．人民日报，2017-10-28.

政治教育学提供了一定的理论依据，是思想政治教育学研究的重要内容。但道德规范和道德教育只是思想政治教育学研究的一部分内容，而伦理学则是专门研究道德现象的，两者在研究领域上既有明显的差异，又存在一定的交叉关系。思想政治教育学借鉴和应用伦理学的基本原理，能够更好地研究和揭示人的思想品德形成发展的规律；同时，它对伦理学原理的应用，又会丰富和发展马克思主义伦理学特别是道德教育的理论学说。

心理学是研究人们的心理过程和心理特征的科学。思想政治教育学的一个重要内容，就是研究人的思想品德形成发展的一般规律，这就涉及人的心理活动。而心理学所提供的有关理论、知识和方法能为思想政治教育学所借鉴和应用，因为心理素质是思想道德素质的基础条件和构成要素。人的思想、品德的形成和发展过程，也离不开心理活动过程。只有掌握了心理学的有关理论和方法，才能更好地去揭示人的思想品德形成发展的规律，从而更有针对性地做好思想政治教育。可见，两者之间有密切联系。当然，心理学是在一般意义上研究人的心理活动和实践活动的关系，它主要揭示人们心理活动的一般机制，而思想政治教育学则是研究人们特殊的实践活动与思想品德形成之间的关系，更注重心理构成的社会内容，两者的区别也是明显的。思想政治教育学对人的思想行为的心理活动规律的揭示，不仅将充实丰富心理学的理论，而且也会推动应用心理学的发展；改革开放以来，思想政治教育与心理咨询的互动与结合，心理疏导和心理健康教育的蓬勃发展，便是生动的证明。

政治学是关于以国家为主体的各种政治关系、政治制度、政治思想及其发展规律的科学。它所研究的政治思想、政治关系和政治生活准则等，对人的思想观念和立场影响极大，制约着人的思想行为的发展，是思想政治教育学确定教育任务和内容的重要依据；思想政治教育的任务和内容要适合一定的政治思想、政治关系的需要。但两者又有区别，思想政治教育学并不像政治学那样专门研究政治思想、政治关系和政治生活准则产生和发展的规律，而只研究怎样通过思想政治教育使人们的行为符合一定政治思想的要求，将有关的政治思想、政治行为准则内化为人们的思想品德。同时，政治学虽然也研究人们的政治修养、政治教育、政治社会化，但它只是从一般的政治生活实践的意义上去研究，而不专门研究人的思想、政治、道德教育实践及其规律，这一研究则要靠思想政治教育学来承担。

社会学是从某种特有的角度，或侧重对社会，或侧重对作为社会主体的人，或侧重对社会与人的关系，进行综合性的研究而形成的一门学科。它所研究的领域相当广泛，涉及社会生活的方方面面。其中很多方面的研究，如人的社会化和现代化、人际交往和人际关系、正式群体和非正式群体、社区文化、社会整合、社会控制以及青少年问题、家庭问题、人口问题、就业问题、犯罪问题等研究成果，都能为思想政治教育学学科所借鉴和应用。社会学关于人的社会化的理论，启示我们将思想政治教育过程看作实现教育对象个体思想政治品德社会化的过程，从而更好地去研究和推进这一过程；关于青少年研究的成果，给思想政治教育学科学地分析和认识这一主要的教育对象，提供了丰富的资料；关于人的现代化理论，丰富了关于思想政治教育任务的研究内容；等等。此外，社会学研究的基本方法——社会调查，也对思想政治教育的理论研究和实际工作具有重要价值。思想政治教育学借助社会学的理论和方法，能更好地分析思想现象，探索教育规律，丰富和发展自己的理论。同时，思想政治教育学的研究也能够丰富社会学的理论，例如，关于思想政治教育作用的研究，就能从一个方面丰富社会化理论和社会控制理论。当然，两者的研究对象和研究领域明显不同，不能互相取代。

此外，法学、人力资源管理、系统工程理论等，也与思想政治教育学关系密切，从不同方面为思想政治教育学提供了可资借鉴的知识和方法。

二、思想政治教育学对现代管理科学的知识借鉴

现代管理科学发源于西方。随着产业革命和工厂工业的形成发展，19 世纪末 20 世纪初，在西方产生了最初的管理理论。管理科学作为一门独立的学科或理论体系，它的形成只不过是近百年的事，其发展可分为四个阶段。

第一阶段：“古典管理理论”阶段（19 世纪末至 20 世纪 20 年代）。美国的泰勒是古典管理学家、科学管理的创始人，被西方誉为“科学管理之父”。他于 1911 年出版的《科学管理原理》标志着古典管理理论的诞生。他主张以科学化、标准化的管理取代经验管理，强调通过定额管理、计件工资，设备、环境标准化，员工培训、工艺流程标准化等措施激励员工，以提高工效、降低成本。泰勒开创的理性管理模式为日后管理理论的进一步发展奠定了基础。与此同时，法国的法约尔于 1916 年出版了《工业管理与一般管理》，分析了“管理活动五要素”（计划、组织、指挥、协调、控制）和企业经营的六种活动，论述了管理的十四条原则等，从宏观上构建了企业管理理论的基本框架体系，从而丰富和完善了古典管理理论。古典管理理论的另一位代表人物——德国社会学家韦伯的研究则集中体现在组织管理理论方面，他认为在世袭的传统权力、崇拜领袖的超凡权力和法定权力这三种权力中，只有法定权力才能作为行政组织的基础，才能维系组织的连续和目标的达成。他的行政组织理论对后世产生了深远影响，因此被誉为“组织理论之父”。

第二阶段：“行为科学管理理论”阶段（20 世纪 20 年代末至 50 年代初）。行为科学学派的观点是对古典管理理论的补充，是理性管理模式的进一步发展。行为科学发展的前期，以美国的梅奥及其助手罗特利斯伯格的“社会人”理论和“人际关系学说”为代表；后期则以美国的马斯洛和赫茨伯格的“自我实现人”的论述和激励理论为代表。

行为科学是应用心理学、社会学、人类学及有关学科的理论和方法，研究人的行为特点和规律的学科。它主要研究人的本性和需求、行为的动机，尤其是生

产中的人际关系问题，目的是更好地调动人的生产劳动的积极性。行为科学的早期代表人物梅奥，曾在美国西方电气公司的霍桑工厂进行过一项著名的实验，管理学上称为“霍桑实验”。梅奥等人以这项实验的结果为依据，提出了三条原理：第一，工人是“社会人”，除了金钱方面的需求外，还有社会、心理方面的需求；第二，在企业这个正式组织之中，还存在着“非正式组织”，它对企业人际关系和生产率的提高有很大影响；第三，新型的领导能力在于使正式组织的经济需求与非正式组织的社会心理需求取得平衡。

在梅奥等人奠定的基础上，行为科学在后一阶段的发展，主要集中在以下几个领域：

（1）有关人的需要、动机和激励的理论。在这方面有代表性的理论主要有：一是美国马斯洛的“人的需要层次论”，这一理论把人的需要按其重要性和发生的先后次序划分为五个层次，即生理需要、安全需要、社交需要、自尊需要和自我实现需要，认为人们一般按照这个次序来追求各项需要的满足，以此来解释人们行为的动机。二是美国赫茨伯格的“激励-保健因素理论”，这一理论认为工作环境或工作关系方面的因素，如公司政策和管理、监督、工资条件、同事关系等是保健因素，它不能直接起激励职工的作用，但能预防职工产生不满；而属于工作本身或工作内容方面的因素则是激励因素，包括成就、上级赏识、工作本身、责任、进步等。

（2）同企业管理有关的“人性”理论。代表性理论是美国的麦格雷戈的“X－Y理论”，他把传统的管理思想叫作“X理论”，认为这种理论主张对工人的管理以管束和强制为主；他提出应以诱导为主，鼓励工人发挥主动性和积极性，称这种管理思想为“Y理论”。他认为两种理论对人性的看法是相异的，出发点完全不一样。此外，行为科学还对企业的领导方式进行了研究，形成了一些有影响的研究成果。

概括地说，行为科学的基本观点是：人的行为是有目标的，目标是由动机决定的，动机是由需要引起的；在企业管理中要正确处理人的需要、动机、目标、行为四者之间的关系，使企业员工的目标和企业目标一致，以激励诱导方法为主，在满足员工多方面需要的基础上，调动员工的主动性和积极性，提高劳动生产率。

行为科学的有些内容，如重视生产中人的因素，注意职工积极性的发挥，实行“参与式”管理，重视非正式群体的作用，重视对人际关系的协调等，都对我国的思想政治教育有一定的参考价值，也对思想政治教育学研究有一定的借鉴意义。行为科学在行为的测量方面摸索出的一些行之有效的方法，如抽样理论、调查方法、问卷设计、量表技术、行为研究数据的编码与多元统计分析程序、评估指标系统的建立等，也为思想政治教育学研究提供了可资借鉴的方法和手段。

第三阶段：“管理理论的丛林”阶段（20世纪50年代中期至80年代初）。第二次世界大战以后，管理学者先后将运筹学、决策理论、电子计算机技术运用于企业管理，形成了管理科学学派。在此基础上，又产生了社会系统学派，认为只有用系统观点考察和管理企业，才能提高效率，更好地实现目标。在信息时代背景下，行为科学已不足以独占管理理论领导地位，以组织管理为特征的新的管理科学理论迅速产生。管理理论新学派林立，盘根错节，争奇斗艳，出现了“管理理论的丛林”阶段。其代表人物美国的哈罗德·孔茨在《管理理论的丛林》（1961）和《再论管理理论的丛林》（1980）等文中，将管理理论划分为11大学派，认为其共同特点是重视决策，重视信息和科学预测，主张以人为企业管理的中心，重视社会心理因素的作用，重视智力投资和智力开发等。管理理论各学派在人性假设上不太一致，有的把人看作“复杂人”，有的则把人看作“决策人”。总之，这一时期的管理理论对以往的管理理论进行了合理的综合，弥补了行为科学的不足，使管理理论得到进一步完善。

第四阶段：“企业文化理论”阶段（20世纪80年代至今）。企业文化理论从组织文化的高度，把企业管理从技术上升到艺术，从经济层面上升到文化层面，将管理理论推向一个新阶段。这一阶段的代表人物是日裔美国学者威廉·大内，他在1981年提出“Z理论”，主张将集体意识或归属感作为调动人的积极性、主动性、创造性的基本手段，认为这种管理方式集中体现在日本人的企业中，主张美国应学习日本经验，结合美国特点，形成自己的管理方式。此后，他又在一系列论著中对这一理论进行了系统论述。企业文化理论关注人的精神层面，强调着力营造企业人的共同家园，主张将归属感作为调动工人积极性的基本手段，从而大大促进了管理效率的提高。

随着信息革命、知识经济进程加快，新的理论如迈克尔·波特的竞争战略理论、迈克·哈默和詹姆斯·钱皮的企业再造理论、彼得·圣吉的学习型组织理论等不断涌现，其中影响尤为突出的是学习型组织理论。学习型组织理论认为，工业社会中人们习惯于先分割后组合的思维方式，虽然很必要，但是久而久之，这样思维习惯往往会影响人们深入观察各组成要素间的整体互动关系，易使人们忽略缓慢的渐变问题，而在现代社会的“动态性复杂”问题面前舍本逐末、避重就轻，使问题越积越多，直到爆发“重大事件”时才知道去对付它。彼得·圣吉出版的《第五项修炼——学习型组织的艺术与实务》一书，专注于探究复杂问题更整体而持久的根本解决之道。他将系统动力学简化为适宜于推广的系统思考、整合式创新的现代管理理论与技术。认为对待小至一个家庭，大至全球的问题，最重要的事情是克服学习智障。一个组织，应成为“学习型组织”，使其成员得以不断扩展创造未来的能量，培养全新、前瞻而开阔的思维方式，持续学习、共同学习，提升组织整体运作的“群体智力”，全力实现共同的愿望和目标。在思想政治教育研究中，这些观点值得借鉴。

我们党在推进马克思主义中国化、时代化、大众化中，善于吸取古今中外人类的智慧，不仅将我国传统和合文化中重人文、重整体、重和谐的思想推陈出新，而且勇于借鉴西方最具竞争力的管理理论和方法。党的十四大报告强调，要建设好企业文化、校园文化、乡镇文化、社区文化，党的十六大报告提出建设学习型社会，十七届四中全会进一步提出建设学习型政党的战略任务。习近平指出，学习是文明传承之途、人生成长之梯、政党巩固之基、国家兴盛之要。党的十九大报告提出，要加快建设学习型社会，大力提高国民素质。要增强学习本领，在全党营造善于学习、勇于实践的浓厚氛围，建设马克思主义学习型政党，推动建设学习大国。这是中国共产党第一次在党的重要文献中同时将推动学习型社会、学习型政党、学习大国建设上升为党的重要意志和任务。思想政治教育要适应新形势、新挑战，以习近平新时代中国特色社会主义思想为指导，更新学习理念，健全学习制度，创新学习方式，培育学习文化，按照马克思主义学习型政党建设的要求，全面推进全党大学习的改革创新，增强全党大学习的针对性、有效性，推动全党大学习的科学化水平，为推进新时代中国特色社会主义伟大事业不断前进提供坚强保障。

复习思考题

1. 思想政治教育及其学科建设怎样坚持马克思主义整体性原则？

2. 联系实际谈谈应用马克思主义某一基本原理来深化思想政治教育规律性的认识。

3. 怎样理解社会主义核心价值体系和社会主义核心价值观的基本内容？

4. 怎样理解社会主义核心价值体系和社会主义核心价值观的关系？

5. 思想政治教育学与教育学、心理学的关系如何？

6. 试分析企业文化理论特别是学习型组织理论对思想政治教育的借鉴意义。

阅读书目

1. 习近平. 习近平谈治国理政：第1卷. 2版. 北京：外文出版社，2018.

2. 中共中央组织部，中共中央宣传部，中共中央编译局. 马列主义经典著作选编学习导读. 北京：学习出版社，2011.

3. 刘德华. 马克思主义思想政治教育著作导读. 北京：高等教育出版社，2001.

4. 罗国杰. 马克思主义思想政治教育理论基础. 北京：高等教育出版社，2002.

5. 王平. 马克思主义经典著作导读. 北京：中国人民大学出版社，2011.

6. 刘志迎. 管理科学理论在思想教育中的应用. 合肥：合肥工业大学出版社，2005.

7. 圣吉. 第五项修炼：学习型组织的艺术与实务. 2版. 上海：上海三联书店，1998.

第二章 思想政治教育的本质和特征

要点提示

● 思想政治教育的本质在于社会主导意识形态的灌输和教化，具体体现为通过提高人的思想道德素质为社会全面发展进步服务。

● 思想政治教育的特征源于思想政治教育的本质，主要体现为党性和人民性的统一、理性与非理性的统一、显性与隐性的统一。

关键词 思想政治教育的本质 思想政治教育的特征

思想政治教育的本质和特征是思想政治教育不可回避的基础问题，关系思想政治教育实践活动的正当性和权威性，直接影响思想政治教育活动的实效。只有科学地认识思想政治教育的本质和特征，才能明确思想政治教育学学科的边界，才能正确把握思想政治教育的目的和任务、地位和功能、过程和规律。因此深刻理解思想政治教育的本质和特征，是思想政治教育理论研究的重要命题。

第一节 思想政治教育的本质

一、意识形态的灌输与教化

马克思主义认为，事物的本质即事物的根本性质，是事物本身所固有的并决定事物性质、面貌和发展的根本属性。思想政治教育的本质即根本属性是什么？学术界对这一问题有许多不同的意见。我们认为，思想政治教育的本质是意识形态的灌输和教化。

> 统治阶级的思想在每一时代都是占统治地位的思想。这就是说，一个阶级是社会上占统治地位的**物质**力量，同时也是社会上占统治地位的**精神**力量。
>
> ——马克思，恩格斯．马克思恩格斯选集：第1卷．2版．北京：人民出版社，1995：98.

思想政治教育与社会主导意识形态有着紧密联系，是向社会成员传导和灌输主导意识形态的重要途径。社会意识形态是系统地、自觉地反映社会经济形态和政治制度的思想体系，是社会意识诸形式中构成思想上层建筑的部分，表现在政治、法律、道德、哲学、艺术、宗教等形式中①。在阶级社会中，意识形态具有明显的阶级性，其中，统治阶级的意识形态在社会中占据主导地位。统治阶级为了维护自己的统治，往往通过各种形式和手段向社会成员灌输本阶级的意识形态，而思想政治教育就是其中最主要的形式。可以说，思想政治教育这一人类社会的实践活动，从产生开始就把进行意识形态教育作为自己的主要任务。主导意识形态的灌输与教化，是思想政治教育的本质。

思想政治教育是指教育者把一定社会的思想观念、政治观点、道德规范转化为教育对象个体的思想品德的社会实践活动。一般说来，一定社会对人们思想品德的要求与人们实际的思想品德状况是存在差距和矛盾的，解决这一矛盾就成为思想政治教育的主要任务，而要完成这一任务，就必须向人们进行社会主导意识形态的灌输与教化，使人们的思想品德向主导社会意识形态要求的方向发展。从某种意义上讲，思想政治教育过程，就是教育者实施主导意识形态的灌输、教育对象发挥主观能动性接受这种灌输并将主导意识形态内化的过程。可见，思想政治教育具有鲜明的意识形态性，这种意识形态性集中体现为其主要任务就是对社会成员进行主导意识形态的灌输与教化。

马克思主义经典作家对意识形态的灌输与教化有过精辟论述，形成了马克思主义的灌输理论。在《哥达纲领批判》一书中，马克思揭露拉萨尔主义企图用陈词滥调和空洞的废话，“来歪曲那些花费了很大力量才灌输给党而现在已在党内扎了根的现实主义观点”②。在这里，马克思明确地肯定把科学社会主义意识灌输到无产阶级中去是党的重要任务。马克思恩格斯不仅创立了科学社会主义学说，而且非常注重并亲自参与对无产阶级和劳动群众进行科学社会主义理论灌输的实践活动。列宁在领导俄国社会主义革命的过程中，系统地阐述了社会主义意识只能从外部灌输到工人群众中去的原理。列宁明确指出，“工人本来**也不可能有**社会民主主义的意识。这种意识只能从外面灌输进去，各国的历史都证明：工人阶级单靠自己本身的力量，只能形成工联主义的意识”③。列宁还强调，马克思主义

---

① 辞海：下．上海：上海辞书出版社，1999：4499.

② 马克思，恩格斯．马克思恩格斯选集：第3卷．2版．北京：人民出版社，1995：306.

③ 列宁．列宁选集：第1卷．3版．北京：人民出版社，1995：317.

理论灌输是摆脱资产阶级思想影响的基本前提，“对社会主义思想体系的**任何**轻视和**任何脱离**，都意味着资产阶级思想体系的加强”①。因而列宁明确要求社会民主党人要坚持向工人阶级和广大人民群众灌输社会主义思想。

中国共产党在长期的革命和实践中，坚持对人民群众进行马克思主义理论灌输，积累了许多宝贵经验，丰富和发展了马克思主义灌输理论。毛泽东指出，“没有进步的政治精神贯注于军队之中，没有进步的政治工作去执行这种贯注，就不能达到真正的官长和士兵的一致，就不能激发官兵最大限度的抗战热忱”②。这里的“贯注”，就是灌输与教化。在新的历史时期，江泽民提出“以科学理论武装人，以正确的舆论引导人，以高尚的精神塑造人，以优秀的作品鼓舞人”，其灌输意蕴十分丰富和深刻。习近平指出，“要坚持灌输性和启发性相统一，注重启发性教育”③。2015 年 1 月，中共中央办公厅、国务院办公厅印发的《关于进一步加强和改进新形势下高校宣传思想工作的意见》指出，要推动中国特色社会主义理论体系进教材进课堂进头脑。党的十九大以来，党中央又明确提出要以中国特色社会主义理论体系武装全党、教育人民，强调积极培育和践行社会主义核心价值观。这些论述顺应时代发展的要求，丰富和发展了马克思主义的灌输理论。马克思主义的灌输理论对思想政治教育的本质做出了深刻阐释，是思想政治教育的理论基础。

强调思想政治教育的意识形态灌输与教化本质，并不否认思想政治教育也包含部分非意识形态内容的教育。社会意识是指社会的精神生活过程，包括政治、法律、道德、哲学、艺术、宗教等意识形式和各种社会心理。意识形态则是社会意识中构成社会上层建筑的那部分内容，它所反映的是特定阶级或社会集团的意志，是一种特殊的社会意识，具有鲜明的阶级性。可见，意识形态和社会意识是既有紧密联系又有明显区别的两个概念。思想政治教育要全面提高人的思想道德素质，既要以意识形态为主要内容，又要包括一些非意识形态性的思想道德内容。例如，在各阶级社会以至社会主义社会，都有“切勿偷盗”“尊老爱幼”等道德要求，这些要求主要体现了非意识形态性、非阶级性。当然，这些非意识形态性的内容在思想政治教育中处于从属地位，这是由思想政治教育的本质所决定的。我们认为，在思想政治教育中，在坚持社会主义意识形态主导地位的前提下，注重非意识形态性内容的教育，既有利于满足人们精神生活全面发展的个性化和普遍性需求，又有利于推动不同意识形态性质的国家和地区的思想政治教育的交流与合作，从更广泛的意义上为推进人的社会化和人的全面发展服务。

---

① 列宁．列宁选集：第 1 卷．3 版．北京：人民出版社，1995：327.

② 毛泽东．毛泽东选集：第 2 卷．2 版．北京：人民出版社，1991：511.

③ 习近平主持召开学校思想政治理论课教师座谈会强调　用新时代中国特色社会主义思想铸魂育人　贯彻党的教育方针落实立德树人根本任务．人民日报，2019-03-19.

二、通过提高人的思想道德素质为社会全面发展进步服务

思想政治教育的意识形态灌输与教化的本质，决定了思想政治教育必须为社会的全面发展进步服务；而思想政治教育为社会全面发展进步服务，是通过提高社会成员的思想道德素质实现的。提高人的思想政治素质、促进人的全面发展，是思想政治教育本质的体现，是所有思想政治教育活动的共同目的。

> 任何人如果不同时为了自己的某种需要和为了这种需要的器官而做事，他就什么也不能做。
>
> ——马克思，恩格斯．马克思恩格斯全集：第 3 卷．北京：人民出版社，1960：286.

首先，思想政治教育源于人类生存与发展的客观需要。马克思主义认为，需要是人类社会生活的动因和根由，人类历史的逻辑起点是人的需要。任何需要都只有通过实践才能得到满足，任何实践都是为了满足一定需要的实践；需要是实践的驱动力，实践是满足需要的唯一途径。正是在需要的推动下，人类通过生产实践改造自然，开创了自己的文明史，创造了灿烂的物质和精神财富。社会是由人构成的，社会成员在生产实践过程中必然会形成一定的社会关系。马克思指出："人们在生产中不仅仅影响自然界，而且也互相影响。他们只有以一定的方式共同活动和互相交换其活动，才能进行生产。为了进行生产，人们相互之间便发生一定的联系和关系；只有在这些社会联系和社会关系的范围内，才会有他们对自然界的影响，才会有生产。"① 一般来说，人们改造世界的实践行为是人们现实地处理人与自然、人与人关系的一种客观物质活动。在改造世界的实践活动中，必然会出现主客体矛盾和其他矛盾，人的思想问题和认识问题也难以避免。如果不能有效地解决这些矛盾和问题，人类改造世界的活动就会受到干扰。而思想政治教育在解决这些矛盾和问题的过程中具有不可取代的重要作用。如果思想政治教育者深入人们所从事的实践活动中去，熟悉其实践活动的环境、工具、对象、过程和结果，就可以较为深入地了解和把握这些矛盾和问题，进而帮助人们较好地解决这些矛盾和问题，从而促使人们更有效地从事改造世界的活动，更好地满足自己生存和发展的需要。

人为了生存与发展，还必须进行"人自身的生产"。"每日都在重新生产自己生命的人们开始生产另外一些人，即繁殖。"② 而繁衍出的下一代人所需要的适应社会生存、发展的经验、知识、技能和社会规范并不是与生俱来的，而是后天学习的结果。人类在改造世界的过程中，创造了巨大的物质财富和精神财富，即文化。文化的本质就在于传播，而思想政治教育正是人类文化传播的重要途径。思想政治教育活动影响每个社会个体，将社会文化尤其是其核心——价值观及其社会规范传递、落实到每个社会成员身上。正如十九大报告所指出的："社会主义

---

① 马克思，恩格斯．马克思恩格斯选集：第 1 卷．2 版．北京：人民出版社，1995：344.

② 同①80.

核心价值观是当代中国精神的集中体现，凝结着全体人民共同的价值追求……把社会主义核心价值观融入社会发展各方面，转化为人们的情感认同和行为习惯。”① 如果缺乏这一社会化过程，年青一代就难以适应人类社会生活，人们世代积累起来的经验、知识、技能、社会规范等精神财富就可能因此中断，社会的发展就会止步不前。由此可见，思想政治教育是一种特殊的社会文化传承活动。

其次，思想政治教育具有提高人的思想道德素质、促进人的全面发展的特殊功用。人的生存和发展需要思想政治教育，思想政治教育是满足人的生存和发展需要的重要方式。这种需要和满足的关系体现出思想政治教育的特殊价值，即思想政治教育对人的思想道德素质的促进以及在此基础上对人的全面发展的促进。促进人的全面发展是思想政治教育的终极目标。思想政治教育正是通过提高人的思想道德素质、促进人的全面发展而作用于社会生活。人具有丰富的精神生活需要，满足这一需要对人的发展具有极其重要的意义。而思想政治教育通过丰富多彩的活动，有助于满足人们精神生活的需要，丰富人们的精神生活，从而提高人们的思想道德素质，帮助人们树立正确的世界观、人生观、价值观，以昂扬向上的精神状态投入中国特色社会主义建设事业中。此外，思想政治教育还通过多方面的活动，为提高人的智能素质提供强大的精神动力，提高人的身心素质和审美素质，促进人的个性的发展。所有这些最终都指向人的全面发展。可见，思想政治教育在提高人的思想道德素质，促进人的全面发展方面具有独特的功能，是其他任何社会活动都无法取代的。

最后，思想政治教育是协调人的全面发展和社会全面发展进步的重要手段。思想政治教育的根本依据与最终动力，存在于人的发展与社会发展的矛盾之中。思想政治教育立足于人的发展，就是通过把人的思想道德素质提高到社会发展所要求的水平上来解决所面临的基本矛盾，并以此促进社会的全面进步。一般而言，人的发展与社会的发展是辩证统一的。一是人的发展与社会发展互为前提和基础。人的发展是社会发展的前提，社会是由人构成的，离开了人的发展，就谈不上社会的发展。“人越全面发展，社会的物质文化财富就会创造得越多，人民的生活就越能得到改善”，社会发展为人的发展提供条件和手段。“物质文化条件越充分，又越能推进人的全面发展。”② 二是人的发展和社会发展相互促进、共同发展。江泽民指出：“社会生产力和经济文化的发展水平是逐步提高、永无止境的历史过程，人的全面发展程度也是逐步提高、永无止境的历史过程。这两个历史过程应相互结合、相互促进地向前发展。”③ 习近平指出：“我们要在继续推动发展的基础上，着力解决好发展不平衡不充分问题，大力提升发展质量和效益，更好满足人民在经济、政治、文化、社会、生态等方面日益增长的需要，更好推动人的全面发展、社会全面进步。”④ 因此，在思想政治教育过程中，既要考虑个

① 习近平. 决胜全面建成小康社会　夺取新时代中国特色社会主义伟大胜利. 人民日报，2017-10-28.

② 中共中央文献研究室. 十五大以来重要文献选编：下. 北京：人民出版社，2003：1926.

③ 同②1926-1927.

④ 同①.

人的发展，又要适应社会发展的要求，并将二者有机地结合起来。当然，人的发展与社会发展也存在矛盾，思想政治教育就是解决这一矛盾，实现二者相互转化、共同发展的重要方式，是协调人的发展与社会发展的重要力量。深入细致的思想政治教育，能够有效地促使教育对象将社会发展的要求内化为自身的思想道德素质，将人的思想道德素质提高到社会发展所要求的水平上来，使人成为社会生活的主体，从而实现人的发展和社会发展的相互促进和相互转化。

总之，提高人的思想道德素质、促进人的全面发展，是思想政治教育的立足点，是思想政治教育价值的根本所在和本质体现。

第二节　思想政治教育的特征

思想政治教育的特征源于思想政治教育的本质。准确把握思想政治教育的特征，既有利于深化对思想政治教育本质的认识，又是做好思想政治教育的关键。思想政治教育的特征主要有以下几个方面：

一、党性和人民性的统一

思想政治教育是为党的中心任务服务，直接作用于人的思想品德的活动，具有党性和人民性相统一的特征。

党性问题是一个政治方向问题，解决的是“谁来管”“管什么”“怎么管”的问题。党性是一个政党固有的本质属性，列宁指出，“党性是高度发展的阶级对立的结果和政治表现”①。作为党的工作的重要组成部分，思想政治教育是为统治阶级服务的，必然具有党性，集中表现为意识形态性的灌输和教化。习近平指出：“做好宣传思想工作，必须讲党性。”② 如果在坚持党性这个根本问题上没有明确观点和立场，那就是政治上不合格，就没有做党的宣传思想工作最起码的资格。一般说来，思想政治教育的党性，是指思想政治教育是为一定阶级、一定政党服务的，在思想政治教育活动的全过程中坚持党的领导，反映党的主张，与党中央保持高度一致。具体体现在如下几个方面：一是坚持党的领导。作为维护统治阶级利益的工具，作为思想上层建筑的一个重要内容，思想政治教育是为宣传统治阶级的思想服务的，是政党取得人民群众认可的工具。因此，必须要坚持党的领导。二是反映党的主张。思想政治教育担负着向群众宣传党的主张的职责，党的理论、方针、政策等都是思想政治教育的主要内容。三是与党中央一致。“坚持什么、反对什么，说什么话、做什么事，都要符合党的要求”③。思想政治

---

① 列宁．列宁全集：第13卷．2版增订版．北京：人民出版社，2017：273.

② 坚持党性和人民性相统一：四论学习贯彻习近平总书记8·19重要讲话精神．人民日报，2013-08-27.

③ 中共中央文献研究室．习近平关于社会主义文化建设论述摘编．北京：中央文献出版社，2017：25.

教育作为党的政治宣传的重要工具，能够自觉反映党的思想政治工作要求，并在实践活动中积极践行党的思想政治工作要求，同党中央保持高度一致，维护党中央权威。

人民性问题是一个价值取向问题，解决的是“为了谁、依靠谁、我是谁”的问题。我国是人民民主专政的社会主义国家，人民性是中国共产党的本质特征。“全心全意为人民服务”“代表最广大人民的根本利益”“坚持以人民为中心的发展思想”等科学观点的提出，充分体现了党治国理政的人民性。思想政治教育作为党治国理政的重要方式，必然具有人民性。思想政治教育的人民性是指在思想政治教育的理论和实践工作中，坚持以人民为中心，充分尊重人民的主体地位，引导和回应人民的意愿和需要，促进人民的全面发展。思想政治教育的人民性主要体现在：一是为人民服务。我国是人民民主专政的社会主义国家，人民是国家的主人。党的宗旨是全心全意为人民服务。思想政治教育是为党的中心任务服务的，一切工作的最终指向都是为人民服务。二是尊重人民的主体地位。人民是党取得革命胜利和进行现代化建设的力量之基，依靠人民是党的制胜法宝。思想政治教育作为党治国理政的重要方式，始终坚持走群众路线，历来尊重人民的主体地位。三是坚持人民利益至上。思想政治教育作为人民诉求的传达者和人民心声的倾听者，时刻把人民利益、心声、期待和需求放在心上，不断满足人民的需要和期待，维护人民的根本利益。

习近平指出，“党性和人民性从来都是一致的、统一的”[①]。思想政治教育之所以具有党性和人民性相统一的特征，是因为其既肩负着宣传一定阶级、政党意识形态的重任，又要满足人民群众全面发展的需要，是联结阶级、政党和人民的思想纽带。

首先，思想政治教育党性和人民性的统一是马克思主义的题中应有之义。无产阶级政党是用马克思主义武装起来的政党，党性和人民性的统一是马克思主义的一个基本观点。马克思指出：“过去的一切运动都是少数人的，或者为少数人谋利益的运动。无产阶级的运动是绝大多数人的，为绝大多数人谋利益的独立的运动。”[②] 在这里，党的奋斗和人民的奋斗是为了同一个目标。“理论一经掌握群众，也会变成物质力量。”[③] 理论正是通过思想政治教育掌握群众，并转化成巨大的物质力量，最终实现人民群众的全面发展。无产阶级的奋斗目标与人民群众自由全面发展的追求有着共同的价值目标，体现着思想政治教育党性与人民性的天然契合。

其次，思想政治教育党性和人民性的统一是我党历史经验的总结。建党近100年来，无论是革命战争时期，还是社会主义建设和改革开放时期，党能一路披荆斩棘，就是依靠思想政治教育始终和人民群众打成一片，实现和维护最广大

① 习近平在全国宣传思想工作会议上强调　胸怀大局把握大势着眼大事　努力把宣传思想工作做得更好. 人民日报，2013-08-21.

② 马克思，恩格斯. 马克思恩格斯文集：第2卷. 北京：人民出版社，2009：42.

③ 马克思，恩格斯. 马克思恩格斯选集：第1卷. 2版. 北京：人民出版社，1995：9.

人民的根本利益，赢得人民对党的信任和拥护。历史经验证明，什么时候思想政治教育坚持党性和人民性的高度统一，社会主义事业就会蓬勃发展，如果思想政治教育没有坚持党性和人民性的统一，社会主义事业就会受挫。

最后，思想政治教育党性和人民性的统一是新时代中国特色社会主义事业发展的内在需要。思想政治教育党性和人民性统一于新时代中国特色社会主义事业的实践之中，党是新时代中国特色社会主义事业的领导核心，人民群众是新时代中国特色社会主义建设事业的主体。通过思想政治教育将党性和人民性统一于新时代中国特色社会主义现代化建设之中，就会大大激发人们投身新时代中国特色社会主义建设事业的积极性和主动性，使一切创造活力竞相迸发。

在实际工作中实现思想政治教育党性和人民性的统一，应该从以下几个方面着手：

一是巩固马克思主义的指导地位，夯实党性和人民性统一的思想基础。党的十九届四中全会强调，坚持马克思主义在意识形态领域指导地位的根本制度，“把坚持以马克思主义为指导全面落实到思想理论建设、哲学社会科学研究、教育教学各方面”[①]。在我国，马克思主义是思想政治教育的理论基石。马克思主义中国化的两次历史性飞跃，证明了马克思主义是党和民族立党立国的根本指导思想，也是思想政治教育党性和人民性统一的思想基础，绝不能动摇。面对当前社会思想观念的多样化，意识形态领域思潮纷涌的现象，需要巩固马克思主义的指导地位，有效引领和整合社会思潮，夯实党性和人民性统一的思想基础，凝聚起建设国家的伟大力量。

二是要坚持正确的政治方向，奠定党性和人民性统一的政治基础。习近平指出：“党政军民学，东西南北中，党是领导一切的。”[②] 其中，就包括党的宣传工作和意识形态工作。思想政治教育作为党的宣传工作和意识形态工作的工具，必须要坚持正确的政治方向。从根本上讲，就是要讲政治、讲导向。讲政治就是要树立政治意识，听党话、跟党走。讲导向，就是要坚持正确的政治方向和价值导向，树立坚持党的领导和为人民服务的意识，做到坚持党的领导和维护人民群众的根本利益相统一。只有这样，才能真正做到与人民群众心连心、同呼吸、共命运，更好地保障人民群众的根本利益。反之，就会与人民群众背道而驰，更谈不上为人民谋福利。

三是要树立以人民为中心的工作导向，打牢党性和人民性统一的群众基础。习近平强调：“为什么人的问题，是检验一个政党、一个政权性质的试金石。”[③] 党性不是靠喊口号实现的，而是要看在实践中人民群众的根本利益是否得以保障。因此，需要树立以人民为中心的工作导向。具体到思想政治教育而言，一方面，就是要贴近实际，贴近群众，贴近生活，在思想政治教育理念、过程、目标、内容、方法上都要符合和关照人民性。另一方面，思想政治教育要尊重人民

---

① 中共中央关于坚持和完善中国特色社会主义制度　推进国家治理体系和治理能力现代化若干重大问题的决定. 人民日报，2019-11-06.

②③ 习近平. 决胜全面建成小康社会　夺取新时代中国特色社会主义伟大胜利. 人民日报，2017-10-28.

群众的首创精神，满足人民思想政治教育中自主管理、自主构建、自主发展的愿望，激发人民群众的积极性、主动性和创造性，增强人民在思想政治教育过程中的幸福感、获得感和参与感。

二、理性和非理性的统一

理性和非理性贯穿于人类认识世界和改造世界活动的始终，思想政治教育作为改造人们思想观念的社会实践活动，具有明显的理性和非理性的特征。

一般说来，理性主要包括两个层面的内容：一是指人类所具有的通过自觉的逻辑思维把握客观世界规律的能力，以及运用这种能力认识世界的活动；二是指人类长期思维发展过程中通过概括抽象出来的思想、观念、理论，如科学、法律、制度、道德等。其特点主要表现在以下三个方面：第一，目的性。理性是一种自觉的、有目的的意识活动，人的行为是在理性指导下的带有明显指向性的实践活动，究其根本，这种实践活动是受人的思维能力和思想观念支配，并在一定的法律、制度、道德框架下做出的。第二，逻辑性。人的理性是在人类社会长期发展过程中通过对思维的抽象概括和逻辑分析所形成的。它强调在思维过程中要遵循一定的规律和方法，用逻辑的形式或语言来把握事物。第三，稳定性。人的思想观念、思维方式是在长期社会实践过程中形成的，它一旦形成就会对人产生深远持久的影响，是人的意识活动中具有持续性和稳定性的因素。

非理性是与理性相对应的一种能力和活动，主要包括两类：一类是指人的非逻辑的认知形式和认知能力，包括人的直觉、灵感和顿悟等；另一类是指人的心理结构上的本能意识或无意识，包括人的欲望、情感、意志、信仰等。其特点主要表现在以下三个方面：第一，不自觉性。非理性的根基是本能，更多的是与生俱来的，属于人的心理层面。它与人的行为所发生的联系通常是一种不自觉的过程，往往是自发产生的。第二，非逻辑性。非理性因素如直觉、灵感、顿悟等在认识过程中不受逻辑的规律、方法、形式等束缚，它发生作用主要是受到人的内在本能驱动，是易变的和无序的。第三，情绪性。非理性是一种无意识的冲动或突如其来的直觉，在特定心理环境的影响下，它不时表现为情感的波动和激情的冲动。

思想政治教育之所以具有理性和非理性相统一的特征，原因有以下几个方面：

首先，马克思主义人学理论是思想政治教育理性和非理性辩证统一的理论前提。马克思主义认为，人是理性和非理性相统一的社会存在物，无论理性还是非理性，都是人的属性。对一个人来说，既需要理性，也需要非理性。没有理性的非理性是盲目、危险的，没有非理性的理性是空洞、乏味的。无论是把人视作“理性动物”，抑或视作“非理性存在”，都无法把握人的现实本质与完整内涵。思想政治教育归根结底是要解决人的问题。要解决人的问题，不仅仅要重视人性的理性一面，着眼于人的意识、观念的转变；也要注重人性中非理性因素的存在，侧重从人的心理、情感、意志与行为入手开导人、教育人。

其次，思想政治教育活动是理性和非理性共同发挥作用的过程。理性是非理性的重要的引领，非理性是理性的必要的补充。人的情感、需要、动机等非理性因素具有不自觉性、盲目性、冲动性等特点，如果任凭非理性因素发挥作用，会导致行为主体出现价值偏差。因此要以理性来引导非理性因素发挥作用的方向，确保人的思想品德发展朝着正确的方向前进。同时，情感、意志、信仰等非理性因素是社会存在发展的动力，人们认识世界和改造世界的活动都要受到非理性因素的影响。

思想政治教育的理性和非理性的统一，既是一个理论问题，又是一个实践问题，实际工作中应做到如下几个方面：

首先，要充分发挥理性的引领作用。柏拉图认为："理性是智慧，它关注整个灵魂，所以应居统治地位，而激情则是它的臣民和同盟军。"① 恩格斯指出："在社会历史领域内进行活动的，全是具有意识的、经过思虑或凭激情行动的、追求某种目的的人；任何事情的发生都不是没有自觉的意图，没有预期的目的的。"② 这内在地指出理性在人们的社会实践中发挥的引领作用。思想政治教育活动是基于人们对事物的本质、规律的认识，通过思想观念、政治观点、道德规范等理性因素的影响，最终使人们形成符合社会发展需要的思想品德的过程。在这一过程中，思想政治教育要对情感、意志、信仰等非理性因素加以理性引导，否则，会影响思想政治教育取得预期的效果。理性因素贯穿于思想政治教育过程的始终，处于主导和支配地位。

其次，要注重发挥非理性的补充作用。非理性因素在思想政治教育活动中具有调节和激励的作用。人是现实社会中的人，既有理性知识的需要，也有情感、欲望等利益的诉求。这些基础性需求会直接影响人们的价值判断和行为选择。合理欲望是主体进行实践活动的积极动力和价值源泉，有利于引导价值认同；积极情感具有十分重要的激励和调节作用，有利于坚定理想信念；坚强意志有利于提升道德自律。对此，思想政治教育需要对其加以引导，通过欲求教育实现对人的欲望的科学引导，通过情感教育加强对人的情感的培育，通过挫折教育强化对人的意志的锻炼铸造，进而满足人们合理的非理性需要，促进其内在思想矛盾运行及转化，实现知、情、意、信、行辩证运动和均衡发展。

最后，实现理性和非理性的内在联动。一是要以理性因素规范非理性因素，提升其价值。以社会普遍的理性价值规范来约束自身并将其内化于心、外化于行。通过个人的社会实践活动，促进社会理性要求和个人非理性需求相结合，实现社会价值和自我价值的统一。二是要以非理性因素助推理性因素，巩固其作用。思想政治教育活动要坚持深度与温度的统一，"有意义"和"有意思"的融

---

① 柏拉图. 柏拉图全集：第2卷. 北京：人民出版社，2003：421.

② 马克思，恩格斯. 马克思恩格斯全集：第21卷. 北京：人民出版社，1965：341.

合，自觉将理论导向和情感激发有机结合，通过满足自身合理的情感、欲望、需求等非理性因素，增强其对社会主流价值的认同感和践行意愿。

三、显性和隐性的统一

显性教育是指充分利用各种公开手段、公众场所，对教育对象进行公开、系统的教育实践活动。其特点主要体现为教育目的的公开性、教育行为的规范性、教育途径的专门性。隐性教育是指教育者将教育目的有意识地隐藏在教育活动中，使教育对象在直接体验或间接观察中不知不觉受到影响的教育实践活动。其特点主要体现为教育目的的潜隐性、教育内容的渗透性、教育对象的自主性。

思想政治教育之所以具有显性和隐性相统一的特征，有其客观的基础。首先，思想政治教育显性和隐性的统一是人的思想品德形成发展过程的内在要求。人的思想品德形成与发展的过程，是作为主体的人与外界各种影响因素相互作用的过程，而影响人们思想品德发展的因素具有显性与隐性之分。人自出生起就置身于极其复杂的社会环境中，除了教育的影响之外，外界社会因素对人的影响也是不容忽视的。既有来自社区、家庭、社会组织及各种非正式交往等环境的影响，也有来自广播、电视、商业广告等大众传播环境的影响，而这些外在环境因素的影响作用是潜在的、间接的，因其“润物细无声”的渗透性对人的情感乃至深层次的潜意识具有深远持久的影响。由此可见，无论是学校教育的显性教育方式还是社会外界因素的隐性教育方式，在人的思想品德形成发展过程中都发挥着各自的作用。所以在思想政治教育过程中，只有将显隐结合，发挥各自优势，才能有利于人的思想品德的形成发展。其次，显性教育与隐性教育优劣互补，相得益彰。显性教育形式的公开性、内容的系统性有利于社会主导意识形态的灌输和教化，而且引导性突出，能够及时回应错误思潮和思想困惑。但是显性教育的强制性强，容易使教育对象产生逆反的心理；显性教育的内容多为理论性的知识，较为枯燥，容易使人们产生厌倦的情绪。隐性教育的优点恰好能够弥补显性教育的不足。隐性教育将教育目的和内容渗透到人们的社会实践活动中，使人在不知不觉中受到影响，能够减少人们的逆反心理。而且在隐性教育中，教育对象的主体性凸显，经过自己亲身体验，教育的效果更为持久。当然，隐性教育也因其“隐”，使其引导性不突出，不能及时回应错误思潮，不能及时为人们解疑释惑，且传递的知识具有零散性，不利于教育对象知识体系的建构。只有将显隐结合，才能优劣互补，增强思想政治教育的实效性。

实现思想政治教育显性与隐性的统一，应采取如下路径：

第一，要明确显性教育和隐性教育各自的适用条件和范围，做到各尽其用。显性教育和隐性教育各有发挥自身优势的领域，只有认识清楚这一点，才能该“显”时显，该“隐”时隐。从教育内容上看，显性教育更易传递系统性知识，隐性教育更易传递情感等非理性的内容和缄默知识，但是因其隐蔽性和非主导性，在传递系统的知识方面略显不足，但可以对人们的情绪、态度等因素产生渗透性的影响。对此，我们应坚持以显性教育为主导，并积极开展隐性教育，把思想政治教育渗透到社会生活的各个领域，产生润物无声的效果。从教育对象上看，知识分子因其学历层次高，注重理论本身的逻辑推理，对其进行思想政治教育时，显性教育因其传递知识的系统性、主导性的特点则显得优势明显。但在对有各种心理问题，或有逆反心理倾向的教育对象开展教育时，隐性教育因其潜移默化性，更易使教育对象接受，取得较好的效果。

第二，在进行显性教育时，应注重隐性渗透。一方面，教育者要善于发现和运用隐性教育。思想政治理论课因其理论性强、系统性强，为了使教学过程不枯燥乏味，教育者应善于对教育内容做情感性的处理，除了要充分展示教育内容中的显性情感因素以外，还应充分挖掘隐性因素，赋予不含情感因素的教育内容适当的情感色彩，比如通过揭示这些教学内容背后隐藏着的人物逸事达到寓教于乐的目的。另一方面，要注重显性教育中的隐性渗透。教育者可以运用科学的方法将体现教育目标的教育内容以一定的载体形式渗透到教育对象可能接触到的一切事物和活动中，如建设文化环境，开展文化活动，使人们能够在耳濡目染、潜移默化中受到熏陶和渗透。

第三，隐性思想政治教育的设计应高度契合显性思想政治教育的目标。隐性思想政治教育的开展往往要借助一定的载体形式，但无论运用哪种载体，都离不开科学的设计，而且隐性思想政治教育的内容设计，都应与显性思想政治教育的目标保持一致，如校园文化活动的设计和安排除了应凸显校园文化活动本身的特点之外，还应与学校思想政治理论课教学同向同行，如果一味地强调校园文化活动的娱乐性和吸引力，忽视了教育性和思想性，就会弱化整个思想政治教育的效果。

复习思考题

1. 简述思想政治教育的本质及其依据。
2. 简述思想政治教育是党性和人民性的统一。
3. 简述思想政治教育是理性和非理性的统一。
4. 简述思想政治教育是显性和隐性的统一。

阅读书目

1. 习近平. 习近平谈治国理政：第 3 卷. 北京：外文出版社，2020.
2. 陈万柏，张耀灿. 思想政治教育学原理. 2 版. 北京：高等教育出版社，2007.
3. 张耀灿，等. 现代思想政治教育学. 北京：人民出版社，2001.
4. 郑永廷，等. 思想政治教育学原理. 2 版. 北京：高等教育出版社，2016.
5. 李合亮. 思想政治教育探本：关于其源起及本质的研究. 北京：人民出版社，2007.

第三章 思想政治教育的地位和功能

要点提示

● 思想政治教育的地位可从三个方面加以认识：思想政治教育是马克思主义理论教育的基本途径，是完成建设中国特色社会主义各项任务的中心环节，是社会主义精神文明建设的基础工程。

● 思想政治教育的功能包括个体性功能和社会性功能。个体性功能是指思想政治教育对教育对象个体所能产生的客观影响，表现为个体生存功能、个体发展功能和个体享用功能；社会性功能是指思想政治教育对社会发展所能发挥的作用，表现为政治建设功能、经济建设功能、文化建设功能、生态建设功能和社会建设功能等。

关键词 思想政治教育的地位 思想政治教育的功能

在建设中国特色社会主义伟大事业中，思想政治教育具有特殊的本质和重要的地位，发挥着巨大的作用。我们必须从社会主义现代化建设战略全局的高度，科学认识思想政治教育的本质，正确把握思想政治教育的地位，充分发挥思想政治教育的功能。只有这样，才能更好地加强和改进思想政治教育，充分发挥它在社会主义现代化建设中的作用。

第一节　思想政治教育的地位

一、马克思主义理论教育的基本途径

> 思想政治教育的地位是指思想政治教育在社会生活中所处的位置，这一位置是思想政治教育存在和发展的立足点，是思想政治教育发挥作用的社会基础。

马克思主义是马克思恩格斯所创立的关于自然、社会和思维发展的普遍规律的学说，是关于资本主义发展和转变为社会主义以及社会主义和共产主义发展普遍规律的学说。马克思主义是无产阶级争取自身解放和整个人类解放的科学理论，是关于无产阶级斗争的性质、目的和解放条件的学说，为实现无产阶级及其政党认识世界和改造世界提供了强大的思想武器。马克思主义是在实践中不断地丰富、发展和完善的无产阶级的思想体系。中国共产党在领导中国革命和建设的过程中，坚持把马克思主义基本原理同中国具体实际结合起来，不断推进马克思主义中国化，产生了两大理论成果，即毛泽东思想和中国特色社会主义理论体系。毛泽东思想是马克思主义中国化第一次历史性飞跃的理论成果，系统地回答了在一个半殖民地半封建的东方大国，如何进行新民主主义革命和社会主义革命的问题，并对建设什么样的社会主义、怎样建设社会主义等问题进行了艰辛探索，是中国革命和建设的科学指南，是中华民族的精神支柱。中国特色社会主义理论体系包括邓小平理论、“三个代表”重要思想、科学发展观和习近平新时代中国特色社会主义思想，是对马克思列宁主义、毛泽东思想的坚持和发展。中国特色社会主义理论体系，在新的时代条件下系统回答了什么是社会主义、怎样建设社会主义，建设什么样的党、怎样建设党，实现什么样的发展、怎样发展，新时代坚持和发展什么样的中国特色社会主义、怎样坚持和发展中国特色社会主义等重大理论和实际问题。中国特色社会主义理论体系，为深入探索和把握社会主义发展规律提供了根本指导方针，为全党全国各族人民团结奋斗提供了共同思想基础，为中国发展进步、实现中华民族的伟大复兴提供了强大思想武器。总之，马克思主义以及中国化的马克思主义，为中国特色社会主义提供了理论指导。要充分发挥其指导作用，就必须对广大人民群众进行马克思主义理论教育，使人民群众深刻理解和完整把握马克思主义的科学世界观和方法论。而思想政治教育是马克思主义理论教育的主要渠道，是马克思主义理论实现其价值的必要途径。

马克思主义和中国化的马克思主义，只有被广大人民群众所掌握，才能变为改造世界的物质力量，才具有现实意义。马克思指出：“批判的武器当然不能代替武器的批判，物质力量只能用物质力量来摧毁；但是理论一经掌握群众，也会变成物质力量。理论只要说服人，就能掌握群众；而理论只要彻底，就能说服人。所谓彻底，就是抓住事物的根本。”① 毛泽东也明确指出：“代表先进阶级的正确思想，一旦被群众掌握，就会变成改造社会、改造世界的物质力量。”② 习近平指出，“先进的思想文化一旦被群众掌握，就会转化为强大的物质力量”③。马克思主义经典作家和中国共产党的领导人都强调理论本身在一定条件下会转化为物质力量。值得注意的是，他们都明确指出，理论转化为物质力量要通过一个中介——人，也就是说，要“掌握群众”才能转化为物质力量。而理论要“掌握群众”，除了理论本身要彻底具有科学性以外，毫无疑问要靠宣传教育。思想政治教育是将马克思主义理论变为物质力量的重要途径。通过系统的思想政治教育，帮助人民群众深入理解和把握马克思主义理论，使其树立正确的世界观，掌握科学的方法论，提高认识世界和改造世界的能力，积极投入中国特色社会主义建设中，就能将马克思主义理论变为巨大的物质力量。实践表明，我国思想政治教育在这方面起到了不可取代的重要作用。在新民主主义革命时期以及社会主义革命和建设时期，在改革开放的新时期，正是因为坚持对广大人民群众进行马克思主义理论教育，使马克思主义成为广大人民群众改造社会的强大武器，才促进中国社会发生翻天覆地的变化，促进中国社会出现巨大的发展进步。在 21 世纪，要继续推进中国特色社会主义事业，使马克思主义理论的价值得到充分体现，就必须进一步加强对广大群众的马克思主义理论教育。

二、完成建设中国特色社会主义各项任务的中心环节

早在新民主主义革命时期，毛泽东就强调：“掌握思想教育，是团结全党进行伟大政治斗争的中心环节。如果这个任务不解决，党的一切政治任务是不能完成的。”④ 进入社会主义建设时期，毛泽东又指出：“政治工作是一切经济工作的生命线。在社会经济制度发生根本变革的时期，尤其是这样。”⑤ 进入社会主义现代化建设新时期，党中央进一步明确强调，“思想政治工作是经济工作和其他一切工作的生命线”⑥。2000 年 6 月，江泽民指出：“党的思想政治工作，是经济工作和其他一切工作的生命线，是团结全党全国各族人民实现党和国家各项任务的中心环节，是我们党和社会主义国家的重要政治优势。”⑦ 习近平指出：“党的十八大以来，我们把宣传思想工作摆在全局工作的重要位置，作出一系列重大决

① 马克思，恩格斯．马克思恩格斯选集：第 1 卷．2 版．北京：人民出版社，1995：9.
② 毛泽东．毛泽东著作选读：下册．北京：人民出版社，1986：839.
③ 习近平．在纪念马克思诞辰 200 周年大会上的讲话．党建，2018（5）.
④ 毛泽东．毛泽东选集：第 3 卷．2 版．北京：人民出版社，1991：1094.
⑤ 毛泽东．毛泽东文集：第 6 卷．北京：人民出版社，1999：449.
⑥ 中共中央文献研究室．三中全会以来重要文献选编：下．北京：人民出版社，1982：831.
⑦ 江泽民．江泽民文选：第 3 卷．北京：人民出版社，2006：74.

策，实施一系列重大举措。”[1] 可见，中国共产党一贯高度重视思想政治教育，不仅将其视为党和国家事业的重要组成部分，而且将其看作完成党和国家各项任务的中心环节。“中心环节”是对新时期思想政治教育战略地位的高度概括。在新世纪新阶段，思想政治教育的这一地位更加突出。党的十九大报告指出：“团结带领全国各族人民决胜全面建成小康社会，奋力夺取新时代中国特色社会主义伟大胜利。”[2] 要将中国特色社会主义伟大事业推向前进，就必须坚持不懈、深入持久地对广大人民群众进行思想政治教育，为完成中国特色社会主义事业各项任务提供思想保证和精神动力。

中国特色社会主义事业包括政治、经济、文化、生态、社会、党的建设等多方面内容，思想政治教育就是其中一个不可缺少的重要部分，是推动中国特色社会主义建设的重要力量。从某种意义上讲，思想政治教育与中国特色社会主义事业的其他方面处于同等重要的地位，因为所有这些方面都是中国特色社会主义建设所需要的，都从特定方面推动着中国特色社会主义的发展。思想政治教育特殊的功能性地位表现为，它是通过直接作用于人的思想道德素质，通过提高人的积极性、主动性、创造性，使人们更好地参与社会各方面的活动而作用于中国特色社会主义建设的。这一功能地位是思想政治教育所特有的，是中国特色社会主义事业的其他方面所不可取代的。正是在这个意义上，我们说思想政治教育是完成中国特色社会主义各项任务的中心环节，因为任何一项工作都需要人去做，要做好工作，就需要提高人们的思想道德素质，提高人们认识世界和改造世界的能力，提高人们的工作积极性；否则各项工作不仅难以做好，而且还有可能出现干扰中国特色社会主义的问题。因而必须将思想政治教育与经济业务工作紧密结合起来。在做业务工作时，要加强思想政治教育，注意思想领先，充分发挥先进思想和革命精神在一定物质基础上的巨大能动作用；在开展思想政治教育时，要将思想政治教育渗透到业务工作中，结合业务工作一道去做。思想政治教育固然不能脱离经济、技术等业务工作而孤立地进行，否则就易陷入空头政治的境地；经济、技术等业务工作更不能脱离思想政治教育，否则就会迷失方向，正如毛泽东所说：“只要我们的思想工作和政治工作稍为一放松，经济工作和技术工作就一定会走到邪路上去。……不注意思想和政治，成天忙于事务，那会成为迷失方向的经济家和技术家，很危险。”[3] 由此可见，只有做好思想政治教育，才能保证经济、技术工作沿着中国特色社会主义方向前进，才能真正调动广大干部、群众的积极性、主动性和创造性，从而圆满完成中国特色社会主义建设的各项任务。

---

① 习近平在全国宣传思想工作会议上强调　举旗帜聚民心育新人兴文化展形象　更好完成新形势下宣传思想工作使命任务. 人民日报，2018-08-23.

② 习近平. 决胜全面建成小康社会　夺取新时代中国特色社会主义伟大胜利. 人民日报，2017-10-18.

③ 毛泽东. 毛泽东文集：第7卷. 北京：人民出版社，1999：351.

三、社会主义精神文明建设的基础工程

> 我们要建设的社会主义国家，不但要有高度的物质文明，而且要有高度的精神文明。
>
> ——邓小平．邓小平文选：第2卷．2版．北京：人民出版社，1994：367.

以马克思主义为指导的社会主义精神文明是社会主义社会的重要特征，是社会主义制度优越性的重要体现。社会主义社会是全面发展、全面进步的社会，是物质文明、精神文明、政治文明协调发展的社会。社会主义精神文明是社会主义社会的重要特征，是社会主义现代化建设的重要目标和重要保证。建设社会主义精神文明有许多工作要做，但无论哪一方面的工作，都离不开思想政治教育。正如《中共中央关于加强社会主义精神文明建设若干重要问题的决议》中所指出的：思想政治教育“是精神文明建设一项基础性工作和搞好两个文明建设的基本保证”。这是对思想政治教育在社会主义精神文明建设中的地位和作用的科学说明。党的十九大报告强调：“加强和改进思想政治工作，深化群众性精神文明创建活动。”[①] 内在地指出了思想政治教育在精神文明建设中的重要地位。据此，可以认为，思想政治教育是社会主义精神文明建设的基础工程和中心环节。

首先，思想政治教育是社会主义精神文明建设的核心内容。社会主义精神文明建设包括思想道德建设和教育科学文化建设两个方面，两方面内容相互渗透、相互促进；而思想道德建设是精神文明建设的核心内容，集中体现着精神文明建设的性质和方向。从这个意义上讲，没有思想道德建设，就没有社会主义精神文明。我国思想道德建设的首要任务是用马克思列宁主义、毛泽东思想和中国特色社会主义理论体系教育全体公民，不断提高公民的思想政治素质；思想道德建设的过程就是对人民群众进行思想政治教育的过程。可见，主要承担思想道德建设任务的思想政治教育也是社会主义精神文明建设的核心内容，同样体现着精神文明建设的性质和方向。习近平指出，“我们要继续锲而不舍、一以贯之抓好社会主义精神文明建设，为全国各族人民不断前进提供坚强的思想保证”[②]。因此，加强社会主义精神文明建设，就必须加强思想政治教育，把思想政治教育放在精神文明建设的首要地位。

其次，思想政治教育是完成社会主义精神文明建设根本任务的基本途径。社会主义精神文明建设的根本任务是适应社会主义现代化建设的需要，培育有理想、有本领、有担当的时代新人，提高整个中华民族的思想道德素质和科学文化素质。思想政治教育以培养人为己任，这一任务理所当然地成为思想政治教育的根本任务。习近平指出：“育新人，就是要坚持立德树人、以文化人，建设社会

---

① 习近平．决胜全面建成小康社会　夺取新时代中国特色社会主义伟大胜利．人民日报，2017-10-18.

② 人民有信仰民族有希望国家有力量　锲而不舍抓好社会主义精神文明建设．人民日报，2015-03-01.

主义精神文明、培育和践行社会主义核心价值观，提高人民思想觉悟、道德水准、文明素养，培养能够担当民族复兴大任的时代新人。”① 这表明向广大人民群众进行思想政治教育，需要大力倡导社会主义核心价值体系，帮助人们树立以马克思主义为指导的正确的世界观、人生观、价值观和建设中国特色社会主义的共同理想，形成以爱国主义为核心的民族精神和以改革创新为核心的时代精神，确立社会主义荣辱观，进而树立富强、民主、文明、和谐、自由、平等、公正、法治、爱国、敬业、诚信、友善的社会主义核心价值观，就能较好地培养有理想、有本领、有担当的时代新人。可见，只有大力加强以社会主义核心价值观为主要内容的思想政治教育，才能为完成精神文明建设的根本任务创造条件，才能顺利完成培育有理想、有本领、有担当的时代新人的历史任务。

最后，思想政治教育是保证教育科学文化建设的社会主义性质和方向的根本措施。教育科学文化建设指的是教育、科学、文学艺术、新闻出版、广播影视、卫生、体育、文物、图书馆、博物馆等各项文化事业的发展和人民群众科学文化水平的提高。教育科学文化建设既是物质文明建设的重要条件，也是提高人民群众思想道德水平的重要条件。精神文明建设的实践表明，教育科学文化建设离不开一定的思想指导，必须保持与主导意识形态相一致的政治方向。但是，教育科学文化建设自身并不能决定自己的性质和方向，只有通过教育科学文化部门的党组织开展强有力的思想政治教育，才能保证党的路线方针政策的贯彻执行，从而实现党的思想政治领导，使教育科学文化建设保持社会主义性质和方向，更好地为中国特色社会主义现代化服务。例如，教育部门要通过加强思想政治教育，保证党的教育方针的贯彻执行，保证教育工作沿着社会主义方向前进；科学研究部门要通过加强思想政治教育，使科学研究为现代化建设服务；文艺部门要通过加强思想政治教育，保证文艺为人民服务、为社会主义事业服务的方向；新闻出版部门要通过加强思想政治教育，生产更多更健康的精神产品，引导人们积极向上，达到较高的精神境界。可见，加强思想政治教育是坚持教育科学文化建设的社会主义性质和方向的根本保证。事实上，由于教育科学文化建设的核心问题，是培养适应社会主义现代化建设要求的有理想、有本领、有担当的时代新人，因而文化建设的方方面面最终都必须围绕着人来展开。教育有一个培养什么人的问题，科学和文学艺术有一个为什么人服务的问题，新闻出版、广播电视网络等有一个如何引导人的问题。而培养有理想、有本领、有担当的时代新人是思想政治教育的根本任务，因此，我国教育科学文化建设内在地包含思想政治教育，离不开思想政治教育的作用。教育科学文化建设既是我国思想政治教育的重要载体，也要靠思想政治教育保障其发展方向。

无论是在思想道德建设中，还是在教育科学文化建设中，思想政治教育都占有重要地位，起着重要作用；以马克思主义为指导的思想政治教育是社会主义

① 习近平在全国宣传思想工作会议上强调　举旗帜聚民心育新人兴文化展形象　更好完成新形势下宣传思想工作使命任务．人民日报，2018-08-23.

精神文明建设的一项基础工程。加强社会主义精神文明建设，一刻也离不开思想政治教育。我们应科学地把握思想政治教育在精神文明建设中的地位，充分发挥其在社会主义精神文明建设中的作用。

第二节　思想政治教育的功能

一、思想政治教育功能的特点

> 思想政治教育的功能是指思想政治教育对教育对象和社会生活所能发挥的积极的、有利的作用。

关于思想政治教育的功能，可从不同角度进行分析。总的来说，思想政治教育的功能可分为个体性功能和社会性功能两方面。所谓个体性功能，是指思想政治教育对教育对象个体所能产生的客观影响，表现为个体生存功能、个体发展功能和个体享用功能。个体性功能是思想政治教育目的的直接表现，可看作思想政治教育的本体功能。社会性功能是指思想政治教育对社会发展所能发挥的客观作用，具体地说，就是指思想政治教育对社会政治、经济、文化、生态、社会环境等发生的作用，表现为政治建设功能、经济建设功能、文化建设功能、生态建设功能和社会建设功能等。

思想政治教育的特殊性，决定其功能具有以下明显特点：

1. 客观性

思想政治教育是人类重要的社会活动，自人类进入阶级社会以来，思想政治教育便是一种客观存在，并伴随着人类社会的发展而发展变化，在社会生活中表现出特有的功能。思想政治教育活动的客观性决定了思想政治教育功能的客观性。思想政治教育之所以长期存在并将继续存在和发展，就是因为它对人的全面发展和社会的发展进步有着不可忽视的重要功能；这种功能是客观存在的，人们只能影响这种功能发挥的水平和程度，而不能无视它或人为地消灭它。思想政治教育功能的发挥还受到一定的物质设施和环境因素等客观条件的制约，这也是思想政治教育功能客观性的一种表现。

2. 多面性

思想政治教育的功能不是单一的，而是多方面的，既对社会成员产生影响，也对社会生活的各方面发生作用，因而既表现为个体性功能，也表现为社会性功能。个体性功能表现为对个体生存、发展、享用产生影响等方面；社会性功能则表现为对社会政治、经济、文化发展、生态平衡以及促进社会和谐发生作用等方面。这些不同层次的功能既相互联系又有所区别，在进行思想政治教育时，要注意使其相互补益、相互加强，从而使思想政治教育更好地促进人的发展和社会的进步。

3. 发展性

思想政治教育的功能，随着社会生活的变化，随着思想政治教育的发展，会不断发生变化。一方面，思想政治教育的某些功能会得到强化，如在社会主义市场经济建设进程中，思想政治教育的经济建设功能得到强化，在社会主义和谐社会建设过程中，思想政治教育对人的全面发展的作用、对协调人际关系的作用得到加强等；另一方面，还可能出现新的功能，如在强调生态文明建设的今天，思想政治教育的生态建设功能得到凸显。发展性是思想政治教育功能的重要特点，也是思想政治教育保持旺盛生命力的原因之所在。明确思想政治教育功能的上述特点，无疑有助于教育者更自觉地从事思想政治教育，也有助于更好地全面发挥思想政治教育的积极作用。

二、思想政治教育的个体性功能

1．思想政治教育的个体生存功能

思想政治教育的个体生存功能是指思想政治教育在引导人类个体遵循客观规律、服从生存法则以便求得更好的生存状态的过程中所发挥的作用。马克思主义认为，人的生命活动不同于动物的本能活动，人是能动的社会存在物，实践是人类不同于动物的社会生命的特殊运动形式，是人类的存在方式。正是在实践活动过程中，人才成为一种自我创造的主体性存在。一般说来，每个人既生活在物质世界中，也生活在精神世界中。人为了生存，就必须满足基本的生理需要，在此基础上，才能去追求更高层次的心理需要和精神需要的满足。这就是说，人的基本需要是人的高层次需要如自尊、求知求美、自我实现等需要的基础，因为没有健康的生命，崇高的道德精神就缺乏现实的物质前提；对德性的追求离不开个体生命物质需要的满足。可见，物质需要的满足，既是人生存的基本要求，也是人的全面发展的基础。马克思恩格斯指出，“我们首先应当确定一切人类生存的第一个前提，也就是一切历史的第一个前提，这个前提是：人们为了能够‘创造历史’，必须能够生活。但是为了生活，首先就需要吃喝住穿以及其他一些东西。因此第一个历史活动就是生产满足这些需要的资料，即生产物质生活本身”①。就个体而言，他自身的生存需要，决定了他对物质利益的追求。思想政治教育应尊重和理解人的这种追求，通过促进物质文明的发展，不断改善人的生活条件，提高人的生活质量，最大限度地满足人们日益增长的物质生活需要。然而，马克思主义人的本质观告诉我们，人既具有自然属性，又具有社会属性，人的物质需要固然十分重要，精神需要也是不可或缺的，这是人的社会性特征的重要表现。人的社会属性决定人是一种超越性存在，人就是在这种超越中不断从动物性存在提升到人性存在，不断提高自己的生存质量，不断提升人性发展的层次和境界。因而人的意义世界决不限于自己“活着”，人所追求的应是比自己“活着”更有意义的意义，并用这样的意义世界去引导和规约他的物质世界。因此，思想政治教

① 马克思，恩格斯．马克思恩格斯选集：第1卷．2版．北京：人民出版社，1995：78-79．

育不能仅仅停留在对人的物质需求追求的尊重上，而应引导人们实现从功利物欲到精神境界的升华，努力提升人的精神品质。

人的生理需要满足的方式，不是自发形成的，而是在思想政治教育等多种因素的影响下逐渐形成的；意义世界的建构，更离不开思想政治教育的作用。而真正的思想政治教育应是一种既教人以生存手段和技能，使人能很好地把握物质世界，又教人以生存的意义和价值，使人能自主建构自己的意义世界、精神世界的活动。思想政治教育应是这两方面活动的协调与统一。如果只重前者而放弃后者，那么由人的知识和能力所创造的物的世界，就可能因为缺乏正确的引导和规约而给人们带来灾难和困惑，造成人类的生存危机。因此，建构人的意义世界是人类生存的内在要求，对于人的生存和发展具有十分重要的意义。而思想政治教育在人的意义世界的建构中承担着重要的职责，发挥着重要的作用。

第一，思想政治教育有助于人的物质生活的顺利进行。思想政治教育的基本任务是要帮助人们形成正确的世界观、人生观、价值观，理解和掌握道德原则和行为规范等，这些观念、原则、规范看起来是约束个体的异己的力量，但正是这些异己的东西才能够使个体在社会性的生活中生存下去，也正是这些东西赋予个体力量，使其在社会生活中充分发挥其作用。

第二，思想政治教育是人的精神生活的一种方式。在人的精神生活中，思想政治教育是一种重要的沟通方式。这种沟通方式强调人与自然、人与社会、人与自我之间的交流和对话，强调从人的内部精神生活角度来适应和认同客观外部世界。在社会生活中，人们往往追求社会和个人的功利性需要，而人特有的反思性品质会使自己不断地反思生命与精神世界的内在联系，并努力建立这种联系。如果一个人已经建立了这种联系，并在反思的过程中不断调整这种联系，那么，他便能在情感和理性的平衡中寻找到生存和发展的意义。思想政治教育正是促使人的这种反思的重要力量，也是这种反思的重要方式。

2. 思想政治教育的个体发展功能

思想政治教育的个体发展功能是指思想政治教育对塑造人的品德、促进人的发展所起的作用，主要体现在以下几方面：

第一，引导政治方向。运用启发、动员、教育等方式，将教育对象的思想和行为引导到符合社会发展要求的方向，即通过丰富多彩的活动及多种方式，提高教育对象的思想道德素质，促使教育对象保持坚定正确的政治方向。具体说来，对教育对象的引导可从以下方面进行：一是目标导向，即确定明确而具体的奋斗目标，引导教育对象向目标奋进；二是政策导向，主要是通过宣传党的路线、方针、政策来引导教育对象的思想，以提高其认识，规范其行为；三是舆论导向，即利用赞赏、激励、批评、监督等手段，营造良好的舆论氛围，以正确的舆论调节和规范教育对象的思想行为，对教育对象形成一种强大的约束力和导向力。通过这几方面的工作，思想政治教育就能较好地引导教育对象的思想向社会要求的方向发展。

第二，约束规范行为。思想政治教育通过向人们传导法律、道德等社会规范，通过肯定、褒奖符合社会规范的行为，否定、批评背离社会规范的行为，就能较好地实现对人的行为的约束和规范。约束规范人们行为的功能是思想政治教育的重要功能，如果思想政治教育仅仅停留在抽象的思想观念的教育上，而没有明确的规范要求，就很难把教育对象的思想和行为引导到正确的轨道上来，就有可能出现道德失范、行为越轨的情况。因此，思想政治教育要帮助教育对象形成正确的法制观、道德观，引导教育对象自觉遵循法律规范和道德规范，在社会规范允许的范围内从事创造性的活动。

第三，激发精神动力。思想政治教育的激励功能体现为运用多种激励手段，充分调动教育对象的积极性、主动性和创造性，促使其积极参与中国特色社会主义建设。由于人的积极性与人的需要密切相关，需要越强烈积极性就越高；而人的需要又包括物质需要和精神需要，因此，激励可从总体上分为物质激励和精神激励两大类，它们对人的激励作用都是不可或缺的。忽视或否定物质利益原则，不注意发挥物质激励手段在调动人的积极性中的作用是错误的。马克思说过："人们奋斗所争取的一切，都同他们的利益有关。"① 邓小平也明确指出："如果只讲牺牲精神，不讲物质利益，那就是唯心论。"② 因而思想政治教育要坚持物质利益原则，注意恰当地运用物质激励手段，引导教育对象理性地追求经济利益。但是仅仅依靠物质激励手段，信奉"金钱万能"，忽视或否定精神力量的作用，也是极端错误的。因为人的物质需要和精神需要相辅相成，物质决定精神，精神对物质具有反作用，因而精神激励又是绝对不可缺少的。激发教育对象参与中国特色社会主义建设的积极性，既要靠合理的物质激励，又要靠有效的精神激励，要靠思想政治教育。

在思想政治教育中，激励教育对象积极性的具体手段和方法是多种多样的。其中主要包括：一是民主激励，即创造条件让教育对象确实行使主人翁权利，广泛参与重大问题的决策和管理，对领导者进行监督，以此调动教育对象的积极性。二是榜样激励，即通过先进典型示范，以激励教育对象提升思想品德水平，规范自己的行为。榜样激励会促进先进分子更上一层楼，也会触动后进分子，促使他们对照先进找差距，激励其上进心。三是情感激励，即通过满足教育对象的情感需要来激发其积极性。情感需要是人们最基本的心理需要，注意教育对象情感的满足，关心、理解、尊重、信任教育对象，公正、公平、公开地处理涉及教育对象的各种问题，为教育对象多办实事，是激发教育对象积极性的有效手段。四是奖惩激励，即通过奖励或惩罚来激励教育对象。通过奖励手段，可强化教育对象的合理动机和正确行为，使之发扬光大；而通过惩罚手段，则可中止教育对象的不良行为，改变其行为方向，并使其不合理动机消退。在运用上述手段时，应根据不同对象的不同情况，或单独使用某种手段，或综合使用多种手段，以形成有效的激励机制，最大限度地调动教育对象的积极性。

---

① 马克思，恩格斯．马克思恩格斯全集：第1卷．北京：人民出版社，1956：82.

② 邓小平．邓小平文选：第2卷．2版．北京：人民出版社，1994：146.

第四，塑造个体人格。思想政治教育的重要功能就在于塑造社会成员个体健全的人格，使教育对象形成崇高的精神境界和健康的心理品质，成为合格的社会成员，以积极主动地参与社会生活。而进行广泛深入的思想政治教育，可以更好地引导教育对象认识自己作为改造物质世界和创造社会历史的主体地位，认识自己的历史使命和社会责任，从而提高教育对象的主体意识；可以更好地帮助教育对象树立远大的目标和崇高的理想，正确认识社会，认识人生，认识自己，提高其适应和改造客观环境的能力；可以更好地帮助教育对象摆脱传统文化中的依附性、保守性、被动性的束缚，时刻保持一种对生活的积极参与和主动创造的精神，自强不息，百折不挠，从而充分挖掘自身的潜能，实现自身人格的完善。由此可见，思想政治教育是人自我发展和自我完善的一种特殊精神力量，在个体人格塑造中发挥着重要的作用。

马克思主义关于人的全面发展的学说，不仅不排斥人的个性发展，而且把人的个性发展置于十分重要的地位，看作社会历史演进的重要尺度。人的全面发展必定是人的个性的全面发展，人的全面发展过程正是个体的个性形成发展过程。根据马克思主义人的全面发展学说，思想政治教育应当重视教育对象的个性发展，致力于塑造个体人格。为此，要坚持实事求是的原则，努力做到具体问题具体分析，因人而异，鼓励教育对象合理地选择适合自己发展的形式，通过各种健康的渠道实现自己的人格价值。思想政治教育不仅要注意尊重和保护教育对象的个性，而且要有意识地为其发展创造出一种既有纪律、又有自由，既有统一意志、又有个人心情舒畅、生动活泼的适合个性发展的良好的氛围，有意识地引导教育对象摆正个性发展与群体发展、社会发展的关系，划清个性发展与资产阶级个人主义的界限，从而使人们在一个更广阔的背景上理解和把握个性发展的意义和价值，提高个性发展的自觉性和主动性，促使个性获得更好的发展。只有这样，思想政治教育对于个性发展的积极塑造、培养和引导作用才会更充分地表现出来。毫无疑问，思想政治教育是个性发展的极其重要的手段和途径，而生机勃勃、健康积极的个性发展，也应当成为衡量思想政治教育成效的重要标志。

3. 思想政治教育的个体享用功能

思想政治教育的个体享用功能，是指思想政治教育能使每个个体实现其某种需要和愿望（主要是精神方面的），并从中体验满足、快乐和幸福，从而获得精神上的享受。[①] 在建设社会主义和谐社会的进程中，正确认识思想政治教育的这一功能有着重要的现实意义。

思想政治教育的基本任务是提高教育对象的思想政治觉悟，发展和完善教育对象的思想道德品质。个体思想道德品质的发展和完善具有多方面的功能。从社会的角度看，它可使个体与他人、个体与群体、个体与社会等各种关系都得到协调发展，从而构建和谐的人际关系环境，促进社会的稳定和发展，为社会主义和谐社会建设提供必要的条件。从个体的角度看，它有助于个体各方面的发展，有

① 鲁洁. 论德育的个体享用性功能. 教育研究，1994 (6).

助于个体精神需要得到更好的满足，从而保证个体的学习、工作、生活的顺利进行。可见，个体思想品德的发展和完善是社会发展的内在要求，是人的内在精神需要，而思想政治教育正是满足这种需要的基本途径。

思想政治教育的个体享用功能是客观存在的。思想政治教育通过发展和完善人的思想道德品质，可从一个方面满足人的精神需要。而人的良好的思想品德是一种把握现实世界的能力，它的特点是从人的善恶观念，也就是从一种内在尺度上把握现实世界。人的良好的思想品德对世界的把握不仅表现在对善恶是非的认知上，而且更主要地表现在对自我、他人、社会等的致善上，即表现为道德价值世界的建构方面。人的致善活动也就是主体良好思想品德的对象化、外化活动，有助于更好地构建一个更善的外部世界，从这个由他参与创造的外部世界中，人必然会获得某种满足和幸福。因为思想政治教育有助于教育对象逐渐形成高尚的人生意境，处于这种意境之中，教育对象就可以一种审美心态去检视人生，从中获得审美愉悦。马克思曾在《青年在选择职业时的考虑》一文中指出，"那些为大多数人带来幸福的人是最幸福的人"[①]。马克思告诉我们，一个具有德性的人，一个能造福于他人的人，同时就是一个幸福的人。以"助人为乐"为例，著名心理学家马斯洛从心理学的角度将这种来自为"他人增加快乐的快乐"，理解为人类所具有的认同体验（移情体验），当人的这种体验达到最高峰时，可以使整个身心处于一种超越自我的境界，从中获得一种幸福的体验。再如，"以德报德"是我国的传统美德，在我国社会生活中有着广泛的影响，人们相信德福一致。孔子指出："何以报德？以直报怨，以德报德。"《论语·宪问》意思是说，有德、施德会得到好报，道德行为会给人们、也给自己带来幸福。从个人来说，自己的道德行为，不仅会受到他人的承认和赞扬、社会的奖赏及鼓励；而且更重要的是，我们自己也会在自身的道德行为中获得幸福和满足，因为帮助有困难的人，自己会感到实现和彰显了自我的价值，因而精神充实，幸福快乐，甚至灵魂都获得净化和提升，所谓"送人玫瑰，手有余香"。这正是思想政治教育个体享用功能的重要体现。

马克思主义关于人的全面发展的学说告诉我们，人的精神活动能力的发展不仅包括创造精神产品能力的发展，而且也包括人对社会已有的精神财富的享受能力的发展。马克思曾以音乐为例形象地说明，"对象**如何**对他说来成为**他的**对象，这取决于**对象的性质**以及与之相适应的**本质力量**的性质"[②]，"对于没有音乐感的耳朵说来，最美的音乐也**毫无**意义，不是对象"[③]。这就是说，一个人如果没有鉴赏音乐的能力，就无法欣赏、享用世界上一切美妙的乐曲。同样，一个人如果没有美好的道德心灵，他也就无从去体验人世间存在的一切善良和美好。只有不断发展和完善每个个体的德性，才能使他们体认与享用世界上一切美好的事物，而这正是思想政治教育的重要任务，也是思想政治教育个

① 马克思，恩格斯．马克思恩格斯全集：第40卷．北京：人民出版社，1982：7.

② 马克思，恩格斯．马克思恩格斯全集：第42卷．北京：人民出版社，1979：125.

③ 同②126.

体享用功能的体现。

三、思想政治教育的社会性功能

1. 思想政治教育的政治建设功能

思想政治教育的政治建设功能是指思想政治教育通过培养具备良好思想政治素质的教育对象以推动政治发展的作用，具体表现为以下几方面：

第一，传导主导意识形态，调节社会精神生产。“统治阶级的思想在每一时代都是占统治地位的思想”[①]。统治阶级要使自己的思想成为占统治地位的思想，就必须加强对社会成员的思想政治教育，以使其思想在社会中占主导地位，进而调节社会的精神生产。习近平强调：“意识形态工作是党的一项极端重要的工作。”[②] 在我国，思想政治教育通过宣传马克思主义和社会主义核心价值观，统一人们的思想，整合社会的精神生产要素，从而实现对精神生产的导向和调节；同时，还要揭露和批判与马克思主义意识形态相对立的思想，遏制和取缔不健康的精神生产和精神产品，从而使精神生产和精神产品直接为我国社会主义经济基础和政治制度服务。这是思想政治教育政治建设功能的重要表现。

第二，传播主导政治意识，引导教育对象的政治行为。思想是行为的先导，人的政治行为总是受到一定思想观念支配。习近平指出，“必须增强政治意识、大局意识、核心意识、看齐意识，自觉维护党中央权威和集中统一领导，自觉在思想上政治上行动上同党中央保持高度一致”[③]，这内在地表明了政治意识的重要性。思想政治教育通过传播我国社会主导的政治思想、法律规范和道德观念，有助于教育对象保持坚定正确的政治方向，提高政治判断力、鉴别力和选择力及其政治参与的意识，形成较高的政治素养，从而更好地参与政治生活。在建设中国特色社会主义进程中，思想政治教育应强化其政治建设功能，也就是要通过各种途径，系统地对教育对象进行主旋律教育，包括共产主义理想教育，社会主义、爱国主义、集体主义教育以及社会主义法治观、道德观教育等，以培养担当民族复兴大任的时代新人，为社会主义民主和法治建设创造根本条件。

第三，沟通社会信息，确保社会的有机联系，促进社会政治的稳定和发展。思想政治教育一方面要宣传马克思主义理论和社会主义先进文化以及党的路线、方针、政策，促使教育对象将马克思主义和社会主义先进文化内化，认同并贯彻执行党的路线、方针、政策；另一方面还要倾听教育对象的呼声，并将教育对象的意见和建议反馈给有关部门，使之成为领导政治决策的依据。在纵向和横向的社会联系、社会交往中，思想政治教育扮演着重要的“沟通者”角色，对于加强

---

① 马克思，恩格斯．马克思恩格斯选集：第1卷．2版．北京：人民出版社，1995：98．

② 习近平在全国宣传思想工作会议上强调 胸怀大局把握大势着眼大事 努力把宣传思想工作做得更好．人民日报，2013-08-21．

③ 习近平．决胜全面建成小康社会 夺取新时代中国特色社会主义伟大胜利．人民日报，2017-10-28．

党和人民之间的联系、协调人际关系、化解社会矛盾、促进社会的稳定和发展、增强民族凝聚力，起着不可或缺的重要作用。当然，思想政治教育对社会政治稳定的维护作用不是单独发生的，而是与社会的其他功能系统如民主建设、法治建设结合在一起产生的。因而思想政治教育应加强与相关社会系统的协调，以形成合力，从而达到维护社会稳定、促进政治发展的目的。

2. 思想政治教育的经济建设功能

思想政治教育的经济建设功能是指思想政治教育通过调动教育对象的积极性，促使其主动参与经济活动以促进经济又好又快发展的作用。概括地说，思想政治教育的经济建设功能主要表现在以下几方面：

第一，思想政治教育是经济建设坚持社会主义性质和方向的可靠保证。物质生产本身没有阶级性，但生产力总是同一定生产关系相联系，经济基础总是同一定上层建筑相联系，因而物质生产的发展也有方向问题。从人类文明发展史来看，任何一个社会的统治阶级，都必然要以本阶级的思想体系和政治理念影响社会的物质生产，规定经济发展的方向。我国是社会主义国家，我国的现代化是社会主义现代化，思想政治教育的经济建设功能首先就表现为它要确保我国现代化建设的社会主义方向。毛泽东指出："思想工作和政治工作，是完成经济工作和技术工作的保证，它们是为经济基础服务的。思想和政治又是统帅，是灵魂。"[①]以马克思主义和中国特色社会主义理论体系为指导的思想政治教育，是我国经济建设始终沿着中国特色社会主义道路前进的保证。在经济活动领域，思想政治教育通过帮助教育对象树立建设中国特色社会主义的共同理想，提高其贯彻执行党的路线、方针、政策的自觉性，就能有效地确保我国经济建设始终沿着社会主义道路前进。

第二，思想政治教育是推动社会生产力发展的精神动力。生产力是人们解决社会同自然矛盾的实际能力，是人类协调和改造自然使其适应人类需要的客观物质力量。生产力的基本要素包括物的要素和人的要素，物的要素主要是指劳动对象和以生产工具为主干的劳动资料，人的要素则是指具有一定知识、劳动技能和生产经验的劳动者，两者在物质生产过程中是结合在一起共同起作用的。物的因素虽然是生产力的基础因素，但它只有被人所掌握，才能形成现实的物质生产力，因而人的因素是生产力中起主导作用的因素，是推动社会生产力发展的决定性因素。而人的因素又包括两个基本方面：一是人的科学文化素养和劳动技能，主要是指劳动者对生产、技术等规律的认识和掌握程度以及劳动者的业务能力，即劳动者的智力因素，它直接作用于生产资料；二是人的思想道德素质和劳动积极性，主要是指人的思想觉悟、劳动态度、事业心和责任感等，也就是人的非智力因素，它通过智力因素间接作用于生产资料。这两方面因素相互影响、相辅相成、密不可分。人的科学文化素养和劳动技能是生产力发展的必要条件，也是提高教育对象思想道德素质和劳动积极性的智力条件。而教育对象的思想道德素质

① 毛泽东．毛泽东文集：第7卷．北京：人民出版社，1999：351.

和劳动积极性也是生产力发展的重要条件，是促进生产力发展和提高教育对象科学文化素养和劳动技能的精神动力。如果劳动者思想道德素质不高，缺乏劳动积极性、主动性和责任感，即使他具有较高的科学文化素养和劳动技能，这些智力因素也难以得到充分发挥和运用，因而会对生产力发展构成制约。可见，人的思想道德素质在社会生产力发展中起着非常重要的作用。而思想政治教育旨在提高劳动者思想道德素质、调动教育对象工作和生产积极性、主动性。思想政治教育深入细致有效，就能更好地提高劳动者的思想道德素质，进而促进生产力更好更快地发展。由此可得出结论，思想政治教育是促进生产力发展的精神动力。我国生产力发展实践表明，劳动者经由思想政治教育和社会实践具备了良好的思想道德素质和较高的工作积极性和主动性，就会积极主动学习科学文化知识，自觉地提高劳动技能，努力改进生产工具、革新工艺、采用新技术，不断地变革劳动组织，创造性地进行生产管理，从而大大促进生产力的发展。可见，思想政治教育通过提高劳动者的素质参与物质财富的创造活动，是物质文明建设不可缺少的重要因素。

第三，思想政治教育是营造经济建设发展的和谐社会环境的重要手段。物质资料的生产是人类社会生存的基础，人类历史就是物质生产发展的历史。而为了更好地进行物质生产，人们之间必然要建立某种联系或关系。正如马克思所说："为了进行生产，人们便发生一定的联系和关系；只有在这些社会联系和社会关系的范围内，才会有他们对自然界的关系，才会有生产。"[①] 为了维系人们之间的这种联系和关系，并使之处于和谐状态，就需要对人们之间的关系进行协调。而对这种关系的协调，除了依靠政治和法律等手段外，还需要依靠思想道德规范。通过广泛而深入的思想政治教育，化解矛盾、协调关系、理顺情绪，以保持人与人、人与社会之间正常的稳定的联系和关系，维护个人的心理平衡，就可为经济建设营造和谐的社会环境，促进经济建设更好更快地发展。

思想政治教育营造社会环境的作用是多方面的，手段多种多样，这里着重探讨思想政治教育通过对社会生活的调节以营造良好社会环境的作用。大致说来，思想政治教育对社会生活的调节主要通过以下途径来实现：

一是心理调适。人是自然、社会和心理活动的统一体，人的任何一种活动都伴随心理活动，人的很多思想问题，也都和心理因素紧密相连。因此，对教育对象进行心理调适，是使包括经济活动在内的各种活动顺利进行、解决教育对象的思想问题、促进其发展的必要手段。思想政治教育要善于运用心理调适的方法解决教育对象的思想问题，增进其心理健康，从而为经济建设创造良好的心理环境。

二是人际关系调适。在现实生活中，由于各种原因，人与人之间的关系在很多时候会出现矛盾乃至发生冲突，这些矛盾或冲突会影响人们的生活和社会的和谐，因而必须对其进行协调。思想政治教育就是协调人际关系的重要手段。思想

① 马克思，恩格斯．马克思恩格斯全集：第6卷．北京：人民出版社，1961：486.

政治教育通过帮助人们化解人际矛盾，缓解人际冲突，理顺人与人之间的关系，建立团结、互助、友爱、平等的和谐人际关系，从而为经济建设营造良好的人际关系环境。

三是情绪调控。人们在现实生活中遇到矛盾和困难，情绪就会发生变化，甚至出现不满、怨恨等负面情绪。这种负面情绪如果得不到缓解，就可能给个人工作和生活造成困扰，给经济建设带来障碍，因而必须及时对人们的情绪进行调节。思想政治教育是调节人们情绪的重要途径。通过深入细致的思想政治教育，帮助教育对象化解思想矛盾、稳定情绪，疏通思想、宣泄情绪，创造条件、转移情绪，重定目标、升华情绪，从而使教育对象的情绪得到及时有效的调适，获得新的平衡。这样就能大大减少社会的不安定因素，使教育对象以饱满的热情投入社会主义现代化建设中。

四是利益关系调节。在现实生活中，群体与群体之间、群体与个体之间、个体与个体之间会经常出现利益矛盾，如果不及时对其调节，就有可能影响经济建设的顺利进行。对利益关系进行调节的手段是多方面的，除了法律、制度、政策等基本手段外，思想政治教育也是其中不可或缺的重要手段。思想政治教育对人们利益关系的调节主要是指对由于一些具体的、特殊的原因造成的个人或群体之间的利益矛盾的调节，属于微观调节的范畴。其具体做法是关心教育对象的疾苦，多为他们办实事，努力创造条件满足他们对物质利益的合理需要；帮助教育对象树立正确的价值观和利益观，正确处理国家、集体、个人三者之间的利益关系；引导教育对象理性地追求个人利益，通过正当途径和手段获得物质利益。思想政治教育对利益关系的调节，有助于在全社会范围形成一种公正、合理、和谐的利益关系，从而为社会主义现代化建设营造良好的社会环境。

3. 思想政治教育的文化建设功能

思想政治教育的文化建设功能指的是它对社会文化及其发展所发生的作用。从文化的运行过程来看，思想政治教育的文化建设功能包括文化传播功能、文化选择功能、文化创造功能等。

第一，思想政治教育的文化传播功能。思想政治教育是教育者向教育对象传导一定的思想观念、政治观点、道德规范的过程。所谓“思想观念、政治观点、道德规范”，从某种意义上讲，都属于文化的范畴，是政治文化和伦理文化的组成部分。思想政治教育就是政治文化、伦理文化的传播过程，其目的是实现个体的政治、道德社会化。在这一过程中，同时存在两方面活动：一是社会通过思想政治教育等形式传播思想政治信息和社会主导意识形态，促使教育对象接受社会主导文化的价值观，形成符合社会要求的行为模式；二是教育对象个体通过学习、模仿以及社会实践等形式获得思想道德知识，形成一定的政治观点、政治态度、政治信仰、政治情感及其制约下的政治行为。这两种活动在思想政治教育过程中相互联系、相互作用，辩证地统一在一起。可见，思想政治教育传播政治伦理文化的过程，不是那种“我说你听，我打你通”的单向灌注过程，而是一种同为信宿、同为信源的双向信息交流和情感互动过程。

需要指出的是，思想政治教育传播文化的过程，也是保存和活化社会文化的过程。如果没有思想政治教育的传播，政治文化、伦理文化就只能表现为储存形态的文化，即蕴藏于物品或文献中，而不能被人们掌握和运用，难以在实际政治生活和道德生活中发挥作用。只有通过思想政治教育，才能使储存形态的政治文化、伦理文化转变为现实的政治文化、伦理文化，使特定的政治文化、伦理文化与人的观念、智慧、意志、情感建立起联系，使社会规范成为人们维持良好生活秩序的准则，使健康的审美情趣和民族风俗成为丰富人们生活的内容和方式，使政治文化、伦理文化在社会生产和社会生活中发挥作用。

第二，思想政治教育的文化选择功能。思想政治教育对文化的传播，并不是对现有文化的全盘照搬，而是一种文化选择过程，包含对文化的撷取与吸收、排斥与舍弃。通过这种选择，在历史、当代、未来间建立起发展的链条，在东方文化与西方文化间建立起交流的桥梁，从而创新和发展文化，推动社会进步。思想政治教育的文化选择功能主要是通过批判地吸收文化这一方式完成的，具体地说，就是根据一定社会的需要和思想政治教育目的对传统文化与外域文化批判地借鉴吸收，有选择地加以传播，使其符合我国社会主义现代化发展的要求，符合我国社会主义先进文化发展的方向。要发挥思想政治教育的文化选择功能，首先，思想政治教育者必须树立正确的文化价值观，提高文化选择的自觉性；其次，要加强对中华民族传统文化的批判继承和创造性转化、创新性发展，加强对西方文化的理性借鉴和批判改造，即要积极主动地对各种文化现象、文化因素进行科学分析、鉴别、筛选和利用；正如习近平在联合国教科文组织总部演讲时所指出的："我们应该从不同文明中寻求智慧、汲取营养，为人们提供精神支撑和心灵慰藉，携手解决人类共同面临的各种挑战。"① 最后，要加强对教育对象文化选择的引导，注意提高其文化鉴别和选择能力，使其在文化交流和冲突中进行正确的文化选择。

第三，思想政治教育的文化创造功能。20 世纪 50 年代以来，科学技术飞速发展，世界范围的文化交流日益加强，各民族文化的联系愈益紧密，竞争也越来越激烈。要提高中华民族文化的竞争力，使民族文化与时俱进，保持强劲的发展势头，就必须培养一大批具有文化创新能力的人才，而这正是当代思想政治教育的重要责任。思想政治教育通过培养具有创造精神和创造能力的人才，就能有力地推动文化的创新。同时，思想政治教育在传播文化的过程中，不是充当一个机械的"传声筒"，而是在不断地对政治文化、伦理文化进行整合、创新，并以最恰当的方式向教育对象进行传递，这一过程实际上也是文化的创造过程。对文化的传承，不能简单地理解为文化保存，照搬照抄，而是要做到适应今天和未来的需要，进行创造性转化和创新性发展。唯有如此，才能更好地构筑中国精神、中国价值、中国力量，为人们提供精神指引。可见，思想政治教育的文化创造功能是客观存在的。在文化竞争日益激烈的今天，思想政治教育一定要高度重视创新

① 习近平．在联合国教科文组织总部的演讲．人民日报，2014-03-28.

型人才的培养，并创造性地传播政治文化和伦理文化，以充分发挥其文化创造功能。

4. 思想政治教育的生态建设功能

思想政治教育的生态建设功能是指通过思想政治教育帮助教育对象形成生态意识和生态价值观念，并以此指导自身行为，从而推动生态文明建设的独特作用。具体来讲，思想政治教育的生态建设功能表现在以下几个方面：

第一，帮助教育对象形成生态意识。恩格斯指出："我们不要过分陶醉于我们人类对自然界的胜利。对于每一次这样的胜利，自然界都对我们进行报复。"[①] 习近平指出："纵观人类文明发展史，生态兴则文明兴，生态衰则文明衰。"[②] 当前，世界范围的环境恶化、资源枯竭等问题十分突出，这是自然界对人类无限度盲目开发、破坏生态系统的严重警告。生态危机是人类社会工业化污染和过度掠夺自然资源双重累积的结果，其根源是人的生态认知缺乏及生态意识淡薄。因此，要解决生态危机，一个重要工作就是要加强生态文明教育，帮助人们形成科学的生态观念。而思想政治教育在这一方面具有重要作用。在科学发展观的指导下，加强教育对象的生态文明教育，宣传生态环保知识，有助于提高他们的生态认知，即正确认识人与自然的关系及生态系统内部的关系；有助于他们形成正确的生态意识，即人与自然和谐共生、协调发展的意识，包括生态价值意识、生态忧患意识、生态道德意识、生态消费意识等，从而促使他们在社会生活中爱护环境、保护环境、与环境和谐相处，进而推动生态文明建设。

第二，引导教育对象遵守生态法规，调控生态行为。生态文明建设关乎人民的福祉和国家的未来。习近平指出："建设生态文明是关系人民福祉、关乎民族未来的大计。"[③] 因此，应从"五位一体"总体布局的战略高度，通过思想政治教育提高全民族的生态文明意识和生态自觉，用制度保护生态环境。健全的生态法律体系是社会主义法治体系的重要组成部分，是建设社会主义生态文明的根本保障。为此，党中央制定了一系列符合中国国情的生态法律法规，同时启动了生态红线保护制度，划定了林地和森林、湿地、荒漠植被、物种四条生态红线。生态红线是指生态系统在发展演变中生态平衡被打破，导致生态系统衰退甚至崩溃的临界状态。生态红线是保证生态安全的底线，具有约束性和强制性。必须在思想政治教育中加大生态法规教育，引导教育对象牢固树立生态法律意识和生态红线观念，在行动中严格遵守生态法规，恪守生态红线，不越雷池一步。要通过思想政治教育将相关生态法规和政策传导给教育对象，发挥生态法律法规的约束、规范功能，从而调控人们的生态行为，促使人们的行为与生态保护同步、与生态发展相协调。使广大人民群众自觉地做环境的保护者、资源的节约者及生态和谐的促进者，以实际行动推动"美丽中国"建设，助力"中国梦"早日实现。

---

① 马克思，恩格斯．马克思恩格斯选集：第4卷．2版．北京：人民出版社，1995：383.

② 习近平．共谋绿色生活，共建美丽家园．人民日报，2019-04-29.

③ 中共中央宣传部．习近平总书记系列重要讲话读本（2016年版）．北京：学习出版社，2016：230.

第三，引领生态思潮、创新生态文化。在人类工业化进程中，形成了形形色色的生态思潮，包括人类中心主义、技术享乐主义、功利主义、消费主义、生态社会主义、生态女权主义、生态政治学、生态伦理学等，这些思潮都是为了回答和解决人类的生态问题，有着鲜明的利益诉求和价值取向。随着生态环境的恶化，人们经过反思后发现，生态危机的根源在于"文化和价值问题"。要帮助人们形成明确的生态意识，思想政治教育就必须以马克思主义立场、观点和方法引领生态思潮，揭示各种生态思潮产生的根源，帮助人们认清其本质，从而增强人们的批判能力和选择吸收能力。与此同时，思想政治教育还应大力创新与生态文明建设要求相适应的思想意识、价值观念、生态文化。只有这样，才能引导教育对象充分认识生态文明建设的意义，明确自然界除了具有满足人们物质需求的物质价值外，还具有满足人的科学认识、审美需要、文化象征意义的精神价值。为此，思想政治教育要充分发挥其文化创新功能，在科学发展观指导下，合理吸取古今中外生态文化思想的精髓，对人民群众创造性的生态文明建设经验进行总结和升华，从而创新生态文化，充分发挥生态文化的积极作用。

第四，鼓励绿色消费，提倡低碳生活方式。进入工业社会后，过度生产和过度消费造成了巨大的资源浪费、严重的生态破坏和环境污染，人与自然的关系全面紧张。这种大量生产、大量消费、大量废弃的生活方式，是造成全球性生态危机的深层次原因。因此，解决生态危机问题，必须反省人们的生活方式和生活态度，特别是要转变人们的生活方式。习近平强调，要"推动形成节约适度、绿色低碳、文明健康的生活方式和消费模式"①。思想政治教育在这方面具有重要作用。通过对人们进行基本国情教育、中华民族优秀传统文化教育和社会主义核心价值观教育，就能有效地引导人们树立绿色消费观念，选择低碳生活方式，从而为生态文明建设做贡献，为实现美丽中国的美好愿景而奋斗。

5. 思想政治教育的社会建设功能

思想政治教育的社会建设功能，是指社会或社会群体根据思想政治教育的属性、特点，有组织、有计划地发展的，旨在改善民生、促进社会和谐进步的活动所产生的独特作用。具体来说，思想政治教育的社会建设功能主要表现在如下几个方面：

第一，促进社会流动，优化社会结构。社会结构是指社会的基本组成部分之间存在的、比较稳定的关系和构成方式，其内容十分丰富，主要包括社会阶层结构、人口结构和城乡结构等。其中，以职业分工为划分依据的社会阶层结构最为重要。社会结构是社会的基本框架，社会结构状况如何，既决定着社会力量配置状况的优劣，也决定着社会发展空间的大小。正因如此，优化社会结构便成为社会建设的基础性内容，它致力于实现"社会阶层构成齐全，大小比例合理"。从社会分工的角度看，既要每一个社会阶层都必须具备，又要社会各阶层相互间的

---

① 习近平在中共中央政治局第四十一次集体学习时强调 推动形成绿色发展方式和生活方式 为人民群众创造良好生产生活环境. 人民日报，2017-05-28.

比例结构恰当合理，否则，社会发展难免出现不平衡、不充分的问题。现阶段，我国社会阶层结构不合理的表现主要是底层群体所占比重较大，呈现出“金字塔”现状；社会阶层之间的固化程度较高，较低阶层的上升空间有限。要解决此问题，一个重要的措施就是保持社会必要的垂直流动、水平流动和结构性流动。因为畅通的社会流动，既是社会的活力所在，也是社会成员的希望所在，而且社会流动还能消解人们的不满情绪，消除社会的冲突隐患，促进社会稳定，促进经济发展。一般说来，劳动力的社会流动往往受到社会文化环境、家庭经济状况、个人特征和社会资本等因素的影响。思想政治教育对于破解这一难题，具有自己独特的优势。

一是通过激励人们不断奋斗，为获得更高的社会地位和更多的收入提供足够的人力资本。一方面，通过思想政治教育，引导人们正确认识和对待困境，产生再教育的需求，谋求更好的职业生涯。掌握一技之长就会获得足够的竞争优势，争取更多的就业机会，实现自由的社会流动。另一方面，通过思想政治教育，提高人们挑战风险的能力和勇气，增强人们对新环境的适应生存能力、自主发展能力、调整心态的能力，从而获得较好的人力资本。

二是通过思想政治教育，营造一个良好的文化环境。通过社会引导，消除对流动人口的偏见，鼓励人们用宽广的胸怀接纳他们，平等地对待、尊重他们，与他们建立融洽和谐的关系，这是实现自由的社会流动不可或缺的社会资本。

第二，增强社会认同、加速社会融合。这是一个侧重于“社会良性运行”的问题。经济发展方式的转变推动着当今社会的转型，而社会转型必然带来一系列转型适应问题。转型适应是指人们在转型过程中，传统的劳动方式、生活方式、价值观念与社会心理逐步现代化、城市化的过程，一般来说，转型适应有融合和分化两种不同的结果。马克思主义认为，社会融合既是一种双向的主体实践过程，还是一个双向的意义互动过程，既坚持物质的社会成果共享，也包括人的社会地位层面的平等和互助，全社会成员在行为模式和组织模式上处于一种共生状态，并由此产生一种积极的融合机制，使社会具有平等、合作、互惠及互动的共生特征。可见，对于转型社会的发展而言，融合无疑是一种理想的状态。社会融合主要由心理融合、文化融合、身份融合、经济融合等因素构成。其中最关键的是文化心理层面的融合，而要达到文化心理层面的融合，实现彼此之间的社会认同是基本前提，对原居民而言，社会认同意味着要了解新居民的生活习惯，从心理上认可和接纳他们。对新居民而言，社会认同意味着对自己的新角色有一个正确的认知，并以主人翁的身份融入城市社会。要实现这一目的，就必须充分开展行之有效的思想政治教育工作，具体有如下方面：

一是要开展交往型思想政治教育，使社会成员通过彼此深入了解，实现社会认同。如搭建交往平台，塑造情境，促进社会成员之间的交流互动，拉近彼此之间的距离，消除生活隔离、心理排斥和社会歧视，营造一个开放、平等的社会环境，进而实现彼此之间的认同，最终促进社会融合。

二是通过社会主义核心价值观教育，帮助人们树立正确的人生观、价值观。

要帮助人们逐步提高法制意识、责任意识，提高他们的修养水平，教会人们妥善处理好社会角色的内部和外部冲突，实现由“传统人”向“现代人”的转变。引导社会成员合理定位，实现社会身份的高度认同。

第三，倡导改善民生，激发社会活力。这是一个侧重“如何保障社会安全运行和可持续发展的基准线”的问题。改革开放以来，虽然市场活力增强，但与之相匹配的有序与活力兼具的社会还未形成。社会活力是各种社会要素相互作用所生成的自我完善、自我发展和自我创新的能力，包括社会生命力、社会竞争力、社会创造力等内容，具有整体性、复杂性、系统性等特征。社会生产力的不断提高，生产方式、生活方式的不断更新，社会成员个性及创造力的不断发展，文化观念、价值取向的转变等是使社会充满活力的必要条件。社会活力作为社会发展进步的源泉，是反映社会民生福祉的重要标志。马克思主义认为：“人们奋斗所争取的一切，都同他们的利益有关。”① 习近平指出：“人民对美好生活的向往，就是我们的奋斗目标。”② 增进民生福祉是发展的根本目的。从这个意义上说，人们对自身利益的追求，是激发社会活力的动因。目前，我国“民生领域还有不少短板，脱贫攻坚任务艰巨，城乡区域发展和收入分配差距依然较大，群众在就业、教育、医疗、居住、养老等方面面临不少难题”③。这些实际问题与人们的自身利益息息相关，若不能很好地解决，不仅会引发人们的思想问题，甚至会引发社会冲突，不利于社会的安全运行，压抑社会发展的活力。鉴于此，需要坚持解决思想问题与解决实际问题相结合，倡导改善民生，以保障社会的安全运行和可持续发展。一方面，思想政治教育要贴近群众，了解人民的所需、所想，多解民生之忧，将潜在的不利于社会和谐的因素消灭在萌芽状态，保障社会安全运行，为改善民生奠定良好的群众基础。另一方面，尊重人民首创精神，激发社会活力。人民群众是历史的创造者，是历史发展和社会进步的主体力量。通过思想政治教育将人民群众紧紧团结在一起，激发人民群众的积极性、主动性和创造性，使其积极投身于中国特色社会主义现代化建设的伟大征程中，为改善民生问题奠定丰富的物质基础。

第四，维护社会公平、缓解社会失衡。这是一个侧重“如何推进社会建设”的问题。辩证唯物主义认为，任何事物都包含平衡和不平衡两个方面，事物永远处于由平衡经过不平衡达到新的平衡的辩证发展过程之中。人类社会同样存在平衡性与不平衡性的问题。任何社会都追求良性的运行状态，但运行过程中又不可避免地会出现发展不平衡、社会失衡等问题。所谓社会平衡是指社会各要素处于相互依存、相互制约、相互促进的协调状态，社会有机体得以正常运行的整合状态。如果社会各要素之间在结构上处于矛盾状态，就会出现社会失衡。当前，“中国特色社会主义进入新时代，我国社会主要矛盾已经转化为人民日益增长的美好生活需要与不平衡不充分的发展之间的矛盾”④。由于我国还处于社会主义初

① 马克思，恩格斯．马克思恩格斯全集：第1卷．北京：人民出版社，1956：82.

② 中共中央文献研究室．十八大以来重要文献选编．上．北京：中央文献出版社，2014：70.

③④ 习近平．决胜全面建成小康社会 夺取新时代中国特色社会主义伟大胜利．人民日报，2017-10-28.

级阶段，还存在地区之间、城乡之间、群体之间的发展失衡问题。社会失衡必然导致政府的公信力降低，影响社会稳定，严重时会导致社会系统的崩溃。克服社会失衡问题，有效推进社会建设，就要建立以公平正义为导向的利益平衡和协调机制，才能从根本上使阶层矛盾得到缓解。克服社会失衡，对思想政治教育提出了新使命。一方面，要加强心理教育。结构失衡和利益失衡必然带来心理失衡。为此，必须加强调查研究，针对人们心理焦虑的根源，循序渐进地开展控制与调节。同时，加强人文关怀和人格引导，使其诉求表达更加平和，对问题的认识更加理性，从而消除人们的相对剥夺感，维护心理平衡。另一方面，大力宣传国家为社会公平正义的实现所实行的惠民政策，向社会公众普及公平意识，在全社会培育公平、正义、共享的发展理念，让人民群众坚定党和政府维护社会公平正义的信心和决心。

复习思考题

1. 为什么说思想政治教育是马克思主义理论教育的基本途径？
2. 如何理解思想政治教育是完成建设中国特色社会主义各项任务的中心环节？
3. 思想政治教育的个体性功能表现在哪些方面？联系实际说明其中一种功能。
4. 思想政治教育的社会性功能表现在哪些方面？联系实际说明其中一种功能。
5. 思想政治教育的地位和功能之间有什么联系？联系实际进行说明。

阅读书目

1. 陈万柏，张耀灿．思想政治教育学原理．2版．北京：高等教育出版社，2007.
2. 张耀灿，等．现代思想政治教育学．北京：人民出版社，2001.
3. 张澍军．德育哲学引论．北京：中国社会科学出版社，2008.
4. 鲁洁．道德教育的当代论域．北京：人民出版社，2005.
5. 余谋昌．生态文化论．石家庄：河北教育出版社，2001.
6. 吴忠民．社会建设概论．北京：中共中央党校出版社，2017.

第四章 思想政治教育的目的和任务

要点提示

● 思想政治教育的目的是指通过思想政治教育活动，在教育对象的思想和行为方面所期望达到的结果。其特征主要有：连续性和阶段性的统一、一元性和多元性的统一以及超越性和可行性的统一。

● 思想政治教育的目的在思想政治教育活动中具有重要意义：为思想政治教育活动指明方向，为思想政治教育活动提供动力，为调控思想政治教育活动提供指针，为衡量思想政治教育活动成效提供依据。

● 思想政治教育的任务是指思想政治教育在社会生活中承担的特定责任。思想政治教育的根本任务是立德树人，具体而言是要培养能够担当民族复兴大任的时代新人，培养德智体美劳全面发展的社会主义合格建设者和可靠接班人。

● 完成新时代思想政治教育任务，必须坚持以理想信念教育为核心，以社会主义核心价值观为引领，以爱国主义教育为重点，以弘扬中华优秀传统文化为特色。

关键词 思想政治教育的目的　思想政治教育的根本目的　思想政治教育的任务　思想政治教育的根本任务　时代新人

人是有意识、有目的的超越性存在，思想政治教育作为人的一种活动，无疑具有明确的目的和指向。思想政治教育的目的和任务反映了思想政治教育的本质和方向，规定了思想政治教育的基本内容，影响着思想政治教育载体和方法的运用，是思想政治教育理论和实践的一个重要问题。明确思想政治教育的目的和任务，是顺利开展思想政治教育并使其取得实效的基本前提。

第一节 思想政治教育的目的

一、思想政治教育目的的意义

思想政治教育的目的是指通过思想政治教育活动，在教育对象的思想和行为方面所期望达到的结果。换言之，思想政治教育的目的是教育者依据社会发展的要求、教育对象精神世界发展的需求等因素对教育对象思想品德方面的质量的一种期望和规定。思想政治教育的目的是开展各项思想政治教育活动的依据和动力，体现出思想政治教育的价值取向。

历史唯物主义认为，有目的性是人类活动的重要特点，目的对人类活动顺利而有效地进行发挥着重要的作用。同样，思想政治教育的目的对思想政治教育活动和教育对象思想品德的发展也有着非常重要的作用。

1. 为思想政治教育活动指明方向

人的活动不是盲目随意的，而是有目的的。在社会生活中，不管是群体还是个体，无论做什么事，都要先确定目的，以明确活动的指向。思想政治教育不仅不例外，而且其目的性更强，思想政治教育活动的方向就是由其目的所规定的。思想政治教育的根本目的从总体上规定了思想政治教育活动的共产主义方向，对思想政治教育的具体活动具有引导和激励作用。思想政治教育的其他一切方面如任务、内容的确定，原则、方法、载体的运用等都必须与这个方向一致，都必须有利于朝这个方向发展。体现思想政治教育根本目的的具体目的也在不同层面上保证着思想政治教育活动的共产主义方向。

> 在社会历史领域内进行活动的，是具有意识的、经过思虑或凭激情行动的、追求某种目的的人；任何事情的发生都不是没有自觉的意图，没有预期的目的的。
>
> ——马克思，恩格斯. 马克思恩格斯选集：第 4 卷. 2 版. 北京：人民出版社，1995：247.

2. 为思想政治教育活动提供动力

思想政治教育过程是教育者和教育对象的双向互动过程，只有教育者和教育对象都充分发挥主观能动性，积极参与互动，思想政治教育才能取得预期效果。而思想政治教育的目的为激发教育者和教育对象的主观能动性提供了动力。对于教育者而言，思想政治教育的目的尤其是具体目的往往具有时限性，可用具体指标加以衡量，体现为阶段性的任务，因而能较好地激发他们的活力，使他们积极主动地工作，为达到目的努力奋斗。对于教育对象而言，思想政治教育的目的实际上就是他们的奋斗目标，教育目的所要求的思想政治素质就是教育对象应当努力达成的理想人格，因而它必然会对教育对象起到重要的引导作用。可见，思想政治教育的目的在激发教育者活力的同时，也对教育对象产生巨大的激励作用，促使他们产生自我教育的积极性，不断向目的所指示的方向前进，从而不断提高自身的思想道德水平。

3. 为调控思想政治教育活动提供指针

在思想政治教育实践中，其过程的开展受到主客观诸多因素的影响，因而可能会和预期的方向、目标发生偏差。为尽可能避免偏差、降低失序的程度，要对思想政治教育的活动进行及时的调控。思想政治教育的目的指引着应然的方向，可以作为判断一定思想政治教育活动是否偏离方向、是否需要调节以及如何调控的依据。换言之，我们可以根据思想政治教育的目的来调控思想政治教育活动，使其紧密围绕预期的方向和要求进行，进而更好地达成目标。当然，这并不意味着要刻板生硬地调控。有的情形下会发现特定思想政治教育活动的具体目的不一定恰当，可能不符合变化的实践要求，这时要能够理性地、适时地调整目的。

4. 为衡量思想政治教育活动成效提供依据

思想政治教育的目的是整合思想政治教育所有具体评价标准的精神内核，不仅是思想政治教育活动应努力的方向，也是评估思想政治教育活动成效的重要依据。判断思想政治教育活动是否有成效以及成效的大小，其重要依据就是思想政治教育的目的。有助于达到目的的思想政治教育活动，就是有成效的活动，反之则是没有成效的活动。从整体来看，思想政治教育活动是否有成效，主要是看思想政治教育根本目的的实现程度，如教育对象的思想道德素质是否提高，个性、能力是否得到全面发展等；从局部或具体单位来看，思想政治教育活动的成效如何，要看活动的具体目标是否达到，如思想认识是否提高，工作学习积极性是否得到充分发挥等。可见，思想政治教育的目的是衡量和评价思想政治教育活动成效的基本尺度。由于思想政治教育的目的是社会发展的客观要求和教育对象内在精神世界发展需求相互作用的产物，目的达到的状况客观上反映着社会和个人需求满足的程度，因而将思想政治教育的目的作为衡量思想政治教育活动成效的标准是适宜的。

二、确定思想政治教育目的的依据

思想政治教育的目的不是人们主观随意确定的，而是社会存在和发展的反映。思想政治教育的目的往往是多种因素综合作用的结果，而各个因素对思想政治教育目的形成的作用是不平衡的，这就要求我们抓住主要因素，恰当地确定思想政治教育的目的。

1. 社会发展水平及其客观要求

思想政治教育要为社会的发展和进步服务，其目的就必须反映社会发展的客观要求，必然受到生产力与科技发展状况以及社会经济政治制度的制约。

生产力与科技发展状况是确定思想政治教育目的的基础。马克思主义认为，社会发展最终是由生产力推动的。生产力的发展不仅为教育对象的体力、智力以及思想道德素质的发展创造了条件，而且也对教育对象各方面的发展提出了更高要求。从这个意义上讲，思想政治教育的目的最终为生产力发展水平所制约；随着生产力水平的提高和科技的迅猛发展，这种制约作用越来越明显。人类历史发展进程表明，生产力和科技的发展水平不同，社会对教育对象思想品德的要求就不同。今天，知识经济和信息化已经成为社会的重要特征，这不仅对社会成员的文化与科技素质提出了新的要求，而且对其思想道德素质也提出了更高的要求，因此，思想政治教育必须加大对教育对象道德价值评判与选择能力的培养，这应成为新时期思想政治教育目的的重要内容。

一定社会的生产关系以及由此而产生的社会经济、政治制度对思想政治教育的目的起着直接的决定性影响。在阶级社会里，由于不同阶级的经济利益和政治利益不同，因而其思想政治教育的目的也各不相同，其中统治阶级思想政治教育的目的反映了统治阶级的经济和政治利益，在社会上占有统治地位。思想政治教育是一定阶级或政治集团为实现一定的政治目标，有组织、有计划地对社会成员施加思想观念、政治观点、道德规范的影响，使其形成本阶级所需要的思想品德的实践活动，其目的为一定社会的经济、政治制度所决定，在阶级社会中具有鲜明的阶级性。

中国共产党的奋斗目标反映了我国社会发展的客观要求，因而依据社会发展的水平和要求确定思想政治教育的目的，在我国具体表现为要依据党的奋斗目标来确定，思想政治教育的目的应同党的奋斗目标保持一致。党的最终目标，是实现共产主义的社会制度，这一目标决定思想政治教育的根本目的就是要用共产主义思想教育、动员和激励教育对象为实现共产主义努力奋斗；在奋斗过程中不断提高自己的思想道德素质，使自身得到全面发展，成为社会主义新人。当然，实现共产主义的社会制度需要一代又一代人的艰苦奋斗，是一个长期的历史过程，可分成许多阶段，党在每个阶段的奋斗目标既有联系又有区别。思想政治教育要以共产主义思想为指导，根据不同阶段党的奋斗目标来确定不同时期思想政治教育的目的。同时，党在一定阶段的奋斗目标要分解到各领域、各部门，党在各领域、各部门的具体目标也各有不同。各领域思想政治教育的目的就必须与党在该领域的奋斗目标保持一致，以便使各领域的思想政治教育目的落到实处。当前，思想政治教育要围绕实现社会主义现代化这一党在现阶段的奋斗目标确定其目的。思想政治教育领导部门和教育者一定要准确把握党的基本理论、基本路线、基本纲领、基本政策，明确党在新时代的奋斗目标及实现这一目标的战略部署，正确地规定思想政治教育的目的，以组织和动员全体人民为实现社会主义现代化而奋斗。

2. 教育对象精神世界发展的需要及思想实际

思想政治教育是培养人的社会实践活动，它不是一种单向度地向教育对象施加影响的活动，而是教育者与教育对象双向互动的过程。作为对教育对象思想品德的要求，思想政治教育的目的必须充分考虑教育对象精神世界发展的需要及其思想品德实际。

思想政治教育要达到提升人的精神品质和促进人的全面发展的目的，必须尊重和了解教育对象的需要，否则就会失去吸引力和针对性，教育对象就有可能失去接受教育和自我教育的动因。因为需要是人生命活动的内在根据和社会发展的原动力，思想政治教育只有遵循人的需要发展的规律，才能获得根本的动力支持。在社会主义社会中，教育对象在成长的过程中，会有丰富的精神需要，如学习的需要、较高的道德修养的需要、政治进步的需要、和谐的人际关系的需要、尊重与荣誉的需要、自我成就的需要、才能发挥的需要等。只有满足教育对象的这些需要，思想政治教育才会产生好的效果。因此，确定思想政治教育的目的，必须考虑教育对象多角度、多层次的精神需要。唯有如此，才能确实引导教育对象的内在精神需求得到积极的、正向的发展，思想政治教育的目的也才能为教育对象所真正接受，内化为他们的个人目标，成为其行动指南。我国思想政治教育的根本目的已内在地包含满足教育对象精神世界发展需要的内容，具体目的的确定也必须考虑这一因素，这是确定思想政治教育目的的内在要求。

在确定思想政治教育的目的时，还必须考虑教育对象思想品德的实际状况。思想政治教育对象是分为不同类型、不同层次的；不同类型、不同层次的教育对象的思想状况又是有差别的。这就要求我们在确定思想政治教育的目的特别是具体目的时，要充分考虑教育目的与教育对象思想品德状况之间的紧密联系，考虑教育对象的接受可能性，以更好地引导教育对象向社会要求的方向发展。如果忽视教育对象的思想实际，就有可能把具体目的定得过低或过高，教育目的就会失去对教育对象的引领作用。教育对象的层次性，决定了思想政治教育目的的层次性。在统领全局的思想政治教育根本目的的指导下，思想政治教育的具体目的应该也必须是多层次的。思想政治教育者必须根据教育对象思想品德的实际来确定各行业、各部门、各单位思想政治教育的具体目的，以使教育目的更具有针对性和操作性。

教育对象精神世界发展的需要及其思想品德的实际，相互联系、相互制约，从不同侧面对思想政治教育目的的确定提出了要求。在确定思想政治教育的目的时，不能将其分割开来，而应将其视为一个整体，力求使教育目的同时满足上述两方面要求。

三、思想政治教育目的体系

思想政治教育的目的不是单一的，而是集合的，是一个目的体系，可以根据一定标准从不同角度对其进行分解，将其分为不同的类型和层次。

1. 根本目的和具体目的

这是按目的在思想政治教育目的体系中的地位所做出的划分。

我国的思想政治教育以共产主义为方向，直接作用于人的思想品德，是培养人的思想道德素质的活动。思想政治教育的这一性质规定了我国思想政治教育的根本目的是提高人们的思想道德素质，促进人的自由全面发展，激励教育对象为建设中国特色社会主义、最终实现共产主义而奋斗。这一根本目的包含相互联系的两个方面。一是提高教育对象的思想道德素质。思想政治教育是满足人们精神世界发展需要的一种方式，是提升人的精神品质的社会实践活动，提高人的思想道德素质是这一活动的内在目的。进行思想政治教育就是要使教育对象具备良好的思想道德素质，如崇高的理想、优良的品德、强烈的事业心、责任感、坚强的毅力、严格的纪律等。较高的思想道德素质不仅是人们其他方面发展的保证，而且也是人们发挥现代化建设积极性的内在基础。可见，提高教育对象的思想道德素质，能更好地激励其为建设中国特色社会主义、实现共产主义努力奋斗。二是促进人的自由全面发展。人的自由全面发展既是共产主义的理想目标，也是社会主义的本质要求。社会主义的本质是解放生产力、发展生产力，其最终落脚点就是人的自由全面发展，而这也是思想政治教育的终极目的。思想政治教育是通过人这个中介作用于社会生活的。只有促进人的自由全面发展，才能使教育对象更积极、更主动地投身于中国特色社会主义建设事业中，也才能为共产主义的实现准备更充分的条件。

思想政治教育的根本目的是思想政治教育的最高目的、终极目的，根本目的是思想政治教育的灵魂，是长久起作用的目标，它是团结和动员思想政治教育者及其教育对象共同奋斗的旗帜。没有这面旗帜，思想政治教育就会改变性质。因而这一根本目的对于思想政治教育具有极其重要的意义，它规定了思想政治教育的共产主义方向，思想政治教育的一切活动都要符合这个根本目的。

思想政治教育的根本目的可以看作长远目标，要经过人们长期的努力奋斗才能达到。在思想政治教育过程中，这一长远目标一般需经过多层次分解，成为一个一个具体目的，指导思想政治教育的具体活动。通过一个一个具体目的的实现，才能一步一步向长远目标迈进。可见，具体目的是根本目的的具体化，其作用在于把思想政治教育任务落实到思想政治教育机构或教育者个人身上，故又可称之为操作目标。思想政治教育活动的大部分是由相关机构或教育者完成操作目标，因而具体目的对于思想政治教育来讲也是很重要的。

2. 个体目的和社会目的

这是按作用对象对思想政治教育目的所做出的划分。

思想政治教育的个体目的，是指通过思想政治教育活动，在教育对象个体思想和行为方面所期望达到的结果。它包括心理素质目的、思想素质目的、道德素质目的和政治素质目的等。心理素质目的是基础，思想素质目的是前提，道德素质目的是重点，政治素质目的是核心。思想政治教育的社会目的，是指通过思想政治教育活动，在全体社会成员的思想和行为方面所要达到的预期效果。社会目的比个体目的层次更高，包含了政治目的、经济目的和文化目的。政治目的是实现经济目的的根本保证，决定着文化目的的性质和内容；经济目的是政治目的和文化目的的基础；文化目的受政治目的和经济目的的制约，但它又是政治目的和经济目的实现的必要条件。思想政治教育的社会目的对思想政治教育的个体目的起主导和支配作用，决定个体目的的形成、发展和实现；而个体目的又是思想政治教育的社会目的实现的基础。

3. 远期目的、中期目的和近期目的

这是按时限对思想政治教育目的所做出的划分。

远期目的又可称作长远目的，是指经过相当长时期的持续努力方能实现的思想政治教育目标，在某种意义上可看作在一个长时期内要完成的基本任务。它反映的是社会发展的客观趋势和教育对象精神世界发展的长远需要，对思想政治教育活动具有长远的指导意义。长期目的的作用在于能够给思想政治教育活动指明一个具体的前进方向和奋斗目标；没有长期目的，思想政治教育的根本目的就会变得渺茫不清，思想政治教育活动就会失去方向。思想政治教育的中期目的是指需要经过较长时间的努力才能实现的思想政治教育目标。它实际上是将长期目的提出的基本任务做进一步划分，使之具体化，便于付诸实施。没有中期目的，长期目的就难以付诸施行。思想政治教育的中期目的具有阶段性、局部性和过渡性，是思想政治教育的战役目标，对思想政治教育活动也有重要的指导作用。思想政治教育的近期目的是中长期目的的具体化，是思想政治教育当前想要达到的预期效果，具有现实性、具体性和可操作性，是思想政治教育的战术目标。思想政治教育的大部分活动是要达到近期目的，因而这一目的对思想政治教育也很重要，它对思想政治教育活动有直接的指导作用。思想政治教育的远期目的、中期目的和近期目的相互影响、相互制约，远期目的指导和制约着中期目的和近期目的；中期目的是联系远期目的和近期目的的桥梁和纽带，起着承前启后的作用；近期目的是中期目的和远期目的实现的基础。

四、思想政治教育目的的特征

1. 连续性和阶段性的统一

思想政治教育的远期目的需要很长的期限才能实现，并不能一蹴而就。考虑到社会实际条件和教育对象的思想实际，远期目的往往分解为阶段性的目的、目标，其实现要以阶段性目的的连续完成为基础和前提。正因为如此，思想政治教育的目的呈现出连续性和阶段性相统一的特征。促进人的自由全面发展，实现共产主义远大理想，是无产阶级思想政治教育的远期目的。但这一目的的实现过程是漫长的，需要分解为若干阶段性的目的，进而逐步实现。具体到当前，新时代我国思想政治教育的目的必须充分体现社会主义的性质和发展方向，必须为社会主义现代化建设事业服务，为实现党和国家发展战略服务，为人的全面发展服务。思想政治教育活动的具体目标则要围绕这一点，针对教育对象的实际情况来设定。由此可见，思想政治教育的目的具有连续性和阶段性相统一的特征。

2. 一元性和多元性的统一

思想政治教育的根本目的是一元的，即提高全体社会成员的思想道德素质，促进人的全面发展，这是由我国社会主义制度和思想政治教育的性质所决定的。而具体目的则是多元的，其多元性首先是由思想政治教育对象的层次性所决定的。在现实生活中，教育对象的情况千差万别，因而对不同教育对象如工人、农民、公务员、教师、学生等进行思想政治教育，具体目的理应有所不同。即使是对同一类型教育对象进行思想政治教育，由于其个体具体情况不同，具体目的也应有差异。只有根据不同教育对象的实际情况确定思想政治教育的具体目的，才能使具体目的更贴近教育对象的思想实际，而不致空泛不着边际。其次，思想政治教育具体目的的多元性是由党在不同领域、不同部门的具体目标所决定的。中国共产党在现阶段的奋斗目标是全面建成小康社会，这个奋斗目标要分解为各个领域、各个部门的具体目标，各个领域、各个部门的思想政治教育都要为实现这些具体目标而努力。这样，不同领域、不同部门乃至不同单位，其思想政治教育的具体目的就必然呈现出一定的差异性。总之，由于教育对象的思想特点随着社会的变迁而变化，由于党在各个历史时期的具体奋斗目标不同，因而思想政治教育在不同历史时期就会有不同的具体目的。换言之，思想政治教育的具体目的随着社会历史条件的变化而变化，具有历史性。在社会生活发生变化以后，应该适时地提出新的具体目的，引导教育对象与时俱进，不断提高思想道德素质。

综上所述，思想政治教育的根本目的，按层次与阶段可以分成无数个具体目的。一个个具体目的联结起来，形成目的链。众多的具体目的，按最近层次、第二层次、较高层次的次序一个一个加以实现，从而逐渐实现思想政治教育的根本目的。可见，思想政治教育的根本目的和具体目的是一个相互联系、相辅相成的有机统一体。在实际工作中，必须将思想政治教育的根本目的和具体目的统一起来。

3. *超越性和可行性的统一*

思想政治教育目的的超越性主要表现为两个方面。一是思想政治教育对社会生活应保持一定的超越性，思想政治教育的目的要求应高于教育对象的现实的思想品德水平。科尔伯格指出："不管以阶段 5 还是阶段 6 来规定学校道德教育应达到的水平，都不要紧。但可以肯定地说，不能以比这两个阶段低的阶段的道德概念去规定道德教育的目的。""对于年幼的儿童，我们在传授道德信息时确实可能会犯水平过高或水平过低的错误，而犯水平过低的错误比犯水平过高的错误更糟糕，这是因为，在信息水平过低的情况下，儿童会失去对所传递的信息的尊重。"① 进行思想政治教育是要解决社会要求的思想品德规范与教育对象现有思想品德水平之间的矛盾，如果思想政治教育的目的缺乏超越性，那就无法完成这一任务，思想政治教育也将失去其存在的意义。二是思想政治教育的目的产生于思想政治教育活动之前，具有时间上的超前性。

思想政治教育的目的不仅应具有超越性和超前性的特点，还应具有可行性特征。也就是说，在确定思想政治教育的目的时，应充分考虑社会发展及教育对象

---

① 瞿葆奎. 教育学文集·德育. 北京：人民教育出版社，1989：540-541.

思想品德发展的实际，使其具有实现的可能。思想政治教育的目的是对思想政治教育对象影响的预期，要实现这一预期，就必须考虑思想政治教育的客观条件，考虑教育对象的接受状态。如果思想政治教育的目的及其指导下的教育活动不能进入教育对象接受的阈限，它就会被教育对象束之高阁，难以发挥作用。

超越性和可行性是思想政治教育目的既有区别又有紧密联系的两种特性。超越性建立在可行性的基础上，可行性则受到超越性的制约，两者是有机统一的。

第二节　思想政治教育的任务

一、思想政治教育的根本任务

> 思想政治教育的任务是指思想政治教育在社会生活中承担的特定责任。思想政治教育目的的达成、功能的发挥，都有赖于任务的顺利完成。

从总体上看，思想政治教育的任务可分为三个层次，即根本任务、主要任务和具体任务，三者相互联系、相互影响。根本任务起着统领作用，规定着主要任务和具体任务的方向；主要任务和具体任务的完成，又推动着根本任务的完成。可见，根本任务是思想政治教育任务中的主要方面，因而本章着重讨论思想政治教育的根本任务及其有关内容。

1. 思想政治教育的根本任务及其内在规定性

思想政治教育的根本任务是思想政治教育在社会主义现代化建设中所承担的最重要的责任，是为达到思想政治教育的根本目的所需要完成的基本工作。与思想政治教育的根本目的相一致，思想政治教育的根本任务是立德树人，具体而言是要培养能够担当民族复兴大任的时代新人，培养德智体美劳全面发展的社会主义合格建设者和可靠接班人。这是新时代我国思想政治教育的出发点和归宿，体现了社会主义经济、政治、文化、社会、生态文明对社会成员思想道德素质和科学文化素质的全面要求。

立德树人是教育之本。党和国家高度重视立德树人的重要意义，将其作为思想政治工作的中心环节。“要坚持把立德树人作为中心环节，把思想政治工作贯穿教育教学全过程，实现全程育人、全方位育人”①。立德树人具有丰富的传统文化底蕴，体现了中华传统文化中德育的重要地位，强调通过“立德”来达到“树人”的目的。这里的“德”，并不仅仅指个人品德，也包括社会和国家层面的德；不仅仅指时代新人自身的道德修养，也强调其对实现中国梦的责任感和担当意识。坚持立德树人是育新人的基础和前提，也是思想政治教育的根本任务。此外，将立德树人作为根本，也充分反映了新时代思想政治教育突显人文关怀，强

① 习近平在全国高校思想政治工作会议上强调　把思想政治工作贯穿教育教学全过程　开创我国高等教育事业发展新局面．人民日报，2016-12-09.

调“以人为本”的精神。思想政治教育各种层次的任务有很多，涉及多个层面，但毫无疑问“人”才是最重要的。以立德树人为根本，也时刻提醒着我们思想政治教育要坚持正确的方向，不能遗忘或迷失了培养人这个根本任务。

思想政治教育到底要“树”什么人——要培育时代新人，培养合格的社会主义建设者和可靠接班人。从思想政治教育角度看，培育有理想、有本领、有担当的时代新人应从以下几方面着手：

第一，引导教育对象树立崇高的理想信念，做有理想的人。理想是与奋斗目标相连、有实现可能的向往、追求和信念，是一个人思想道德素质中最重要的素质。没有理想信念，就会导致精神上“缺钙”，会患上“软骨病”。树立崇高的理想对人生具有极为重要的意义：崇高的理想有助于教育对象择定自己在人生大舞台上扮演的符合时代要求的角色，从而获得有价值的人生；将使教育对象明确前进的方向，鼓舞人们勇往直前。建设社会主义市场经济与和谐社会，实现社会主义现代化，需要一代有崇高理想的新人坚韧不拔地为之努力奋斗。没有一代有理想的新人，社会主义现代化就难以实现。正因为理想对个人成长、对事业成败有如此重大的意义，因此，培养具有崇高理想信念的一代新人就成为思想政治教育的根本任务。

具体而言，要进行马克思主义理想信念教育，引导教育对象树立中国特色社会主义共同理想，并使先进分子树立共产主义远大理想。中国特色社会主义是共同理想。我们要坚持在中国共产党的领导下，坚持和发展中国特色社会主义，为实现中华民族伟大复兴的中国梦而奋斗。习近平强调，“一个国家，一个民族，要同心同德迈向前进，必须有共同的理想信念作支撑。我们要在全党全社会持续深入开展建设中国特色社会主义宣传教育，高扬主旋律，唱响正气歌”①。历史经验和实践成果表明，中国特色社会主义是中国共产党带领人民群众历经千辛万苦找到的实现中国梦的正确路径。要引导人们树立道路自信、理论自信、制度自信和文化自信。中国梦是国家的梦、民族的梦，也是每个中国人的梦。“得其大者可以兼其小。”要引导人们将个人的理想追求和国家民族的前途命运结合起来，在实现中国梦的历程中彰显自己的人生价值。要通过马克思主义基本立场、观点和方法的教育，加深教育对象对马克思主义信仰的认识理解和情感态度。

树立马克思主义信仰，要引导人们确立辩证唯物主义和历史唯物主义的世界观、方法论，理解其为广大人民群众发声、维护人民利益的政治立场，树立为人民服务的价值追求，在科学认识人类社会发展规律的基础上树立共产主义远大理想。改革开放以来，我国思想领域的状况更加复杂、多样化，尤其是一些具有隐蔽性的错误思潮借助网络渠道传播、渗透。面对这样复杂的环境，人们的思想也更容易受到外部因素的干扰和影响。精神空虚、困惑、焦虑，理想信念的缺位、匮乏和动摇现象也愈发明显。思想政治教育要积极引导人们树立崇高的理想信念，这具有突出的现实意义。

① 中共中央文献研究室．习近平关于社会主义文化建设论述摘编．北京：中央文献出版社，2017：11.

第二，引导教育对象养成重视教育的态度，不断提高自己的科学文化知识素养，实现全面发展，做有本领的人。实现青春梦和中国梦，必须要扎根实践，具备相应的能力、本领。培养社会成员，使其具有较高的科学文化知识，主要是各级各类学校的任务，但思想政治教育在提高教育对象的文化知识素养方面，仍有不可推卸的责任和重要的作用。其中一个重要方面，就是促使教育对象养成重视教育的态度，加强学习，不断提高自己的文化知识水平。思想政治教育应从社会发展的高度，通过多种方式，引导教育对象认识到，个人较高的文化知识水平不仅关系自身的工作和生活，而且是提高我国的国际竞争力、实现社会主义现代化所必需的。当前我国不断走近世界舞台的中央，所面对的经济、文化竞争更加激烈，这种竞争说到底是人才的竞争。只有使组成我们民族共同体的每一个体都具有"广博和精深的知识"，我们民族在世界上才会有更强的竞争力，才能更快地推进社会主义现代化。这是因为，民族的前途、祖国的命运，归根结底都包含在每一个人的奋斗之中。习近平曾多次寄语青年，强调学习和掌握本领的重要性，"树立梦想从学习开始、事业靠本领成就的观念，让勤奋学习成为青春远航的动力，让增长本领成为青春搏击的能量"①。

思想政治教育还应当从个人全面发展的高度，引导教育对象认识到，个人较高的文化知识素养既是个人全面发展的表现，也是个人全面发展所必需。在现代社会，缺乏一定的科学文化知识，个人不仅不能很好地参与社会活动，而且连自身的生活也会受到限制。同时，现代社会变化迅速，如果不努力学习新知识，个人就难以满足社会发展的要求，个人的发展就会受到限制。只有坚持不懈地追求新知，不断更新自己的知识结构，努力提高自己的知识素养，才能跟上时代的步伐，在改造自然和社会的过程中使自己获得全面发展。总之，无论是个人的全面发展还是社会的繁荣进步，都要求公民具备较高的科学文化知识素养。因此，要促使教育对象养成这种态度，从而孜孜不倦地追求知识，是建设学习型社会和创新型国家对思想政治教育提出的新要求，思想政治教育应通过卓有成效的工作努力满足这一时代要求。

第三，帮助教育对象形成敢于担当的精神状态，做有担当的人。担当的精神状态离不开责任感的驱动。思想政治教育要培养教育对象的社会责任意识和个人的责任感。责任感是一种自觉把分内的事做好的心情。它不仅是指对国家、民族、社会的一种心情，而且首先是指对具体工作的一种态度。也就是说，责任感与每个人的工作与生活紧密联系在一起，每个人都要对自己所承担的工作有较强的义务感，忠于职守，自觉自愿把工作做好。在一定意义上讲，每个人把各自承担的工作做好，就是对国家对社会尽到了义务，国家发展就有了起码的基础。在引导人们做好本职工作的基础上，再引导人们将其上升为对国家对社会有关公共利害之事的责任感。作为一个公民，有关公共利害之事也是分内的，公民有责任协力把它办好。基于这样的认识，思想政治教育在培养公民的责任感时，既要反

① 中共中央文献研究室．十八大以来重要文献选编：上．北京：中央文献出版社，2014：279.

对侈谈对国家、对民族、对社会的责任感而对于自己所承担的工作敷衍塞责的倾向，又要反对各人自扫门前雪而忽视对公共事务责任的倾向。对个人具体工作承担起完全的责任，对公共事务有充分的关注，在必要的时候，勇于承担对社会公共事务的责任，这是现代公民个人责任感互相联系的两面，缺一不可。

时代新人敢于承担责任的担当意识主要体现在三个方面：敢于担当民族复兴的大任，拥有坚定的爱国立场和理性的爱国态度；敢于顺应和回应时代的变化，具有积极向上、勇于创新的精神面貌；敢于担当个人的道德、法律责任，做社会主义核心价值观的践行者。

首先，培养教育对象敢于担当民族复兴大任的责任感。习近平在讲话中多次强调中华民族伟大复兴与每个中国人担当奋斗的关系。“历史告诉我们，每个人的前途命运都与国家和民族的前途命运紧密相连。国家好、民族好，大家才会好。”① 尤其强调了青年一代所肩负的重任，“中华民族伟大复兴终将在广大青年的接力奋斗中变为现实”②。由此，思想政治教育要注重激励教育对象自觉担当起新时代赋予的责任，“勇做走在时代前列的奋进者、开拓者”③。培养具有民族责任的担当意识，就需要激发人们的爱国主义情怀，弘扬以爱国主义为核心的民族精神，引导其采用正确、理性的方式来表达爱国之情。

其次，培养教育对象积极向上、勇于创新的精神面貌。积极向上的精神状态，是时代新人内在的精神素质。一个人有了良好的精神状态，就能刻苦学习，努力工作，积极进取，不断发展和完善自己；就能不畏困难，不怕挫折，向着理想目标奋进。习近平在2018年全国教育大会上强调：“要在培养奋斗精神上下功夫，教育引导学生树立高远志向，历练敢于担当、不懈奋斗的精神，具有勇于奋斗的精神状态、乐观向上的人生态度，做到刚健有为、自强不息。”④ 如何引导人们形成良好的精神状态，是思想政治教育的重要课题，具有极其重要的现实意义。民族的兴盛、国家的强大离不开积极的精神状态。“没有民族精神力量的不断增强，一个国家、一个民族不可能屹立于世界民族之林。”⑤ 尤其在当前这个关键的时间节点上更是如此。中国特色社会主义进入新时代，既意味着社会主义建设到一个新高度、新阶段，也意味着我们要有更坚定、积极、昂扬、奋斗的精神状态来迎接新的挑战、继续新的征程。思想政治教育要激发人们保持和新时代相适应的精神面貌。其中最重要的一点就是要引导人们形成与时代快速发展、我国日益走近世界舞台中央相适应的积极健康、自信向上的精神状态，就是要帮助人们形成积极乐观的生活态度、与时俱进的意识、创新创造的品质、开拓拼搏的精

---

① 中共中央文献研究室. 十八大以来重要文献选编：上. 北京：中央文献出版社，2014：84.

② 同①277.

③ 习近平在全国高校思想政治工作会议上强调　把思想政治工作贯穿教育教学全过程　开创我国高等教育事业发展新局面. 人民日报，2016-12-09.

④ 习近平在全国教育大会上强调　坚持中国特色社会主义教育发展道路　培养德智体美劳全面发展的社会主义建设者和接班人. 光明日报，2018-09-11.

⑤ 中共中央文献研究室. 十八大以来重要文献选编：中. 北京：中央文献出版社，2016：121.

神和强烈的事业心、责任感、正义感等。党和国家一直高度重视群众的精神状态及其引导，强调只有人民群众精神振奋、发愤图强，才能创造出人间奇迹。相反，“如果党员、干部理想动摇、宗旨淡化，人民群众精神萎靡、贪图安逸，那往往可以干成的事情也干不成”①。

最后，提升教育对象的思想道德素质和法治纪律素养，培养其作为公民对道德法律责任的担当意识。其一，帮助教育对象养成良好的思想道德素质。国无德不兴，人无德不立。“只要中华民族一代接着一代追求美好崇高的道德境界，我们的民族就永远充满希望。”② 无论是对社会成员的健康成长还是对社会的稳定和发展都有重要意义，因而其理应成为思想政治教育的重要任务。“道德建设，重要的是激发人们形成善良的道德意愿、道德情感，培育正确的道德判断和道德责任，提高道德实践能力尤其是自觉践行能力。”③ 要引导人们用社会主义道德准则要求自己，明大德、严公德、守私德，促使人与人之间形成平等、团结、友爱、互助的社会主义新型关系。要引导教育对象积极践行社会主义核心价值观，将其融入日常生活世界中，落小、落细、落实。要引导教育对象理解和践行集体主义的原则，弘扬为人民服务的精神，遵守社会公德，重视职业道德，强调家庭美德，提升个人品德。要加强社会主义荣辱观教育，引导广大群众以热爱祖国为荣、以危害祖国为耻，以服务人民为荣、以背离人民为耻，以崇尚科学为荣、以愚昧无知为耻，以辛勤劳动为荣、以好逸恶劳为耻，以团结互助为荣、以损人利己为耻，以诚实守信为荣、以见利忘义为耻，以遵纪守法为荣、以违法乱纪为耻，以艰苦奋斗为荣、以骄奢淫逸为耻。在此基础上，鼓励和宣传共产主义道德，以榜样教育为抓手，引导人们重视国家和人民的利益高于一切、全心全意为人民服务的思想。总之，在开展道德教育时，教育者要注意把握道德及道德教育的层次性，注意针对性，以便取得更好的效果。

其二，要增强教育对象的法治纪律素养。法治纪律观念是现代社会公民应具备的最基本、最重要的观念，是时代新人必备的基本素养。进行社会主义现代化建设，需要全体人民的团结奋斗。“我们这么大一个国家，怎样才能团结起来、组织起来呢？一靠理想，二靠纪律。”④ 完备的法治和严明的纪律，是组织全体人民为社会主义现代化共同奋斗的巨大的规范力量。同时，我国坚持依法治国与以德治国相结合，推行全面依法治国的十六字方针。此外，社会主义市场经济是法治经济，没有完备的法治，社会主义市场经济体制就难以建立，现代化建设就难以顺利进行。而法律制度的制定以及与之相适应的社会秩序的建立，都离不开具有法治观念的人；只有使全体人民具有高度的法治纪律观念，社会主义法治才能确实有效地运转起来。可见，培养具有高度法治纪律素养的一代新人，是社会主

---

① 习近平．辩证唯物主义是中国共产党人的世界观和方法论．求是，2019（1）．

② 习近平在山东考察时强调　认真贯彻党的十八届三中全会精神　汇聚起全面深化改革的强大正能量．人民日报，2013-11-29．

③ 中共中央文献研究室．习近平关于社会主义文化建设论述摘编．北京：中央文献出版社，2017：137-138．

④ 邓小平．邓小平文选：第3卷．北京：人民出版社，1993：111．

义市场经济建设的内在要求，是实现社会主义现代化的迫切需要。思想政治教育应通过多种途径，帮助教育对象树立明确的法治意识，尊重和维护法律权威，养成法律至上、权力制约、公平正义、权利保障、正当程序的法治思维；引导教育对象正确认识民主和法治、权利和义务的辩证关系，树立社会主义民主和法治观念、公民的权利和义务观念，自觉遵守国家的法律、法规，严格依法办事。还要帮助人们正确认识纪律和自由的辩证关系，引导人们坚决执行党和国家的政策，严格遵守各项纪律，做到令行禁止，以维护正常的学习、工作和生活秩序。

2. 思想政治教育根本任务的确立依据

思想政治教育的根本任务是思想政治教育活动的中心，思想政治教育必须围绕这一根本任务开展活动。当前我国思想政治教育的根本任务为培育有理想、有本领、有担当的时代新人，培养德智体美劳全面发展的社会主义合格建设者和可靠接班人（以下简称“育新人”）。这一根本任务的确立积极贯彻了思想政治教育的根本目的，回应了时代发展的要求，贴近了我国社会主义现代化强国建设的需要。

第一，育新人是人类社会发展进步的客观要求。从总体上说，人类社会总是不断发展进步、走向高度文明的。社会的高度文明，包括物质文明、政治文明和精神文明，在客观上都要求社会成员获得全面发展，要求其思想道德素质和科学文化素质达到较高的水平。马克思主义人学理论认为，只有在社会发展到一定历史阶段，即既有发达的大工业、又消灭了剥削制度这样一个阶段，人的全面发展才有可能实现。原始社会、奴隶社会、封建社会和资本主义社会都不能满足这两个条件，因而在这些社会里，人的发展从根本上讲是畸形、片面的。社会主义社会是人类社会发展的新的文明阶段，对其社会成员的素质提出了新的、更高的要求，这种要求在现阶段主要表现为有理想、有本领、有担当。同时，社会主义消灭了剥削制度，社会化大生产已有了一定发展，为社会成员多方面素质的提高创造了一定条件。因此，在社会主义社会，育新人不仅是必要的，而且也是可能的。思想政治教育致力于培养时代新人，既是社会主义文明建设的需要，又为社会发展到更高文明创造了条件，能够满足社会不断发展进步的需要。

第二，育新人是实现中华民族伟大复兴的中国梦，建成社会主义现代化强国的内在要求和根本条件。高举中国特色社会主义旗帜，加快社会主义现代化进程，实现“两个一百年”的奋斗目标，需要包括经济、政治、科技、资源、政策、法规等多方面的条件，而其中最重要的是要有可靠的、顺应时代发展的社会主义建设者和接班人。因为人是社会活动的主体，是发展社会主义市场经济、建设社会主义和谐社会的主体。在社会主义现代化进程中，人是一个基本的因素。只有全面提高社会成员的思想道德素质和科学文化素质，充分调动现代化建设的主体——人的积极性、主动性、创造性，经济、政治、资源、政策、科技等方面的条件才能得到充分利用，才能更顺利地推进社会主义市场经济体制的建设与发展，才能实现又好又快且可持续的经济发展，从而全面推进社会主义现代化。可见，人的因素是社会主义市场经济建设和社会主义现代化建设的关键因素。实践表明，没有人的素质的全面提高，没有时代新人，市场经济的发展和各方面的现代化都会受到严重制约。只有培养德才兼备、全面发展的中国特色社会主义合格建设者和可靠接班人，才能顺利推进社会主义现代化。

第三，育新人是实现人的自由全面发展的必然要求。实现人的自由全面发展是思想政治教育的根本目的。思想政治教育归根究底要着眼于人本身，其根本任务的确立也要时刻把握住这个关键点。培养德智体美劳全面发展的时代新人，是最终实现人的自由全面发展的必由阶段。时代新人不是畸形发展、单向度的人，而是德才兼备、全面发展的人。这也是和我国社会主义制度相适应的。中国特色社会主义进入新时代，建设社会主义现代化强国，满足人民美好生活的需要，均要积极推进人的现代化，为人的自由全面发展创造条件。从培养"四有"的社会主义新人到培育德智体美劳全面发展的时代新人，党和国家一直高度重视培养对象的全面发展。习近平强调，要从理想信念、爱国主义情怀、品德修养、知识见识、精神面貌、综合素质等各个方面提高人的素质，培养全面发展的接班人。

二、完成新时代思想政治教育任务的基本要求

思想政治教育的根本任务为确定一定时期思想政治教育的主要任务以及具体任务指明了方向。思想政治教育的主要任务以及具体任务，都要有利于教育对象思想道德素质的全面提高，这是由思想政治教育的根本性质决定的，是思想政治教育任务的共性。因此，尽管完成不同层次任务的具体要求不同，但无论哪一层次任务的实施都必须遵循下列一般要求：

1. 以理想信念教育为核心

理想信念教育是落实思想政治教育任务的核心。党和国家一直高度重视理想信念教育。中共中央、国务院印发的《关于加强和改进新形势下高校思想政治工作的意见》指出，要以理想信念教育为核心，将其放在首位。习近平在 2018 年全国宣传思想工作会议上强调，"必须以新时代中国特色社会主义思想和党的十九大精神为指导，增强'四个意识'、坚定'四个自信'，自觉承担起举旗帜、聚民心、育新人、兴文化、展形象的使命任务"①。其中位于首位的"举旗帜"，就是要通过思想政治教育，高举马克思主义、中国特色社会主义的旗帜，坚持不懈地用新时代中国特色社会主义思想武装全党、教育人民、推动工作。习近平在 2018 年全国教育大会上也强调："要在坚定理想信念上下功夫，教育引导学生树立共产主义远大理想和中国特色社会主义共同理想，增强学生的中国特色社会主

① 习近平在全国宣传思想工作会议上强调 举旗帜聚民心育新人兴文化展形象 更好完成新形势下宣传思想工作使命任务. 人民日报，2018-08-23.

义道路自信、理论自信、制度自信、文化自信，立志肩负起民族复兴的时代重任。”①

理想信念教育最重要、最基础的内容便是对马克思主义理论的教育和宣传。马克思主义信仰是科学的信仰，其树立要建立在正确理解马克思主义的基础之上。要紧密围绕中国特色社会主义共同理想、共产主义远大理想的教育展开，切实抓好马克思列宁主义、毛泽东思想学习教育，广泛开展中国特色社会主义理论体系学习教育，深入学习习近平新时代中国特色社会主义思想，使当代中国马克思主义、21世纪马克思主义深入人心、落地生根，进而坚定中国特色社会主义道路自信、理论自信、制度自信、文化自信。

习近平新时代中国特色社会主义思想，是马克思主义中国化的最新成果，是党和人民实践经验和集体智慧的结晶，是中国特色社会主义理论体系的重要组成部分，是全党全国人民为实现中华民族伟大复兴而奋斗的行动指南。新时代思想政治教育要加强习近平新时代中国特色社会主义思想的教育与宣传活动，推动其大众化进程，使其入耳入心，切实转化为人们的思想武器。首先，要引导人们花大气力认真研读习近平的著作、重要讲话和十八大以来党的重要文献，深入领会其精神实质，完整、准确地把握其科学内涵。为此，要有计划地举办各种类型的研讨班，分期分批轮训党员领导干部；同时注意组织好党员基层干部和青年的学习和教育，把学习中国特色社会主义理论的要求落到实处。通过学习，使广大干部和群众掌握中国特色社会主义理论的实质，提高他们的理论素养和思想政治水平。其次，要引导人们联系实际，尤其是联系改革开放以来的社会实际和人们的思想实际学习理论，帮助人们认真总结经验教训，澄清模糊认识，提高贯彻中国特色社会主义理论和党的基本路线的自觉性、坚定性，提高运用中国特色社会主义理论研究新问题、解决新问题的能力。

2. 以社会主义核心价值观为引领

社会主义核心价值观是当代中国精神的集中体现，为中国进步发展提供精神指引。它承载着民族、国家的精神追求，体现着社会评判是非的根本价值标准。同时作为增进社会团结的最大公约数，凝心聚力。“人类社会发展的历史表明，对一个民族、一个国家来说，最持久、最深层的力量是全社会共同认可的核心价值观。”② 党的十八大报告指出，倡导富强、民主、文明、和谐，倡导自由、平等、公正、法治，倡导爱国、敬业、诚信、友善，积极培育和践行社会主义核心价值观。由此，社会主义核心价值观被明确凝练为二十四个字的表述，回答了要建设什么样的国家、建设什么样的社会、培育什么样的公民等重大问题。社会主义核心价值观不仅是个人的德，还是社会和国家的德。新时代社会主义精神文明建设要积极培育和弘扬社会主义核心价值观，充分发挥其引领作用，将其落小、

---

① 习近平在全国教育大会上强调　坚持中国特色社会主义教育发展道路　培养德智体美劳全面发展的社会主义建设者和接班人. 光明日报，2018-09-11.

② 中共中央文献研究室. 十八大以来重要文献选编：中. 北京：中央文献出版社，2016：2.

落细、落实，以社会主义核心价值观铸魂育人。

新时代思想政治教育既肩负着宣传和培育社会主义核心价值观的使命，同时也要坚持以社会主义核心价值观为引领，来开展和完成各项任务。其一，要引导教育对象深刻理解、感受社会主义核心价值观的引领力和先进性。社会主义核心价值观由中华优秀传统文化滋养，有着丰厚的历史底蕴，扎根于中国特色社会主义的建设实践，同时具有强大的道义力量。“我们生而为中国人，最根本的是我们有中国人的独特精神世界，有百姓日用而不觉的价值观。我们提倡的社会主义核心价值观，就充分体现了对中华优秀传统文化的传承和升华。”① 其二，要以社会主义核心价值观为引领，引导教育对象树立正确的价值观、人生观和世界观，尤其是能够科学理解社会主义核心价值观的内涵，辨别错误的社会思潮和价值取向，并进行正确的价值选择。因此，“我们要从理论和实践、历史和现实的结合上，加强对社会主义核心价值观内涵的研究阐释，讲清楚其鲜明特征和实践要求”②。其三，要以社会主义核心价值观为引领，提升教育对象的道德认识，加强道德践履，提升人生境界。社会主义核心价值观倡导和谐、互助、友善、团结的社会氛围和人际关系，强调爱国的立场和情怀，是个人品德、家庭美德、职业道德、社会公德的集中体现。要引导教育对象积极践行社会主义核心价值观，从而推动其“在为家庭谋幸福、为他人送温暖、为社会作贡献的过程中提高精神境界、培育文明风尚”③。

3. 以爱国主义教育为重点

爱国情怀是时代新人必备的重要素质，爱国主义教育是思想政治教育的重点。习近平多次强调爱国主义教育的重要意义。“要在厚植爱国主义情怀上下功夫，让爱国主义精神在学生心中牢牢扎根，教育引导学生热爱和拥护中国共产党，立志听党话、跟党走，立志扎根人民、奉献国家。”④ 爱国涉及认知、情感、信念、意志、行为等多个层次。因此，思想政治教育不仅要激发教育对象的爱国热情，还要引导他们正确理解爱国主义的科学内涵和时代特征，将其内化，进而外化为理性、恰当的爱国行为。引导他们做到爱国情感、理性认知和行为习惯相一致。爱国主义是一个历史范畴，在不同的国家、不同的历史时期有不同的内容。在我国现阶段，爱国主义的突出表现是献身于建设中国特色社会主义伟大事业，献身于中华民族伟大复兴的中国梦的实践，献身于祖国统一大业。在纪念五四运动 100 周年大会上，习近平强调爱国主义是伟大五四精神的核心，“爱国主义是我们民族精神的核心，是中华民族团结奋斗、自强不息的精神纽带”，“当代中国，爱国主义的本质就是坚持爱国和爱党、爱社会主义高度统一”⑤。新时代进

---

① 中共中央文献研究室．十八大以来重要文献选编：中．北京：中央文献出版社，2016：5.

② 中共中央文献研究室．习近平关于社会主义文化建设论述摘编．北京：中央文献出版社，2017：132.

③ 同②148.

④ 习近平在全国教育大会上强调　坚持中国特色社会主义教育发展道路　培养德智体美劳全面发展的社会主义建设者和接班人．光明日报，2018-09-11.

⑤ 习近平．在纪念五四运动 100 周年大会上的讲话．人民日报，2019-05-01.

行爱国主义教育，要引导人们坚持爱国主义和爱党、爱社会主义相统一，维护祖国统一和民族团结，尊重和传承中华民族历史和文化，坚持立足民族又面向世界。

进行爱国主义教育，在充分运用好思想政治理论课这个主要渠道之外，要重视利用和开发活动资源，通过丰富多彩的社会实践活动来进行教育。例如，中共中央、国务院印发的《关于加强和改进新形势下高校思想政治工作的意见》强调，要"利用我国改革发展的伟大成就、重大历史事件纪念活动、爱国主义教育基地、国家公祭仪式等组织开展主题教育"，拓展爱国主义教育的场域，提高实效性。同时，也要抓住重要时机和围绕重要事件，譬如中日钓鱼岛争端、中美贸易战等，开展教育。此外，在互联网快速发展的今天，还要积极利用好网络载体，净化网络空间，回应历史虚无主义、极端民族主义等相关的错误思想观点，发挥好思想政治教育的释疑解惑功能。总之，新时代思想政治教育完成各项任务时要充分考虑爱国主义的教育与宣传，将其作为重点。

4. *以大力弘扬中华优秀传统文化为特色*

中华优秀传统文化积淀着中华民族最深沉的精神追求，代表着中华民族独特的精神标识，也是中华民族不断进步壮大的精神支撑。思想政治教育要以文育人、以文化人，充分发挥中华优秀传统文化的熏陶、感染和育人作用。习近平多次强调这一点，"对历史文化特别是先人传承下来的价值理念和道德规范，要坚持古为今用、推陈出新，有鉴别地加以对待，有扬弃地予以继承，努力用中华民族创造的一切精神财富来以文化人、以文育人"①。完成思想政治教育的任务，要高度重视和大力弘扬中华优秀传统文化。

中华民族传统文化是中华民族发展史上不同时代文化的累积。作为过去时代精神的反映，传统文化自然有一定的历史局限性。我们要秉着去粗取精、去伪存真的原则，积极推进中华传统美德的创造性转化和创新性发展。首先，汲取传统文化中蕴含的积极理念。《关于实施中华优秀传统文化传承发展工程的意见》（2017）指出："传承发展中华优秀传统文化，就要大力弘扬讲仁爱、重民本、守诚信、崇正义、尚和合、求大同等核心思想理念。"其次，传统文化中也有许多内容超越了自己的时代而揭示出与人类总体或个体相关的一些永恒问题。如"有无相生，难易相成""一物两体""分一为二""和而不同""天人合一"的哲学思想，"己所不欲，勿施于人""己欲立而立人，己欲达而达人""老吾老以及人之老，幼吾幼以及人之幼"的伦理思想，"三人行，必有我师焉""有教无类""诲人不倦"的教育思想，"夙夜在公""国耳忘家、公耳忘私"的奉献思想，"先天下之忧而忧，后天下之乐而乐""天下兴亡，匹夫有责"的忧患意识和爱国主义情怀，"刚健奋进""自强不息"的进取精神，"杀身成仁、舍生取义"的英雄气概，"富贵不能淫，贫贱不能移，威武不能屈"的立身情操，"苟利国家生死以，

① 习近平在中共中央政治局第十三次集体学习时强调　把培育和弘扬社会主义核心价值观作为凝魂聚气强基固本的基础工程. 人民日报，2014-02-26.

岂因祸福避趋之”的献身精神，“厚德载物”“推己及人”的品行规范，“鞠躬尽瘁、死而后已”的勤勉风格，“经世致用”“济世之穷”的积极用世思想，“民惟邦本，本固邦宁”“天地之间莫贵于人”的民本人本思想，“天下为公”“世界大同”的社会理想，等等。这些内容是思想政治教育可以借鉴及运用的重要的思想资源。在思想政治教育中，弘扬包括上述内容在内的优秀传统文化，有助于教育对象形成崇高的理想、强烈的爱国主义和集体主义思想、为实现中国梦而不懈奋斗的精神，有助于提高全民的思想道德素质。思想政治教育应充分发挥优秀传统文化的教育作用，培养时代新人。

复习思考题

1. 简述思想政治教育目的的特征和意义。
2. 简述确立思想政治教育目的的主要依据。
3. 为什么将培养时代新人作为思想政治教育的根本任务？
4. 简述完成新时代思想政治教育任务的基本要求。

阅读书目

1. 邓小平．邓小平文选：第 3 卷．北京：人民出版社，1993.
2. 陈万柏，张耀灿．思想政治教育学原理．2 版．北京：高等教育出版社，2007.
3. 檀传宝．学校道德教育原理．北京：教育科学出版社，2000.

第五章 思想政治教育过程

要点提示

● 思想品德是人们在一定思想的指导下，在行为中表现出来的较为稳定的心理特点、思想倾向和行为习惯的总和。

● 思想品德结构是指人的思想品德的各构成要素及其相互联系、相互作用的方式，是一个以世界观为核心，由心理、思想和行为三个子系统及其具体要素按一定的方式构成的、具有稳定倾向性的多维立体结构。

● 人的思想品德是在主体社会实践的基础上，在客观外部环境的影响与主观内部因素的相互作用、相互协调和主体内在思想矛盾运动转化的过程中产生、发展和变化的。

● 思想政治教育过程的基本要素包括教育者、教育对象和教育介体；从总体上可分为制订方案、实施和评估三个阶段；具有明确的目的性和鲜明的正面性、突出的复杂性和广泛的社会性、积极的引导性和明显的长期性等特征。

● 一定社会的思想品德要求与教育对象的思想品德水平之间的矛盾是思想政治教育过程的基本矛盾，这一基本矛盾表现为诸多具体矛盾。

● 思想政治教育过程的规律是指思想政治教育过程各要素之间的本质联系及其矛盾运动的必然趋势，主要包括教育要求与教育对象思想品德发展之间保持适度张力的规律、教育与自我教育相统一的规律、协调与控制各种影响因素使之同向发挥作用的规律等。

关键词　思想品德　思想政治教育过程　思想政治教育过程的矛盾　思想政治教育过程的规律

思想政治教育过程理论是思想政治教育学的基本理论。深入探讨思想政治教育过程理论，有助于更好地揭示思想政治教育的本质和规律，从而科学地确定思想政治教育的内容、方针、原则、载体和方法；有助于更好地开展思想政治教育活动，提高思想政治教育的自觉性、科学性和有效性。

思想政治教育学以人的思想品德形成发展规律及思想政治教育规律为研究对象。从一定意义上讲，思想政治教育过程和人的思想品德形成过程是协同的、统一的。因而研究思想政治教育过程及其规律首先就必须探讨人的思想品德形成发展过程及其规律。

第一节　人的思想品德形成发展过程及其规律

一、人的思想品德结构

思想品德是指人们在一定思想的指导下，在行为中表现出来的较为稳定的心理特点、思想倾向和行为习惯的总和。在阶级社会中，思想品德是一定阶级的思想体系和道德原则及其规范在个人意识和行为中的具体表现，与一定社会的政治经济活动、道德风尚及风俗习惯相联系，受到社会发展水平的制约；其核心是世界观、人生观、价值观，是对社会规范的认同，通过个人的为人处世表现出来。

思想品德是一个多要素的综合系统，其构成十分复杂，需要对其结构进行认真分析。思想品德结构是指人的思想品德的各构成要素及其相互联系、相互作用的方式。由于思想品德由多层次多方面要素所构成，各要素间的联结方式多种多样，人们又往往从不同角度去研究它，因而关于思想品德结构的研究成果很多。吸取学术界有关研究成果，我们认为，思想品德结构是一个以世界观为核心，由心理、思想和行为三个子系统及其具体要素按一定的方式构成的、具有稳定倾向性的多维立体结构。

1. 心理子系统

心理子系统包括认识、情感、意志、信念等因素。人的思想品德是在一定心理因素基础上形成的。首先，心理因素是人的思想品德形成的条件。人的思想品德是社会环境因素和人的主观能动因素交互作用的产物。在主观能动因素中，人的兴趣、性格、气质、态度等心理因素都不同程度地影响着思想品德的形成和发展，是思想品德形成的必要条件。其次，心理因素是人的思想品德的发端。一般来讲，思想品德的形成与人的心理因素如知、情、意、信、行等密切相关，可以说是从这些要素的运动变化开始的。最后，心理因素是人的思想品德形成发展的动力。人的行为受动机支配，而动机又由需要引发。在需要引发动机的过程中，认识、情感、意志、信念等心理因素起着重要作用，它们会影响需要发展的方向及强度，左右动机的性质。良好的心理因素有助于人们形成高尚的品德，为人的思想品德的发展提供动力。

2. 思想子系统

思想子系统包括世界观、人生观、道德观和政治观等。“思想”一词可以从不同角度去分析。从认识论上讲，思想是指理性认识活动的过程及结果，与感性认识相对。毛泽东指出，人们在社会实践中对客观事物的认识，开始是感性认识，“这种感性认识的材料积累多了，就会产生一个飞跃，变成了理性认识，这就是思想”①。由于理性认识具有间接概括性，能更深刻地反映社会存在的本质，因而它是思想的主要形态，具体表现为一个人的世界观、人生观、道德观和政治观等。因此，思想子系统在思想品德结构中居于十分重要的地位。第一，思想因素是思想品德的社会内容。思想反映并受制于社会关系，社会关系决定了思想的社会性，思想所蕴含的理性观念是思想品德的社会内容。第二，思想因素是思想品德的核心要素。思想观念制约着心理，决定人的心理的方向和内容，同时又支配着人的行为；思想是联结人的心理与行为的纽带。第三，思想因素决定思想品德的性质和方向。思想的主要内容——世界观、人生观、道德观和政治观等都不是抽象的，具有鲜明的时代性、阶级性，这些内容从总体上决定个人思想品德的性质、面貌和发展方向。

3. 行为子系统

行为是人的思想品德的外显形式。这里说的行为是指品德行为，即教育对象在日常生活中经常表现出来的有目的、有意识的活动。行为子系统在思想品德结构中占有相对独立的重要位置，对人的思想品德的形成和发展具有重要意义。第一，行为习惯是人的思想品德的客观内容。一定的行为持续不断反复进行，成为习惯，会集中地表现出一个人的思想品德。思想品德最终要落实到行为习惯上，行为习惯是思想品德的客观内容。第二，行为是人的思想品德的外在标志。判断一个人思想品德是否高尚，既要听其言，更要观其行。一个人的行为表现往往综合地反映其思想品德的面貌。第三，培养良好的思想品德行为及习惯是思想政治教育的归宿。思想政治教育对人们认识、情感、意志、信念等的培养最终都要落实到思想品德行为及行为习惯上。因而必须将人的品德行为的引导、行为习惯的培养作为思想政治教育的重中之重。

心理、思想和行为三个子系统不是孤立存在的，各子系统虽有相对独立的一面，但其相互联系、相互作用、相互转化的一面更为突出；三者密不可分，共同构成思想品德的全貌。人的思想品德一般是按照心理—思想—行为的顺序，由简单到复杂、由低级到高级、由不完善到完善逐步发展的。当然，在人的思想品德形成发展过程中，也有逆序式和跳跃式变化的情况出现。在人的思想品德结构中，世界观居于核心地位，对心理、思想和行为起着总的指导作用。心理、思想和行为围绕着世界观有序形成并各自发挥其作用。可见，思想品德结构是以世界

① 毛泽东．毛泽东著作选读：下册．北京：人民出版社，1986：839.

观为核心的心理、思想和行为的综合系统，是心理、思想、行为及其要素和功能相互联结而构成的三维立体结构。

二、人的思想品德形成发展过程

关于人的思想品德形成发展过程，有两种相互对立的观点。一是“内因论”，认为思想品德是由人的内在因素决定的，人的自身状态如思想意识、行为习惯、兴趣爱好以及身心其他方面的情况是影响思想品德的最重要因素。二是“外因论”，认为人的思想品德是环境影响和教育的结果，而忽视人的内在因素的影响。[①] 这两种观点各有其合理性，但也都存在一定的片面性。我们认为，人的思想品德既不是仅由主体因素决定的，也不是客观外界因素在个体身上的消极反映，而是在主体实践的过程中主观因素和客观因素交互作用的产物，思想品德形成发展过程是外部制约和内在转化的辩证统一过程。

人的思想品德的形成发展是指个体的思想品德在演化过程中不断获得新品质的过程。个体自身的因素以及包括思想政治教育在内的外部因素，都参与了这个过程，对思想品德的形成和发展产生各自不同的影响。

1. 外在因素影响制约过程

> 观念的东西不外是移入人的头脑并在人的头脑中改造过的物质的东西而已。
>
> ——马克思，恩格斯．马克思恩格斯选集：第2卷．2版．北京：人民出版社，1995：112.

马克思主义认为社会存在决定社会意识，社会意识是社会存在的能动的反映。人的思想品德的形成发展受到外在因素的制约。一是社会经济制度及其经济生活条件、政治制度及其政治状况、社会文化及其文化活动。其中，经济制度和经济生活条件对人的思想品德起着根本性的制约作用；政治制度对人的思想品德产生直接影响，决定人的政治立场、政治观点、政治态度；社会文化对人的思想品德则起着潜移默化的深刻影响。二是社区环境。在现实生活中，每个人都生活在一个特定社区中，因而其思想品德必然受到所生活社区的自然景观、生活秩序、社区风气、人际关系等环境因素广泛而复杂的影响。三是家庭。家庭是一个人在其中生活最早、最长久的群体，个人最初的社会化和继续社会化都离不开家庭，家庭经济状况、家庭关系、家长素养及其教育孩子的方式等，都对人的思想品德的形成和发展具有深远的影响。四是学校。在教育普及的现代社会里，几乎所有人都要在学校接受教育，学校成为影响人们思想品德发展的重要因素。学校是人们着意营造的培养人的环境，其活动更具计划性和目的性，因而对人的思想品德的发展更具指导性。五是社会组织。社会组织是人们在社会上的立足之地，组织效益、组织规范、组织风气、组织内的人际关系等对其成员的思想品德同样有着持久而全面的影响。六是各种非正式的交往环境，包

---

① 杨鸿昌．品德形成的两因论．光明日报，1987-03-20.

括邻居、朋友、熟人等各种各样的非正式群体。非正式交往环境与人的生活关系密切，对人的思想品德的影响往往具有自发性、随意性、持久性和复杂性，不可忽视。七是大众传播媒介，包括报纸、杂志、书籍、广播、电视、电影、录音录像制品和网络等。在现代社会，大众传媒对人的思想品德影响的直接性和迅速性是其他因素难以相比的，值得高度重视。

上述各种因素处在不同层次上，既相对独立，同时又非孤立存在，而是相互联系、相互制约，形成一种合力，对人的思想品德产生影响。其中，社会经济、政治制度是决定性的因素，它们制约着其他因素的性质，和社会文化一起渗透到其他因素中，并通过其他因素影响着教育对象。从研究的角度，可对其一一加以分析，但在实际生活中，它们是联系在一起发挥作用的，因而片面强调某一因素对人的思想品德的作用是不妥的，人的思想品德不会仅仅在一个层次因素上、更不会在一个因素上被决定。

各种环境因素及其相互作用对人的思想品德所产生的影响是以人的社会实践为中介而实现的。环境因素通过人的主体活动和人际交往等实践形式将思想观念、政治观点、道德规范等逐步渗透到人们的意识和行为中，影响人的思想品德；而人则在社会实践活动中，有选择地接受外界环境的各种刺激影响，从而逐渐形成一定的思想品德，并通过实践活动反过来对环境产生影响。简言之，社会环境通过社会实践影响制约个体，在一定意义上决定人的思想品德面貌；而个体在一定思想品德指导下的社会实践活动又反作用于社会环境，在一定程度上改变环境，并在改变环境的同时改造自身。社会环境的决定作用和人的主观能动作用构成了人的思想品德形成外部制约过程中的双向作用，而这种双向作用是以主体的社会实践为中介实现的。可见，人的思想品德形成与发展的外部制约过程是社会环境对人的思想品德的决定作用和人对社会环境的主观能动作用以社会实践为中介而构成的双向互动过程。

2. 内在思想矛盾转化过程

研究人的思想品德形成发展过程，就是要弄清人的思想品德认识如何转化为相应的思想品德行为。经验表明，一定的思想品德认识必须经过情感、信念、意志的催化作用，才能转化为相应的思想品德行为，因而思想品德的形成过程实际上是在一定外界环境条件影响下，人们内在的知、情、意、信、行诸要素辩证运动、均衡发展的过程。

知，即思想品德认识，是人们对一定社会的思想道德关系以及关于这种关系的理论、原则、规范的理解和认识。思想品德认识是行为以及行为习惯的先导，没有正确的认识，就难以产生符合社会规范的品德行为；思想品德认识是把一定社会的思想品德原则、规范转化为个体思想品德行为和习惯的基础和前提。

情，即思想品德情感，是人们在现实的思想道德关系中表现出来的一种爱憎好恶的态度。情感是一种非智力因素，是思想品德认识转化为行为的催化剂。一般说来，情感是伴随着人们的思想品德认识而产生和发展的，对人的行为起着重要的调节作用。人们对某一活动或事物有没有感情，有什么样的感情，与选择这一活动或事物的态度和行为密切相关。如果人们喜爱某一活动，就会积极参加这一活动，反之则会表现出消极态度。可见，思想品德情感对人的思想品德的形成和发展起着催化、强化作用。

意，即思想品德意志，是人们在实践理想、履行道德义务的过程中，自觉地克服困难、排除障碍的毅力。思想品德意志是体现思想品德认识并调节人的思想品德行为的重要精神力量，是产生思想品德行为的杠杆。坚强的意志有助于人们坚持一定的思想品德行为，进而形成良好的行为习惯，而如果缺乏坚强的意志，思想品德行为就难以持久。可见，坚强的思想品德意志，是人们达到较高思想品德水平的重要条件。

> 一个人做点好事并不难，难的是一辈子做好事，不做坏事，一贯地有益于广大群众，一贯地有益于青年，一贯地有益于革命，艰苦奋斗几十年如一日，这才是最难最难的啊！
>
> ——毛泽东．毛泽东文集：第2卷．北京：人民出版社，1993：261-262．

信，即思想品德信念，是人们发自内心地对某种思想道德原则和规范的真诚信仰。信念是连接认识和行为的中心枢纽。一定的认识，经过人的理性和人生经验的过滤转化为信念后，会成为人们行为的指南。信念就是一种被个体所深刻理解的认识，是一种被个体情感所充分肯定的认识，并带有个体坚持与固守这种认识的意志成分。可见，信念是深刻的认识、强烈的情感和坚强的意志的有机统一，其统一的基础，就是人们履行思想品德义务的社会生活实践。信念与前三者相比，更具综合性、稳定性和持久性的特点，在个体思想品德中居于主导地位，是驱动和指导个体行为的重要心理因素。

行，即思想品德行为，是人们在认识、情感、意志和信念的支配下，在实践活动中履行一定的思想道德义务的实际行动。行为是一个人思想品德的外在表现和综合反映，是衡量一个人思想品德高下的重要标志。这里所说的“行”不仅是指人的个别行为，更主要的是指人的行为习惯。人的个别行为有时很难全面地真实地反映其思想品德，只有行为习惯才能较全面、综合、客观地反映其思想品德状况。而习惯形成后，反过来又可以加深人们的认识，促进感情的培养、意志的锻炼和信念的养成。可见，良好的行为习惯是思想品德培养的归宿，知、情、意、信的培养最终都要落实到行为习惯上。

在人的思想品德形成发展的过程中，知、情、意、信、行等因素相互联系、相互渗透、相互制约、相互促进。其中，认识是前提，情感和意志是必要条件，信念是核心，是把认识转化为行为的中介，行为及其习惯是前几个因素的体现，又反过来强化认识、情感、意志、信念等因素。这些因素之间有时在发展方向上并不一致，在发展水平上也不平衡，因而形成各因素之间的矛盾。这种矛盾正是思想政治教育的客观依据之一。思想政治教育所期望、所要着力推动的人的思想品德形成发展过程，就是在思想政治教育影响下，人的知、情、意、信、行诸因素相互作用、辩证发展，逐步达到发展方向上的一致和发展水平上的平衡的过程。换言之，人的思想品德形成发展的内在转化过程，就是人们自身知、情、意、信、行诸因素辩证发展，从不平衡到平衡，又到新的不平衡再到新的平衡这样一个循环往复的矛盾运动过程，也是思想品德从简单到复杂、从低级到高级、从旧质到新质的矛盾运动过程。

总之，人的思想品德形成发展的过程是个体在社会环境的影响下，经由社会实践，使思想品德诸因素不断平衡发展，知与行从旧质到新质循环往复、螺旋式上升，从而形成社会要求的相对稳定的心理特征、思想倾向和行为习惯的外部制约与内在转化有机统一的矛盾运动过程。人的思想品德形成的外部制约过程和内在转化过程相互联系、相互影响、相互制约、相互渗透。

三、人的思想品德形成发展的规律

探讨人的思想品德形成发展的规律，就是要揭示个体如何选择、接受外部环境的影响，如何把一定的社会要求转化为自身的思想品德。根据对思想品德结构和思想品德形成过程的分析，可以将人的思想品德形成与发展的规律概括为：人的思想品德是在主体社会实践的基础上，在客观外部环境的影响与主观内部因素的相互作用、相互协调和主体内在思想矛盾运动转化的过程中产生、发展和变化的。

1. 人的思想品德是在主体社会实践的基础上主客体因素相互作用、相互协调的产物

人的思想品德既非与生俱来，也非社会环境因素在个体身上的消极反映，而是在主体实践的过程中主客观因素相互作用的结果。外部环境因素虽然对个体思想品德的形成与发展有重要影响，但教育对象并不是消极被动地接受外部环境影响的个体，而是作为能动体在与外部环境因素相互作用的过程中接受外界影响的。外部环境因素对人是否产生影响，产生什么样的影响，关键不在环境因素本身，而在于接受者本身的主体因素，在于主体对客体因素的选择、吸收状况，在于主体因素与客体因素之间的平衡和协调状况。只有在主客体因素都与一定社会的思想品德要求相一致、相协调的情况下，社会要求的思想观念、道德规范才能顺利地内化为人的意识，人们才能形成良好的思想品德。换言之，人的思想品德是主体因素与客体因素相互作用、相互协调这一辩证统一过程的产物。

在人的思想品德形成发展过程中，主客体因素相互作用、相互协调是在主体社会实践基础上实现的。客观外界环境因素的影响只有通过社会实践与主体相联系并通过主体的自觉调控，才有可能实现主客体因素的相互协调与平衡，使主体产生一定的思想品德认识。而主体的思想品德认识，只有再回到社会实践中去，转化为相应的行为，并经过多次反复形成行为习惯，才可以看作某一思想品德形成过程的完结。在这一过程完结后，主体又开始新一轮主客体因素之间的矛盾运动，从而获得更高水平的思想品德认识，转化为更高水平的思想品德行为。人的思想品德就是这样循环往复，螺旋式上升，一刻也离不开社会实践。

2. 人的思想品德是主体内在思想矛盾运动转化的结果

辩证唯物主义认为，事物发展的根据是事物内部的矛盾运动。人的思想品德

的形成与发展固然离不开外部社会环境因素的影响，特别是有目的、有计划、有组织的教育影响，但归根结底要通过思想品德主体内在的思想矛盾运动来实现。主体内在的思想矛盾运动可从以下两方面进行分析：

第一，主体内在的知、情、意、信、行诸因素在发展方向上由不一致到渐趋一致，在发展水平上由不平衡到基本平衡的矛盾运动。在人的思想品德形成发展过程中，主体自身的知、情、意、信、行等因素相互联系、相互制约、相互渗透、相互促进，在一般情况下相互协调。但由于外部环境因素和主体内在心理因素的复杂性，在很多时候，有些人的知、情、意、信、行诸因素在发展方向和发展水平上并不完全一致和平衡，因而诸因素之间就会出现程度不同的矛盾，如知行脱节、情理冲突等。教育者的重要责任，就是要通过深入细致的思想政治教育，调动教育对象自我教育的能动性，引导其正确认识和处理这种矛盾，促使其内在心理要素逐步在发展方向上达到一致，在发展水平上达到平衡，从而使其形成良好的思想品德，并不断向高水平发展。

第二，主体对一定社会要求的反映同原有思想品德状态之间的矛盾运动。主体在过去的社会实践基础上所形成的思想品德，可称为“内部品德环境”，即原有的思想品德状态。而新的社会要求反映到主体思想上，与原有的“内部品德环境”之间可能会产生矛盾运动，于是就形成新的“内部品德环境”，即新的思想品德状态。这个过程表现为“外部影响→主体通过活动和交往接受外部影响→思想矛盾运动→形成内部品德环境”的循环往复的运动。在这一过程中，主体对社会要求的反映同原有的思想品德状态之间的矛盾运动是其思想品德发展的动力。如果主体内部缺乏积极的思想矛盾运动，外部环境因素就难以对其产生影响，其思想品德的新质就难以生长。由于不同主体内部的思想矛盾运动具有不同的性质，人的思想品德形成与发展过程的性质也就各不相同，从而形成形态各异甚至性质相反的思想品德面貌。因此，思想政治教育要引导教育对象开展积极的思想矛盾斗争，使社会要求在其中占主导地位，以使其形成良好的思想品德。由此可见，人的思想品德是主体内在思想矛盾运动转化的产物。

第二节　思想政治教育过程的特征与环节

一、思想政治教育过程的内涵

思想政治教育过程是教育者根据一定社会的思想品德要求和教育对象思想品德形成发展的规律，对教育对象施加有目的、有计划、有组织的教育影响，促使教育对象产生内在的思想矛盾运动，以形成一定社会所期望和符合教育对象思想品德形成发展规律的思想品德的过程。这一过程的实质是促使教育对象将一定社会的思想观念、政治观点、道德规范内化为自身的思想品德。对思想政治教育过程概念的理解，应包含如下三方面：第一，思想政治教育过程是一种活动过程，是思想政治教育活动展开、运行、发展的流程。思想政治教育过程可看作是由教育活动或单独或先后衔接或横向呼应所构成的。第二，思想政治教育过程是一种目的性明确的活动过程。思想政治教育过程就是教育者和教育对象借助一定的教育手段和方式进行互动，以达到思想政治教育目的的过程，也就是通过教育，使教育对象在思想道德上逐渐达到社会要求的过程。与一般的活动不同，思想政治教育过程的目的性非常明确。第三，思想政治教育过程是教育者和教育对象共同参与、相互作用的过程。教育者和教育对象是思想政治教育过程的两个主要因素，无论缺乏哪一个，教育过程都不完整。因而在思想政治教育过程中，应特别注意使教育者的教育、引导、组织与教育对象能动地认识、体验、践行相结合，使之成为内在的统一过程。

为了更好地认识和把握思想政治教育过程，有必要将其与人的思想品德形成过程和环境影响过程略做比较。

思想政治教育过程和思想品德形成过程既有区别又有联系，两者的关系是教育活动和思想品德发展的关系。一方面，两者有着明显区别。如前所述，思想政治教育过程是教育者有目的地影响教育对象思想品德形成的过程，属于教育活动的范畴；它是从教育对象外部对其施加积极影响的过程，也是教育者和教育对象相互作用的过程。而思想品德形成过程则是指人们的思想品德认识、情感、行为，从简单到复杂、从低级到高级、从量变到质变的矛盾运动过程，属于人的发展范畴；这是一个在外界因素影响作用下，教育对象主体内部思想矛盾运动的过程，也是一个教育对象主体与外界各种影响因素相互作用的过程。思想政治教育是有目的地帮助人们形成思想品德的过程，但它只是影响人的思想品德形成的一个因素，此外还有很多社会因素也对思想品德的形成产生影响。人的思想品德就是在多种因素的影响及其交互作用下、在主体的实践活动过程中形成的。另一方面，两者又有着密切联系。思想政治教育过程是为了帮助人们形成良好的思想品德而展开的，它是思想品德形成的重要外因，其成效最终体现在人的思想品德形成过程中，并接受它的检验。人的思想品德形成过程离不开思想政治教育过程的作用；从某种意义上讲，人的思想品德形成过程是思想政治教育过程的微观表现。我们既要注意其区别，也要看到其联系，从而更好地组织思想政治教育过程，促进人的思想品德朝着社会要求的方向顺利发展。

对人的思想品德的诸多影响因素，可分为教育影响因素和环境影响因素两大类。是否具有明确的目的性是区别自觉的教育影响和自发的环境影响的重要标志。凡是为达到思想政治教育目的而对教育对象施加教育影响的过程，都是思想政治教育过程。一般来说，党和政府、学校以及其他社会组织、大众传播媒介等有计划地对人们施加的影响，是可控制的、正式的影响，因而这些影响过程是有目的的教育过程，其影响从总体上讲是积极的。而凡是自发的、盲目的影响，都属于环境影响。这种影响对教育对象思想品德的作用非常复杂，既可能是积极的，也可能是消极的，而且这种影响难以控制。弄清两者的区别，有助于我们更好地理解和把握思想政治教育过程的内涵，也有助于我们自觉地调控社会环境因素对思想政治教育过程的影响。

二、思想政治教育过程的特征

作为相对独立的一种教育过程，思想政治教育过程有自身的特性，这已成为研究者的共识。但思想政治教育过程是复杂的教育过程，具有多方面属性，因而研究者对其特征的概括就呈现一种见仁见智的局面，认识很不一致。我们认为，思想政治教育的特殊矛盾是一定社会的思想品德要求与教育对象实际的思想品德水平之间的矛盾，思想政治教育过程就是要解决这一矛盾，以促进人的思想品德向社会要求的方向发展，进而促成人的全面发展。相对于影响人的思想品德及其全面发展的其他因素以及影响方式而言，思想政治教育过程具有以下明显特征：

1. 明确的目的性和鲜明的正面性

习近平强调："高校思想政治工作关系高校培养什么样的人、如何培养人以及为谁培养人这个根本问题。要坚持把立德树人作为中心环节，把思想政治工作贯穿教育教学全过程，实现全程育人、全方位育人，努力开创我国高等教育事业发展新局面。"① 这指出了思想政治教育过程对人的思想品德的影响具有明确的目的性、计划性和正面性特征。一般社会环境对人的思想品德的影响，往往是自发、无序、复杂的，很难加以有效控制。而思想政治教育则是人们根据一定的社会要求和教育对象精神世界发展的需求及其思想品德实际，自觉开展的教育活动，是一种有目的、有组织、有计划的教育影响过程，具有可控性和针对性。这一特点要求教育者在实施教育影响时，一定要精心组织有利于提高人们思想品德水平、促进人们全面发展的教育内容，营造良好的环境氛围，以使思想政治教育过程更顺利、更有成效。

与目的性、计划性密切相关的正面性特征，是指思想政治教育总是选择积极的价值内容和最有利于教育对象发展的教育方式开展教育活动。思想政治教育促进社会繁荣进步和人的全面发展的价值追求，决定其内容体系必然是由既有利于社会发展又有利于个人生活幸福的部分所组成。思想政治教育坚持用社会主义核心价值体系教育人、引导人，培育担当民族复兴大任的时代新人，集中体现了我国思想政治教育的积极的、正面的思想道德价值。教育内容的正面性是区别一般环境影响和思想政治教育影响的一个重要标志，舍此便无所谓思想政治教育。因此，思想政治教育应始终旗帜鲜明地坚持积极的思想、政治、道德价值的选择和引导。至于教育方式的正面性，历来为我国思想政治教育所重视、所坚持。说理引导、榜样示范、情感陶冶、实践锻炼等方法在思想政治教育中的普遍运用，广

① 习近平在全国高校思想政治工作会议上强调 把思想政治工作贯穿教育教学全过程 开创我国高等教育事业发展新局面. 人民日报，2016-12-09.

泛开展文明创建活动，大力优化育人环境等举措，都是思想政治教育方式正面性的重要体现，对教育对象形成良好的思想道德面貌具有重要意义。在我国社会发生巨大变革、社会环境极其复杂的情况下，思想政治教育必须坚持影响方式的正面性及其创新，坚持创设积极健康的育人氛围，这是由思想政治教育过程的根本属性所决定的。

2. 突出的复杂性和广泛的社会性

思想政治教育是一种教育实践活动，与智育、体育、美育等既有密切联系，又有明显区别。与智育、体育、美育等教育过程相比，思想政治教育过程的复杂性和社会性特征尤为明显。

相对于思想政治教育过程而言，智育、体育、美育过程较为单纯，其主要任务是向教育对象传授一定的知识和技能，发展其智力和身体素质，培养其审美意识和审美情操等；而思想政治教育过程则较为复杂，其任务主要是通过解决教育对象思想品德发展现状和社会要求之间的矛盾，促使教育对象思想品德发生积极变化，养成良好的行为习惯，有时甚至涉及对个体利益的调整。思想政治教育过程的影响因素、影响过程、影响结果都较为复杂。就影响因素而言，党组织、工会、共青团等群众组织，家庭、学校、社区、其他各种正式组织和非正式组织，以及多种形式的大众传播媒介等都对教育对象的思想和行为产生影响；这些影响有时是一致的，有时则不尽一致甚至相互冲突，需要整合。就影响过程而言，思想政治教育过程不是简单的教与学的过程，教育对象在接受思想政治教育影响时，会受到自己已有观点、态度、情感、习惯等因素的影响，因而会有不同的选择；思想政治教育影响过程极为复杂，其影响机理还需深入探讨。就影响结果而言，思想政治教育活动的效果有些是即显的，有些则是潜在的；有些是直接的，有些则是间接的；同一思想政治教育活动有可能产生不同的结果等。这种复杂性，要求教育者在思想政治教育过程中处理好多种因素的关系，实现教育者和教育对象在多方面的协同，实现教育和自我教育的统一。

复杂性的另一个表现是思想政治教育过程的多端性。一般来讲，智育主要从认知出发，美育主要从情感出发，体育主要从行为出发，开始教育过程。而思想政治教育则可以从知、情、意、信、行的任何一端开始进行教育。也就是说，根据教育对象的实际情况和具体的教育因素等条件，思想政治教育既可以从传授思想道德知识开始，也可以从陶冶情感开始，还可以从磨炼意志或训练行为习惯开始。这种多端性特点，要求思想政治教育广辟渠道，因人、因时、因势确定教育开端，有的放矢地对教育对象进行教育，使其在知、情、意、信、行等方面都得到发展，并实现这些因素之间的协调，从而取得更好的教育效果。

与智育、美育、体育相比，思想政治教育过程的社会性特征在我国也表现得较为突出。首先，在我国社会的各个领域都存在思想政治教育，其对象具有广泛性，涉及各年龄层次、各社会阶层、各社会群体。其次，思想政治教育主体也具有广泛的社会性，不仅包括专职思想政治教育者，也包括在一定条件下、一定场合中履行某种思想政治教育职能的非专职思想政治教育者。正因为如此，中共中央《关于加强和改进思想政治工作的若干意见》强调，思想政治工作必须坚持在党的领导下，充分调动社会各方面的积极性，形成职责明确、齐抓共管、覆盖全社会的工作机制。[①]

3. 积极的引导性和明显的长期性

从思想政治教育过程和个体思想品德形成过程关系的角度，可概括出思想政治教育过程的引导性和长期性特征。

与个体思想品德形成发展过程相比，思想政治教育过程的一个突出特征是存在鲜明的“思想道德价值引导”。在思想政治教育过程中，存在教育者和教育对象两个主体，只有发挥两个主体的主观能动性，教育才能取得好的效果。但这并不是说两个主体的地位是一样的，作用是相同的。事实上，虽然思想政治教育者主体性发挥的出发点和最终归宿都是为了更好地发挥教育对象的主体性，但是教育对象思想品德塑造所需要的价值内容和最佳环境毫无疑问需要教育者去精心组织和安排，教育者在教育过程中起着重要的引导作用，舍此便无所谓思想政治教育。引导性特征要求教育者在进行思想政治教育时，要从教育对象思想品德发展水平出发，既不提出超越其发展实际的教育要求，也不做其发展的尾巴；而是确定适当的发展目标，引导教育对象的思想向社会所要求的方向发展。

如果引导性特征反映了思想政治教育过程与人的思想品德形成过程的区别，那么长期性特征就反映了两者之间的紧密联系。人的思想品德是个体在教育的作用和社会环境的影响下，在长期的生活实践过程中逐渐形成和发展的；无论是思想观念、政治观点、道德规范的形成，还是情感的发展，或是行为习惯的养成，都需要长期的积累过程。与此相应，思想政治教育过程就是一个不断循环往复无限发展的过程，一个过程的完结，就是一个新过程的开始。同时，由于人的思想非常复杂并且不断变化，有时会出现反复，因此，思想政治教育不可能一蹴而就，不能企望“毕其功于一役”，需要反复进行，这种反复性也决定了思想政治教育过程的长期性。反复教育当然不是内容的简单重复和方式的一成不变，而是要根据教育对象思想品德的变化状况，不断更新教育内容，调整教育方式，使教育对象受到长期反复的教育、感染、陶冶和磨炼，从而不断提高思想道德水平。长期性的另一个重要表现是思想政治教育过程的渐进性。一般而言，通过教育和环境影响并经由教育对象在实践中的主观努力，人的思想道德面貌会发生变化，但需要一个过程；不会一经教育，就“立竿见影”、发生突变。早在两千多年前，荀子就说过，“积土成山，风雨兴焉；积水成渊，蛟龙生焉；积善成德，而神明自得，圣心备焉。故不积跬步，无以致千里；不积小流，无以成江海”《荀子·劝学》。在荀子看来，只有持续不断地努力，循序渐进，才能达到既定目的。这一思想给我们以重要启示：一个人的思想品德要达到较高水平，必须经过反复教育，日积月累，循序渐进；即使思想品德的质变，也是在渐进的量变的基础上发生的。教育者必须依循渐进性这一特点，坚持不懈地对人们进行思想政治教育，

① 中共中央发出文件强调 加强和改进思想政治工作. 人民日报，1999-11-09.

从而引导教育对象提高自己的思想道德水平。

三、思想政治教育过程的要素

思想政治教育过程由一系列教育活动所构成。这一过程或活动所必备的要素有哪些，是思想政治教育学界所研究的一个重要问题，存在一些不同意见。其中较为被认同的一种观点，认为思想政治教育过程的要素包括教育主体（教育者）、教育客体（教育对象）、教育介体和教育环体（教育环境）。我们认为，思想政治教育是一个系统，其运行过程是由该系统的诸多要素相互联系、相互作用所构成的，换言之，是教育者和教育对象在一定教育目的的指导下，借助于一定的形式和方法相互作用的过程。如果把教育目的、内容、方法、活动形式等联系教育者和教育对象之间的纽带看作一个整体因素（可称之为介体），那么，思想政治教育过程的基本要素就是教育者、教育对象和教育介体。至于教育环境，则是思想政治教育系统之外的因素，不能将其看作思想政治教育过程的要素。这并不是说环境因素不重要，思想政治教育过程始终是在一定环境中运行的，不考虑其影响是不行的；而是说不应将其作为思想政治教育系统的要素加以讨论。关于思想政治教育过程的要素，在本书有关章节有详尽讨论，为了行文方便，这里再稍做简要说明。

教育者，即教育主体，是指在思想政治教育过程中有目的、有计划地对教育对象施加教育影响的群体或个人。思想政治教育者是一定社会所要求的思想品德规范的传授者，是思想政治教育过程的组织者和引导者，在思想政治教育过程中处于主导地位，发挥着主导作用。离开了教育者的活动，思想政治教育过程就不复存在。

教育对象，即教育客体，是指在思想政治教育过程中教育者施加教育影响的对象。教育对象是教育活动的依托者，是思想政治教育效果的直接体现者。离开了教育对象，同样无所谓思想政治教育过程。必须指出，在思想政治教育过程中，教育对象不仅是教育活动的客体，而且从某种意义上讲也是教育活动的主体，具有主观能动性，不仅能完成自身从知到行的转化，而且能反作用于教育者和教育目的、教育内容和教育方式等。

教育介体，是指在思想政治教育过程中，教育者用来影响教育对象的一定社会所要求的思想品德规范以及教育活动的各种方式与手段，如教育目的和内容、教育方式和方法等。教育目的和内容是进行思想政治教育活动的客观依据，教育方式和方法是思想政治教育过程顺利进行并取得成效的保证和条件。教育者与教育对象只有借助于一定的形式才能有效互动；教育者也只有借助于一定的方法才能将特定教育内容有效地传授给教育对象，对其施加有效影响。可见，教育介体是联结教育者和教育对象的纽带，因而也是思想政治教育过程的一个基本要素。

在思想政治教育过程中，教育者、教育对象和教育介体紧密相连，互相制约、互相依赖，整个教育过程就是这几个要素之间相互作用的过程，也是不断解决这几个要素之间矛盾的无限循环过程。在把握思想政治教育过程时，要防止对这三个基本要素联系的割裂，反对片面强调某一要素作用的倾向；要从三个要素相互制约的关系出发确定思想政治教育的目标、任务、内容、途径、方式、方法等。如在确定思想政治教育的目的和任务时，就不仅要考虑社会发展的要求，而且也要考虑教育对象的思想品德状况，因为后者对思想政治教育目的、任务的确定及实现会产生直接制约作用。换言之，思想政治教育不仅要提出教育对象思想品德塑造的长远目标，更要考虑教育对象对教育影响的感受性和接受可能性，即要考虑教育要求与教育对象思想品德演进的“最近发展区”之间的紧密联系，据此提出切实可行的中短期目标。总之，在处理思想政治教育过程基本要素关系时，既要注意克服不顾教育对象思想品德现状而过分强调社会要求的倾向，或过分突出教育者的主导作用而忽视教育对象主观能动性的倾向，又要注意克服不顾社会要求、放弃教育引导而过分强调教育对象思想品德现状的倾向。

四、思想政治教育过程的环节

思想政治教育过程的环节是指思想政治教育过程相互关联的若干阶段，也可看作教育者对教育对象施加教育影响必须遵循的一般工作程序。思想政治教育过程从总体上可分为制订方案、实施和评估三个阶段。

1. 思想政治教育方案的制订

思想政治教育方案的制订是指教育者根据教育要求和教育对象思想品德状况以及思想政治教育的实际情况，为达到一定目标，遵循一定的原则和程序，制订出多种行动方案并从中选出最优方案的过程。制订方案是思想政治教育的起始阶段，对整个教育活动的成效有决定性的影响。这一阶段由下列基本步骤组成：

一是收集信息，发现问题。制订方案，目的是要解决思想政治教育现存的或潜在的某些问题。而要解决问题，首先就要发现问题，因而发现并准确地分析问题是制订方案的前提。教育者要善于在纷繁复杂的问题或矛盾中，找出关键问题，把握一定时期思想政治教育所要解决的主要矛盾，并针对关键问题和主要矛盾制订方案。要发现和提出问题并抓住主要矛盾，教育者除了提高自身的马克思主义理论水平、分析和解决问题的能力以外，还必须充分收集有关思想政治教育以及教育对象思想品德方面的信息资料。这些信息不应是零散、残缺的，而应围绕特定目标或问题，相对的“全”；必须具有客观性，能真实反映教育对象的思想实际和思想政治教育的实际；必须具有针对性，应是有序、系统、高质量的信息；必须是及时有效的；等等。为使所收集的信息达到这些要求，教育者应具备明确的信息观念，通过多种途径和方式，深入了解教育对象思想品德和思想政治教育的现状、特征及变化发展趋势，了解影响他们的各种复杂的社会环境因素，从而充分掌握制订方案所需要的相关信息，为科学制订思想政治教育方案奠定坚实基础。

二是确定思想政治教育目标。在发现问题并对其进行系统分析以后，要确定解决问题所要达到的结果，也就是确定思想政治教育目标。在确定思想政治教育目标时，首先要考虑社会发展的客观要求和教育对象精神世界发展的需求以及近期的思想品德状况，同时还应使目标具有针对性、可行性，具体明确并分清主次缓急。只有这样，才能确定明确而可行的思想政治教育目标。确定目标是制定思想政治教育方案的关键环节。只有确定明确的目标，才能提出实现目标的教育内容、措施和方法，并根据目标的要求选择合适的教育时机，从而顺利开展教育活动。

三是拟订思想政治教育方案。拟订方案就是制定思想政治教育计划，解决“怎么做”的问题。思想政治教育者应拟订若干质量高的可能方案，以便下一步从中选出满意的方案作为最后确定的行动计划。拟订备选方案一般可分两步进行：其一，构思轮廓，即从不同角度设计出多种思想政治教育的可能方案（计划）；其二，设计细节，即在提出多种可能的思想政治教育方案后，进行初步对比与筛选，淘汰那些优越性不大的方案，对余下的方案精心设计，确定方案的细节，并评估方案的实施结果。

四是优选思想政治教育方案。根据思想政治教育目标拟订各种备选方案后，接着就要对其进行综合评价，即对它们进行比较、权衡和论证，然后决定对它们的取舍。对方案进行评价和选择是制订思想政治教育方案的关键步骤。如何从各种可行性方案中选出最优方案？依据什么标准选择方案？在决策理论中，有人提出了评价与选择最优方案的三个标准，我们认为，以这三个标准来评选思想政治教育最优方案也是适用的。一是价值标准。主要是看某种方案给教育对象和社会所带来的效果是否符合思想政治教育目标的要求。在备选方案中，最能达到教育目标的方案就是最佳方案。二是总体最优标准。从思想政治教育目标的总体要求出发，综合评价和衡量某一方案的最佳效果，从中选出最优方案。在运用这一标准时，可采用综合评分法、目标排队法、逐步淘汰法、层次分析法等具体方法，以便准确地把握各方案的利弊得失，更好地选出最优方案。三是最优损益平均值标准。对思想政治教育方案执行结果各种可能性出现的大小以及每种可能性的具体效果进行评估，然后用各种可能情况下的平均效果作为评价的标准。平均值效果越高，越是利多弊少，方案就越可取。在根据上述标准对思想政治教育方案进行综合评估和选择时，如果备选方案都令人满意，可从中选择一个最优方案；如果几个备选方案都不理想，那就应放弃这些方案，重新拟订；如果备选方案各有长短，就需要吸取各种方案的优点和长处，综合出一个新的更符合思想政治教育特定目标的最佳方案。

2. 思想政治教育方案的实施

关于实施思想政治教育方案，有许多内容需要讨论，这里仅就实施的准备和教育活动的开展略做讨论。

方案确定以后，即进入思想政治教育实施阶段。在此阶段，首先要制订一个方案的实施计划，明确规定和安排方案实施的具体措施、范围、期限和方向等，以保证方案的顺利实施。其次，要预先对方案的潜在问题进行分析，并准备某些防范和应对措施，以减少那些潜在问题出现的可能性和危害性。

实施阶段是思想政治教育过程的中心环节。其主要任务是把方案付诸思想政治教育实践，对教育对象实施全面的教育影响，并促使教育对象在活动的过程中接受教育影响。因而实施阶段的中心工作是开展好各种教育活动。从总体上说，这一环节的基本任务是要帮助教育对象完成从思想品德认知到品德行为的转化，其具体步骤如下：

一是传导思想道德观念，提高教育对象的思想品德认识。人的思想品德的各因素既相互联系又独立发展。在教育过程中，某一阶段可以着重培养某一方面的品质。但一般来说，思想品德认识是思想品德情感及行为的基础和内在动力。因此，进行思想政治教育，首先要帮助教育对象提高思想品德认识，即要向他们传导社会发展要求的思想观念、政治观点、道德规范，使其情、意、信、行建立在正确的认知基础之上。为此，教育者在开展思想政治教育时，在内容上要注意系统性、针对性；在方式上要力避单纯“注入”，而注意通过讨论、调查研究、参观访问等形式生动活泼地进行，使教育对象在一种主动的状态中掌握社会要求的思想道德观念和规范，从而为提高教育对象的政治鉴别力、道德判断力以及行为选择能力奠定良好的基础。

二是引导教育对象实现从思想品德认识到行为的转化，培养人们的思想品德践行能力。思想政治教育的基本任务就是促使教育对象把思想品德认识转化为相应的行为及其习惯。为完成这一任务，必须着力抓好以下具体工作：

第一，重视思想品德情感和信念的培养。由思想品德认识转化为相应的行为，需要经过情感和信念这两个中间环节。情感是认识转化为行为的“催化剂”，对人的行为方向和强度有重要影响，因而要特别注意培养教育对象鲜明的思想品德情感，为其认识向行为的转化创造条件。信念是认识向行为转化过程中的重要驱动因素，要特别注意通过实践使教育对象获得思想品德行为的经验和富有感情色彩的体验，以促使他们形成符合社会要求的思想品德信念。为此，要重视创设良好的思想政治教育情境，注意以情育情，以境育情。

第二，提出行动要求，并促使教育对象将其内化，变成自己的行动动机。在思想政治教育过程中，教育者应旗帜鲜明地对教育对象提出明确且具有实现可能性的行动要求，并引导教育对象通过实践取得正面经验和积极体验，避免获得反面经验和消极体验，以进一步理解教育要求的正确性、合理性。为此，要改善思想政治教育的物质和精神文化条件，优化思想政治教育的大环境，营造良好的小环境氛围，使教育对象通过思想政治教育接受的思想道德观念在社会生活的各个层面、各个领域都得到肯定和强化。

第三，指导教育对象选择行为方式，锻炼品德意志。将思想品德认识转化为相应的行为，必须选择恰当的行为方式。因而需要对教育对象进行行为方式的指导，包括对道德行为方式的意义、适用情境的说明，对典型道德行为方式的分析，对道德行为步骤的讨论，对教育对象道德行为方式进行训练等。通过指导，使教育对象学会控制和调节自我行为，明确不同情境下应采取的行为方式，逐步形成正确、独立、理智地选择道德行为方式的能力。与此同时，还要注意培养教育对象的道德意志，以使其坚韧不拔地向社会要求的方向发展。要采取多种措施促使教育对象产生锻炼愿望，有意识地引导其磨炼意志，从而用道德的动机战胜非道德的动机，克服各种障碍，把道德动机转化为行为。

第四，组织各种实践活动，培养教育对象的道德行为和习惯。在前述各环节基础上，要及时组织各种活动，促使教育对象把思想道德认识付诸实践。如教育对象在经过教育后，更努力地工作，更刻苦地学习，更好地参加公益活动，更自觉地遵纪守法等，都是认识转化为行为的表现。要引导教育对象通过反复实践，坚持道德行为，使之形成习惯，即形成稳固的、自动的、愉快的行为模式。为此，教育者应注重创设重复良好行为的教育情境，消除不良行为的重复机会。同时，在培养教育对象良好的行为习惯时，还要注意引导教育对象改变某些不良习惯。

3. 思想政治教育的评估

思想政治教育方案付诸实施，并不等于教育过程的完结。教育活动的目的是要使教育对象形成良好的思想品德，是否达到这一目的，需要进行科学的评估。评估是思想政治教育过程的内在要求和重要环节。

思想政治教育的评估是指依据一定的标准，运用测量和统计分析的方法，对思想政治教育过程及其效果进行质的评判和量的估价的活动。评估的内容包括某一个教育过程的目标是否达到，教育内容是否合适，教育者所运用的方法是否适当，教育者和教育对象的互动是否正常，教育对象的思想品德水平是否提高等。所有这些方面最终都集中地、综合地体现为教育效果，因而思想政治教育评估的核心内容是对教育效果的评估，而这也正是思想政治教育评估最为困难的一环。对教育效果的评估之所以困难，是因为思想政治教育效果的表现形态非常复杂：既表现为显性效果，又表现为隐性效果；既表现为直接效果，又表现为间接效果；既表现为近期效果，又表现为远期效果。这就要求我们用辩证思维方式，多角度、多方位、多层次地对思想政治教育效果进行评估，把显性效果和隐性效果、直接效果和间接效果、近期效果和远期效果的评估统一起来，从而对思想政治教育效果做出全面、客观的评估。同时，还应将阶段性评估和总结性评估有机结合起来，以及时有效地对思想政治教育过程进行调控，并深入总结教育活动的经验教训，探求教育活动中带规律性的东西，以更好地开始一个新的教育过程。可见，评估在思想政治教育活动中起着承上启下的作用。它是一个具体的思想政治教育过程结束的标志，在某种意义上又是一个新的思想政治教育过程的起点。

作为思想政治教育过程的重要环节，评估具有重要的思想政治教育功能。教育者和教育对象的分别评估以及他们之间的相互评估，有助于将思想政治教育和教育对象的自我教育更好地结合起来。在评估活动中，肯定教育对象的成绩和进步，会使教育对象受到鼓励，提高他们参与教育活动的自觉性、积极性，强化其已获得的新品质；对教育对象缺点和不足的批评、分析以及教育对象的自我批评，会促使他们纠正错误的片面的认识，改变不良习惯。因此，教育者应重视评估环节，努力组织好评估工作，使评估成为思想政治教育过程中诊断、调整、激励和提高的重要手段，从而充分发挥评估的思想政治教育功用。

思想政治教育是一项艺术性很强的工作，其运行过程的组织具有灵活性、多样性特点，没有固定的程式，但上述程序大体反映了思想政治教育过程各环节的内在联系。这些环节相互渗透、循序渐进、逐步深入，任何一个环节出了问题，都会影响思想政治教育目标的实现，降低教育活动的水平。因此，教育者应重视每一环节的运作，并注意各环节之间的联系，以推动思想政治教育过程持续健康顺利发展。

第三节　思想政治教育过程的矛盾与规律

一、思想政治教育过程的主要矛盾

规律是事物发展过程中各内外因素之间的本质联系及其矛盾运动的必然趋势。要科学地揭示思想政治教育过程的规律，首先必须深入认识和认真分析思想政治教育过程的矛盾。

思想政治教育过程是教育者、教育对象、教育介体等诸多因素相互作用的复杂运动过程，这个过程充满着各种矛盾。对思想政治教育过程的矛盾可从不同角度进行分析，事实上在这方面也存在一些不同意见。我们认为，思想政治教育过程的基本矛盾可表述为：一定社会的思想品德要求与教育对象的思想品德水平之间的矛盾。这一矛盾是思想政治教育存在的内在根据，贯穿于思想政治教育过程的始终，推动着它的发展，同时规定和制约着思想政治教育过程的其他具体矛盾。思想政治教育过程的基本矛盾通过一系列具体矛盾表现出来，或者说表现为许多具体的矛盾形态，这些具体矛盾主要包括以下几种：

1. 思想政治教育者与社会要求之间的矛盾

在思想政治教育过程中，社会要求的思想品德规范一般是通过教育者传导给教育对象的。教育者对社会要求的正确理解和把握，对思想政治教育具体活动的开展具有特别重要的意义。在一般情况下，多数教育者都能正确理解、认同和践行社会要求，因而其言行与社会要求是一致的，但有时也会与社会要求不一致，甚至产生矛盾和冲突。第一，教育者由于自身思想水平、认识能力、思维方式与实践经验等因素，不能全面完整地把握社会要求，有时甚至在无意中曲解社会要求。第二，少数教育者内心并不真正认同教育要求，仅仅是出于职业要求而例行公事式地开展教育活动。思想政治教育的基本活动是教育者向教育对象传导社会要求的思想品德规范，而上述情况无疑会减弱这一传导的力度，从而影响思想政治教育的效果。因而必须采取措施解决这一矛盾，一是要提高思想政治教育者的思想政治素质，使他们真正认同并践行社会要求；二是通过多种途径提高思想政治教育者的理论水平和认识能力，不断更新观念，从而全面准确地把握并向教育对象传导社会要求。

2. 思想政治教育者与教育对象之间的矛盾

教育者和教育对象是思想政治教育过程的两个基本因素，两者之间的矛盾是思想政治教育过程中经常出现的一对矛盾。这一矛盾的表现形式多种多样，成因复杂微妙。一是人格因素引发的矛盾。如教育者不能以身作则，言行不一，或教育对象屡教不改，其中任何一种情况都可能导致两者之间的摩擦和冲突。二是人际关系处理不当引起的矛盾。教育者对教育对象之间的关系或自身与教育对象之间的关系处理不当，都可能引起两者之间的不协调。此外，两者的行为方式不同、个性的差异等，也都可能引起两者之间的矛盾，对思想政治教育过程产生负面影响。在一般情况下，这类矛盾的主要方面在教育者一方。如果教育者言行不一，或在处理人际关系时亲疏有别，或行事怪异，性格偏狭，不能宽容地对待教育对象，那他就势必会与教育对象发生矛盾乃至冲突。因此，解决这一类矛盾，最重要的是要提高思想政治教育者的人格修养，并引导其改进教育方法。

3. 教育对象的思想行为与社会要求之间的矛盾

这是思想政治教育基本矛盾的直接表现。在现实生活中，个人的思想及行为很难完全符合社会发展的客观要求，总会有一定距离，这就是矛盾。就大多数人而言，他们的思想行为与社会要求之间总是基本一致又不完全一致，这就决定了这类矛盾是普遍、长期存在的。一是教育对象的发展需求与社会要求之间的不一致。思想政治教育要为人的全面发展服务，人的全面发展强调个性的正当发展。然而很多时候尤其是在过去，思想政治教育要求却往往忽视人的个性发展，强调整齐划一，这就势必引起个人正当的发展需求与社会要求之间的冲突。当然，个人不合理的需求也可能导致个人与社会要求之间的冲突。解决这一矛盾，一方面应尽可能创造条件，努力满足教育对象精神世界发展的需求；另一方面也要注意引导教育对象的需求合理地发展，使之与社会要求相协调。二是个人经验与社会要求之间的不一致。个人经验对个体将社会要求内化为自身思想品德意识起着重要作用。如果个人的生活经验与社会要求一致或比较一致，个人就较易接受社会要求；如果不一致，个人就可能固守个人经验，排斥社会要求，因而会产生两者之间的冲突，使个人在选择上发生困惑。这种矛盾在很大程度上讲是一种认识矛盾，解决这一矛盾，最重要的是帮助教育对象扩大视野，提高其理性思维能力，使其正确对待个人经验，既不固守个人经验，也不排斥个人经验，而是在实践的基础上，吸取思想政治教育的精神养料，使个人经验与社会要求相协调，从而获得源源不断的前进动力。三是社会要求与教育对象完成这些要求的实际可能性之间的不一致。在过去乃至目前的思想政治教育中，教育者对教育对象提出的要求往往都有偏高的倾向。本来，高要求是对的，但要求高到大多数教育对象经过努力也难以达到的程度，就不仅没有意义，而且会导致教育对象与社会要求之间的冲突。因此，思想政治教育的要求尤其是具体要求一定要适度，即要高于教育对象实际的思想品德水准，经过一定的努力又确实能达到。

4. 社会环境与思想政治教育的客观要求之间的矛盾

人的思想品德同时受到思想政治教育和社会环境的影响。在一个健康有序的社会里，这两种影响往往一致，互为补充、互相强化，这是一种较为理想的状态。然而在现实生活中，社会环境影响在很多时候往往与思想政治教育影响不一致，存在矛盾，在我国社会发生巨大变革的今天，这种情况尤为突出。这就会减轻教育者所传授的社会要求的分量，造成教育对象在选择社会行为规范时的矛盾和困惑，使他们有可能采取“随大溜”的态度而置社会要求于不顾。解决这类矛盾，从社会方面来讲，应加强和谐社会建设，加大反腐败力度，优化社会大环境，在全社会造成遵守社会规范光荣，受人尊敬和赞扬，违反社会规范可耻，被人鄙视、遭人谴责的气氛；从思想政治教育自身来讲，既要坚持社会主义核心价值观教育，又要敢于揭露社会生活中的矛盾和问题，使人们尤其是青少年在现实生活中有充分的心理准备，以便做出正确的行为选择。

5. 教育对象内在精神世界发展的需要与满足其需要的方式（条件）之间的矛盾

在思想政治教育过程中，教育者对教育对象实施教育影响，必须借助一定的活动方式和互动手段，没有这些“中介”因素，教育活动就无法进行。从某种意义上讲，思想政治教育过程就是不断创造各种方式，以满足教育对象精神世界发展需求的过程。只有运用恰当的方式方法，使教育对象乐于接受教育，才能产生良好的教育效果。在现实思想政治教育活动中，教育的方式方法与教育对象需求之间的矛盾是经常存在的。解决这一矛盾的一个重要方面，就是要根据教育对象思想品德变化的情况不断改进思想政治教育方式方法，以更好地满足教育对象精神世界发展的内在需求。只有不断地以恰当的方式方法作用于教育对象，才能增强思想政治教育的有效性，促进教育对象良好思想品德的形成。

二、思想政治教育过程的基本规律

思想政治教育过程规律研究是思想政治教育理论研究的重要内容，受到研究者的普遍重视，有关的研究成果很多，但认识很不一致，还需要进一步深入探讨。

列宁指出：“规律就是**关系**。……**本质**的关系或本质之间的关系。”[①] 毛泽东也认为，事物的本质是事物的相对稳定的内部联系，这种联系是由于事物本身所包含的特殊矛盾所构成的。据此可知，规律是事物发展过程中的本质联系和本质趋势。思想政治教育过程的规律是指思想政治教育过程各要素之间的本质联系及其矛盾运动的必然趋势，如存在于教育过程中的教育者和教育对象之间的联系及其互动趋势，社会要求的思想品德规范和教育对象个体思想品德之间的联系及其

① 列宁．列宁全集：第55卷．2版．北京：人民出版社，1990：128.

相互作用的方向等。研究思想政治教育过程的规律，就是要探求这一过程中各要素之间是如何联系的，其相互作用的趋势如何。根据这一理解，试将思想政治教育过程的规律做如下概括：

1. 教育要求与教育对象思想品德发展之间保持适度张力的规律

张力本是物理学的一个概念，是指“物体受到拉力作用时，存在于其内部的垂直于两相邻部分接触面上的相互牵引力”①。后来，这一概念被引用到社会科学有关学科中，在不同学科中其含义不尽相同，但其基本含义是指事物内部相关部分之间的牵制力和制衡力。这里所说的“张力”有其特定含义，教育要求与教育对象思想品德发展之间应保持适度张力是指，在思想政治教育活动中，教育要求与教育对象思想品德之间应保持一种动态的平衡关系，即教育者所提出的教育要求要适当超越教育对象目前的思想品德基础，有提升其思想品德水平的可能，同时这一超越又不能高到教育对象经过努力也难以达到的高度。虽然不同时期以及同一时期不同层次教育对象的思想品德基础不同，社会环境也不一样，因而不同时期的教育要求以及对不同教育对象的教育要求应有区别，但教育要求与教育对象思想品德发展之间保持适度的张力在任何时期任何条件下都是必要的。这是由思想政治教育培育人的根本性质决定的。

如前所述，一定社会的思想品德规范要求与教育对象思想品德水平之间的矛盾是思想政治教育过程的基本矛盾，“张力”规律正是对这一基本矛盾的反映。教育对象的思想品德总是处在“它现在怎么样”与“社会希望它怎么样”的矛盾运动之中，思想政治教育的基本任务就是要解决这一矛盾，推动教育对象的思想品德向社会要求的方向发展。为此，教育者就应根据这一矛盾的具体情况，对教育对象提出适当的思想品德方面的要求，并通过多种教育活动解决这一矛盾，以提升教育对象的思想道德水平。在某一具体矛盾解决以后，可能出现新的矛盾，因而需要针对新矛盾，提出新的教育要求，以解决新的矛盾。整个思想政治教育过程就是不断解决这一矛盾，推动教育对象的思想品德不断向社会要求的方向发展的过程。由此可见，“张力”规律揭示了教育过程中教育要求和教育对象思想品德发展之间的本质联系以及它们之间矛盾运动的基本趋势，是思想政治教育过程的重要规律。

2. 教育与自我教育相统一的规律

教育者和教育对象是思想政治教育过程中的两个基本要素，从某种意义上讲，两者的相互联系、相互作用构成思想政治教育过程。教育与自我教育相统一的规律就是揭示两者之间的联系及其互动趋势的重要规律。

教育者是一定社会思想品德要求的表达者和体现者，是教育活动的设计者和组织者，是教育影响的施加者和调控者，在思想政治教育过程中居于主导地位，起着主导作用。教育对象是思想政治教育的对象，是教育影响的接受者和教育效果最主要的体现者。在思想政治教育过程中，教育对象既是教育的客体，也是教

---

① 辞海：中. 上海：上海辞书出版社，1999：3076.

育的主体。当其作为教育者施加教育影响的对象时，教育对象是教育的客体；当其接受教育影响进而进行自我教育时，教育对象便是教育的主体。即使在作为教育客体时，教育对象也并不是完全消极被动地接受思想政治教育的影响，而是在对教育影响进行理解、筛选和吸收，也就是说，他们也在思想政治教育影响下不断地进行着自我教育。可见，教育者的教育和教育对象的自我教育在整个教育过程中同时并存且辩证地统一在一起。如果没有教育者的教育引导作用，就谈不上思想政治教育，教育对象思想品德的发展就缺乏外在的积极强化。而教育作用的实现，又离不开教育对象的自我教育；如果没有教育对象自我教育作用的发挥，教育者所传授的教育内容就难以为教育对象所真正认识和接受。从这个意义上讲，没有自我教育，就没有真正的教育。可见，在有序且有效的思想政治教育过程中，教育与自我教育相辅相成、相得益彰而有机统一在一起。这是人们对教育过程中教育者的教育和教育对象的自我教育两种作用的规律性认识。根据这一规律，在思想政治教育过程中，既要注意调动教育者的主观能动性，确实发挥其主导作用，又要注意调动教育对象的自觉性、积极性和主动性，充分发挥其自我教育的作用；更要注意使这两种作用统一起来，相互补充、相互强化，使思想政治教育取得更好的效果。实践表明，教育者的主导作用发挥得越充分，教育对象的主动性、积极性就越能得到充分发挥；而教育对象越能发挥主动性，就越能体现教育者的主导作用。只强调某一方面作用的做法，违反思想政治教育的规律，应予纠正。

3. 协调与控制各种影响因素使之同向发挥作用的规律

在思想政治教育过程中，存在着两大方面因素的影响。一是教育者所施加的自觉影响，包括教育者群体和个体、专职或兼职教育者等所施加的影响。在正常情况下，不同教育主体施加的教育影响是一致的，有相互补充、相互强化的作用；但由于不同教育主体在教育过程中的地位不同，其思想水平和认识能力等存在差异，他们所施加的教育影响也可能出现不协调之处；而在社会发生巨大变革时期，不同教育主体施加的教育影响就更容易出现差异乃至对立和冲突，这一情况在我国目前的思想政治教育中突出地存在着。因此，必须自觉地对不同教育主体施加的教育影响进行协调，努力避免其相互抵触，使之同向发挥作用，形成思想政治教育的正合力。二是社会环境因素的自发影响。思想政治教育过程不是封闭孤立的运行过程，而处在纷繁复杂的社会环境之中。各种环境因素对人的思想品德形成发展过程和思想政治教育过程都在自发地产生影响，这些影响既有积极的、正面的，也有消极的、负面的。毋庸讳言，在现实生活中，消极的负面影响在严重地抵消着思想政治教育的自觉影响，这也是现阶段思想政治教育效果不理想的重要原因，值得特别注意。有鉴于此，思想政治教育者在开展教育活动过程中，要注意抑制和消除社会环境因素的消极影响，利用并强化其中的积极影响，使之与思想政治教育主体的自觉影响协调统一起来，从而为教育对象思想品德的健康发展营造良好的社会氛围。

在思想政治教育中，上述两大方面的各种因素的影响紧密联系在一起，积极影响和消极影响也掺合在一起，很难截然分开。因此，在思想政治教育过程中，教育者不仅要积极主动地施加教育影响，而且要注意对影响人的思想品德形成发展过程和思想政治教育过程的各种因素加以分析，并尽最大努力对各种因素加以调控，使之向社会要求的方向发挥作用。这是当代思想政治教育者的重要责任，也是思想政治教育过程顺利发展的内在要求。

复习思考题

1. 解释下列名词：思想品德、思想品德结构、思想政治教育过程。
2. 简述人的思想品德形成发展的规律。
3. 试述思想政治教育过程的特征。
4. 试论思想政治教育过程的基本矛盾及其表现。
5. 试论思想政治教育过程的规律。

阅读书目

1. 张耀灿，等．现代思想政治教育学．2 版．北京：人民出版社，2006.
2. 陈万柏，张耀灿．思想政治教育学原理．3 版．北京：高等教育出版社，2015.
3. 鲁杰，王逢贤．德育新论．南京：江苏教育出版社，1994.
4. 檀传宝．学校道德教育原理．北京：教育科学出版社，2000.
5. 陆庆壬．思想政治教育学原理．北京：高等教育出版社，1991.

第六章 思想政治教育环境

要点提示

● 人的思想和行为与环境密切相关。环境给人以影响，制约人的活动；人的实践活动可以改变环境，并在改变环境的同时改造自身。

● 思想政治教育环境是指对思想政治教育对象的思想品德形成和发展以及思想政治教育活动产生影响的一切外部因素的总和，具有复杂性、动态性、特定性、可创性等特征。

● 宏观环境如经济环境、政治环境、文化环境、大众传播环境等，微观环境如家庭环境、学校环境、社会组织环境、社区环境、同辈群体环境等，都各自对思想政治教育活动和教育对象产生程度不同的影响。

● 优化思想政治教育环境，是指充分利用环境中的积极因素并将环境中的消极因素转化为积极因素，使环境成为思想政治教育发展的促进因素，以充分发挥其对教育对象的感染熏陶作用。优化思想政治教育环境有助于提高教育对象的思想品德水平，有助于思想政治教育的顺利进行并取得实效。

关键词 思想政治教育环境　宏观环境　微观环境　环境影响　优化环境

人的思想品德是在一定环境里形成和发展的，思想政治教育活动也是在一定环境里进行的，环境状况对人的思想品德状况以及思想政治教育活动有着重要影响。深入研究思想政治教育环境并采取有力措施创建良好的思想政治教育环境，对于实现思想政治教育活动与各种环境因素的良性互动，增强思想政治教育的实效性，有着重要意义。

第一节　思想政治教育环境的构成及特征

一、环境与人的关系

环境是人赖以生存和发展的各种因素的总和，包括自然环境和社会环境。人的生存和发展、人的思想和行为与环境密切相关。环境对人的影响，很早就受到人们的广泛关注和重视。我国古代著名教育家孔子认为环境在人的发展过程中起着重要作用，指出“性相近也，习相远也”（《论语·阳货》）。荀子非常重视环境因素对人的影响，认为人能为环境所熏染、同化，形成人格，他认为，“蓬生麻中，不扶而直；白沙在涅，与之俱黑”（《荀子·劝学》）。明末清初著名思想家王夫之认为人的思想意识和行为与环境有密切关系，环境能决定人们意志的坚定性，意志则支配人们的行为，主张对环境进行有效控制，促使人们形成坚定的意志。教育家颜之推曾经对家庭影响的作用有过生动的说明，他说：“夫同言而信，信其所亲；同命而行，行其所服。禁童子之暴谑，则师友之诫，不如傅婢之指挥；止凡人之斗阋，则尧、舜之道，不如寡妻之诲谕”（《颜氏家训·序改》），主张建设家庭环境，使其对人的思想品德形成积极影响。

在西方国家，许多思想家从哲学、心理学、政治学、教育学等视角来论述环境对人的思想品德的影响，认为环境与人的思想品德的养成之间存在联系，试图从改善环境入手，提高思想品德教育的效果。德谟克利特认为人须通过环境的熏陶、日常的锻炼和教育而获得“第二本性”①，即思想品德素质。奥古斯丁认为人性本恶，需要教育和环境来加以改造。他重视家庭环境对儿童的影响，认为通过父母的言行，儿童不仅学会判断和表达，而且也学到了品行。孟德斯鸠认为气候地理环境对人的思想品德有重大影响。英国哲学家洛克提出了天赋智力人人平等、观念和知识都是后天形成的“白板说”，主张加强对教育过程中环境的控制。爱尔维修、欧文等十分注重社会环境对人的思想品德的作用，提出环境决定论。欧文指出：“‘人是环境的产物’，他一生的每一时刻中所处的环境和他的天生品质使他成为什么样的人，他就是什么样的人。”② 行为主义学派创始人华生否定遗传的作用，认为人的道德的和不道德的行为都是环境影响的结果，环境和教育决定人的发展。这一观点夸大了环境和教育的作用，否认了人的主观能动性，属于典型的社会环境决定论。近代以来，不少西方学者从隐性教育视角研究环境，认为隐性教育就是潜藏在正规的或显性的认识性、活动

① 北京大学哲学系．古希腊罗马哲学．北京：商务印书馆，1982：110．

② 欧文．欧文选集：下卷．北京：商务印书馆，1965：337．

性德育及专业课程之后或之外的教育，特别是教育环境的体制性和气氛性教育影响。隐性教育的作用是经常、潜移默化的，它直接影响人们的价值取向、行为规范和道德风貌。

上述观点都有一些可取之处，对我们认识社会环境与人的思想品德的关系具有一定启示作用。但也都存在一些偏颇之处，较为突出的一个问题是忽视了人的主观能动性，忽视了人的社会实践的作用。马克思主义关于人与环境关系的理论则克服了这种局限性，对两者的关系做出了全面说明，对我们正确认识和科学把握人与环境的关系以及优化思想政治教育环境具有重要的指导意义。

> 有一种唯物主义学说，认为人是环境和教育的产物，因而认为改变了的人是另一种环境和改变了的教育的产物，——这种学说忘记了：环境正是由人来改变的，而教育者本人一定是受教育的。
>
> ——马克思，恩格斯．马克思恩格斯选集：第1卷．2版．北京：人民出版社，1995：59.

马克思在批判“环境决定论”和“教育决定论”的基础上，对人与环境的关系做出了科学说明。马克思指出：“环境的改变和人的活动的一致，只能被看作是并合理地理解为**变革的实践**。”[①]这一观点内在地包含以下两层意思：

第一，人与环境是互相创造的。马克思认为，人与环境都有受动和能动方面，不能对其关系做单方面的谁决定谁的理解，它们实际上是互相创造的。因为“人创造环境，同样，环境也创造人”[②]。一方面，环境给人以影响，制约人的活动。人是社会的人，人们所处的社会环境制约人的发展，影响人的思想品德的形成。正如恩格斯所说：“人们自觉地或不自觉地，归根到底总是从他们阶级地位所依据的实际关系中——从他们进行生产和交换的经济关系中，获得自己的伦理观念。”[③] 另一方面，人的实践活动可以改变环境，并在改变环境的同时改造自身。人在社会环境面前，绝不是消极被动的，人能够通过社会实践活动改造和变革环境，使之适合自身发展的需要。

第二，人的活动和环境的改变辩证统一于实践。在人与环境相互创造的过程中，两者都处在不断的变化中。“环境的改变和人的活动的一致”，应理解为环境变得有利于人的活动，人的活动是有利于环境建设的活动。两者是否如此，取决于变革的实践。也就是说，两者统一的基础是人的变革的实践，是人正确地发展自己的能动的方面。可见，马克思主义既承认人有受外部世界决定的一面，又认为这种决定不是最终意义上的决定；人在既定条件下是能动的，是可以大有作为的。马克思主义关于人与环境关系的理论，是指导思想政治教育处理人与环境关系的最根本的理论。

---

① 马克思，恩格斯．马克思恩格斯选集：第1卷．2版．北京：人民出版社，1995：59.

② 同①92.

③ 马克思，恩格斯．马克思恩格斯选集：第3卷．2版．北京：人民出版社，1995：434.

二、思想政治教育环境的构成

> 思想政治教育环境是指对思想政治教育对象的思想品德形成发展以及思想政治教育活动产生影响的一切外部因素的总和。

思想政治教育环境包含的因素十分广泛而复杂，可以根据不同的标准将其分为不同的类型。

环境总是相对于中心事物而言的，与某一中心事物有关的周围事物就是该事物的环境。思想政治教育环境主要是指围绕着思想政治教育活动以及人的思想品德形成发展这一中心事物的外部环境，从一般意义上，可将其分为自然环境和社会环境。自然环境又叫物理环境，是指人类社会存在和发展的自然条件的总和，也是人们生存和发展的物质基础，对人们的思想行为和思想政治教育活动有一定的影响。“借山光以悦人性，借湖水以静心境”，说的就是这种作用。但与社会环境相比，自然环境对人的思想品德和思想政治教育活动不产生决定性的影响，因为社会存在决定社会意识，社会环境对人的思想品德和思想政治教育才产生决定性的影响。社会环境是指人们所处的各种各样社会条件的总和，也就是社会历史进程中所形成的各种社会关系的总和。本章所讨论的思想政治教育环境主要就是指社会环境。

以社会环境为主要内容的思想政治教育环境，按其形态可分为物质环境和精神环境，按其性质可分为良性环境和恶性环境，按其状态可分为开放环境和封闭环境，按其作用方式可分为直接环境和间接环境，按其覆盖范围可分为宏观环境和微观环境，等等。

本章依据最后一种分类，对思想政治教育宏观环境和微观环境的主要因素及其对思想政治教育的影响进行简要讨论。所谓宏观环境，是指对思想政治教育总体活动及全体社会成员发生影响的因素，包括社会经济制度及经济生活条件、社会政治制度及现实政治状况、社会文化及各种文化活动和大众传播媒介等。所谓微观环境，是指对思想政治教育活动和教育对象产生直接影响的具体环境因素，主要包括家庭环境、学校环境、社会组织环境、社区环境和同辈群体环境等。

三、思想政治教育环境的特征

思想政治教育环境是一个特殊的环境系统，其特殊性表现在：思想政治教育环境是由整个环境中那些与思想政治教育活动以及人的思想品德形成发展有密切关联的因素所构成的。从这一意义上讲，思想政治教育环境具有以下几个方面的特征：

1. 复杂性

第一，影响的多样性。思想政治教育环境是一个综合的环境系统，是不同层次、不同类型的环境因素相互联系构成的一个立体、动态的环境体系。既有自然的又有社会的，既有物质的又有精神的，既有宏观的又有微观的，既有国内的又有国外的，既有直接的又有间接的，既有深层的又有浅层的，既有显性的又有隐性的等，它们相互联系相互作用，形成“合力”，对人的思想品德形成和发展及思想政治教育活动产生广泛影响。

第二，影响的多重性。思想政治教育环境对思想政治教育以及人的思想品德的影响极其复杂，就影响性质而言，既有积极影响，又有消极影响，有时这两种不同的影响往往掺和在一起，同时作用于思想政治教育活动以及人的思想品德的形成发展。

第三，影响的差异性。不同的教育对象对环境影响的选择和适应存在较大差别，如逆境对有的人而言是发展的障碍，对有的人而言可能激发其活力。

这一特征要求思想政治教育要重视环境的作用，加强对环境的调控，既要“长善”，又要“救失”，既要“扬优”，又要“汰劣”。要充分利用社会环境的积极影响，使其与思想政治教育形成正相关关系，实现两者的相互强化；要采取切实有效的措施抑制和克服社会环境的消极影响，削弱其与思想政治教育的负相关联系，使思想政治教育排除干扰，健康运行。

2. 动态性

思想政治教育环境的动态性是由世界运动变化的根本特征所决定的，指思想政治教育环境总是处于变动不居之中。一方面，思想政治教育环境的各个要素及其互动关系始终处于变动运动中。无论是自然环境因素还是社会环境因素都在不断发生变化，尤其是社会环境系统变化更大。比如，改革开放以来，思想政治教育的经济环境、政治环境、文化环境等都发生了巨大的变化，随着我国社会的发展和进步，思想政治教育的环境还将继续发生大的变化。另一方面，人改造世界的实践活动推动思想政治教育环境发生变化。比如，社会主义市场经济建设迅速解放和发展生产力，极大地提高了我国经济、政治和文化发展的水平，为思想政治教育及人的思想品德的发展创造了有利条件；但由于市场经济发展还不够完善，在现阶段也出现了某些与社会主义本质相悖的负面因素，如腐败、钱权交易、制假贩假等不良现象，使思想政治教育的环境更为复杂，对思想政治教育提出新的挑战。

3. 特定性

思想政治教育环境非常复杂，包括多种多样的因素。但思想政治教育活动总是在具体环境里进行的，人也总是生活在一个具体环境中的，其思想品德的形成发展更多地受到具体环境的影响和制约，因此，对于具体的思想政治教育活动以及具体的思想政治教育对象来讲，环境总是特定的。比如，思想政治教育总是在一定的家庭环境、社区环境、学校环境、工作组织环境、网络环境中进行的，人的思想品德也更多地受到这些具体环境的影响。特定性反映了环境对思想政治教育活动和教育对象的直接制约性，是思想政治教育环境不可忽视的一个重要特征。思想政治教育者一定要注意把握思想政治教育环境的特殊性，并从这一特殊性出发，认识和把握教育对象的思想行为特点，有针对性地开展教育工作。

4. 可创性

可创性是思想政治教育环境区别于一般社会环境的重要特征之一，是指人可以充分发挥自己的主观能动性去改变和创造环境。马克思主义认为，人受到环境的影响和制约，但人的活动也反作用于环境，即人可以在一定范围内和一定程度上影响和改变环境。一方面，思想政治教育可以强化或者减弱环境的某些影响。一般来讲，思想政治教育难以独自改变社会大环境，但可以采取多种措施强化其中的积极影响，抑制乃至消除其中的消极影响，这在一定程度上反映了思想政治教育环境的可创性。在相同的社会大环境下，不同思想政治教育者的工作效果可能相去甚远，原因固然很多，但其中一个重要原因就是不同的教育者对环境影响调控的力度有差异。可见，教育者在社会大环境面前并不是完全无能为力的。另一方面，思想政治教育可以营造小环境。思想政治教育的小环境如单位环境、学校环境、家庭环境等，对教育对象有较大的直接影响，因而在积极调控大环境的基础上着力营造良好的小环境，对于思想政治教育活动的顺利开展和教育对象的发展具有重要意义。思想政治教育者可以根据思想政治教育的目标要求和任务规定，根据教育对象的实际情况，营造良好的小环境，尤其是学校环境、企业环境等，从而为具体思想政治教育活动的运行创造更好的条件。实践表明，思想政治教育在这方面大有可为。

第二节　宏观环境对人的思想品德及思想政治教育的影响

一、经济环境对人的思想品德及思想政治教育的影响

经济环境主要指影响思想政治教育活动和人的思想品德的社会经济制度和经济生活条件。我国社会基本经济制度包括公有制为主体、多种所有制经济共同发展，按劳分配为主体、多种分配方式并存，社会主义市场经济体制三方面。我国的经济制度建立在生产资料公有制基础之上，全体人民从根本上占有并使用生产资料进行生产，在生产的过程中形成平等、互助、合作的关系，并根据每个人的劳动付出来获得报酬。社会主义经济制度为我国思想政治教育奠定了经济基础，对人们思想品德的形成发展以及思想政治教育具有根本性的影响。当然，在社会主义初级阶段，我国所有制结构呈现以公有制为主体，个体经济、私营经济和其他经济形式等多种经济成分共同发展的格局，分配方式也在发生变化。这一情况对人们的思想道德面貌和思想政治教育活动会产生复杂的影响，改革开放以来人们思想的巨大变化就说明了这一点。

由经济制度决定的经济生活条件尤其是个人的经济生活条件，对人们的思想品德会产生直接的影响。一般而言，经济生活条件好，或是生活不断改善，会使人们更好地认同社会主义经济制度，更好地接受社会主义核心价值观，更有利于人们形成良好的思想品德。反之，则可能产生相反的作用。在现实生活中，人们的经济生活条件又与一定的分配方式紧密相连。人们往往是通过一定的分配方式来体验个人与生产资料所有制之间的关系以及自己在社会中所处的地位，进而形成对社会的态度以及相应的行为。因此，在一般情况下，社会经济利益的分配方式和分配结果是否公开、公平、合理，是影响人们的思想和行为以及思想政治教育效果的最重要的经济因素。只有坚持以按劳分配为主体、多种分配方式并存的分配制度，兼顾效率和公平的原则，合理调节社会利益分配，才能为思想政治教育的有序进行构建良好稳定的经济环境。

社会主义市场经济体制极大地促进了我国经济的发展，也对人们的思想品德和思想政治教育产生了广泛而复杂的影响。经济发展为人们提供了更好的物质生活条件，也要求人们具有与市场经济相适应的自主意识、竞争意识、诚信意识、平等意识等，从总体上促使人们的思想品德水平不断提高；也为思想政治教育奠定了更坚实的物质基础，提供了更多、更好的手段和载体，推动思想政治教育不断现代化。新时代社会主要矛盾是人民日益增长的美好生活需要和不平衡不充分的发展之间的矛盾。社会主要矛盾的转化，反映了中国社会发展的巨大进步和新的阶段性变化，反映了党和国家事业发展的重点要求，是中国特色社会主义进入新时代的重要标志之一。然而，在市场经济发展过程中，也存在着许多矛盾和错综复杂的问题。例如，改革旧体制和发展社会主义市场经济，必然涉及社会利益关系的调整，而这一调整并不总是那么顺利，在一定时期必然会出现突出的利益矛盾，从而对人们的情绪、心理、心态以至理想信念和价值取向等产生重大影响，也使思想政治教育面临更复杂的环境。由此可见，经济制度的变革必然会带来思想政治教育经济环境的变化。思想政治教育者对此一定要有充分认识，努力提高在复杂而变动不居的经济环境下有效开展思想政治教育的能力。

二、政治环境对人的思想品德及思想政治教育的影响

政治环境是指对人的思想品德及思想政治教育活动产生影响的社会政治制度及其制约下的现实政治状况。社会政治制度建立在一定的社会经济基础之上，是社会上层建筑的核心，是阶级利益的集中体现。政治制度的核心是社会各阶级在国家中的地位，即由谁当家作主，因而政治制度决定着哪个阶级掌握思想政治教育的领导权，在根本上影响和制约着人的思想品德和思想政治教育活动。

在我国，工人阶级和广大人民群众是国家的主人，国家的一切权力属于人民。这一根本规定有助于人民群众主人翁意识的形成，有助于人们形成良好的思

想品德，也有助于思想政治教育活动顺利开展并取得实效。然而，社会主义政治制度基本确立后，还有一个不断发展和完善的过程，这一过程将贯穿整个社会主义初级阶段；政治制度特别是具体制度的规定和实施之间有可能出现一定距离，产生一些问题，由此形成的现实政治状况更直接地影响着人们的思想品德状况，制约着思想政治教育活动的开展。例如，在当前，我国社会主义民主制度还不健全，社会主义法律体系虽已形成但法制建设还有待进一步完善，人民的国家主人翁地位和当家作主的权利还未得到充分体现，这种现实的政治状况构成复杂的思想政治教育政治环境，对人们的思想和行为、对现实思想政治教育活动产生着复杂的影响。现实政治生活中存在的许多问题，例如，个别地方党风政风不良，有的地方和单位人治色彩浓厚，长官意志突出，个人说了算；以言代法、以权压法、徇私枉法、以罚代刑、执法犯法等时有发生，公民在法律面前一律平等的原则，在金钱权势之下，往往表现得刚性不足，法律权威受到践踏；以权谋私、权钱交易、官商勾结等腐败之风屡禁不止，任人唯亲、拉帮结派、跑官要官等屡见不鲜。这些问题严重影响我国社会主义民主和法制建设的进程，对教育对象的思想产生了严重的负面影响，削减了思想政治教育的影响力和吸引力，值得高度重视。现实政治生活中存在的问题警示我们，只有大力完善社会主义政治制度，加强社会主义民主和法制建设，实现政治生活的有序化，才能为思想政治教育及教育对象思想品德的发展创造良好的社会政治环境。

三、文化环境对人的思想品德及思想政治教育的影响

文化具有广义和狭义之分，广义的文化是指人类所创造的物质财富和精神财富的总和，狭义的文化特指社会意识形态以及与之相适应的制度和组织机构。文化以物质为基础，随社会物质生产的发展而发展，又反作用于社会物质生产。在社会生活中，每个人的思想都受到一定文化持久而深刻的影响，任何思想政治教育活动也必定是在一定的文化氛围中进行的，因而社会文化对思想政治教育有着广泛的影响，是思想政治教育重要的环境因素。

与思想政治教育环境系统中其他因素相比，文化环境对人的思想品德的形成发展以及思想政治教育的影响具有以下明显特征：

第一，人文性。人文性是思想政治教育文化环境的根本特征。首先，文化的主体是人。文化是人创造的，人所创造的物质财富和精神财富的不断积累形成文化环境，它体现、孕育着人类的理想和超越自然的发展能力。其次，文化在本质上指向人、塑造人。文化经由长期发展所形成的特定的文化模式、文化传统，会通过各种社会形式和传播媒介介入人们的物质生活和精神生活中，潜移默化地影响着、改变着人们的行为方式、价值取向、思维特点。文化的各个层面都体现了这种属性：作为文化核心的世界观、人生观和价值观，首先是指向人的，是人在观察社会、处理各种事务时必须遵循的基本准则；作为规范层面的社会风俗习

惯、行为方式和交往规范起着规范人、引导人的作用；作为文化观念和精神载体的文化产品则是感染人、教育人的巨大精神力量。

第二，社会性。任何一种文化都是一定社会的产物，反映着那个社会特有的历史和现实因素，与其有着不可分割的内在联系。而每一个人都置身于特定的社会文化环境之中，在其成长的过程中，会逐渐适应“他所属的那个社群传统手把手传下来的那些模式和准则”，“不知不觉地打上了处于其中的文化背景的烙印”①。这就是说，每一个人在思想品德形成发展的过程中都会不由自主地受制于特定的社会文化。同时，人们在传承和创造文化的过程中，必然会将一定社会或一定阶级的理想及其相应的社会要求对象化为某种文化，如著作、故事、活动等，这些不同形式的文化显然具有明显的社会性特征，对人们的思想品德产生了重要影响。

第三，创造性。任何文化环境都不是自然形成的，而是人类创造的产物。人作为社会生活的能动主体，在受到影响的同时，也在自觉或不自觉地根据一定的社会要求改变、创造文化环境，即发展文化环境中有利于人生存和发展的因素，将文化环境中的消极因素转化为积极因素，从而创造出有利于人全面发展的良好的文化环境。这一特点在微观文化环境的营造中表现得尤为明显。例如，我们可根据思想政治教育的目标，有计划、有步骤地营造良好的企业文化环境、社区文化环境、军营文化环境、校园文化环境等，使其更好地满足社会发展的要求，促进教育对象的全面发展。

第四，时代性。任何文化都是特定时代的产物，反映着特定时代的要求，与其所处时代有着不可分割的内在联系。与其相应，文化环境也具有特定的时代性，反映了时代精神和时代特点，发挥着特定的熏染作用。例如，在烽火连天的革命战争年代，红色文化作为社会主流文化深深地影响着人民群众的世界观和价值观，鼓舞着人民群众去战斗、去劳动，去维护民族的独立和团结、实现国家的富强和民主；在社会主义革命和建设时期形成，随着中国特色社会主义伟大实践而逐渐丰富的社会主义先进文化，代表着时代进步的潮流和历史发展的方向，不断提升着人们的文化自觉和文化自信，有力地推动了中华民族的文明进程；随着中国特色社会主义进入新时代，各种新技术、新知识、新人才层出不穷，生态文化的倡导、中华传统文化的创造性转化和创新性发展的提出等新的思想文化也在争相回应时代的呼唤。作为教育活动中的重要隐性因素，不同时代文化的不同内容和表征，造就着不同的文化环境。我们必须注意把握文化环境的时代性，紧跟时代节奏，不断营造良好的教育环境，为思想政治教育活动的顺利进行创造良好的文化氛围。

第五，复杂性。文化是一个复杂的系统，其构成要素包括物质文化、制度文化、观念文化，各个层面要素之间的关系纵横交错、错综复杂。其来源既有传统文化因素，又有现代文化因素，还有外来文化因素，这些文化环境因素之间也存

① 本尼迪克特．文化模式．北京：生活·读书·新知三联书店，1988：5.

在复杂的互动关系。文化的这种多元性决定了文化环境的复杂性，使其对人的思想品德及思想政治教育的影响呈现出非常复杂的情形。同时，影响人的思想品德形成发展的文化因素的性质是多重的，其积极与消极、先进与落后、良性与恶性的因素总是混杂在一起，从而使文化环境对人的积极影响和消极影响并存。复杂的文化环境会对人的思想品德的发展造成某些困扰，也会对思想政治教育产生某些干扰。因而思想政治教育要正视文化环境的复杂性，注意发挥文化环境中的积极因素，抑制其消极因素的影响，以引导人们朝着社会要求的方向顺利发展。

四、大众传播环境对人的思想品德及思想政治教育的影响

大众传播是指通过大众传播媒介如报纸、杂志、书籍、广播、电视、电影、录音、录像、网络等，向社会公众提供信息的过程。随着现代科学技术的飞速发展，现代印刷技术和现代电子技术水平不断提高，大众传播对社会生活的影响越来越大，正在潜移默化地改变着社会，改变着人们的生活和工作方式以及思想观念，对思想政治教育的影响也越来越大。在现代社会，既可将大众传播看作思想政治教育系统的一个因素如载体加以运用，也可以将其作为社会环境因素加以考虑。本书另有专章对思想政治教育大众传播载体进行论述，这里主要是将其作为思想政治教育环境因素加以讨论。

作为思想政治教育的环境系统的重要因素，大众传播所形成的“拟态环境”对人的思想品德形成发展以及思想政治教育具有广泛而复杂的影响。这种影响是由大众传播与人们生活的密切联系决定的。在现代社会，几乎所有人都会接触报刊、广播、电视和网络，与各种大众传播媒介“为伴”已成为不少人的一种生活方式。这种情况使大众传播对人们的生活方式、交往方式乃至思想观念产生了深刻的影响，同时也对思想政治教育产生重要影响。例如，过去人们主要通过文件、会议获得大多数有关思想政治方面的信息，而今天人们则可以事实上也更多地从大众传播媒介中了解思想政治信息。这就要求思想政治教育要注意大众传播环境对人们持续不断的影响，注意通过大众传媒传播思想政治信息，以对人们施加广泛而有力的影响。

大众传播对人的思想品德形成发展和思想政治教育的影响主要是通过其传播的信息所形成的舆论环境来达到的。在现代社会，大众传播发达，各种传媒所输出的信息量大，形成一种舆论环境，从而影响和制约人的思想品德形成发展和思想政治教育。良好的舆论环境有助于强化思想政治教育的积极影响，促使人们形成社会发展所要求的思想品德；而不良的舆论环境则会削弱甚至抵消思想政治教育的正面影响，不利于人们尤其是青少年的健康成长。这一情况与大众传播的信息筛选和解释功能相联系。“大众传播是通过自己对世界的‘理解’来影响受众对世界的感知和认识的，新闻媒介对事实的选择和解释就是这种理解的体现。媒介‘传播’的世界不是世界本身，而是已经被选择和解释过的世界。这个‘世

界’很可能是扭曲的、变形的，但它总是被当作真实存在的世界传播给受众的。在大众传播无孔不入的今天，人们自觉、不自觉地接受着媒介对世界的选择和解释。”① 思想政治信息带有价值信息的性质，大众传媒传播哪些思想政治信息以及对其如何解释，都鲜明地体现着传播者的价值导向，从而影响和左右社会舆论环境。因此，思想政治教育领导机构及其教育者要加强对舆论的引导，强化社会主流价值导向，从而为思想政治教育的顺利进行创造良好的舆论环境。

这里特别要就大众传播环境中的一个新因素——新媒体对思想政治教育的影响做些探讨。新媒体是继报刊、广播、电视等传统媒体以后发展起来的新的媒体形态，是利用数字技术、网络技术、移动技术，通过互联网、无线通信网、有线网络等渠道以及电脑、手机、数字电视等终端，向用户提供信息和娱乐的传播形态和媒体形态。它具有交互性与即时性、海量性与共享性、多媒体与超文本、个性化与社群化的特点。新媒体是思想政治教育大众传播环境的新因素，为思想政治教育提供了新载体；但新媒体主体的大众化、内容的庞杂性又使大众传播环境更为复杂，对思想政治教育活动产生着不可忽视的消极影响。

第一，新媒体主体的大众化可能会弱化思想政治教育者的主导性。从某种意义上讲，思想政治教育过程是教育者向教育对象传递思想政治信息的过程。在传统大众传媒环境中，教育者拥有大量的信息，而教育对象掌握的信息相对有限；这样，教育者便居于主导地位，具有权威性，在思想政治教育中发挥着主导作用。而具有自由性和开放性特征的新媒体的出现，改变了传统的信息交流模式，教育者和教育对象都可以利用新媒体来收集信息，也都可以作为新媒体的主体传播信息。这就使得教育者的信息优势地位不复存在，拥有新媒体技术手段的教育对象也掌握着和教育者相当的信息量，并且可以通过互联网向他人进行信息传递。这种交互性极强的新媒体使信息传播者与接受者的关系走向平等，受众不再轻易受媒体摆布，而是可以通过同媒体以及其他受众的互动发出更多的声音，影响教育者。新媒体也导致消费者偏好改变，受众有可能接触到越来越多的媒体和信息，参与信息传播过程的程度越来越高，传统大众媒体的“大众”因此而逐渐转变为“小众”。可见，新媒体的即时性、自主性、开放性和互动性为人们提供了更多的话语自由，这种自由颠覆了“把关人”的概念，思想政治教育者传递的信息容易被其他信息所淹没，这就使得思想政治教育者的主导性和影响力下降。

第二，新媒体内容的庞杂性一定程度上冲击着主旋律教育。在传统传媒环境中，教育者通过电视、广播、报刊等传播的信息内容以弘扬主旋律为主题；而使用新媒体的众多主体都可按照自己的意愿传播信息，这就导致新媒体信息中主流的和非主流的并存，高雅的和粗俗的并存，鱼龙混杂、良莠不齐。其中，色情、暴力等有害信息在新媒体中自由传播，对主旋律教育构成挑战，产生有害影响。

第三，新媒体表达的隐蔽性不可避免地导致一些新的道德问题。现实中的所有矛盾和内心深处的所有想法，都可以在新媒体上轻松表达；由于新媒体监控还

① 居延安．信息、沟通、传播．上海：上海人民出版社，1986：184-185.

不够完善，信息发布者在很多时候不需要承担责任和义务，导致一些人为所欲为。于是在使用新媒体的过程中就出现了一些新的问题，如侵犯版权、侵犯个人隐私权等，这些问题不仅是法律问题，也是道德缺失的一种表现。

总之，新媒体对人们的生活、学习、交往方式、思想观念都产生了重大影响，值得高度重视。思想政治教育应加强对新媒体的研究，强化新媒体对社会生活的积极影响，抑制其消极影响，从而从一个方面优化思想政治教育的文化环境。

第三节　微观环境对人的思想品德及思想政治教育的影响

一、家庭环境对人的思想品德及思想政治教育的影响

家庭是具有婚姻关系、血缘关系或收养关系，并且长期共同生活的小群体，是社会的基本生活单位。家庭至今仍是最基本的社会生活组织形式，是构成社会的细胞。思想政治教育的家庭环境是指影响和制约家庭成员尤其是孩子思想品德形成发展的各种家庭因素，如家庭结构、家庭成员之间的关系、家庭的物质和经济条件、家长的思想道德素质及其教育理念和态度等的总和。从某种意义上讲，家庭环境会决定一个人的性格和品行。这当然不是说，家庭环境好，人的思想品德就一定好，因为影响人的思想品德的因素还有很多；但一般来说，良好的家庭环境有利于青少年健康人格的培育，反之则会给青少年的成长造成障碍。可见，家庭环境对家庭成员特别是孩子的成长，对孩子思想品德的形成和发展具有极其重要的作用和深刻的影响，对学校思想政治教育具有重要的制约作用。这种影响具有以下突出特点：

第一，基础性。每个人出生后就生活在家庭环境中，时刻受到家庭环境的熏染和影响。家庭是儿童最初社会化的基本环境；在儿童社会化过程中，家长的世界观、人生观、价值观、道德观以及为人处世、待人接物方面的表现，会对子女产生潜移默化的影响，在子女身上打下深深的烙印。这种影响和教育作用具有启蒙性和奠基性，会使人刻骨铭心、终生不忘。可以毫不夸张地说，人们认识世界、改造世界的知识和技能的习得以及思想品德的形成等，都是从家庭开始的。家庭环境尤其是父母对子女的影响，对子女思想道德素质的形成发展具有奠基性作用，这是其他任何教育因素或环境因素所不具备的。

第二，普遍性和长久性。一个人生活在一定的家庭中，受到家庭环境的影响是具体的、有限度的。但每一个人都生活在家庭中，毫无例外地受到家庭的影响，从这个意义上讲，家庭影响又是普遍的。同时，家庭是一个人在其中生活最早、最长久的群体。人一出生就在家庭中生活，一生中的大部分时间都在家庭中度过，人的一生都伴随着家庭，因而家庭对人的影响具有突出的长久性特征。普

遍性和长久性的特点要求我们要充分注意家庭环境的影响，并注意对其进行调控，使家庭影响和学校及社会思想政治教育的影响相一致。

第三，渗透性。家庭环境对家庭成员的影响不仅体现在有意识的家庭教育中，而且也体现在家庭的日常生活中，这就使得家庭生活的多方面因素都对人们产生潜移默化的影响。如家长的日常言行、家庭成员之间的关系、家庭的氛围、家庭的生活习惯等，都会通过家庭成员的耳濡目染渗透到他们的思想意识中。这种影响虽然不一定是自觉的，但如春雨润物般实实在在地作用于家庭成员特别是孩子。

第四，易感性。家庭成员之间一般都有血缘或姻缘关系，互动密切，感情亲密，因而相互影响较大，尤其是父母对子女的感染和影响最为突出。和谐的家庭关系、良好的家庭氛围对家庭成员尤其是未成年子女思想品德的形成发展会起到积极的促进作用，反之则会产生严重的消极影响。颜之推在《颜氏家训》中曾对这种影响有明确的说明："父母威严而有慈，则子女畏慎而生孝矣"（《颜氏家训·教子篇》）。可见，家庭成员之间的相互影响和相互制约最为直接和深刻。

二、学校环境对人的思想品德及思想政治教育的影响

学校是一种特殊的社会组织，是有目的、有计划、有组织地向教育对象传授文化知识、劳动技能、价值观念、政治观点、社会规范，以培养合格社会公民的机构。从社会要求看，学校是人们着意营造的培养青少年的环境，学校的活动更具计划性、目的性，对青少年思想品德的形成发展更具有指导性。因而从总的方面看，学校的活动更有利于青少年形成良好的思想品德。但学校又是一个复杂的社会系统，除了有组织的活动之外，还存在一些自发的活动，因此，它对青少年思想品德的影响也是复杂的，既有积极的，也有消极的；同时，校风不同、教职员工的表率作用不同、班集体的状况不同等，都会对学生思想品德的形成发展产生不同影响。

学校环境对学生思想品德的影响，主要是通过教学活动、课外活动、教师榜样、校风等方面进行的，这种影响具有以下特点：

第一，阶级性。学校担负着对青少年进行人格塑造的重要职责，承担着有目的、有计划、有组织地培养合格社会成员的重要任务。在阶级社会里，任何统治阶级都要利用学校教育来巩固其政治经济制度，进而维护本阶级的统治。因而学校在系统传授科学文化知识的同时，还十分重视按一定的社会要求对青少年进行世界观、人生观和价值观教育。这一特点不仅体现在学校有组织的教育活动中，而且也体现在整个学校环境中，阶级性是学校环境区别于家庭环境的重要特点之一。

第二，导向性。学校是遵循教育规律，根据教育对象的特点，向教育对象提供有针对性的指导教育的机构。因而从总体上讲，学校环境对学生的影响具有明

显的导向性，即这种影响从总体上讲与社会发展的要求是一致的，有助于学生避免和减少成长过程中的盲目性和曲折性，促进学生思想品德的正向发展。

第三，全面性。学校是社会的一个缩影，社会文化、行为规范和人际关系等在学校环境中都有反映。因而学校不仅要向青少年传授知识和技能，而且更重要的是要帮助青少年形成正确的世界观、人生观和价值观，使其具备在未来扮演各种社会角色、承担建设重任的素质和能力。为此，人们在营造学校环境时，往往融政治性、思想性、知识性、娱乐性等因素于一体，从而使学校环境对青少年产生全方位影响。这是学校环境区别于其他环境的一个重要特点。

第四，潜隐性。德里本认为："儿童所学到的东西中，来自他们在学校环境中的经验的东西，与教给他们的东西一样多。"[①] 德里本在这里强调了学校环境对青少年成长的重要性，涉及学校环境的一个重要特征——潜隐性。学校环境包括教学活动、课外活动以及教风、学风、校风、人际关系、校园文化等，所有这些课内课外的活动、有形无形的因素就构成特殊的学校环境。学生长期生活在这样一个环境氛围中，就会自觉、不自觉地受到这一氛围的影响，使自己的情操受到陶冶，意志得到锻炼，人格得以塑造。学校环境对学生影响的潜隐性特征，要求学校思想政治教育者一定要注意调动各方面的力量，协调各种因素，以营造良好的学校环境氛围，促进青少年思想品德的发展。

三、社会组织环境对人的思想品德及思想政治教育的影响

社会组织是指为执行某种社会职能、追求特定工作目标而组成的相对独立的社会群体，如政府机关、工矿企业、学校、商店等。人类生活离不开各行各业的各种社会组织，这是人类社会性的重要表现。在我国，各类社会组织都承担着一定的思想政治教育职能，如果忽视组织的思想政治教育，就等于放弃组织的部分社会责任；缺乏有效思想政治教育活动的组织，很难说是一个健全的组织。组织的特殊使命以及组织与职工的特殊联系，决定了组织是思想政治教育的重要环境因素，对职工思想品德的形成发展具有重要影响。

社会组织环境对其成员思想品德和思想政治教育的影响可从以下几个方面进行分析：

一是社会组织效益。一个社会组织如果效益比较好，其成员就会因自己的劳动价值得到较好的体现而心情舒畅，因此进一步激发其积极进取的精神；在个人利益和组织效益直接相连的情况下，组织成员也会因自己的收入较高而情绪稳定，因此进一步增强集体观念。在此情况下，职工思想政治教育就会较为顺利，并易取得实效。相反，如果社会组织效益低下，职工收入低，职工思想就会不稳定，工作热情就可能下降，这势必导致组织成员的思想问题增多，思想政治教育

① 德里本. 学校教育对学生规范的贡献. 哈佛教育评论，1967，37（2）.

的难度增大。

二是社会组织管理方式。不同的管理方式对职工思想品德形成发展和思想政治教育具有不同的影响。如专制型管理方式对思想政治教育具有阻碍作用，不利于调动组织成员的工作积极性、主动性、创造性；民主型管理方式能有效激发组织成员的积极性，使其树立主人翁责任感，也有利于思想政治教育在民主的氛围中顺利开展；放任型管理方式会使组织成员纪律涣散，人心不稳，在这种环境中，思想政治教育就会困难重重。

三是社会组织风气。社会组织风气是一个组织的成员经过长期努力而形成的，体现在组织成员的工作、学习、生活等各个方面，在本质上反映了一个组织的群体意识，即群体的精神状态。社会组织风气一旦形成，就会对每个组织成员产生很大影响。一种文明和谐的组织风气可以激发组织成员的工作积极性和主动性，推进组织各项工作顺利进行；反之，则可能引发组织成员思想混乱，干扰组织的正常运行，影响思想政治教育的成效。

四是组织领导者的形象。组织良好风气的形成和保持，同组织领导者的倡导与推广密切相关。领导者以自己的模范行为为表率，就能慢慢引起组织成员的效法，逐渐形成风气。如果领导者思想境界高，作风正派、廉洁奉公，那么必然会对组织成员产生良好的影响，反之就会对组织成员产生负面影响。

五是组织内的人际关系。人际关系是组织基本的环境因素，其状况对组织成员的思想品德形成发展有重大影响。如果组织内的人际关系和谐，组织成员就会心情舒畅，工作有劲头，进而对社会和人生持乐观态度。反之，则有可能使组织成员陷入人事纠纷之中，心理失衡，甚至产生悲观情绪。可见，正确处理组织内的各种人际关系，进而建立和谐的人际关系，有助于组织成员的健康成长和顺利发展，也有助于组织思想政治教育的顺利进行。

四、社区环境对人的思想品德及思想政治教育的影响

社区是指聚集在一定地域中并且在生活上互相关联的人群的生活共同体。每个人都生活在一定的社区里，社区环境对社区成员思想品德的形成发展同样具有重要的影响。

影响社区成员思想品德形成发展和思想政治教育的因素主要有以下几方面：

一是社区生活秩序和经济发展程度。社区生活安定，社会治安状况好，经济繁荣，人民安居乐业，就有助于社区成员形成正确的价值观念。

二是道德规范和习俗。社区是较为松散的地域群体，主要靠道德规范、习俗以及社区舆论协调相互关系。个体在社区生活，只有遵守社区特定的道德规范和习俗，才能为该社区所接纳。因此，在长期的社区生活中所形成，并带有该社区特点的道德规范和习俗对社区成员思想品德的形成发展影响很大，在一定意义上影响着人们人格的形成，当然也制约着社区思想政治教育的发展。

三是社区风气。社区风气包括社区成员的爱好、习惯、要求、行为等许多约定俗成的社会心理和社会行为。它对生活于其中的每个成员起着潜移默化的作用，同时对社区思想政治教育效果也有重要影响。

四是人际交往。在人际交往过程中，社区的行为规范、习俗以及社区风气，以信息传递和情绪感染的方式潜移默化地传递给社区成员，从而促使人们的行为协调一致。青少年时期是人的一生中社会交往比较频繁的时期，所以社区人际交往对于青少年思想品德的形成发展的影响特别大。积极创造条件，引导青少年进行正常的人际交往，促使他们形成良好的思想品德，是思想政治教育的重要任务。

20 世纪 90 年代以来，社区在我国社会生活中的作用不断增强，对人们生活和思想的影响也越来越大。加强社区环境建设，努力发挥社区对人们的积极影响，是时代发展的要求，也是新时代思想政治教育的崭新课题。

五、同辈群体环境对人的思想品德及思想政治教育的影响

所谓同辈群体是指由家庭背景、年龄、爱好、特点等方面比较接近而形成的关系比较密切的群体。研究表明，儿童进入中学后，同辈群体的影响便逐渐增强；从 15 岁到 20 岁，同辈群体的影响最为普遍深入。

同辈群体对思想政治教育和人的思想品德形成发展的影响具有以下几个特点：

第一，自由性。在学校和社会组织中，人们之间的互动一般要按正式规则进行，其言行会受到一定限制，有时不得不做违心的事，接触不愿接触的人。而在同辈群体中，人们更容易按自己的需要和意愿自由地选择交往对象，成员之间的交流也是自由的、不受束缚的。有些不便于在正式群体里讨论的问题，在同辈群体中可以自由讨论。例如，对某些政治问题、社会热点问题和个人问题，在这里都可以畅所欲言。这必然会对人们的思想品德形成发展产生广泛而复杂的影响。

第二，互感性。在同辈群体中，人们互动密切，互相影响、互相感染突出。同辈群体对人们思想品德的影响往往是通过成员间的互动在无意中进行的，在潜移默化中实现的，人们受到影响有时是不知不觉的。

第三，独特性。学校和社会组织一般向人们传递社会主流的价值观念和道德规范，而同辈群体却有自己独特的价值标准，这种价值标准可能与社会主导价值标准一致，也可能不一致甚至对立。同辈群体思想观念、价值标准和行为规范对其成员会产生相当大的无形压力，促使同辈群体成员与之发生认同，这就决定同辈群体对其成员的思想有较大影响。

上述特点决定同辈群体在人的思想品德形成发展过程中起着其他环境因素不可取代的作用，所谓“近朱者赤，近墨者黑”，就是对这种作用的生动说明。我

们应充分发挥思想政治教育作用，加强对同辈群体的研究和引导，注意抑制其消极影响，充分发挥它对人的思想品德的积极作用。

第四节　思想政治教育环境的优化

一、优化思想政治教育环境的意义

人由生物个体成长为合格的社会成员，需要经历一个漫长的社会塑造过程。在这一过程中，人的思想无时无刻不受着环境的影响。同样，思想政治教育活动也自始至终受到环境的制约。因此，大力优化思想政治教育环境，对人的思想品德的发展以及思想政治教育的顺利进行有着至关重要的意义。

第一，优化思想政治教育环境有助于提高教育对象的思想品德水平。教育对象思想品德的形成和发展，与一定的环境密切相连。环境对教育对象思想品德的形成和发展产生着重要的影响。良好的社会环境能催人奋发向上，引导人们树立崇高的理想和高尚的思想道德品质，而不良的社会环境则会使人悲观、消沉、绝望，甚至走向犯罪的深渊。因此，优化思想政治教育环境，对教育对象思想品德的发展具有极其重要的意义。优化思想政治教育环境，使环境成为一种无形的感染力量，能更好地影响教育对象的思想，陶冶教育对象的情操，使其在不知不觉中受到潜移默化的影响，从而形成良好的思想品德；优化思想政治教育环境，使其影响与思想政治教育保持一致，能极大地强化思想政治教育的作用，巩固教育对象良好的行为习惯。总之，优化思想政治教育环境，可为教育对象思想品德的发展创造良好的氛围，促进其形成良好的思想品德。

第二，优化思想政治教育环境有助于思想政治教育的顺利进行并取得实效。思想政治教育活动同样与环境密不可分。在一个矛盾突出、问题层出不穷的环境中，思想政治教育必然困难重重，疲于应付，难以取得好的效果；而在一个秩序井然、社会关系和谐的环境中，思想政治教育就能有序进行，其影响会得到社会环境的强化，较易取得好的效果。20 世纪 50 年代我国思想政治教育之所以对社会成员产生积极而深远的影响，与当时良好的社会环境有着直接关系；而“文革”期间思想政治教育流于形式甚至起到副作用，也与当时混乱的社会环境密切相关。可见，社会环境是思想政治教育活动及其成效的重要制约因素。当前，我国正处在重要的社会转型期，社会矛盾较为突出，社会环境极为复杂，在此情况下，更应下大力气优化社会环境，以为思想政治教育的顺利进行创造条件。简言之，优化环境是顺利开展思想政治教育的基础性工作，必须努力抓好这一工作。

二、大力优化思想政治教育环境

所谓优化思想政治教育环境，是指充分利用环境中的积极因素并将环境中的消极因素转化为积极因素，使环境成为思想政治教育发展的促进因素，以充分发挥其对教育对象的感染熏陶作用。如前所述，人的思想品德和思想政治教育都受到环境的影响和制约，然而人的自主性特点又决定人可以积极能动地作用于环境，通过实践活动改变环境。同样，思想政治教育也可以通过多方面活动改变社会环境，优化社会环境，营造有利于人的思想品德和思想政治教育发展的社会环境。

1. 优化思想政治教育的宏观环境

第一，优化思想政治教育的经济环境。良好的经济环境是开展思想政治教育的基础条件。大力优化经济环境，为思想政治教育顺利进行创造良好的经济条件，是新时代思想政治教育的重要任务。首先，要大力发展生产力，不断提升国家的综合国力。这是从宏观上优化思想政治教育经济环境的根本举措，因为生产力是我国社会发展的基础，也是开展思想政治教育的基础。要始终坚持以经济建设为中心不动摇，加快我国经济建设的步伐，为 21 世纪思想政治教育奠定稳固的经济基础。其次，要建立社会主义市场经济新秩序。良好的经济秩序是经济又好又快发展的必备条件，也是思想政治教育有序进行的前提。大量事例表明，在混乱的经济环境中，人们的经济行为必然是无理性的，其思想道德素质也容易出现多方面问题。因此，必须不断完善社会主义市场经济体制，理顺各种经济关系，努力营造建立在法制基础上的市场经济新秩序，为我国经济活动的良性运行以及经济伦理乃至整个道德的生长创造良好的条件。最后，要坚持兼顾效率与公平的分配原则，在全社会建立和谐的利益关系。"'**思想**'一旦离开'**利益**'，就一定会使自己出丑。"① 物质利益与人的思想品德紧密相关，人们在社会生活中的行为及其支配行为的思想，受到物质利益很深的影响。在一个分配不公、收入差距突出的社会里，教育对象的思想问题必然层出不穷，思想政治教育也将困难重重。因此，必须坚持以人民为中心，加强社会保障制度建设，大力协调利益关系，努力缩小收入差距，为人的全面发展和思想政治教育活动创造良好的经济环境。

需要指出的是，优化经济环境主要依靠社会宏观管理部门和全社会的努力，但思想政治教育本身对此也负有责任，可以大有作为。思想政治教育通过调动广大群众的积极性、主动性和创造性，使其更好地参与现代化建设，以促进我国生产力的发展；通过提高广大群众的思想道德素质，规范其经济行为，可更好地促进社会主义市场经济新秩序的形成；通过帮助人们正确处理国家、集体和个人之间的利益关系，协调具体的利益矛盾，可促进合理的利益关系的形成，等等。思

① 马克思，恩格斯．马克思恩格斯全集：第 2 卷．北京：人民出版社，1957：103.

想政治教育不能坐等良好经济环境的出现，而应以自己特有的方式参与优化经济环境的活动，从而从一个方面推动思想政治教育经济环境的优化。

第二，优化思想政治教育的政治环境。政治环境对教育对象的思想品德和思想政治教育的影响最直接、最突出，优化政治环境对思想政治教育具有至关重要的意义。从根本上说，优化思想政治教育的政治环境，就是要继续推进政治体制改革，加强社会主义民主和法制建设。当前要着重抓好以下几方面工作：一是坚持和完善社会主义民主制度。要坚持和完善人民代表大会制度、共产党领导的多党合作和政治协商制度，扩大公民有序的政治参与，保证人民依法参与民主选举、民主决策、民主管理和民主监督，尊重和保障人权。只有这样，才能从制度上保证人民的主人翁地位，为思想政治教育创造根本的政治条件。二是坚持以法治国，加强社会主义法制建设。要加大法律法规制定力度，进一步完善社会主义法律体系，坚持有法可依，有法必依，执法必严，违法必究，从而为人们法治意识的生长和思想政治教育的发展创造良好的法制环境。三是推进政府机构改革。要转变政府职能，改进管理方式，精简机构，提高效能，建设一个行为规范、运转协调、公正透明、廉洁高效的行政管理体制。机构设置合理的政府及高效廉洁的政府行为，既是经济可持续发展的基本条件，也是思想政治教育顺利进行的基本保证，必须按照党中央的要求大力推进政府机构改革，加强廉洁政府建设。四是加强反腐倡廉和干部思想道德建设。要采取多种措施加大反腐败斗争的力度，加强党政干部道德建设，遏制腐败的蔓延；要加强党政干部思想道德建设，提高党政工部的思想道德素质，使其以模范行为影响社会成员，从而形成良好的党风、政风，进而在全社会形成良好的社会风气。五是妥善处理各种社会矛盾，保持社会的稳定和发展。要提高政府应对突发事件的能力，及时稳妥地处理各种突发事件和纷繁复杂的社会矛盾，维护社会安定团结，促进社会发展，使思想政治教育在健康稳定的政治环境中顺利进行。

第三，优化思想政治教育的文化环境。文化环境对人们具有潜移默化的影响，人们往往在不知不觉中受到其熏陶和感染。这一特点要求我们加强文化环境的优化，以使其对人们产生更积极的影响。优化思想政治教育的文化环境，要做好以下几方面的工作：一是要在文化建设中坚持社会主义核心价值体系，即坚持马克思主义的指导思想，高举中国特色社会主义伟大旗帜，弘扬以爱国主义为核心的民族精神和以改革创新为核心的时代精神，倡导社会主义荣辱观，大力培育和践行社会主义核心价值观，使社会主义文化建设始终保持正确的政治方向，发挥提高公民思想道德素质的作用。这是对思想政治教育文化环境最根本的优化，只有这样，文化环境才能强化思想政治教育的影响。二是要努力促进各项文化事业的发展。各项文化事业是文化环境的重要因素，在满足教育对象的精神文化需求、提高教育对象的思想品德水平方面具有重要作用。因而必须大力发展各项文化事业，努力提高其水平，从而营造健康的文化环境，为思想政治教育创造良好的文化条件。三是要在社会主义主流文化指导下加强亚文化环境建设。企业文化、校园文化、乡镇文化、社区文化、军营文化等群体文化是社会主义文化的重要组成部分，是一种亚文化环境，对生活于其中的人们有着直接的重要影响。必须大力加强企业文化、社区文化、校园文化等群体文化建设，为思想政治教育营造良好的小环境。在这方面，思想政治教育可以大有作为，实际上也做了很多工作，应继续将这一工作抓好抓实。四是要抓好文化市场的建设和管理，优化文化市场环境。我国的文化市场在丰富人民群众的精神文化生活，促进社会主义精神文明建设方面发挥了重要作用。但目前也存在一些突出问题，如黄色书刊和音像制品泛滥，对电子游戏厅、录像厅、歌厅、舞厅的管理不规范等，损害了人们尤其是青少年的身心健康，对思想政治教育造成一定冲击。因此，要大力加强文化市场的建设和管理，如制定和完善有关政策法规、规范文化市场行为；大力扶持健康的文化产品和文化服务，完善文化市场；坚持“扫黄打非”，净化文化市场等，从而为思想政治教育营造良好的文化市场环境。总之，加强社会主义文化建设，营造良好的文化环境，既是社会主义精神文明建设的迫切要求，也是优化思想政治教育环境的基本内容。

第四，优化思想政治教育的大众传播环境。大众传播环境是思想政治教育重要的环境因素，对思想政治教育的影响起着强化或者削弱的作用。近年来，我国的大众传播在丰富人们的精神生活、塑造人们的精神面貌方面发挥了积极作用，但也存在一些不容忽视的问题，对思想政治教育造成一定的干扰。因此，必须采取有效措施优化大众传播环境。一是要加强大众传媒的建设与管理，使其成为弘扬主旋律的坚强阵地。大众传媒既是信息的“发射源”，又是信息的“过滤网”，其状况对舆论的形成及社会生活都有重要影响。习近平总书记强调：“团结稳定鼓劲、正面宣传为主，是党的新闻舆论工作必须遵循的基本方针。”① 各级党委和政府应加强对报刊、广播、电视等大众传媒的监管，使其始终弘扬主旋律，坚持“用正确的舆论引导人”“用高尚的精神塑造人”，加强正面宣传，树立先进典型，倡导新的风尚，以形成积极的舆论环境。二是大众传播要加强对舆论的评析和监督。大众传媒要根据我国社会发展要求旗帜鲜明地宣传社会主义先进文化，倡导什么、反对什么应明确清晰，毫不含糊；要敢于剖析现实，通过讲道理澄清是非，开展道德评价，实行舆论监督；要引导人们理性地看待社会现实，不断增强人们的精神免疫力。三是采取有效措施优化网络及新媒体环境。习近平指出：“随着形势发展，党的新闻舆论工作必须创新理念、内容、体裁、形式、方法、手段、业态、体制、机制，增强针对性和实效性。”② 要制定有关网络及新媒体的法律法规，依法加强对网络及新媒体的管理；要建立健全网络及新媒体道德规范，积极开展网络及新媒体道德教育，引导和规范人们的网络行为；要建立和健全红色网站，开辟思想政治教育新阵地，使网络成为思想政治教育的重要手段；要运用技术、行政和法律手段，坚持不懈地开展网上“扫黄”工作，严防有害信息在网上传播；等等。只有这样，才能优化网络和新媒体环境，使网络和新媒体环境成为思想政治教育的促进因素。四是引导媒体加强自律。这一工作的关键环

①② 习近平. 习近平谈治国理政：第 2 卷. 北京：外文出版社，2017：333.

节，是要加强媒体从业人员尤其是把关者的思想政治教育，提高其思想政治素质，使他们具有较强的“教育者”角色意识，为人们提供健康的精神食粮，努力避免舆论导向偏离社会要求和公共利益。这是从源头上优化大众传播环境的举措，必须下大力气抓好。

2. 优化思想政治教育的微观环境

第一，优化思想政治教育的家庭环境。优化家庭环境可从多方面进行，这里着重从家庭环境的主导者——父母的角度进行分析。一是要提高父母的思想政治素质，增强其责任感。父母的世界观、人生观、价值观会通过日常的言行举止潜移默化地影响孩子。因而父母必须不断提高自己的思想道德素养，树立正确的世界观、人生观和价值观，为孩子树立榜样，对孩子施加良好的影响。二是父母要特别重视子女的思想品德教育。目前不少家长眼睛只盯着孩子的学习成绩，而忽视孩子其他方面的发展，因此而形成的家庭环境不利于孩子的健康全面发展，应予纠偏。立人先立德，父母应关心子女的全面成长，不仅要关心孩子的智力发展，更要重视孩子世界观、人生观、价值观、道德观的培养和良好行为习惯的养成。三是要倡导民主、科学的家庭教育方法。目前不少父母管教子女的方法存在严重问题，有的父母对孩子期望过高，为实现期望，采取强制、粗暴打骂等方式管教孩子，其结果往往是在精神上摧残子女，扼杀其创造力，易引起孩子强烈的逆反心理；有的父母对孩子过分溺爱，要求不严，在某种程度上损伤了孩子自立、自主、自强的精神和能力。针对这种情况，应加强对家长的教育，引导他们从孩子的特点出发，有针对性地对孩子施教，尊重孩子，与孩子平等沟通，宽严适度，为子女的成长创造一个民主、和谐的家庭氛围。

第二，优化思想政治教育的学校环境。学校是青少年活动的主要场所，优化学校环境对于加强青少年的思想政治教育，促进其健康成长具有极其重要的意义。一方面，要加大投入，美化校园物质环境。物质环境包括学校建筑、文化设施、自然景观等。学校物质环境与学生的学习和生活紧密相连，对学生人格的形成和良好行为习惯的养成具有重要作用，应加大对其的建设力度。要按照实用性、艺术性、思想性相统一的原则，加大投入，加强学校硬件设施建设，绿化、净化、美化校园，营造一个整洁、美观、舒适的校园环境，为思想政治教育的开展创造有利的外部条件。另一方面，更要采取有力措施，加强校园精神文化环境建设。一是营造良好的课堂教学环境。教师要精心备课，创造性地开展课堂教学，营造对学生具有强大吸引力的课堂教学环境，充分发挥课堂思想政治教育主渠道的作用。二是树立全员育人意识，营造积极向上的育人氛围。要帮助教职员工树立教书育人、管理育人、服务育人的意识，引导他们自觉将本职工作与育人紧密联系起来，以形成全方位育人氛围。三是加强班风、校风建设，营造有利于学生健康成长的班风、校风，以强化学校思想政治教育的影响。四是大力开展丰富多彩的第二课堂活动。要根据学生实际广泛开展学术报告会、辩论赛、科技竞赛、文体竞赛等课外活动，营造浓厚的校园文化氛围，使学生在活动中健康成长。

第三，优化思想政治教育的社会组织环境。优化社会组织环境，最重要的是要创造民主、公平、具有凝聚力的工作环境，以最大限度地发挥员工的才能。组织领导者要具有民主意识，注意发挥员工在单位决策、执行及监督中的作用，使员工对组织产生较强的归属感，积极工作，充分发挥自己的聪明才智；在涉及员工切身利益特别是职务晋升、工资、福利等事项上，应做到公开、公平和公正，严格按照程序办事，做到在规章制度面前人人平等；要在党组织领导下，充分发挥工会、共青团的作用，广泛开展多种活动，打造富有凝聚力的工作环境。

第四，优化思想政治教育的社区环境。自 20 世纪 90 年代以来，社区在加强城市管理、服务市民生活、促进社会进步方面的作用越来越突出。大力优化社区环境，对于促进社区居民的健康发展、推进社区思想政治教育有重要意义。一是加强社区党组织和居委会建设，使其成为社区发展的核心，成为优化社区环境的基本力量。二是坚持开展以文明家庭、文明居民为主题的精神文明创建活动，使社区居民在创建活动中，感受文明，净化心灵，升华思想，从而在社区形成积极向上的浓厚氛围。三是坚持贴近实际、贴近生活、贴近群众的原则，从居民的需要出发，多为居民办实事、办好事，让居民感受到温暖，从而增强社区的向心力。四是开展丰富多彩、健康有益的社区文化活动，拓宽居民的知识面，提高居民的文明素质。通过以上措施优化社区环境，以促进教育与环境、教育对象与环境、教育者与教育对象的和谐互动，从而提高思想政治教育的有效性。

第五，优化思想政治教育的同辈群体环境。同辈群体对青少年成长的影响既有积极的一面，又有消极的一面，因而更应采取措施加强对同辈群体的引导，优化同辈群体环境。首先，重视并积极引导青少年同辈群体，创造条件满足青少年的成长需要。青少年的成长需要不一定都能在正式群体中得到满足，其中有一些是通过同辈群体得到满足的。如有的独生子女感觉孤独、无聊，于是转向同龄群体寻求情感支持；有一些青少年因在学校中无法满足发挥自身特长的需要，而自行结成各种团体。可见，同辈群体的积极意义是明显的，但同辈群体也有不可忽视的负面效应。正因如此，我们要高度重视同辈群体，加强对青少年同辈群体的引导，使其积极健康地发展，以满足青少年的成长需求。要帮助青少年树立正确的交友意识，培养其社交能力，鼓励其积极主动地与同龄人进行交流，引导他们学会用批判的态度去分析和评价他们活动于其中的同辈群体对自身发展的意义，促进青少年在共同的学习生活中交知心之友，交志同之友，交德高之友。其次，加强对同辈群体的分类指导。在现实生活中，存在着不同性质、不同类型的青少年同辈群体，因而需分类指导。应鼓励健康的同辈群体积极发展，并创造条件充分发挥其作用，以促进青少年成长；对于中间型群体，要注意发展其健康因素，抑制其消极因素，引导其不断向积极型群体转化；对那些传递反文化的破坏型群体，尤其是青少年犯罪团伙，要用法律手段加以制裁，同时加强对他们的教育、引导和改造，使其回归正常社会。再次，加强对同辈群体核心人物的教育引导。同辈群体的核心人物对整个群体的性质和发展有重大影响，因而应对核心人物应进行重点教育，帮助他们树立正确的世界观、人生观、价值观，从而带动同辈群体向社会要求的方向发展。最后，家庭、学校、社会应相互配合，共同促进同辈群体健康发展。家长要关心子女的交友状况，引导子女交好友，积极引导子女参与健康的同辈群体活动。学校要培养青少年正确的世界观、人生观、价值观，积极引导青少年的群体行为，使其形成亲社会行为，从而促使青少年同辈群体健康发展。社会应加强对青少年同辈群体的教育管理，如对某些同辈群体反社会行为进行法律制裁，建立各种业余学校和心理咨询机构，以满足青少年的多层次需要。社会各方都要为青少年开展积极有益的同辈群体交往创造更多的机会与条件，特别是学校和社区，要通过组织各种兴趣小组、社团活动，建设各种青少年学习活动场所，为青少年的健康发展创设良好的环境空间。

复习思考题

1. 什么是思想政治教育环境？它有哪些主要特点？
2. 联系实际分析环境对思想政治教育的影响。
3. 联系实际谈谈如何优化思想政治教育环境。

阅读书目

1. 张耀灿，等. 现代思想政治教育学. 2版. 北京：人民出版社，2006.
2. 陈万柏，张耀灿. 思想政治教育学原理. 2版. 北京：高等教育出版社，2007.
3. 本尼迪克特. 文化模式. 北京：生活·读书·新知三联书店，1988.
4. 施拉姆，波特. 传播学概论. 北京：新华出版社，1984.
5. 斯特劳斯. 应用社会学. 哈尔滨：黑龙江人民出版社，1992.

第七章 思想政治教育者与教育对象

要点提示

● 思想政治教育者是指依据一定的社会要求和教育对象身心发展的需要，对教育对象的思想品德施加有目的、有计划、有组织的教育影响的个体或群体，具有阶级性、主体性、客体性等特征，承担着重要的教育和管理职能。

● 思想政治教育者所肩负的历史使命及职业的特殊性，要求思想政治教育者具备较高的政治素质、思想素质、道德素质、知识素质、能力素质和生理心理素质。

● 思想政治教育对象是指在思想政治教育活动中教育者施加可控性教育影响的对象，具有广泛性、层次性、可塑性和主体性等特征；其重点对象包括领导干部和青年。

● 思想政治教育者与教育对象之间的关系是指教育者与教育对象之间基于某种需要而建立起来的一种工作关系，具有明确的目的性、主导主体性、互动转化性等特征。

● 平等民主的理念是正确处理教育者与教育对象关系的思想保证，对话互动是正确处理教育者与教育对象关系的基本途径，情感交流是正确处理教育者与教育对象关系的重要措施，共享共进是正确处理教育者与教育对象关系的内在要求。

关键词 思想政治教育者　思想政治教育对象　思想政治教育者与教育对象的关系

思想政治教育者与教育对象是思想政治教育过程中的两个基本要素，两者之间的关系是思想政治教育过程中最基本的关系，也是影响思想政治教育过程运行及效果的重要因素。研究教育者与教育对象及其关系，对于正确处理两者之间的关系，充分发挥教育者的主导作用和教育对象的主观能动性，具有十分重要的意义。

第一节　思想政治教育者

一、思想政治教育者的特征

思想政治教育者是指依据一定的社会要求和教育对象身心发展的需要，对教育对象的思想品德施加有目的、有计划、有组织的教育影响的个体或群体，是思想政治教育活动的发动者、组织者和实施者。

从广义的角度说，思想政治教育者既包括专职教育者，也包括兼职教育者，还包括那些在特定时间和空间针对特定对象进行某种思想政治教育活动的人。本章所讨论的思想政治教育者主要是指专职教育者。与其他工作者相比，思想政治教育者具有以下明显特征：

1. 阶级性

思想政治教育是与阶级和国家相伴而生的，阶级性是思想政治教育的本质特征之一。思想政治教育者是统治阶级意识形态的维护者和宣传者，必然具有阶级性。马克思曾经指出："统治阶级的思想在每一时代都是占统治地位的思想。这就是说，一个阶级是社会上占统治地位的**物质**力量，同时也是社会上占统治地位的**精神**力量。"① 因此，"既然他们作为一个阶级进行统治，并且决定着某一历史时代的整个面貌，那么不言而喻，他们在这个历史时代的一切领域中也会这样做，就是说，他们还作为思维着的人，作为思想的生产者进行统治，他们调节着自己时代的思想的生产和分配"②。可以说，思想政治教育者是"调节自己时代的思想的生产和分配"的中坚力量和职业队伍，他们的职业使命就是用符合统治阶级要求的思想和理论对教育对象进行有目的、有计划的教育，使得社会成员的思想和行为与统治阶级的要求保持一致。简言之，思想政治教育者的阶级性就是指他们不是以个人的身份而是以统治阶级代言人的身份，不是以任何个人或小集团的愿望和要求而是用统治阶级的意识形态影响教育对象，其职业身份和工作内容均不可避免地具有强烈的阶级性。

2. 主体性

所谓人的主体性，是指人类所特有的能动性、创造性地认识事物和改造事物的主体能力，即主体在同客体的相互作用中所表现出来的能动性、创造性和自主性。思想政治教育者是思想政治教育活动的领导者、决策者、组织者、发动者和

---

① 马克思，恩格斯. 马克思恩格斯选集：第1卷. 2版. 北京：人民出版社，1995：98.

② 同①98-99.

实施者，是对一定客体实施思想政治教育影响的主体，主体性是其最根本的特点。

思想政治教育者的主体性，表现为思想政治教育者的主动性、主导性、创造性和超越性等属性。主动性是指教育者能依据一定社会要求积极、主动地对教育对象施加思想政治教育影响；主导性是指教育者在其与教育对象的矛盾关系中始终处于矛盾的主要方面，在思想政治教育过程中始终起支配和主导作用；创造性是指教育者在思想政治教育活动中必须不断探索、开拓创新，具有创新精神和创新能力；超越性是指教育者既要立足现实，从教育对象现实的思想道德状况出发，又要超越现实，引导教育对象形成与社会发展需要相适应的思想道德素质。只有具有主体性，思想政治教育者才能成为现实的、合格的思想政治教育主体，才能履行其应有职能。

3. 客体性

思想政治教育者在特定条件下，还具有对象性、客体性等特征。

首先，思想政治教育者的教育活动受教育对象和环境的制约。在思想政治教育过程中，教育对象不是纯粹被动的客体，而是具有思维能力和主观能动性的客体，是“主体性”客体。这一客体因年龄、职业、社会地位等不同而分化为不同群体，其思想品德可谓千差万别。教育对象的“主体性”及差异性，对思想政治教育者的活动具有重要的制约作用，决定了教育者只有从教育对象的实际出发，不断改进教育的内容和方法，才能使思想政治教育具有针对性和实效性。同时，教育者所开展的各种教育活动都不是在“真空”中进行的，而是在一定的社会环境中进行的，必然受到复杂多变的社会环境的影响和制约。可见，思想政治教育者的主体性活动不是任意的、无条件的，而是受教育对象及社会环境等诸多因素制约的。

其次，在一定条件下思想政治教育者是教育对象审视和认识的“客体”。思想政治教育不是教育者单向认识和改造教育对象的活动，而是教育者与教育对象双向互动、互相影响、互相作用的过程。教育对象作为有思想、有情感、有意志的人，他们在接受教育时也在对教育内容进行筛选、吸收和再创造，并且对教育者本人的思想和言行进行审视和评价，进而决定对其仿效还是拒斥，因而思想政治教育者在某种意义上就成为教育对象认识和作用的“客体”。

最后，思想政治教育者在进行自我教育时，是自我认识的“客体”。“某一活动的主体不仅能够以别的主体的活动为自己活动的客体，而且能够以自己和自己的活动作为对象性的存在，使之成为一种反身活动的客体。”① 思想政治教育活动的主体也是如此。在思想政治教育活动中，当教育者在把自我作为自我认识、塑造和完善的对象时，就同时把自我二重化为“客我”和“主我”。“客我”的存在使得思想政治教育者具有某种客体属性，这种客体性体现在“客我”是客观存在的有待认识、有待塑造的我。“主我”通过对“客我”的自我检省和自我调整而

① 郭湛. 主体性哲学：人的存在及其意义. 昆明：云南人民出版社，2002：16.

推动思想政治教育者自身素质的提高。思想政治教育者认识到自我的“客体”属性，有助于教育者提高自我反思和自我教育的意识和能力，从而提高思想政治教育者的主体素质。

二、思想政治教育者的职能

思想政治教育者的职能是指教育者在思想政治教育过程中所肩负的责任和所应发挥的作用。作为思想政治教育活动的发动者、组织者和实施者，教育者在思想政治教育过程中始终居于主导地位，一般来讲，思想政治教育者的基本职能主要包括以下两个大的方面：

1. 教育职能

> 教育职能是指教育者根据特定的教育目的和教育对象的思想品德状况，运用说理引导、实践锻炼、自我教育、榜样示范等方法，对教育对象所进行的品德培养、思想引导和人格塑造的职能。

教育职能是思想政治教育者最基本的职能，是教育者其他职能的基础。具体来讲，思想政治教育者的教育职能包括以下内容：

第一，理论传授职能。思想政治教育的实质就是促使教育对象将社会所要求的思想品德规范转化为自身的思想品德；而社会所要求的思想品德主要是通过思想政治教育者传导给教育对象的。因此，向教育对象传导社会要求的价值观念、政治观点、道德规范、文化观念是思想政治教育者的基本职能。要很好地履行这一职能，思想政治教育者首先就要全面理解和掌握社会规范，并根据社会发展的要求和教育对象的思想实际对社会规范进行整合、转换和创新，以形成适合教育对象思想实际和理解水平的教育内容。这种传授当然不应只是简单的“告知”，而应包括对社会规范内涵、价值、意义的诠释，对教育对象认同社会规范意识的培养，对教育对象在生活实践中践行社会规范自觉性的引导等。可见，传授绝不是一个“我说你听，我打你通”的简单的“灌输”过程，而是一个具有丰富内涵的教育过程。思想政治教育者只有全面提高自己的思想理论素养和传导社会规范的技能，恰当运用教育方式方法，才能更有效地向教育对象传授社会要求的思想品德规范。

第二，活动组织职能。思想政治教育不能单纯地采取“理论灌输”的形式，还必须寓于丰富多彩的活动中，因而组织好各种活动，是思想政治教育者的重要职能。这里的活动既包括各种集体活动如理论学习、参观访问、劳动竞赛、演讲比赛、社会实践活动、学习榜样活动、文体活动等，也包括针对个体所进行的谈话、帮教、咨询等活动，教育者正是通过这些活动对教育对象群体或个体施加教育影响的。需要注意的是，思想政治教育者在组织活动时一定不能为了活动而活动，要注意通过活动充分发挥思想政治教育的作用。

第三，激励职能。有效的思想政治教育离不开教育对象的积极参与，因而激励教育对象，调动他们接受教育进而进行自我教育的积极性，就成为教育者的重要职能。思想政治教育者要通过褒扬、奖赏或批评、处罚等手段激发教育对象自我教育、自我发展的需求，使教育对象从被动的“要我学”转变为主动的“我要学”。

第四，引导职能。从一定意义上讲，思想政治教育过程就是解决教育对象思想品德与社会要求之间的矛盾，引导其向社会要求的方向发展的过程。思想政治教育特别强调教育者与教育对象人格上的平等，但这并不意味着两者地位和责任的对等。事实上，在思想政治教育过程中，教育者处于主导地位，负有引导教育对象成长的责任和使命。教育者有责任将人类社会的思想品德经验和自身的道德体验提供给教育对象，并帮助其正确地认知和内化这些经验和体验，使其思想品德不断向高水平发展。

2. 管理职能

> 管理职能是指思想政治教育者根据思想政治教育目的和教育对象思想品德的实际，运用计划、组织、协调和控制等各种管理手段对教育对象进行管理的职能。

思想政治教育者除承担教育职能外，还承担着重要的管理职能，具体表现为以下几个方面：

第一，确定教育目标和计划。要有序地开展思想政治教育活动，教育者就必须根据社会发展的要求和教育对象的思想实际确定思想政治教育的整体目标和分层目标，并将其分解为具体可行的教育计划，动员和组织各方面的力量，运用多种方式方法有目的、有步骤地实施教育计划，以达成目标。确定教育目标和计划是各层级思想政治教育者的共同职能，不仅是思想政治教育领导者的职责，而且也是各层级思想政治教育者的共同职能。

第二，进行制度管理。我国的思想政治教育是一种制度化的活动，必须依据一定的规章制度进行，因而进行制度管理也是思想政治教育者的重要职能。教育者要参与制定有关思想政治教育的规章制度，并切实以此规范自己的教育行为，使思想政治教育活动在制度范围内有序进行。同时，思想政治教育者要积极参与所在单位各项规章制度的制定，使得它们与思想政治教育的规章制度相互衔接、相互配合，共同规范教育对象和教育者的思想行为。

第三，协调思想政治教育活动的各种因素。影响思想政治教育活动的因素多种多样，只有协调好它们，才能形成思想政治教育的合力，取得最佳教育效果。因而协调各种教育因素，使之同向发挥作用，也是思想政治教育者的重要职能。这一职能主要表现在：一是协调社会组织内部各种教育力量和要素的关系，以形成最大的教育合力；二是协调社会组织教育和家庭影响的关系，使家庭影响与单位教育在方向上基本保持一致；三是协调社会组织教育与社会各种教育力量以及各种社会影响因素之间的关系，使社会教育和影响与社会组织教育相互补益、相互强化；四是协调个体之间的关系，以形成良好的人际关系氛围，创造和谐的思想政治教育环境和情境。

三、思想政治教育者的素质

思想政治教育者要履行好自己的职能，就必须具备良好的素质。良好的素质是教育者充分发挥主导作用的基础，也是影响思想政治教育效果的重要因素。

思想政治教育者的素质主要是指教育者履行职能必须具备的思想、政治、道德、知识、能力等各方面基本条件的总和。

> 素质是一个含义非常广泛的概念，既包括先天的成分，即遗传素质或天赋；又包含后天养成的成分，即人在后天环境影响和教育训练下获得的稳定的、长期发挥作用的基本品质和能力。

思想政治教育者担负着对社会成员特别是青少年进行思想政治教育，培育时代新人的重要任务。这一使命决定思想政治教育活动有着与其他各行各业劳动不同的特殊性。一是工作对象的特殊性。思想政治教育的对象是人，是有思想、有感情、有个性、活生生的、现实的人。工作对象的这一特点要求教育者要以自己高尚的道德品质去教育熏陶教育对象，使其按照社会要求发展。二是工作过程的特殊性。施教与受教的过程，本身就是一种精神互动过程，是教育者与教育对象之间相互交流、相互影响的过程。教育者只有具备高尚的人格魅力、丰富的知识、良好的作风才能受到教育对象的尊敬和信任，才能创造教育的感情基础，才能营造有利于思想政治教育顺利进行的良好氛围。三是工作手段的特殊性。思想政治教育者的工作手段除了运用载体外，更主要的是要运用自身的个性品质如政治信念、道德品质、知识才能、感情意志等“精神教具”进行教育。思想政治教育者正是以自己的思想和行为去影响和感染教育对象，从而使其思想和行为发生相应的变化。思想政治教育的效果，不仅取决于真理的力量，也取决于人格的力量，即取决于教育者的榜样作用。四是工作成果的特殊性。思想政治教育者的劳动成果是合格的社会公民，其工作不允许出次品，因而要求教育者对自己的工作要极端负责。工人可以抛掉不合格的产品，农民可以拔掉病苗，唯独教育者不能简单地淘汰自己的教育对象。教育者的以身作则，不仅影响人才培养的过程，而且影响人才培养的质量。

思想政治教育者所肩负的历史使命及职业的特殊性，要求思想政治教育者除要具备现代公民所应具备的基本素质外，还要具备从事思想政治教育所必需的特殊素质。

1. 政治素质

思想政治教育鲜明的阶级性特征决定了政治素质是思想政治教育者应当具备的最基本素质，是思想政治教育者素质的核心。习近平指出：“让有信仰的人讲信仰，善于从政治上看问题，在大是大非面前保持政治清醒。”① 政治素质就是教

---

① 习近平主持召开学校思想政治理论课教师座谈会强调 用新时代中国特色社会主义思想铸魂育人 贯彻党的教育方针落实立德树人根本任务. 人民日报，2019-03-19.

育者从事思想政治教育活动所必需的政治条件和政治品质，是教育者的政治信念、政治观点、政治立场、政治品德、政治鉴别力和政治敏锐性的综合表现，具体体现为以下几方面：第一，坚定的共产主义信念。思想政治教育者必须自觉树立共产主义信念，以实现共产主义作为自己的最高理想，并把远大理想和建设中国特色社会主义的实践紧密结合起来。第二，正确的政治立场。思想政治教育者要站在无产阶级和人民群众的立场上来观察和处理问题。在现阶段，就是要坚持党的基本理论、基本路线、基本纲领、基本政策，坚定不移地走中国特色社会主义道路，在思想上、政治上与党中央保持高度一致。第三，较高的政治水平，主要指政治辨别能力、政治敏锐性以及善于从实际出发正确处理各种政治问题的能力。思想政治教育者只有具备较高的政治水平，才能够明辨政治是非，正确对待各种社会思潮和各种社会现象，坚持正确的政治方向，创造性地开展教育活动。第四，较高的政策水平。政策水平主要是指认识、理解、掌握和运用党的各项方针政策的能力。思想政治教育者应深刻理解并积极宣传党的方针政策，创造性地贯彻落实各种政策；要正确区分思想意识问题和认识问题、动机问题和方法问题的界限，从而提高思想政治教育的水平。

2. 思想素质

思想政治教育是塑造教育对象思想品德的工作，从事这一工作的教育者当然必须具备过硬的思想素质。第一，先进的思想观念。思想观念是客观现实在人们意识中的反映，随着社会经济、政治的发展和社会生活的变化，人们的思想观念也在不断发生变化。当前我国正处于一个大变革时代，各种新情况和新观念层出不穷，思想政治教育者只有解放思想，自觉更新观念，树立反映时代发展要求的新观念，如价值观念、信息观念、竞争观念、时效观念、人才观念、法治观念和创新观念等，才能与时俱进，做好思想政治教育。第二，科学的思维方式。思维方式是一个人思想素质的重要表现，在很大程度上决定着一个人认识世界的能力。思想政治教育者必须具备科学的思维方式，如整体性思维、开放性思维、层次性思维和立体性思维等，以更好地解决思想政治教育的新问题，推进思想政治教育的新发展。第三，良好的思想作风。作风是一个人在思想、工作、生活上表现出来的一贯态度和行为。思想政治教育者尤其需要具备实事求是、艰苦奋斗、民主平等、严于律己和宽以待人等良好作风，以更好地与教育对象进行互动，更深入更扎实地做好思想政治教育。

3. 道德素质

思想政治教育者是塑造人类灵魂的工程师，应成为社会道德的示范者。教育者良好的道德素质是一种强大的教育力量，是教育者有效开展教育活动的重要条件。思想政治教育者必备的道德素质主要包括以下内容：第一，大公无私，乐于奉献。思想政治教育者要努力实践党的全心全意为人民服务的宗旨，坚持集体主义原则，大公无私，先人后己，乐于奉献。第二，热爱思想政治教育和教育对象。只有这样，教育对象才会对教育者产生亲近感、信任感，对教育者发出的信息做出积极反应，思想政治教育也才会因此而更有成效。第三，以身作则，为人师表。思想政治教育者既要做“经师”又要做“人师”，要以自己的嘉言懿行做学生思想道德方面的楷模。第四，清正廉洁，艰苦奋斗。这是新时代思想政治教育者必须具备的道德品质。思想政治教育者必须自觉拒腐防变，坚决反对消极腐败现象，敢于同一切不正之风做斗争，保持清正廉洁、艰苦奋斗的本色。

4. 知识素质

思想政治教育是一项知识性、专业性和综合性很强的工作，要做好这一工作，思想政治教育者必须具备坚实的理论知识基础和广博的文化知识。一是比较系统的马克思主义理论知识。马克思主义理论知识是教育者分析思想政治教育新情况新问题的理论基础和方法指南，思想政治教育者要准确掌握马克思主义基本理论和中国特色社会主义理论，提高运用马克思主义的基本立场、观点和方法分析问题、解决问题的能力。马克思主义理论修养是思想政治教育者的基本功，对于教育者的工作具有特别重要的意义。二是思想政治教育的专业知识，主要是指思想政治教育的基本理论以及与此紧密联系的教育学、心理学、政治学、伦理学、社会学、法学和管理学等相关学科知识。思想政治教育者应尽可能全面把握这些方面的知识，并将其综合运用于教育实践，以提高思想政治教育的科学性。三是根据教育对象和所处环境的需要应该掌握的有关知识。例如，学校思想政治教育者应当了解和把握教育知识，熟悉学校生活；只有这样，教育者与教育对象才会有较多的共同语言，思想政治教育才能有效渗透到学生的学习生活中去。四是其他相关知识。思想政治教育者还应广泛涉猎文史地艺体美等知识，增强自己的知识储备和知识运用能力，以从中吸取养料，使思想政治教育更生动、更有感染力和吸引力。

5. 能力素质

能力是知识的综合体现，是将知识运用于实际工作中的技能和艺术。思想政治教育者的能力素质主要包括：观察能力，指教育者有广阔的视野，能敏锐地感知各种社会现象及教育对象的思想状况的能力；分析研究能力，指思想政治教育者将观察或调查来的感性材料上升到理性认识高度，从而认识和揭示事物本质的能力；表达能力，指教育者向教育对象输出教育信息的能力，包括口头表达、文字表达、形象表达能力等；组织指导能力，包括预测能力、制订计划的能力、组织活动的能力；运用现代教育技术手段的能力，包括具有使用网络知识和技能对网络信息进行理解、分析和评价的辩证思维能力、具有网络沟通交往中的法理与伦理道德修养；等等。另外，思想政治教育者还需要具备良好的自我调控的能力、协调人际关系的能力、学习能力、创新能力等。教育者只有具备并不断提高自己多方面的能力，才能做好教育工作并不断提高其水平。

6. 生理心理素质

思想政治教育者的劳动具有时空上无限量性的特点，需要耗费大量的体力和心血，思想政治教育者要胜任工作就必须具备强健的生理和心理素质。思想政治教育者良好的生理素质，表现为强健的体魄、充沛的体能等。“身体是革命的本钱”，思想政治教育者要充分认识身体健康的意义，增强保健意识，注重体育锻炼，保持合理的生活规律，养成良好的生活习惯，以保证工作所必需的旺盛体力和精力。思想政治教育者的心理素质是指体现在教育者身上的经常的、稳定的心理特征。具体表现为广泛的兴趣爱好、丰富健康的情感、坚定而果断的意志和富有内涵的气质等。教育者良好的心理素质对于感染教育对象、协调教育者与教育对象之间的关系具有重要意义，是做好思想政治教育工作的重要保证。

思想政治教育者各方面的素质相互影响、相互制约，从而构成教育者的整体素质。伴随着社会的迅速发展，思想政治教育的重要性和复杂性日益突出，社会对思想政治教育者的素质要求越来越高。因而应把提高思想政治教育者的综合素质放到更加重要的地位，一方面，思想政治教育的领导部门要有计划、有步骤地做好教育者的培训工作；另一方面，思想政治教育者要加强自我学习和自我修养，不断提升自己的综合素质，以适应不断发展的思想政治教育的需要。

第二节　思想政治教育对象

一、思想政治教育对象的特征

思想政治教育对象是指在思想政治教育活动中教育者施加可控性教育影响的对象，它有广义和狭义之分。广义的教育对象包括教育者与教育对象，因为教育者必须先受教育，教育者在教育别人的同时，也要接受别人的教育及进行自我教育。狭义的教育对象仅指教育对象，它有集体和个人之分；集体教育对象是相对于个体教育对象而言，它是由许多人结合起来的有组织的整体。在本章中，我们主要对狭义的思想政治教育对象进行讨论。

思想政治教育对象是一个复杂的集合体，其不同类型不同层次具有各自不同的特征，需要进行具体分析。此处主要是将思想政治教育对象作为一个整体，从总体上分析其一般特征。

1. *广泛性*

思想政治教育活动在我国具有广泛的群众性，涉及社会的各个领域、各个单位。与此相应，思想政治教育对象也具有广泛性，“人人都是教育对象”就是对这一特征的说明。凡是有群众的地方，都有思想政治教育。因为任何地方、任何单位的工作都由人承担，工作过程必然伴随人的某些思想活动；因而要做好工作，就必须做好人的思想工作。由此可见，思想政治教育的对象范围很广，具有全民性，全体社会成员无一例外都是思想政治教育对象。过去，我们对此认识不足，存在一些误区。例如，不少人往往认为思想政治教育对象是特指那些思想上和政治上的落后分子，将教育对象视为改造的对象，这就将思想政治教育看作一种消极狭隘的活动，使得一些人对思想政治教育产生抵触和逆反心理，从而削弱了思想政治教育的影响力。又如，过去在一些人的观念中，往往将领导者与被领导者、教育者与教育对象简单对立起来，似乎前者就只是教育者，而不是教育对象。这种认识是片面的。事实上，在实际工作中，并不存在绝对的思想政治教育者和教育对象，他们的地位和角色是随着时间、地点和条件的转移而发生变化的。领导者和教育者不仅不应当被排除在教育对象之外，相反，因为他们的特殊地位和重要作用，更应当被视为思想政治教育的重点对象，他们在教育别人之前必须先接受教育。

2. 层次性

思想政治教育对象具有广泛性，但思想政治教育对象并不是毫无差别的、千篇一律的、抽象的、统一的整体，而是分为不同层次的，层次性是思想政治教育对象的另一个基本特征。思想政治教育的对象不是抽象的人，而是现实生活中的人；现实的人因其成长环境、生活阅历、知识背景、社会身份等的差异，具有不同的社会属性和时间、空间属性以及不同的思想特点，因而表现出明显的层次性，可按照不同的标准将其划分为不同类型、不同层次。例如，从年龄角度，可将其划分为儿童、少年、青年、中年和老年等；从职业的角度，可将其分为工人、农民、军人、教师、干部等；从文化程度的角度，可以将其分为大学、中学、小学、文盲等；还可根据教育对象的思想品德表现将其分为不同层次。即使是同一类型和层次的思想政治教育对象也可根据一定标准进一步将其细分为若干不同的类别和层次。思想政治教育对象的层次性特征，要求教育者在开展思想政治教育时，针对不同教育对象的思想实际，提出不同的要求，运用不同的方法，有的放矢地解决不同类型、不同层次教育对象的各种思想问题和思想矛盾，以提高思想政治教育的针对性和实效性。

3. 可塑性

可塑性是指思想政治教育对象的思想品德可以经由环境的影响和教育者的作用加以塑造，即经过教育，可使教育对象的思想行为发生符合社会要求的变化。教育对象之所以具有可塑性，是因为人的思想既不是先天形成的，也不是一成不变的，而是在内外部环境的综合作用下，在社会实践的过程中逐渐形成并不断发展的。教育对象的这种可塑性既为思想政治教育提供了可能性，也凸显了正面价值引导的重要性，是思想政治教育得以进行的内在依据。

思想政治教育对象的可塑性特征说明教育对象是生成性对象，教育对象的思想素质不是一成不变而是不断生长的。这就要求思想政治教育者不能怀着“先入为主”的偏见、不能抱着“固守不变”的成见对待教育对象，而应以发展的眼光、欣赏的态度引导教育对象，把握实施教育影响的最佳时机，从而不断激发教育对象的生长潜能。

4. 主体性

思想政治教育是一项特殊的实践活动，教育者与教育对象都是人，都具有主体性。但是，教育对象的主体性不同于思想政治教育者的主体性，它是一种“自觉能动性”，是接受教育的主体性，依然是教育对象客体性的特殊表现形式。①

① 张耀灿，等. 现代思想政治教育学. 北京：人民出版社，2001：149.

思想政治教育对象的主体性从根本上来说，是指教育对象不是作为完全被动的客体，而是作为一个有情感、有思想的活生生的人参与到思想政治教育过程中。教育对象作为思维着的人，能够能动地认识外部世界和内部自我，获得关于自身思想道德状况和思想政治教育影响的认识，从而认清自身与社会要求之间的差距。同时，教育对象对教育者传递的思想政治教育信息不是无条件地照单全收，而是根据自己的理解水平和内在需要，有条件、有选择地加以取舍和再创造，这个选择和创造的过程既是教育对象自我教育、自我提高的过程，还是教育对象能动地反作用于教育者的过程。思想政治教育对象所具有的主体性使其能自觉能动地以主体的视角体察教育者的教育活动及其所表达的意义，并从自己的需要出发，将自身的价值观念、情感、意志“投射”到接受对象上，使对象成为自己的对象，以自己的认知结构诠释、鉴别、选择、认定、内化教育者所传递的思想政治教育信息。可见，缺乏教育对象的主体性参与，思想政治教育活动就无法正常开展；离开教育对象主体性的发挥，思想政治教育者的主导性作用也根本无从谈起。

思想政治教育对象的主体性特征启示我们，不能仅仅把教育对象视为一个有待填充的“容器”，看作一个需要硬性“灌输”的对象，而应该真正地以人为本，关注和关心教育对象的内在精神需求，引导和激发教育对象的主体性，使得教育对象能以更加积极和理性的姿态，建设性地参与到思想政治教育活动中去，在与教育者的良性互动中达到思想政治教育的目标。

二、科学分析思想政治教育对象的方法

思想政治教育是教育人的工作，了解人是这一工作的基础。准确而全面地了解教育对象的整体性质和个体差异，把握教育对象内在的思想特征和外在的行为表现以及变化发展的趋势与规律，是做好思想政治教育的前提。了解人的工作是一项十分复杂的工作，需要掌握科学的分析和研究方法。

1. 历史分析法

历史分析法是指把教育对象放到特定的时代背景和历史条件下进行分析的方法。历史唯物主义认为，社会存在决定社会意识，人们的思想观念、政治观点和道德规范等都属于社会意识的范畴，它们从根本上是由社会存在决定的。因而在不同的社会历史条件下，教育对象便具有不同的思想政治观念和道德意识；随着社会历史条件的变化，人们的思想特点和道德面貌也会发生相应变化。因此，只有紧密联系教育对象所处的社会环境和社会关系，才能从本质层面深刻透视教育对象行为背后的思想以及思想意识背后的物质动因，才能真正把握教育对象的思想特点和发展趋向。相反，如果离开特定的社会物质条件和社会关系状况来抽象地分析教育对象，就会停留在表面现象和肤浅层次上，就可能出现“先入为主”的偏见和“就事论事”的局限，难以把握教育对象的本质特征。

当前，中国特色社会主义进入新时代，我国社会主要矛盾已经转化为人民日益增长的美好生活需要和不平衡不充分的发展之间的矛盾，教育对象的思想特点和道德面貌必然随之发生显著变化。在此情况下，思想政治教育更要坚持辩证唯物主义和历史唯物主义的基本观点和方法，站在时代发展的高度，在我国社会的历史变迁中考察教育对象，从而从总体上把握新时代思想政治教育对象的思想特点和发展趋势。

2. *动态分析法*

动态分析法是指把教育对象的思想行为看作一个不断变化发展的过程，通过对教育对象思想矛盾运动变化过程的分析，揭示其思想变化发展规律的方法。教育对象的思想不是固定不变的，而是在社会环境的影响和思想政治教育的作用下，在社会实践的过程中不断变化发展的。思想政治教育者对教育对象的认识，要符合人的思想行为变化发展的实际。只有这样，思想政治教育才能更好地影响教育对象，充分发挥育人的作用。

唯物辩证法认为，世界上的万事万物都是发展变化的，矛盾是事物变化发展的根本动因，事物的变化发展不是直线式的上升过程，而是螺旋式的曲折前进的过程。运用动态分析法认识教育对象，就是要坚持辩证唯物主义的发展观点，用发展的眼光看待教育对象，要相信通过耐心细致的思想政治教育，教育对象的思想终究会向社会要求的方向发展。同时，要对教育对象的思想动态进行即时的跟踪分析，对其思想上出现的曲折和反复，要从其思想发展的全过程和总趋势中分析把握，以便抓住最佳时机，采取有效措施促使教育对象的思想矛盾向积极健康的方面转化。

3. *立体分析法*

立体分析法是对教育对象进行多层次、全方位分析的方法。马克思说："人的本质不是单个人所固有的抽象物，在其现实性上，它是一切社会关系的总和。"① 社会关系是立体的、复杂的，生活于其中的个体必然要受到多层面、多角度社会关系的制约，其思想和行为必然表现出复杂性、多样性和多变性等特征，因而对教育对象的思想行为特征必须进行立体的、综合的分析。首先，要对教育对象进行分层研究，既要从整体上把握不同类型、不同层次教育对象的总体思想特征及其变化趋势，又要注意比较不同类型、不同层次教育对象之间的思想差异及其成因，以便更好地把握具体教育对象的思想特点。其次，对教育对象个体也要进行立体分析。在现实生活中，每个人都是"立体人"，其思想行为受到多层面社会关系的影响，因而其思想行为就表现出复杂性、多样性和多变性。思想政治教育者对此要有充分认识，绝不可将教育对象复杂的思想行为问题简单化。最后，对影响教育对象思想行为的因素也应进行多层面分析。影响教育对象思想行为的因素是立体的和多层次的，这些因素既包括制度层面的因素，也包括文化层面的因素，还包括其他社会环境因素，甚至包括一些自然环境因素。这就要求思

① 马克思，恩格斯．马克思恩格斯选集：第1卷．2版．北京：人民出版社，1995：60.

想政治教育者在考察教育对象思想行为变化发展时，对与其相关的各种因素做多变量的综合考察，从而较全面地把握教育对象的思想特点。

4. 定性和定量相结合的方法

定性分析是从事物的内在规定性来研究事物的一种方法。对思想政治教育对象进行定性分析，就是要找出不同对象之间以及同一对象在不同时期不同发展阶段在思想行为方面的质的差别。定量分析是运用数学方法和现代科学技术手段对教育对象进行量化指标的测量、统计和分析的方法。定性分析和定量分析是现代科学研究常用的两种基本方法，也是认识和分析思想政治教育对象的两种基本方法，两者相互配合，相互补充，缺一不可。受多种因素的影响，过去在思想政治教育中较为偏重定性分析方法，而较少采用定量分析方法。20 世纪 90 年代末以来，这一情况已有所改变，在思想政治教育领域运用定量分析已成为现实。当然，过分强调定量分析也是不对的，因为教育对象复杂的思想行为不是可以完全量化的，必须进行定性分析。因此，我们应该将定量分析与定性分析结合起来，以便对教育对象的思想和行为做出更加科学而符合实际的说明。

在分析思想政治教育对象时，不能仅仅采用某一方法，而应注意多种方法的相互配合和综合运用。同时，在思想政治教育实践中，我们应不断丰富和发展分析教育对象的方法，以提高分析和研究教育对象的水平。

三、思想政治教育的重点对象

思想政治教育的对象应是社会全体成员，但为了更有效地开展教育工作，必须把握住重点教育对象。思想政治教育的重点对象，是指教育对象中居于重要位置或影响重大的那些部分。在不同单位和不同情况下，思想政治教育的重点放在哪些对象身上，是有区别的。但从一般意义上讲，我国思想政治教育的重点对象主要包括以下两部分人：领导干部和青年。

1. 领导干部

领导干部是思想政治教育的领导者、组织者，同时也是思想政治教育的对象，而且是重点对象，领导干部的思想政治教育是全社会思想政治教育的重要组成部分。思想政治教育既要“领导抓”，又要“抓领导”。这主要是由领导干部的重要地位和思想政治素质现状决定的。

领导干部在我国社会生活中的地位决定了必须将其作为思想政治教育的重点对象。领导干部是党和政府联系群众的桥梁和纽带，是党的路线、方针、政策的贯彻执行者，是党和国家各项事务的领导者和组织者。实践表明，党和国家各项事业能否顺利发展，干部是一个至关重要的因素。而干部问题的实质是干部素质问题，拥有一大批具有较高思想政治素质和科学文化素质的干部，是中国特色社会主义事业不断发展的关键。要建设一支高素质的干部队伍，就必须加强领导干部的思想政治教育，使其具有坚定的共产主义信念和较高的马克思主义理论水平，正确执行党的路线、方针、政策的自觉性，以及全心全意为人民服务的无私奉献精神，使他们能更好地承担起领导和组织中国特色社会主义建设事业的历史重任。

领导干部对广大人民群众的示范作用决定了必须将其作为思想政治教育的重点对象。常言道："村看村，户看户，群众看干部""喊破嗓子，不如做出样子"。领导干部的一言一行对广大群众具有重要影响，其良好的思想行为本身就是一种最有说服力的思想政治教育。如果领导干部思想政治素质高，行为符合社会要求和规范，就会对广大群众产生巨大的道德示范和激励效应；反之，不仅他本人不能胜任领导工作，而且还会败坏党和政府在人民群众心目中的形象，损害思想政治教育的威信。因此，做好领导干部的思想政治教育，是做好其他社会群体思想政治教育的基本前提，我们要把加强领导干部的思想政治教育作为增强思想政治教育实效性的关键环节。

党的十八大以来，习近平反复强调，要把我们党建设好，必须抓住领导干部这个"关键少数"。习近平指出："党的十八大以来，我们以自我革命精神推进全面从严治党，清除了党内存在的严重隐患，成效是显著的，但这并不意味着我们就可以高枕无忧了。党面临的长期执政考验、改革开放考验、市场经济考验、外部环境考验具有长期性和复杂性，党面临的精神懈怠危险、能力不足危险、脱离群众危险、消极腐败危险具有尖锐性和严峻性，这是根据实际情况作出的大判断。"① 这些问题严重影响了领导干部在人民群众中的形象和威信，影响到干群关系、党群关系，影响到中国特色社会主义建设事业的进程。因此，加强对领导干部的思想政治教育，是当前思想政治教育的重中之重。习近平指出："全党要增强'四个意识'、坚定'四个自信'、做到'两个维护'，自觉在思想上政治上行动上同党中央保持高度一致，自觉维护党的团结统一，严守党的政治纪律和政治规矩，始终保持同人民的血肉联系。"② 提高领导干部素质需要采取多种措施，通过多种途径，思想政治教育就是其中一个不可或缺的重要措施。只有大力加强领导干部的思想政治教育，从根本上提高其思想政治素质，才能为有效解决干部队伍中存在的种种问题创造良好的思想条件，从而营造良好的党风、政风，带动整个社会风气的好转，为全社会思想政治教育创造良好的环境。

2. 青年

青年是我国思想政治教育的主要对象，也是重点对象，这是由青年在社会主义现代化建设事业中的重要地位和历史作用以及青年的生理、心理特征所决定的。

第一，青年在中国特色社会主义建设中的地位决定了青年是思想政治教育的主要对象。首先，青年是中国特色社会主义建设的生力军，肩负着实现社会主义现代化的重任。我国青年有着光荣的革命传统，在中国革命的各个历史时期，广

---

①② 习近平在省部级主要领导干部坚持底线思维着力防范化解重大风险专题研讨班开班式上发表重要讲话强调提高防控能力着力防范化解重大风险　保持经济持续健康发展社会大局稳定. 人民日报，2019-01-22.

大青年始终站在斗争的前列，发挥着生力军的作用。新中国成立以后，广大青年又积极投身社会主义建设，为我国的建设事业做出了巨大贡献。我国社会发展的历史表明，青年的成长和发展离不开党的领导和社会主义建设事业，只有在中国特色社会主义事业提供的舞台上，青年才能大展宏图，充分发挥自己的聪明才智，为祖国为人民建功立业。社会主义现代化事业也离不开青年，没有一批又一批青年的艰苦奋斗、开拓进取，社会主义现代化就难以实现。实现社会主义现代化的历史重任要由当代青年来承担。因此，将青年作为思想政治教育的主要对象，培养他们积极进取、奋发有为的精神，以使其更好地承担社会主义现代化事业的重任，是十分必要的。其次，青年代表着祖国的未来和民族的希望。习近平指出："青年兴则国家兴，青年强则国家强。我们党自成立之日起，就始终代表广大青年、赢得广大青年、依靠广大青年。"① 实现我国社会主义现代化需要一代又一代青年坚持不懈地努力奋斗；我国社会的未来和前途，在很大程度上取决于年青一代的道德素质和精神风貌。这就决定了思想政治教育要把青年作为主要对象，更多地关注、关心、关爱青年，更好地教育青年，全面提高青年的思想道德素质和科学文化素质，培养出一代又一代社会主义事业的接班人，以保证国家面貌常新。

第二，青年的生理、心理特征决定了青年是思想政治教育的主要对象。青年时期是人的生理、心理急剧变化的时期，也是其世界观形成的关键时期。他们正在走向成熟又未完全成熟，具有很强的可塑性。这一特点决定了青年是思想政治教育的主要对象，也决定了必须根据青年的生理、心理特征对其进行思想政治教育。正如习近平所说："青年的价值取向决定了未来整个社会的价值取向，而青年又处在价值观形成和确立的时期，抓好这一时期的价值观养成十分重要。这就像穿衣服扣扣子一样，如果第一粒扣子扣错了，剩余的扣子都会扣错。人生的扣子从一开始就要扣好。"②

青年时期是人的生理发育的旺盛时期。青年机体的新陈代谢能力极强，同化过程高于异化过程。在这一时期，青年的身体迅速发育，身高和体重增长很快，体型接近成年期而趋于定型，其身体的内部器官和机能趋向成熟。身体的急剧变化常常使得青年无所适从，甚至引发许多心理困惑。对青年进行思想政治教育，必须特别注意青年的生理特点。

青年时期也是人的心理发展最为迅速、心理冲突最为激烈的时期。不少学者据此将青年期描述为"狂风暴雨时期""危险期""紧张期"等。因而对青年进行思想政治教育，一定要充分关注青年的心理特征。

一是智力因素的发展和抽象思维能力的提高使得青年人的求知欲旺盛，认知能力增强，青年思维的独立性、批判性和创造性都大为增强，但易走入盲目、偏执、幻想的误区。二是青年的自我意识发展容易诱发"自我同一性危机"。青年

① 习近平．习近平谈治国理政：第1卷．2版．北京：外文出版社，2018：54.
② 习近平．青年要自觉践行社会主义核心价值观．人民日报，2014-05-05.

自我意识发展的最主要特点在于将注意力集中到发现自我、关心自我的存在上。在青年自我意识发展过程中，存在着“客体我”和“主体我”，青年自我意识发展的任务就是对这两个“我”进行审视和分析，再经过自我接纳和自我排斥等过程，使两者在新的水平上协调，即达到自我的整合和统一。受其实践能力的限制，相当一部分青年不能正确区分和统合“客体我”和“主体我”，从而不能客观而全面地评价自我，不能明确自己的发展方向，也不能在现实中找到自我稳定和确信的支点。三是青年人的情绪和情感体验丰富、深刻，但是情感活动比较动荡和易变，很容易从一个极端走向另一个极端。这使得青年的心理体验面临着闭锁性与开放性、独立性与依赖性、情感与理智、自尊与自卑、理想与现实等诸多矛盾和冲突，容易引发心理疾病，特别需要加以积极的心理关怀和辅导。四是随着性功能的成熟，青年有了性的冲动和体验，对性比较敏感。由于生活条件的改善，加上当前社会生活中的一些不良因素的影响，当代青少年普遍存在着性生理成熟趋前与性心理成熟滞后的矛盾现象。如何引导青少年树立正确的性观念，解决青少年在性心理发展中的困惑，成为青少年思想政治教育的重要任务。

总之，青年时期既是人的发展的黄金时期，也是一个“危险”时期。一方面，青年需要特别的关怀、教育和引导，另一方面，青年又具有了自我教育、自我定向的可能性。思想政治教育者必须正确认识青年的身心发展特征，遵循青年思想行为发展的规律，通过有效的思想政治教育引导青年在生理、心理成熟的同时走向思想政治上的成熟。

第三节 思想政治教育者与教育对象的关系

一、思想政治教育者与教育对象关系的特征

思想政治教育者在开展思想政治教育时，必然与一定的教育对象发生某种联系，这种联系就是教育者和教育对象之间的关系。在思想政治教育过程中，两者的联系既有直接的，又有间接的，本章所讨论的教育关系主要是指前者，即教育者与教育对象之间的直接互动关系。确切地说，思想政治教育者与教育对象之间的关系是指教育者与教育对象之间基于某种需要而建立起来的一种工作关系，它通过双方的互动，帮助教育对象解决他们发展过程中的问题，以提高教育对象的思想道德素质。教育者与教育对象之间的关系具有独特的表征，主要表现为以下几方面：

1. 明确的目的性

思想政治教育者和教育对象建立关系的目的是要满足教育对象精神世界发展的需要，提高其思想道德素质。这一特点将教育者与教育对象之间的关系与一般的社会关系明显地区别开来。思想政治教育者与教育对象的关系是完全以教育对

象为中心而建立起来的，二者的关系是一种“予与取”的非对等的关系，是一种非互助的关系。教育者要向教育对象提供各种帮助与服务，教育对象则不必如此，从这个意义上讲，双方的关系是一种“单向”的工作关系。这并不意味着在思想政治教育中可以不讲平等、民主，教育者可以居高临下，颐指气使；也不意味着教育者不需要向教育对象学习，不意味着教育者不会从这种关系中获得益处，而是说教育者更应该具备敬业奉献精神和高度的责任意识，诠释好自己的教育者角色。

思想政治教育者要优先考虑教育对象的需求，真诚地关心教育对象的发展，关注教育对象在发展过程中所遇到的问题或困难，力求让教育对象产生信任、尊重、温暖、充实和满足感，从而获得更好的发展。不仅教育者应自觉认同教育目的，而且也应引导教育对象认同教育目的，共同认同教育目的对于教育者和教育对象之间关系的稳定发展具有重要意义，同时这也是建立二者之间良好关系的前提。

2．主导主体性

在思想政治教育者与教育对象的关系中，教育者在思想政治教育过程中处于支配地位，起着主导作用。这种主导作用贯穿于思想政治教育的全过程。一项具体的思想政治教育活动至少包括活动方案的设计、实施、反馈和检验几个阶段。在每个阶段，教育者都起着积极的主导作用。例如，思想政治教育者要根据一定的教育目的，在全面了解教育对象的思想状况实际及其变化趋势的基础上，设计活动方案，确立教育内容，选择活动的方式方法等；要根据各种主客观条件，确定方案实施的时机，主导具体活动的开展，并根据环境的变化和教育对象思想情况的变化对方案进行调整；教育活动方案实施后的效果如何，必须经过反馈和检验，而这一任务也主要由思想政治教育者来完成。可见，在思想政治教育过程的各个环节，思想政治教育者都起着主导的作用。

同时，思想政治教育对象同样也作为主体存在。在思想政治教育过程中，思想政治教育对象不具有主导性，但教育对象是有思想、有感情的能动主体，发挥着不可忽视的主体作用。一是思想政治教育活动需要教育对象的积极参与。没有教育对象的积极参与，思想政治教育活动就无法进行。二是思想政治教育活动受教育对象制约。思想政治教育目标、任务、内容、方法的确立必须针对教育对象的精神世界发展的需要和思想品德实际状况来确定。三是思想政治教育活动需要教育对象的反馈、检验。思想政治教育的目的在于提高教育对象的思想品德水平，其效果只能通过教育对象的思想观点、行为表现来检验。因此，教育对象还是思想政治教育效果的体现者，思想政治教育对象以自身思想品德实际状况来反馈和检验思想政治教育目的的实现状况。

3．互动转化性

思想政治教育活动是教育者和教育对象相互影响、相互作用、相互转化的活动。主要体现在：一是教育者与教育对象相互促进。思想政治教育者根据一定社会的要求对教育对象的思想品德施加可控性影响，是思想政治教育活动的发动者、组织者、实施者，对整个思想政治教育活动进行调控和驾驭，居于主导地位，扮演的是教育者的角色。思想政治教育对象是思想政治教育者施加可控性教育影响的对象，是思想政治教育者所要塑造的道德人格的载体。教育对象在教育过程中发挥着重要的主观能动作用，与教育者的主导作用相辅相成，在共同促进思想政治教育发展的同时，促进自身和思想政治教育者思想政治素质的提高。

二是教育者与教育对象相互制约。现实的思想政治教育活动不仅需要教育者对整个活动过程的主导和调控、对教育对象的引领和制约，也需要教育对象能动性的发挥。教育对象通过对教育者和教育内容进行评价和反馈，影响教育活动的实施，就产生了对教育者乃至对整个教育活动的制约，因为思想政治教育活动必须以教育对象的精神世界发展的需要和思想品德实际状况来确定。

三是教育者与教育对象相互转化。思想政治教育者和教育对象随着一定的时空条件或双方在活动中的地位和作用的变化而相互转化。教育者和教育对象之间的界限是相对的，并没有绝对意义上的教育者，也没有绝对意义上的教育对象。也就是说，在某些条件下，思想政治教育者会转化为思想政治教育对象，又或者是思想政治教育对象会转化为思想政治教育者。例如，在特定时间，“教育者先受教育”时，教育者就转化为教育对象；在特定空间，在自我教育和家庭教育中，教育对象有可能变成教育者。同样，在思想政治教育活动中，思想政治教育者和教育对象教学相长，《礼记·学记》曾讲：“故学然后知不足，教然后知困。知不足，然后能自反也；知困，然后能自强也。故曰：教学相长也。”可见，教育对象也有思想、情感、意志，也有主观能动性，教育者在接受教育时也对教育内容进行选择，并且对教育者本人的思想和言行进行审视和评价，思想政治教育者在某种意义上就成为教育对象。因此，当思想政治教育者进行思想政治教育活动时，要充分认识到自己也是需要接受教育的对象。只有这样，才能避免思想政治教育者盲目自信，以绝对权威的形象出现在教育对象面前，才能真正改善主客体地位不平等、教学内容抽象、教学方法简单、教学目的整齐划一等弊端。

二、思想政治教育者与教育对象关系的意义

1. 教育者与教育对象的关系是思想政治教育的基础

思想政治教育者与教育对象建立关系是为了更好地开展教育工作，更好地帮助教育对象，双方的关系直接影响思想政治教育的效果。良好的关系会使教育对象产生轻松、愉快、信任、温暖和安全感，这种气氛可使教育对象产生自我开放的心态，更好地接受教育对象的教育和引导。这一方面可降低两者思想、情感交流的障碍，使两者的沟通更加顺畅；另一方面可增加教育者对教育对象的影响力，有助于提高教育对象接受思想政治教育的意愿与效果，从而在思想政治教育过程中更好地发挥其主观能动性。同时，在良好的关系下，教育者才能冒着挑战、冲突和不愉快的危险，指出教育对象思想和行为方面的问题或矛盾，从而进一步促进教育对象思想道德素质的发展。而不良的关系则会妨碍双方的沟通，也

会给教育者有效地影响、帮助教育对象设置障碍。可见，顺利而有效的思想政治教育是建立在教育者与教育对象之间良好关系基础之上的。

2. 教育者与教育对象的关系是思想政治教育的重要手段

思想政治教育者与教育对象之间的关系是思想政治教育的重要因素，本身就具有教育意义，在某种意义上是思想政治教育的重要手段，具有多方面的功能。思想政治教育的主要活动是教育者与教育对象之间的互动，互动的过程既是建立与发展教育关系的过程，也是教育者对教育对象进行教育的过程。经验告诉我们，教育者和教育对象之间关系和谐良好，教育对象就更愿意接受教育者的教育和引导，教育效果就会更好。

第一，教育者与教育对象的关系影响思想政治教育氛围。教育者与教育对象之间的关系是思想政治教育氛围的直接影响因素，对思想政治教育的总体氛围有重要影响。两者关系和谐，有助于营造良好的教育氛围。而良好的教育氛围可使教育对象感受到教育的力量和激励，有助于吸引教育对象积极参与各种教育活动，促使他们在活动中自觉将社会要求内化为自身的思想品德意识，并努力践行社会道德规范，促进教育对象良好品德的形成，从而切实提高思想政治教育的实效性。

第二，教育者与教育对象的关系是提高教育者与教育对象积极性的重要因素。教育者与教育对象的关系一旦形成和建立，就会成为一种相对独立的、重要的思想政治教育变量，对思想政治教育活动的进程和结果产生重要影响。教育者与教育对象的良好关系可激发起教育者与教育对象参与思想政治教育活动的积极性。在思想政治教育活动中，教育者的工作热情在一定程度上取决于教育者与教育对象的情感交流，若教育者与教育对象之间具有良好的关系，教育对象对教育者充满信任，教育者就会更积极、更主动地开展思想政治教育活动，并不断增强职业成就感和进取心。同样，教育者与教育对象融洽的关系也能较好地调动教育对象接受教育并进行自我教育的积极性，从而不断提高自身思想道德素质。

三、正确处理思想政治教育者与教育对象之间的关系

思想政治教育者与教育对象之间的关系是思想政治教育过程中最基本、最复杂也是最难处理的关系。正确处理这一关系，既要从理念上对二者关系进行正确定位，又要从操作层面对影响二者关系的诸多因素进行控制和协调。

1. 平等民主的理念是正确处理教育者与教育对象关系的思想保证

思想政治教育的平等主要是指地位平等，包括社会地位平等和人格平等两个方面。思想政治教育者既要摒弃陈腐的“师道尊严”观念，改变高高在上的知识权威的形象，“蹲下来和孩子说话”，即平等地对待每一个教育对象，尊重每一个教育对象；又要克服教育对象以轻视乃至蔑视的态度对待教育者和思想政治教育。思想政治教育的民主主要是指民主开放、民主和谐，包括自主参与与配合和

谐两个方面。思想政治教育者要重视培养教育对象的主体精神，相信并注意调动教育对象自主教育、自我管理、自我发展的潜能，绝不能把教育对象当作被动的客体来塑造；思想政治教育者要善于利用各种手段和方法营造民主管理的氛围，如建立民主管理制度、民主决策制度、民主评价制度等，以更好地吸引教育对象参与教育活动，在活动中建立和谐的关系；思想政治教育者要注意充分发扬民主与规范管理、严格要求相统一。只有实现了民主的教育理念，思想政治教育才能实现集思广益，思想政治教育者和教育对象才能相互理解、相互尊重、共同发展。在实际的思想政治教育中，既要克服思想政治教育者“独断专行”或“自由放任”的工作态度和作风，又要摒弃教育对象片面强调权利而不主动配合思想政治教育者工作的思想和行为。

强调平等民主地处理教育者与教育对象之间的关系具有重要的现实意义。在实践中，有些教育者未能摆正自己在思想政治教育中的位置，不能正确看待和处理自己与教育对象的关系，往往将教育过程看成教育者向教育对象的单向传输过程，而忽视教育对象对教育者的反向传输，因而与教育对象之间缺乏平等相处、平等交流的气氛，这是很不合适的做法。思想政治教育者要充分认识到，教育者与教育对象的关系是平等的、民主的、双向的，教育者与教育对象就是在这种良性的双向互动过程中不断进步与发展，充分彰显各自的主体地位的，从而实现教育者与教育对象“教学相长”的理想境界。

2. 对话互动是正确处理教育者与教育对象关系的基本途径

在思想政治教育活动中，思想政治教育者与教育对象之间有着直接的、频繁的对话互动，这种对话互动对两者关系的建立具有重要意义。要使两者对话互动正常进行，进而建立两者之间良好的关系，教育者就必须坚持与教育对象之间进行对话。这种对话互动应是教育者与教育对象之间的一种真正的思想交流，“不能被简化为一个人向另一个人‘灌输’思想的行为，也不能变成有待对话者‘消费’的简单的思想交流”[①]，而应是一种真正平等的对话。这种平等的对话互动可使教育者与教育对象互相倾听和言说，彼此敞开自己的精神世界，在交流和分享的基础上彼此都获得精神的提升和意义的分享。教育者与教育对象之间的对话互动贯穿于整个思想政治教育过程之中，涉及多侧面和多方面。从对话的内容看，既有知识或理性的交流，又有情感或感受的交流，既有品德或风范的交流，又有性格或个性的交流；从对话的媒介看，既有文字和语言的交流，又有动作、表情、姿势等身体语言的交流。在这种对话互动中，教育者虽然握有交流的主动权，能发挥教育者的主导作用，但必须充分认识到教育对象也是对话互动的主体，因而应注意调动教育对象参与对话互动的积极性，发挥教育对象的主体性。只有这样，才能使对话互动深入进行，教育者与教育对象之间才能形成良好的关系。

同时，在思想政治教育活动中，教育者与教育对象之间出现摩擦、矛盾是难

---

① 保罗. 被压迫者的教育学. 上海：华东师范大学出版社，2002：97.

以避免的，如果听任摩擦和矛盾发展，两者之间的关系就会受到严重影响。因而必须采取多种措施及时稳妥地处理这些摩擦和矛盾，使两者的关系正常发展。对话互动就是正确解决教育者与教育对象之间摩擦和矛盾的基本措施，也是基本途径。通过对话互动，可释疑解惑，有效地化解摩擦和矛盾，使教育者与教育对象相互理解、相互支持，从而形成良性互动，建立和谐的关系。

3. 情感交流是正确处理教育者与教育对象关系的重要措施

情感是一种特殊的意识形式，具有独特的主观体验色彩和外部表现形式。情感作为主体认识结构中最为活跃的因素，具有强烈的驱动力，道德情感能使人的道德认识处于动力状态，保证道德认识和道德行为的统一，从而成为道德认识转化为道德行为的催化剂。教育者与教育对象的关系更多的是一种情感关系，教育者只有用情去打开教育对象的心扉，才能架起与教育对象心灵沟通的桥梁，才谈得上真正的心灵沟通，也才能建立和谐的教育者与教育对象的关系。一方面，教育者要真诚地关爱教育对象。教育者对教育对象的真诚关爱能使教育对象产生被重视感和安全感，并能缩短教育者与教育对象之间的心理距离，这是教育者与教育对象情感交融的基础。另一方面，教育者要尊重教育对象。在教育者与教育对象的关系中，尊重非常重要。如果教育者对教育对象始终保持尊重的态度，即使双方在知识、价值或信念存在差异时，双方的交流仍然可以正常进行；如果教育者不尊重教育对象，教育对象的很多观点和想法就不会进入交流的范围，双方就容易出现矛盾和冲突，情感交流就难以正常进行。在思想政治教育过程中，教育者必须遵循教育对象身心发展规律，充分考虑教育对象的个体需要和个性特点；尊重教育对象的人格，把教育对象作为一个独立完整的社会人来看待；尊重教育对象的自尊心，任何情况下都不要伤害其自尊心，因为这是其思想品德发展的重要内驱力和精神支柱，是他们自我意识的表现。只有这样，教育者与教育对象才能进行充分的情感交流，实现情感交融，最终建立良好的关系。

4. 共享共进是正确处理教育者与教育对象关系的内在要求

在思想政治教育过程中，思想政治教育者与教育对象都应有共享意识，都应成为集体性思维中一个和谐的音符；任何信息都应该也可以在教育者与教育对象之间流动和交换；每一个人都应参与并享受群体中所有人的全部意义，既参与其中，又分享彼此，共同进步。从这个意义上讲，思想政治教育是教育者与教育对象之间共享知识、共享经验、共享智慧、共享人生的意义与价值、共同发展进步的过程。在这种交往式的思想政治教育中，“每个人都认真地倾听他人的意见和想法，每个人也都彻底地表达出他内心深处最真实的想法和看法，然后让不同的观点和意见之间彼此碰撞、激荡、交融，从而让真理脱颖而出”①。思想政治教育具有一定的功利成分，但追求真和善是其本质性的活动。教育对象固然会从教育者那里汲取人类精神文明的优秀成果以及教育者丰富的人生阅历和经验，不断丰富自己，实现自我发展；教育者也会通过教育过程提高自己的才能，获得人生的

---

① 伯姆. 论对话. 北京：教育科学出版社，2004：10.

乐趣，实现自己人生的价值。“一个人的发展取决于和他直接或间接进行交往的其他一切人的发展”①。因而思想政治教育者在促进教育对象发展的同时，也要不断地提高自己的思想理论水平和道德素质，为教育对象更高层次的发展提供帮助；在享受教育对象获得发展的喜悦中，感受到自身思想境界和文化品位的提升，从中体验到一种与教育对象共创共享共进教育的幸福。

复习思考题

1. 简述思想政治教育者的特征、职能和基本素质。
2. 如何理解思想政治教育对象的主体性？
3. 为什么说青年是思想政治教育的主要对象？
4. 简述思想政治教育者与教育对象关系的特征和意义。
5. 如何正确处理思想政治教育者和教育对象的关系？

阅读书目

1. 张耀灿，等．现代思想政治教育学．2 版．北京：人民出版社，2006.
2. 陈万柏，张耀灿．思想政治教育学原理．2 版．北京：高等教育出版社，2007.
3. 郭湛．主体性哲学：人的存在及其意义．昆明：云南人民出版社，2002.
4. 伯姆．论对话．北京：教育科学出版社，2004.

① 马克思，恩格斯．马克思恩格斯全集：第 3 卷．北京：人民出版社，1960：515.

第八章 思想政治教育内容

要点提示

● 思想政治教育内容是根据一定的社会要求，针对教育对象的思想实际，经教育者选择设计后有目的、有步骤地输送给教育对象的带有价值引导性的思想政治信息。

● 思想政治教育内容主要包括世界观教育、政治观教育、人生观教育、法制观教育和道德观教育五个方面。

● 世界观教育主要包括辩证唯物主义教育、历史唯物主义教育和马克思主义认识论教育等；政治观教育主要包括基本国情教育，党的基本理论、基本路线、基本纲领、基本经验教育，中国精神教育和社会主义核心价值观教育等；人生观教育主要包括理想信念教育、人生价值观教育和生命价值观教育等；法制观教育主要包括社会主义民主教育、社会主义法制教育和遵守纪律教育等；道德观教育主要包括个人品德教育、社会公德教育、职业道德教育和家庭美德教育等。

关键词 思想政治教育内容　世界观教育　政治观教育　人生观教育　法制观教育　道德观教育

思想政治教育内容是思想政治教育系统的基本要素之一，是思想政治教育者向教育对象实施教育的具体要素。在我国现阶段，思想政治教育内容以社会主义核心价值观为核心，包括多方面的具体内容。全面把握思想政治教育内容，并根据不同教育对象的实际有针对性地加以运用，是加强和改进思想政治教育、增强思想政治教育实效性的内在要求。

第一节 思想政治教育内容构成及要求

一、思想政治教育内容构成

思想政治教育内容是指根据一定的社会要求，针对教育对象的思想实际，经教育者选择设计后有目的、有步骤地输送给教育对象的带有价值引导性的思想政治信息。思想政治教育内容是依据思想政治教育的目的和任务以及教育对象精神世界发展的需要确定的。思想政治教育目的和任务内在规定的丰富性，教育对象思想实际及精神世界发展的多样性，决定了思想政治教育内容是广泛的、多方面的。这些多方面的内容按照特定的层次结构相互联系、相互作用，由此构成思想政治教育的内容系统。

思想政治教育内容系统是由哪些要素构成的呢？关于这个问题，存在一些不同的观点，有的学者认为包括两个方面，有的学者认为包括三个方面，有的学者认为包括九个方面，还有的学者认为包括十个方面。我们认为，以包括马克思主义指导思想、中国特色社会主义共同理想、中国精神、社会主义核心价值观为基础的思想政治教育内容，可以根据不同标准从多种角度进行分类，但无论怎么划分，分为多少方面，都没有原则分歧，只是分类方法的不同以及由此导致的内容概括的粗细有异。思想政治教育的根本目的是不断提高人们的思想道德素质，促进人的全面发展。为了达到这一根本目的，思想政治教育内容主要应包括世界观教育、政治观教育、人生观教育、法制观教育和道德观教育五个方面。思想政治教育内容系统是由上述各种相互联系、相互作用的要素按照特定层次构成的有机整体。

二、确定和实施思想政治教育内容的要求

如何根据思想政治教育的目的和任务以及教育对象精神世界发展的需要，确定和实施思想政治教育内容，是需要深入研究的问题，可以从不同方面进行探讨。这里仅就其具体要求做些说明。

1. 突出教育内容的政治性、目的性和先进性

思想政治教育内容应具有强烈的政治性。思想政治教育内容必须与社会发展的方向相一致，体现一定社会发展的目标并为实现这一目标服务；必须反映统治阶级的根本利益和意志，为统治阶级服务。在我国，思想政治教育内容一定要与党和国家的路线、方针、政策相一致，充分体现党和人民的意志，要坚持马克思主义的指导地位，坚持用马克思主义中国化的最新成果教育人民，注重社会主义

共同理想的培育、中国精神和社会主义核心价值观的教育。

思想政治教育内容要具有鲜明的目的性。思想政治教育目标决定着思想政治教育内容，思想政治教育内容是思想政治教育目标的具体体现，明确的目的性是确定和实施思想政治教育内容的基本要求。思想政治教育的根本目的是提高人们的思想道德素质、促进人的全面发展。思想政治教育内容的确立和运用，都必须符合和体现这一根本目的，为实现这一目的服务。

思想政治教育内容应具有突出的先进性。思想政治教育内容的确定和实施不仅要考虑教育对象的思想实际，具有很强的现实针对性；而且要考虑教育对象精神世界发展和社会发展的长远需要，具有明确的导向性。确定和运用教育内容，一定要立足现实，面向未来，充分考虑社会的发展对未来新人的期望和要求，与社会发展趋势相一致。

2. 注重教育内容的针对性和可接受性

由于受到社会、学校、家庭环境等外部因素的影响和自身认识能力、知识、经验等内在因素的制约，思想政治教育对象的思想和行为千差万别，呈现出多样性特征。教育者一定要把握这一特征，针对教育对象的个性特点、思想实际、知识水平、接受能力等，确定和实施思想政治教育内容，以确保思想政治教育内容的可接受性。首先，要从教育对象现有的个性发展水平出发，针对其心理发展水平选择思想政治教育内容。思想政治教育内容如果超出教育对象的心理发展水平，就会使他们失去努力的基础和动力；反之，如果落后于教育对象的心理发展水平，就起不到引领其发展的作用，因此教育内容一定要与教育对象的心理发展水平相适应。其次，要从教育对象的思想成熟度出发，确定思想政治教育内容的起点和基调。要以“最近发展区”为目标，提出略高于教育对象现有发展水平、教育对象通过努力可以达到的目标要求，以更好地促使教育对象将教育内容转化为个体意识，激励其努力向这一目标迈进。最后，要从教育对象的内在需要出发，选择最佳“突破口”和适宜的教育时机。思想政治教育内容的切入点要准确，既要贴近教育对象的思想实际，又要关切其长远的发展需要，从而提高教育对象的认识水平和思想觉悟，帮助他们顺利成长。

3. 增强思想政治教育内容的时代性

随着中国特色社会主义进入新时代，中国社会发生了很大变化，教育对象的生活世界和精神世界也发生了很大变化。确立和实施思想政治教育内容应紧密结合新时代中国特色社会主义实践，及时反映社会发展实际和人们的思想实际，不断增强教育内容的时代性。首先，思想政治教育内容应富有时代感。要顺应时代发展新要求，解答时代发展新课题，使教育内容体现时代精神；要善于运用充满时代气息的思想和精神来教育、说服和激励教育对象，向教育对象传达新信息，传授新知识，传递新观念，传播新思想。其次，思想政治教育内容应注重现实性。思想政治教育内容只有敏锐地、及时地反映鲜活的现实社会生活，才能具有生命力和说服力。因而应根据国内外形势发生的深刻变化，在教育内容中有针对性地融入全球化、信息化、市场化等重大现实内容，有计划地拓展新的教育内容如全球意识、经济伦理、生态伦理等，使之始终与时代发展保持一致；要坚持贴近实际、贴近生活、贴近教育对象的原则，注意结合人们在学习、工作、生活等方面遇到的现实问题开展教育，回答人们关注和关心的问题，帮助人们解决迫切需要解决的问题。

4. 注意运用系统论方法不断优化教育内容结构

系统论方法是指用系统的观点研究和改造客观对象的方法，这一方法要求人们从整体的观点出发，全面地分析系统中要素与要素、要素与系统、系统与环境、此系统与他系统之间的关系，从而把握其内部联系与规律性，以达到有效地控制与改造系统的目的。

运用系统论方法对思想政治教育内容进行整体构建，优化思想政治教育内容系统结构，要遵循以下原则：

第一，整体性原则。整体性原则是指在确定和实施教育内容时，必须使思想政治教育内容系统各要素相互联系、协同作用，使教育内容成为具有良好功能的系统。思想政治教育内容系统由不同的具体要素组成，但其功能并不等于各个要素功能的机械相加。各个要素通过合理的排列组合，可使思想政治教育内容系统整体的功能大于各个要素本身功能的机械相加的总和，可使系统产生某些要素所没有的新功能。因此，在确立和实施思想政治教育内容时，要树立结构思维，从整体着手进行综合考察，不仅要考虑哪些要素是符合要求的，而且更重要的是要使思想教育内容系统各要素结构合理，以优化思想教育内容系统结构，最大限度地发挥思想政治教育内容系统的功能。

第二，协调性原则。协调性原则是指在确定和实施思想政治教育内容时，必须充分注意教育内容系统各要素之间以及内容系统与外部环境之间的相互联系和相互作用。思想政治教育内容系统各要素之间是相互联系、相互作用的，只有使各要素之间相互促进、协同发展，才能使其各自的功能及内容系统的功能得到更好的发挥。例如，在进行思想政治教育时，世界观、政治观、人生观、法制观和道德观教育及其具体教育内容不能相互抵牾，而应相互补益、相互促进；各教育阶段教育内容应注意合理衔接和有机协调，避免教育内容的无序和重复。同时，教育内容系统是开放的，它通过与其所处的环境因素的相互联系、相互作用而发挥其特有功能。因此，确定和实施教育内容，一定要注意使教育内容与各种环境因素密切联系，协同作用，从而将其有效地传授给教育对象，充分发挥其作用。

第三，层次性原则。层次性原则是指在构建思想政治教育内容系统时，要注意到其层次性；在开展教育时要根据不同教育对象的具体情况实施不同的教育内容。思想政治教育内容系统由不同层次的要素构成，世界观、政治观、人生观、法制观和道德观教育等组成了思想政治教育内容系统，同时它们各自又由一些具体要素构成。例如，人生观教育包括理想信念教育、人生价值观教育和生命价值观教育等，这些具体要素又包括更小的要素，如生命价值观教育包括认识生命的教育、尊重生命的教育、生命意义教育、人生幸福教育和死亡教育等。这种体现内容及其要素领属关系、从属关系和相互作用的结构形式，就构成思想政治教育内容系统的层次性。坚持层次性原则，就是要把握这种层次性，有重点、有针对性地对不同教育对象实施不同层次的教育内容。只有这样，教育内容的整体功能才能得到更好的发挥，思想政治教育也才能取得更好的成效。

第二节　世界观教育

一、辩证唯物主义教育

辩证唯物主义是马克思恩格斯所创立的关于自然界、人类社会和思维发展的最一般规律的科学。它既同唯心主义和形而上学根本对立，又同一切旧唯物主义有根本区别，是唯物主义和辩证法的有机结合。

辩证唯物主义认为，物质是第一性的，意识是第二性的，世界的统一性在于其物质性，意识是物质世界长期发展的产物，是人脑的机能和属性，是物质世界的主观映象；事物是普遍联系的，联系是指事物内部各要素之间和事物之间相互影响、相互制约和相互作用的关系；事物的普遍联系必然导致事物的运动、变化和发展，事物是永恒发展的，发展是前进的上升的运动，发展的实质是新事物的产生和旧事物的灭亡；对立统一规律是事物发展的根本规律，事物内部固有的矛盾既是事物普遍联系的根本内容，也是事物变化发展的根本动力；量变和质变是事物运动的两种最基本的状态，一切事物的发展变化都表现为由量变到质变和由质变到量变的质量互变过程；事物的发展是由肯定到否定，又由否定到否定之否定的螺旋式上升过程。

进行辩证唯物主义教育，就是要帮助人们理解和掌握辩证唯物主义的基本观点，并运用这些观点去认识、分析和解决问题。要遵循客观规律，按客观规律办事，同时又要发挥主观能动性，把尊重客观规律和发挥主观能动性结合起来；要用全面的、联系的、发展的观点看世界，不能用孤立的、片面的、静止不变的观点看世界；要坚持“两点论”和“重点论”的统一，既要全面把握事物，又要善于抓住事物的重点；要注意量变和质变的关系，既要重视量的积累，注意事物细小的变化，又要根据事物的发展进程，不失时机地促使事物由量变到质变转化；要采取科学分析的态度和方法，坚持从肯定和否定的结合上去考察事物。在当前复杂的社会环境中进行辩证唯物主义教育，有助于人们学会用正确的观点和科学的方法透过复杂的社会现象看到社会的发展趋势，坚定建设中国特色社会主义的信心；有助于人们正确看待改革开放进程中出现的种种问题，看到党和政府为解决这些问题付出的巨大努力，明确自身在解决这些问题、推进社会主义和谐社会进程中负有的历史责任，从而积极投入社会主义现代化建设中。

二、历史唯物主义教育

历史唯物主义是关于人类社会发展一般规律的科学。同自然界的运动发展一样，人类社会发展和人的活动也有自身的规律。马克思恩格斯从社会存在与社会意识的辩证关系出发，深刻揭示了生产力与生产关系、经济基础与上层建筑矛盾运动等一系列规律，为人们正确认识人类社会历史及发展趋势，正确认识资本主义社会和社会主义社会的发展规律，提供了科学的理论指导。

历史唯物主义认为，社会存在和社会意识是辩证统一的，社会存在决定社会意识，社会意识是社会存在的反映，并反作用于社会存在；人类社会的发展是一个自然历史过程，社会历史发展有其固有的客观规律；生产力和生产关系、经济基础和上层建筑的矛盾是人类社会的基本矛盾，是社会发展的根本动力；阶级斗争是社会基本矛盾在阶级社会中的表现，是阶级社会发展的直接动力；人民群众是历史的主体，是历史的创造者。

进行历史唯物主义教育，就是要帮助人们理解和掌握历史唯物主义的基本观点，并运用这些观点去认识和分析社会历史现象。要通过历史唯物主义教育，引导人们认识到社会规律或历史必然性是不可抗拒的，社会主义代替资本主义是任何力量都阻挡不了的历史发展的必然趋势，从而坚定社会主义和共产主义理想信念；要使人们理解和把握生产力和生产关系的矛盾运动规律，坚持把解放生产力和发展生产力作为制定路线、方针和政策的出发点和归宿，坚持以经济建设为中心，积极投身于改革开放和现代化建设；要使人们理解和把握经济基础与上层建筑的矛盾运动规律，坚持在改革和完善社会主义经济基础的同时，不断改革和完善社会主义上层建筑；要使人们认识到人民群众是历史的主体，始终坚持一切为了群众、一切依靠群众、从群众中来、到群众中去的群众路线，始终坚持以人民为中心，坚持发展为了人民、发展依靠人民、发展成果由人民共享。

三、马克思主义认识论教育

马克思主义在批判和继承前人认识论成果的基础上，把实践观点引入认识论，把辩证法运用于反映论，创立了能动的、革命的反映论，第一次科学地解决了认识的产生和发展规律问题，实现了人类认识史上的伟大变革，为我们认识世界、改造世界提供了科学的理论指导。

马克思主义认识论认为，实践是认识的基础，人的认识从实践产生，为实践服务，随实践发展，并受实践检验，认识是主体在实践基础上对客体的能动反映；实践和认识相互作用，认识特别是反映客观事物本质和规律性的理性认识，对实践有着巨大的指导作用；认识运动是一个辩证发展的过程，从实践到认识，从认识到实践，实践、认识、再实践、再认识，认识运动不断反复和无限发展；真理和价值在实践基础上是辩证统一的。

进行马克思主义认识论教育，就是要使人们理解和把握马克思主义认识论的基本观点，不断提高在实践中自觉认识世界和改造世界的能力。首先，要使人们把握认识和实践的辩证统一关系，在实际工作中坚持一切从实际出发，理论联系实际，实事求是，在实践中检验真理和发展真理，坚持解放思想、实事求是、与时俱进、求真务实，不断进行理论创新和实践创新。其次，要使人们把握认识的发展规律，学会运用归纳与演绎、分析与综合、从抽象上升到具体、历史与逻辑相统一等辩证思维的科学方法，将丰富的感性材料加以去粗取精、去伪存真、由此及彼、由表及里地制作加工，将感性认识上升为理性认识；坚持一般理论和具体实践相结合的原则，运用调查研究等方法，实现由理论向实践的飞跃。最后，要使人们把握真理与价值的关系，坚持真理尺度和价值尺度的辩证统一，在实践中坚持和弘扬科学精神和人文精神，既坚持以科学的实事求是精神去认识世界和改造世界，又坚持把人民的利益和人的发展看作一切认识和实践活动的出发点，贯彻以人民为中心的原则。

第三节　政治观教育

一、基本国情教育

早在民主革命时期，毛泽东指出："认清中国的国情，乃是认清一切革命问题的基本的根据。"[①] 同样，认清当代中国的国情，也是认清一切建设和发展问题的基本根据。认清国情，最重要的是要把握我国社会的性质和发展阶段以及现阶段的主要矛盾。党的十一届三中全会以后，党对我国社会主义所处的历史阶段进行了科学的分析，提出了我国仍处于并将长期处于社会主义初级阶段的科学论断，准确地把握了我国的基本国情。进行基本国情教育，就是要使人们科学认识和准确把握我国社会主义初级阶段的基本国情。

首先，要帮助人们深入理解社会主义初级阶段的科学含义。社会主义初级阶段包括两层含义：一是我国社会已经是社会主义社会，二是我国的社会主义社会还处在初级阶段。前一层含义阐明了初级阶段的社会性质，后一层含义阐明了我国社会主义社会的发展程度。社会主义初级阶段的两层含义既相互区别、又紧密联系，构成了一个具有特定内涵的新概念。我国社会主义初级阶段，不是泛指任何国家进入社会主义都会经历的起始阶段，而是特指我国在生产力发展水平不高、商品经济不发达条件下建设社会主义必然要经历的特定历史阶段。我们必须

① 毛泽东．毛泽东选集：第2卷．2版．北京：人民出版社，1991：633.

坚持而不能离开社会主义，必须从初级阶段实际出发而不能超越这个阶段。

其次，要帮助人们认识社会主义初级阶段的基本特征，特别是新世纪新阶段我国发展呈现出的新的阶段性特征。党的十三大从我国人口结构、工业发展水平、地区发展状况和科学教育文化发展等几个方面概括了我国社会主义初级阶段的基本特征；党的十五大从九个方面对社会主义初级阶段的特征进行了全面概括；党的十七大报告从八个方面分析和概括了新世纪新阶段我国发展呈现出的新的阶段性特征，并指出当前我国发展的阶段性特征，是社会主义初级阶段基本国情在新世纪新阶段的具体表现。党的十八大深刻指出，社会主义初级阶段是中国特色社会主义的总依据，在任何情况下都要牢牢把握社会主义初级阶段这个最大国情，推进任何方面的改革发展都要牢牢立足于社会主义初级阶段这个最大实际。党的十九大再次强调，全党要牢牢把握社会主义初级阶段这个基本国情，牢牢立足社会主义初级阶段这个最大实际，牢牢坚持党的基本路线这个党和国家的生命线、人民的幸福线。进行基本国情教育，就是要帮助人们认识社会主义初级阶段是一个相当长的历史发展阶段，必然经历若干具体的发展阶段，在不同时期会呈现出不同的阶段性特征。只有认清我国发展的阶段性特征，才能更好地认清我国的基本国情。

>>>

经过近40年改革开放，中国实现了从站起来到富起来再到强起来的伟大飞跃。目前，我国是全球第二大经济体，世界第一制造大国和货物贸易大国、第一外汇储备大国，是全球经济增长的最大贡献者。

习近平．在庆祝香港回归二十周年大会暨香港特别行政区第五届政府就职典礼上的讲话．北京：人民出版社，2017：16.

经过改革开放近40年的发展，我国社会生产力水平明显提高；人民生活显著改善，对美好生活的向往更加强烈，人民群众的需要呈现多样化多层次多方面的特点，期盼有更好的教育、更稳定的工作、更满意的收入、更可靠的社会保障、更高水平的医疗卫生服务、更舒适的居住条件、更优美的环境、更丰富的精神文化生活。

习近平．习近平谈治国理政：第2卷．北京：外文出版社，2017：61.

<<<

再次，要帮助人们认清我国社会主义初级阶段的长期性。从1956年生产资料私有制的社会主义改造基本完成算起，到21世纪中叶把我国建成富强民主文明和谐美丽的社会主义现代化强国，社会主义初级阶段至少需要上百年时间。邓小平在1992年南方谈话中指出："我们搞社会主义才几十年，还处在初级阶段。巩固和发展社会主义制度，还需要一个很长的历史阶段，需要我们几代人、十几代人，甚至几十代人坚持不懈地努力奋斗，决不能掉以轻心。"① 习近平在党的十九大报告中指出，"我国仍处于并将长期处于社会主义初级阶段的基本国情没有变"②。认清社会主义初级阶段的长期性，有助于帮助人们克服急躁情绪，克服各

① 邓小平．邓小平文选：第3卷．北京：人民出版社，1993：379-380.

② 习近平．决胜全面建成小康社会　夺取新时代中国特色社会主义伟大胜利．人民日报，2017-10-28.

种超越阶段的错误观念和政策，提高从实际出发想问题、办事情的自觉性，坚持党在社会主义初级阶段的路线、纲领、方针、政策，脚踏实地地完成初级阶段的各项任务，不断推进社会主义现代化建设。

最后，要帮助人们认识和把握社会主义初级阶段在新时代背景下出现的新的主要矛盾。习近平在党的十九大报告中指出，“中国特色社会主义进入新时代，我国社会的主要矛盾已经转化为人民日益增长的美好生活需要和不平衡不充分的发展之间的矛盾”①。这就决定了“我们要在继续推动发展的基础上，着力解决好发展不平衡不充分问题，大力提升发展质量和效益，更好满足人民在经济、政治、文化、社会、生态等方面日益增长的需要，更好推动人的全面发展、社会全面进步”②。

二、党的基本理论、基本路线、基本纲领、基本经验教育

改革开放以来，我们逐步形成了党的基本理论、基本路线、基本纲领和基本经验。这是中国共产党领导广大人民群众建设中国特色社会主义伟大实践的结晶，是中国共产党和中国人民的宝贵精神财富，对于加强和改进党的建设、建设和发展中国特色社会主义具有重大指导意义。对广大人民群众进行党的基本理论、基本路线、基本纲领和基本经验教育，是当前思想政治教育的重要内容。

第一，帮助人们深入理解和把握党的基本理论、基本路线、基本纲领、基本经验的内容和精神实质。党的基本理论包括马克思列宁主义、毛泽东思想、中国特色社会主义理论体系，这是党最可宝贵的政治和精神财富，是我们的行动指南，是全国各族人民团结奋斗的共同思想基础。党的基本路线是党在一定历史时期为解决社会主要矛盾而制定的行动路线，是总揽全局的根本指导方针。党的十三大正式提出了党在社会主义初级阶段的基本路线：领导和团结全国各族人民，以经济建设为中心，坚持四项基本原则，坚持改革开放，自力更生，艰苦创业，为把我国建设成为富强民主文明的社会主义现代化国家而奋斗。党的十七大通过的党章又把“和谐”与“富强民主文明”一起写入基本路线。党的十八大以来，新一届党中央对于如何坚持基本路线，明确提出了“三不”原则，即“不动摇”“不偏离”“不偏废”。习近平在十八届中央政治局第一次集体学习时明确指出：“我们在实践中要始终坚持‘一个中心、两个基本点’不动摇，既不偏离‘一个中心’，也不偏废‘两个基本点’，把践行中国特色社会主义共同理想和坚定共产主义远大理想统一起来，坚决抵制抛弃社会主义的各种错误主张，自觉纠正超越阶段的错误观念和政策措施。”③ 党的十九大通过的党章对党的基本路线做了最新

①② 习近平. 决胜全面建成小康社会 夺取新时代中国特色社会主义伟大胜利. 人民日报，2017-10-28.

③ 习近平. 紧紧围绕坚持和发展中国特色社会主义 学习宣传贯彻党的十八大精神：在十八届中共中央政治局第一次集体学习时的讲话. 北京：人民出版社，2012：6.

的表述，将“美丽”与“富强民主文明和谐”一道写入基本路线，并根据中国特色社会主义新时代这一我国发展新的历史方位提出了“建设社会主义现代化强国”新的奋斗目标。党的基本纲领是党的基本理论的重要内容，是党的基本路线的具体展开。党的十五大制定了社会主义初级阶段的基本纲领，明确了什么是中国特色社会主义的经济、政治和文化，阐明了建设中国特色社会主义经济、政治和文化的基本目标和基本政策。党的十七大进一步丰富了基本纲领的内容，阐明了构建社会主义和谐社会的基本目标和基本政策。党的十八大对基本纲领又做了进一步的丰富和发展，描绘了建设社会主义生态文明的宏伟蓝图和美好愿景。党的基本经验是贯彻党的基本理论、基本路线、基本纲领伟大实践的理论升华，是对中国特色社会主义建设客观规律的深刻把握。党的十六大系统总结了改革开放特别是十三届四中全会以来，党领导人民建设中国特色社会主义所要坚持的十条基本经验。在党的十七大、纪念党的十一届三中全会召开30周年大会上，胡锦涛把改革开放30年来我们积累的宝贵经验概括为“十个结合”。在庆祝改革开放40周年大会上，习近平深刻阐述和总结了改革开放40年积累的“九大经验”。进行党的基本理论、基本路线、基本纲领、基本经验教育，首先就是要引导人们认真学习并把握其精神实质。

>>>

第一，必须坚持党对一切工作的领导，不断加强和改善党的领导。第二，必须坚持以人民为中心，不断实现人民对美好生活的向往。第三，必须坚持马克思主义指导地位，不断推进实践基础上的理论创新。第四，必须坚持走中国特色社会主义道路，不断坚持和发展中国特色社会主义。第五，必须坚持完善和发展中国特色社会主义制度，不断发挥和增强我国制度优势。第六，必须坚持以发展为第一要务，不断增强我国综合国力。第七，必须坚持扩大开放，不断推动共建人类命运共同体。第八，必须坚持全面从严治党，不断提高党的创造力、凝聚力、战斗力。第九，必须坚持辩证唯物主义和历史唯物主义世界观和方法论，正确处理改革发展稳定关系。

<<<

第二，帮助人们坚定坚持党的基本理论、基本路线、基本纲领、基本经验的信念和决心。改革开放以来，中国特色社会主义之所以能焕发出蓬勃的生机和活力，中国共产党之所以能够带领全国各族人民取得社会主义现代化建设的巨大成就，就是因为我们始终毫不动摇地坚持党的基本理论、基本路线、基本纲领和基本经验。实践告诉我们：党的基本理论、基本路线、基本纲领、基本经验是正确和科学的，只有坚持党的基本理论、基本路线、基本纲领、基本经验不动摇，才能推进中国特色社会主义事业顺利前进。进行党的基本理论、基本路线、基本纲领、基本经验教育，就要使广大人民群众深刻认识其正确性和科学性，坚定坚持党的基本理论、基本路线、基本纲领、基本经验的信念和决心。当前，面对着复杂多变的国际环境和艰巨繁重的改革发展任务，要在新的历史起点上进一步开创中国特色社会主义事业新局面，我们就要更加自觉、更加全面地坚持贯彻党的基本理论、基本路线、基本纲领、基本经验，不为任何风险所惧，不被任何干扰所惑，做到思想上坚信不疑、行动上坚定不移。

第三，引导广大人民群众在中国特色社会主义建设伟大实践中不断丰富和发展党的基本理论、基本路线、基本纲领和基本经验。党的基本理论、基本路线、基本纲领和基本经验是在中国特色社会主义实践过程中不断形成和发展起来的，是对中国特色社会主义实践经验的科学概括和总结。实践永无止境，创新永无止境。我们在坚持党的基本理论、基本路线、基本纲领和基本经验的同时，要随时随地注意研究新情况，解决新问题，总结新经验，不断推进理论和实践创新，不断丰富和发展党的基本理论、基本路线、基本纲领和基本经验。只有在坚持的基础上不断丰富发展，在丰富发展的同时坚定地坚持，党的基本理论、基本路线、基本纲领和基本经验才能始终保持强大的活力。

三、中国精神教育

习近平把中国精神与中国梦联系起来，第一次提出并阐释了“中国精神”这个概念。“实现中国梦必须弘扬中国精神。这就是以爱国主义为核心的民族精神，以改革创新为核心的时代精神。这种精神是凝心聚力的兴国之魂、强国之魂。”①

民族精神是一个民族在长期共同生活和社会实践的基础上形成的为本民族大多数成员所认同和接受的民族意识、民族心理、民族品格和民族气质的总和，是民族文化中固有的、延绵不断的一种历史文化传统。在 5 000 多年的发展中，中华民族形成了以爱国主义为核心的团结统一、爱好和平、勤劳勇敢、自强不息的伟大民族精神。它是中华民族 5 000 多年生生不息、发展壮大的强大精神支撑，是我国各民族世世代代自强不息、团结奋斗的牢固精神纽带，是我们不断开辟新征程、开创新未来的不竭精神动力。在中国特色社会主义进入新时代的今天，习近平进一步丰富和拓展了民族精神的时代内涵，指出民族精神的四个方面分别是伟大创造精神、伟大奋斗精神、伟大团结精神和伟大梦想精神。民族精神教育是思想政治教育的重要内容和紧迫任务。加强民族精神教育，是增强综合国力和国际竞争力的需要，是应对西方敌对势力对我国实行“西化”“分化”图谋的需要，是全面建设小康社会和推进中国特色社会主义建设事业的需要，是促进人的全面发展的需要。

进行民族精神教育，应着眼于培养人们对中华民族共同历史、文化、生活方式的归属感，培养人们对伟大祖国悠久历史和优秀传统的认同感，引导人们形成良好的道德品质和行为习惯，在弘扬中培育民族精神的时代内涵。当前和今后一个时期，要把国家意识（国家观念、国情意识、国家安全和国家自强教育）、文化认同（民族语言、民族历史、革命传统和人文传统教育）、公民人格教育（社会责任、诚信守法、平等合作、勤奋自强教育）作为民族精神教育的重点内容。

在民族精神教育过程中，应特别注意：第一，把优良传统教育与时代精神教

① 习近平. 在十二届全国人民代表大会第一次会议上的讲话. 人民日报，2013-03-18.

育有机地结合起来。将弘扬民族优秀文化传统与培育时代精神相结合，既要弘扬中华民族优良的人文传统和革命传统，又要吸收和借鉴人类发展的一切文明成果，以发展的眼光开展民族精神教育。第二，重视并充分发挥社会实践在民族精神教育中的作用。要科学规划社会实践的内容，拓展社会实践的新领域、新载体、新形式，使人们在耳闻目睹的事实和亲身体验中感知民族精神的强大力量，激发对祖国和民族的感情，增强民族意识和民族责任感。第三，把握民族精神教育的契机。要善于抓住有利于振奋民族精神的重大活动和重大事件，不失时机地开展民族精神教育；要努力挖掘和宣传体现民族精神的先进典型，营造浓郁的民族精神教育氛围，形成强有力的舆论导向。第四，把学校教育与家庭教育、社会教育有机结合起来。既要发挥学校教育在弘扬和培育民族精神中的主渠道、主阵地作用，又要加强家庭教育、社会教育与学校教育之间的相互配合，从而形成民族精神教育的整体合力。

时代精神是一个社会在最新的创造性实践中形成的，反映社会进步发展方向、引领时代进步潮流、为社会成员普遍认同和接受的思想观念、政治观点、道德规范和行为方式，是一个社会最新的精神气质、精神风貌和社会风尚的综合体现。在改革开放和社会主义现代化建设的伟大实践中，我们形成了以改革创新为核心的与时俱进、开拓进取、求真务实、奋勇争先的时代精神。以改革创新为核心的时代精神，是马克思主义与时俱进的理论品格、中华民族富于进取的思想品格与改革开放和社会主义现代化建设实践相结合的伟大成果，是民族精神和中国共产党优良传统在当代的弘扬，已成为我国各族人民不断开创中国特色社会主义事业新局面的强大精神力量。习近平新时代中国特色社会主义思想是当代马克思主义的新境界，也是时代精神的精华。全面建成小康社会，加快推进社会主义现代化，必须大力弘扬以改革创新为核心的时代精神，使全体人民始终保持昂扬向上的精神状态，使全民族的创造精神和创造活力充分迸发。为此，必须大力加强时代精神教育。

改革创新是时代精神的核心。弘扬和培育时代精神，应该以弘扬和培育改革创新精神为重点。改革创新精神表现为一种突破陈规、大胆探索、勇于创造的思想观念，表现为一种不甘落后、奋勇争先、追求进步的责任感和使命感，表现为一种坚韧不拔、自强不息、锐意进取的精神状态。弘扬和培育改革创新精神，需要做到以下两点：首先要坚持解放思想、与时俱进。要坚决克服满足现状、不思进取的思想，居安思危、奋发图强；坚决克服因循守旧、故步自封的思想，勇于创新、昂扬向上；坚决克服惧怕困难、畏首畏尾的思想，锐意进取、勇往直前。其次，要着眼于改革开放的具体实践。要把弘扬时代精神体现到深化改革的实践中，着力回答时代对改革提出的新课题，着力解决体制转轨中的深层次矛盾和问题，推动改革不断取得新突破；体现到加快发展的实践中，着力把握发展规律、创新发展理念、转变发展方式、破解发展难题，提高发展质量和效益，实现可持续发展；体现到推动创新的实践中，敢为人先，勇于超越，让全社会的创造活力竞相迸发，创新人才脱颖而出，创新成果不断涌现。

四、社会主义核心价值观教育

价值观是研究社会形态的一个重要视角。核心价值观是一定社会形态性质的集中体现，它彰显着一个社会的主导价值，制约着国家制度变革与调整的基本方向，关系着社会的和谐稳定和国家的长治久安。党的十八大提出，倡导富强、民主、文明、和谐，倡导自由、平等、公正、法治，倡导爱国、敬业、诚信、友善，积极培育和践行社会主义核心价值观。富强、民主、文明、和谐是国家层面的价值目标，自由、平等、公正、法治是社会层面的价值取向，爱国、敬业、诚信、友善是公民个人层面的价值准则，这 24 个字是社会主义核心价值观的基本内容。社会主义核心价值观凝结和汇聚着我国各族人民同呼吸、共命运、心连心的价值目标和追求，是凝聚人心的精神纽带，也是塑造健全人格的道德基础。习近平多次围绕培育和践行社会主义核心价值观做出重要指示。他在十九大报告中特别强调指出："社会主义核心价值观是当代中国精神的集中体现，凝结着全体人民共同的价值追求。要以培养担当民族复兴大任的时代新人为着眼点，强化教育引导、实践养成、制度保障，发挥社会主义核心价值观对国民教育、精神文明创建、精神文化产品创作生产传播的引领作用，把社会主义核心价值观融入社会发展各方面，转化为人们的情感认同和行为习惯。"① 因此，必须进行社会主义核心价值观教育，让社会主义核心价值观成为全社会的自觉追求。

首先，加强教育引导。要实现社会主义核心价值观入脑入心，理论认知和价值认同是基本的环节。一方面，要引导人们进行科学的理论认知。要帮助人们认识到社会主义核心价值观是新时代中国共产党人以科学社会主义价值观为理论渊源，在对资本主义文明和价值体系的批判性分析与解构、对中华传统文化的创造性继承和超越的过程中进行构建的，是具有科学性和真理性的理论结晶；要帮助人们认识到社会主义核心价值观是社会主义核心价值体系的高度凝练和集中表达，体现了社会主义核心价值体系的根本性质和基本特征，与社会主义核心价值体系具有内在一致性，同时二者亦有区别、各有侧重。另一方面，要引导人们形成深刻的价值认同。要引导人们认识到社会主义核心价值观把涉及国家、社会、公民的价值要求融为一体，既体现了社会主义本质要求，继承了中华优秀传统文化，也吸收了世界文明有益成果，体现了时代精神；要引导人们认识到社会主义核心价值观是对马克思主义价值观思想体系的坚持和发展，对于夯实全党、全国人民团结奋斗的共同思想基础，协调推进"四个全面"战略布局，引领实现中华民族伟大复兴中国梦具有深远意义。

其次，注重实践养成。价值观培育需要个人在长期的实践中不断地积累与沉淀，必须要搭建好实践平台，做好宣传教育和组织工作。其一，社会主义核心价

① 习近平. 决胜全面建成小康社会　夺取新时代中国特色社会主义伟大胜利. 人民日报，2017-10-28.

值观融入日常生活。坚持贯穿结合融入、落细落小落实，把社会主义核心价值观要求融入日常生活，使之成为人们日用而不觉的道德规范和行为准则。其二，要发挥好党员干部的示范引领作用。教育党员干部群体自觉成为社会主义核心价值观的践行者、传播者和教育者，以实际行动营造崇德向善、和谐美好的实践氛围。其三，引领教育对象在实践中自我教育。通过多种途径引领教育对象实现由被动灌输教育向主动自我教育的转变，不断提升自身素质、升华自我价值，实现自身发展与社会主义事业发展的有机统一。

最后，健全制度保障。社会主义核心价值观的宣教是一个系统工程，健全有效的制度保障是其基础性支撑和关键性环节。为提升传播的有效性，必须不断完善体制框架，不断提升制度机制的实效性。要不断健全包括领导体制、民主体制、法律体制等在内的各方面相互关联的制度体系，并在此基础上不断探索建立服务于不同主体需求的动力机制，各司其职、各尽其力的联动机制，常态践行、持续践行的常态机制等协同作用机制。

第四节　人生观教育

一、理想信念教育

理想是人们在实践中形成的对未来社会和自身发展的向往与追求。信念是人们在一定认识基础上确立的对某种思想或事物坚定不移并身体力行的精神状态。坚定的理想信念是一个人、一个政党、一个民族、一个国家的精神支柱和精神动力。社会主义、共产主义理想信念，是无产阶级和共产党人对人类社会发展规律和自身历史使命的自觉意识的集中体现。这里所说的理想信念教育，指的就是社会主义、共产主义理想信念教育。理想信念教育是思想政治教育的核心内容。

进行理想信念教育，就是要引导广大人民群众树立实现中国梦的共同理想。中国梦是整个中华民族理想的集中体现，实现中国梦的共同理想就是在中国特色社会主义旗帜引领下将全国各族人民凝聚起来，奋力实现中华民族复兴的伟大目标，是全体人民团结一致克服困难和争取胜利的强大精神武器。首先，帮助人民群众坚定对中国共产党领导的信任。要引导人们认识到中国共产党是中国工人阶级的先锋队，同时是中国人民和中华民族的先锋队，是中国特色社会主义事业的领导核心，代表中国先进生产力的发展要求，代表中国先进文化的前进方向，代表中国最广大人民的根本利益，从而坚定不移地坚持中国共产党领导。其次，帮助人民群众坚定走中国特色社会主义道路的信念。要帮助人们认识到，历史和现实都证明，党的十一届三中全会以来，由中国共产党团结和带领全国人民共同开创的中国特色社会主义道路，是进一步实现民族振兴、国家富强和人民幸福的唯一正确的道路，从而坚定走中国特色社会主义道路的信念。最后，帮助人民群众坚定实现中华民族伟大复兴的信心。要引导人民群众认识到中华民族的伟大复兴需要一代代中华儿女前赴后继、共同奋斗，从而使人民群众坚定实现中华民族伟大复兴的信心，树立为实现民族复兴而奋斗的远大志向，为实现中华民族伟大复兴做出贡献。

进行理想信念教育，就是要引导人们特别是共产党员和先进分子树立共产主义的远大理想和坚定信念。第一，要使人们认识到实现共产主义是历史发展的必然趋势。共产主义理想不是乌托邦，不是凭空猜测，而是建立在对人类社会历史发展规律特别是资本主义社会基本矛盾运动规律的科学分析基础之上，反映了历史发展的必然趋势。第二，要使人们认识到共产主义的实现是一个漫长而曲折的历史过程。马克思指出："无论哪一个社会形态，在它所能容纳的全部生产力发挥出来以前，是决不会灭亡的；而新的更高的生产关系，在它的物质存在条件在旧社会的胎胞里成熟以前，是决不会出现的。"① 社会主义社会的充分发展和向共产主义社会过渡需要很长的历史时期，当代资本主义的灭亡和向社会主义、共产主义的转变也是一个长期的过程。第三，要引导人们在建设中国特色社会主义的进程中为实现共产主义而奋斗。共同理想是实现最高理想的基础和必经阶段；实现共同理想，必须以最高理想为根本方向。共产主义远大理想与中国特色社会主义共同理想辩证统一于人民为实现共产主义而奋斗的全部历史过程之中。我们必须始终坚持远大理想与现实奋斗相统一，既要树立共产主义远大理想，以高尚的思想道德要求和鞭策自己，更要从社会主义初级阶段的实际出发，脚踏实地为实现中国特色社会主义的共同理想不懈努力。

二、人生价值观教育

人生价值是一个人的一生对自我、他人和社会所具有的意义和作用。它不仅包括个人对社会的责任和贡献，而且包括社会对个人的尊重和满足。人生价值观就是人们对人生价值的总体看法和根本观点。它在人生观中居于核心地位，在深层次上影响、制约和指导人们的实践活动。加强人生价值观教育，对于帮助人们正确处理个人与社会的关系和实现人生的价值，具有重要意义。

首先，引导人们确立正确的人生价值目标。人生价值目标是指从根本方向和原则上指明人生应该追求什么和怎么做的基本取向，表现为人生"应当如何"的态度。它直接或间接地联系着人生的一切实践活动，为实现人生价值提供目标导向，是人生实践的重要指南。进行人生价值观教育，要注重引导人们选择和确立正确的人生价值目标。第一，社会主导的价值目标在客观上制约着个体的价值目标，个体的价值目标必须符合社会主导的价值目标。第二，必须从自身实际条件出发确定个人价值目标。

① 马克思，恩格斯．马克思恩格斯选集：第2卷．2版．北京：人民出版社，1995：33.

其次，引导人们正确地进行人生价值评价。人生价值评价是依据一定的价值标准，通过个人心理活动、群体意识倾向和社会舆论，对自己或他人的价值观念和社会行为进行衡量、分析和判断的过程。进行人生价值评价，必须正确把握人生价值评价标准。人生价值评价的根本尺度，是看一个人的实践活动是否符合社会发展的客观规律，是否通过实践促进了历史的进步。而评价人生价值的基本尺度，是劳动以及通过劳动对社会和他人做出的贡献，这是社会评价一个人的人生价值的普遍标准。同时，还要把握正确的人生价值评价方法。要坚持能力有大小与贡献须尽力相统一，坚持物质贡献与精神贡献相统一，坚持完善自身与贡献社会相统一，坚持动机和效果相统一。

最后，引导人们努力实现人生价值。一是要帮助人们认识到，实现人生价值要从客观条件出发。人生价值是在劳动创造活动中实现的，人的创造力的形成、发展和发挥都要依赖于一定的客观条件；只有从社会客观条件出发，充分发挥自己的主观能动性，才能更好地实现人生价值。二是要引导人们不断提高自身素质和能力。个人的素质和能力在很大程度上决定着一个人的人生价值的实现程度。要实现人生价值，就必须不断提高自身素质，包括思想道德素质、科学文化素质和身体心理素质，提高认识问题和解决问题的能力。三是引导人们发扬艰苦奋斗精神。要坚决抵制拜金主义、享乐主义、个人主义等不良思想，反对贪图安逸、追求享乐、满足现状、不思进取、个人利益至上的思想，做到积极进取，敢于拼搏，吃苦耐劳，勤勉敬业，无私奉献。四是要引导人们在实践中创造人生价值。实践是创造人生价值的源泉和基本途径。在当前，要引导人们全心全意地投身于推进社会主义现代化、实现中华民族伟大复兴的实践，实现和创造人生价值。

三、生命价值观教育

生命是世界存在和发展的基础，“全部人类历史的第一个前提无疑是有生命的个人的存在”①。而人类的生命存在及其实践活动，总是在一定的生命价值观的指导下进行的。生命价值观就是人们对于生命价值问题的根本看法和态度，也是一种生活态度和生活理想。是否具有正确的生命价值观，影响着个体生命的发展，也影响着社会的发展。因此，我们必须加强生命价值观教育，引导人们认识生命、尊重生命、珍爱生命、欣赏生命，树立正确的生命价值观。

第一，认识生命的教育。帮助人们正确地认识生命和理解生命，是生命价值观教育的首要内容。广义而言，可把一切生命有机体的存在都确证为生命的存在；狭义而言，生命专指人的生命。人的生命具有有限性、创造性、独特性、双重性、超越性等特征，包括自然生命和文化生命两个层次。人的自然生命，即物质形态的生命是所有生命发展的最高阶段；人的文化生命，即精神形态的生命是

---

① 马克思，恩格斯．马克思恩格斯选集：第1卷．2版．北京：人民出版社，1995：67.

人的生命区别于其他生命的根本标志。人的生命是人类社会存在和发展的重要的基础性条件。

第二，尊重生命的教育。世界上最宝贵的就是生命，生命是人的其他价值创造、实现和评估的先决条件。生命对于每个人来说只有一次，失去了便不可复得，维持生命存在是每个人自然的不可剥夺的权利。因而必须珍惜和热爱生命，把生命的尊严看作最高价值。尊重生命，不仅要尊重自己和他人的生命，而且要尊重一切生命。

第三，生命意义教育。人是一个探寻意义的生命存在，正是意义决定了人的生命存在和发展的方向，体现了生命的价值和尊严，生命的真谛就在于对意义的追寻。生命价值观教育要引导和帮助人们正确认识生命的意义，积极寻找和发现生命的意义，并在实践中实现和创造生命的意义。

第四，人生幸福教育。幸福是人生的根本目的和最终追求。生命价值观教育要引导人们追求幸福、实现幸福、享受幸福，过有意义的幸福生活。首先，要培养人们体验幸福的生命情感。丰富而真挚的情感是人的生命幸福的基础，也是幸福的源泉。自尊、乐观、具有丰富情感的人，才能感受生活的真善美，才能拥有幸福美好的人生。其次，引导人们追求个性化的幸福生活。一个幸福的人应该有自己独特的幸福追求，在认识和反思自我的过程中，形成自己生命的终极价值。最后，引导人们通过合理的手段获得幸福。对幸福的追求要有平和理性的心态，这样才不会在物欲和世俗面前丧失自我，才能努力履行和完成自己的义务和职责。习近平在多个场合强调“幸福都是奋斗出来的”①，“奋斗者是精神最为富足的人，也是最懂得幸福、最享受幸福的人”②，“国家好、民族好，大家才会好”③。因此，正确处理幸福途径与幸福目标的辩证关系，实现物质幸福与精神幸福的协调统一，推动个人幸福与人民幸福的共同发展，实现共建幸福与共享幸福的相互促进，在劳动中创造幸福，在感悟幸福真谛中追求幸福人生，才是新时代正确的幸福观。

第五，死亡教育。人的生命总是要走向灭亡的，这是任何一个人都无法回避和逃脱的命运。因为死亡，才显示出生命的珍贵；因为人们意识到死亡的必然和生命的短暂，才应更加尊重和珍爱生命。生命价值观教育要引导人们正确认识死亡，接受死亡，征服死亡，超越死亡，并在这一过程中实现生命的价值。第一，引导人们正确地认识死亡。死亡是一种正常的自然现象，对于每一个人都具有不可避免性、终极否定性和不可逆转性。死亡是对生命的一种否定，生与死紧密联系、不可分割。要引导人们正确地认识死亡，澄清对死亡的种种困惑和误解，使人们从死亡的思考中发现生命的意义，体会生命的乐趣。第二，引导人们体验死亡。要引导人们从自身的病痛中部分体验死亡，从别人的死亡中体验死亡，从大自然一切事物的生灭、聚散中体验死亡，从中感悟生命的可贵。第三，引导人们

① 中共中央文献研究室. 习近平关于青少年和共青团工作论述摘编. 北京：中央文献出版社，2017：92.

② 习近平. 在2018年春节团拜会上的讲话. 人民日报，2018-02-15.

③ 习近平. 习近平谈治国理政：第1卷. 2版. 北京：外文出版社，2018：36.

向死而生，努力于当下。只有科学地认识和思考死亡，向死而生，我们才能更加珍惜现在的生活，更有计划地安排自己的生命，努力于当下，提高生命的质量，实现和创造生命的价值。

中小学生生命教育的内容

生命教育是旨在帮助学生认识生命、珍惜生命、尊重生命、热爱生命，提高生存技能，提升生命质量的一种教育活动。生命教育要形成各学段有机衔接、循序递进和全面系统的教育内容体系。

（一）小学阶段着重帮助和引导学生初步了解自身的生长发育特点，初步树立正确的生命意识，养成健康的生活习惯。

（二）初中阶段着重帮助和引导学生了解青春期生理、心理发展特点；掌握自我保护、应对灾难的基本技能；学会尊重生命、关怀生命、悦纳自我、接纳他人；养成健康良好的生活方式；学会欣赏人类文化。

（三）高中阶段着重帮助学生掌握科学的性生理和性心理知识，引导学生形成文明的性道德观念；培养对婚姻、家庭的责任意识；学会用法律和其他合适的方法保护自己的合法权益；学会尊重他人、理解生命、热爱生命；提高保持健康、丰富精神生活的能力，培养积极的生活态度和人生观。

——节选自《上海市中小学生生命教育指导纲要》

第五节　法制观教育

一、社会主义民主教育

党的十九大报告指出："我国社会主义民主是维护人民根本利益的最广泛、最真实、最管用的民主。"① 为了保证人民民主的广泛性、真实性和实效性，对人民群众进行社会主义民主教育是十分必要的。

进行社会主义民主教育，首先是要帮助人们理解和把握社会主义民主的本质和内涵。通过社会主义民主教育，使人们认识到人民民主是社会主义的生命，人民当家作主是社会主义民主政治的本质和核心；使人们认识到社会主义民主和资本主义民主存在本质区别，资本主义民主建立在生产资料私有制基础上，只是统治阶级内部的民主、少数剥削者的民主，社会主义民主建立在生产资料公有制基础上，是为广大劳动人民所享有的民主；引导人们正确认识民主和专政、民主和集中、民主与法治的辩证统一关系；使人们认识到建设高度的社会主义民主，是我国社会主义现代化建设的一个重要目标和长期任务；等等。只有深刻认识和全面把握社会主义民主的本质和内涵，才能更好地发扬社会主义民主。

① 习近平．决胜全面建成小康社会　夺取新时代中国特色社会主义伟大胜利．人民日报，2017-10-28.

进行社会主义民主教育，应注重公民民主意识的培养。民主意识是享有民主权利的人们基于一定的政治知识和经验，对置身于其中的政治系统及其运作的自觉意识，是一种充满政治责任感、使命感和义务感的主体意识。民主意识的发展程度，决定着人们参与民主生活和行使民主权利的水平，从而决定着社会主义民主的实现程度。因而应采取多种措施大力培养人们的民主意识，为实现社会主义民主目标创造条件。

进行社会主义民主教育，重在加强人民政治参与能力的培养。政治参与是在民主社会中公民基于共同利益而通过合法的方式和途径参加社会政治生活，从而影响政府政治决策以及其他一切公共政治生活的政治行为。党的十九大报告强调，要"扩大人民有序政治参与，保证人民依法实行民主选举、民主协商、民主决策、民主管理、民主监督"①。扩大人民有序政治参与是发展社会主义民主政治，建设社会主义政治文明的内在要求和重要目标。社会主义民主教育的重要内容，就是要激发人们政治参与的积极性和主动性，提高人们政治参与的能力和水平，促使人们理性、有序、广泛地参与政治生活。这既是社会主义民主教育的落脚点，也是提高人民民主意识的重要途径。

二、社会主义法制教育

健全社会主义法制，全面推进依法治国，建立社会主义法治国家，是建设中国特色社会主义的重要目标。而加强社会主义法制教育，提高人们的法律素质，是达到这一目标的重要举措。当前，进行社会主义法制教育要抓好以下几方面工作：

第一，向公民普及法律知识。普及法律知识是提高公民法律素质的基础，是培养公民法律意识和指导公民法律实践的前提和基础。要注重加强法律常识教育，帮助人们理解和掌握马克思主义法学的基本观点，了解我国的法律制度和法律体系，了解宪法和法律的基本精神和内容，尤其是与人们日常生活密切相关的法律规范的基本精神和内容。这是社会主义法制教育的基础性工作，应持之以恒地坚持抓好。

第二，培养公民的法治观念。法治观念是指人们对法律现象在理性认识的基础上形成的重视、遵守和自觉地执行法律的思想观念。要着重培养人们的社会主义法治观念、权利义务观念、法律面前人人平等等观念。首先，引导公民树立社会主义法治观念。引导人们以马克思主义为指导，正确理解社会主义民主的性质和特征，树立符合时代精神的社会主义法治观念。其次，引导人们树立权利与义务观念。帮助人们正确理解法律权利与法律义务的性质，把握法律权利与法律义务的关系，懂得如何适当行使法律权利，正确履行法律义务。最后，引导人们树

① 习近平. 决胜全面建成小康社会　夺取新时代中国特色社会主义伟大胜利. 人民日报，2017-10-28.

立宪法至上和法律面前人人平等的观念。要使人们认识到，公民在法律面前一律平等，所有公民都必须平等地遵守法律，依照法律规定平等地享有和行使法律权利，平等地承担和履行法律义务；任何组织、政党、团体的活动都不得超越法律，都必须依照宪法及其他法律进行。帮助人们树立明确的法治观念，既是社会主义法制教育的基本任务，也是社会主义法制教育的核心。

第三，提高公民的法律能力。公民不仅要具备一定的法律知识和法治观念，而且应当具备一定的法律能力。法律能力主要包括法律思维能力和法律运用能力。法律思维能力是对法律原理和概念的理解与把握、法律命题的推理与论证等能力。法律运用能力是运用法律知识和法律规范来指导个人行为，解决具体法律问题的能力。在法制教育中，要通过多种途径着力提高公民的法律能力，以使法律更好地促进人们的工作和生活。

第四，促使公民养成法律习惯。培养人们的法律习惯，要着重培养法律思维习惯和法律行为习惯。法律思维习惯是人们依照法律的规定、原理和精神，思考、分析和解决法律问题的思维方式与倾向。法律行为习惯是人们在实践中形成的依照法律办事和行为的习惯。促使公民养成法律习惯，是法制教育的落脚点，是法律转化现实力量的重要体现。要着重培养人们讲法律、讲证据、讲程序、讲法理的思维方式和依法办事的行为习惯，使法律落实到人们的生活中。

>>>

中小学法制教育的内容

（一）小学生法制教育的内容

在小学阶段，进行初步的法律意识、权利意识和自我保护意识的启蒙教育，使学生具备初步的法律观念和权利观念。

1. 了解社会生活中有规则，法律是社会生活中人人都要遵守的具有强制性的规则。法律规定人们在日常生活和各种特定条件下能够做什么、必须做什么或禁止做什么。

2. 初步了解法律的作用，体会法律代表公平正义，维护秩序，保障自由，保护人身、财产等权利不受侵犯。

3. 了解自己依法享有的权利，任何人的权利不可随意剥夺和侵犯。法律面前，人人平等。

4. 了解宪法是国家的根本大法，是制定其他法律的依据，具有最高的法律效力，初步建立宪法意识。

5. 初步了解未成年人权利的基本内容，了解宪法规定的公民基本权利的内容，知道生命健康权、人身自由权、姓名权、受监护权、休息权、隐私权、财产权、继承权、受教育权等基本权利应当受到保护，增强权利意识。

6. 掌握初步的自我保护方法，知道权利受到侵犯时如何寻求法律保护，了解寻求法律保护的渠道。

（二）初中生法制教育的内容

依据初中学生的生理心理特征、认知水平、生活经验和成长需求，在小学法制教育的基础上，须着力进行以下几方面的教育。

1. 进一步学习宪法的基本知识，增强宪法意识。

2. 知道法治精神体现了社会公平、正义的要求，反映了人与人之间的平等关系。

3. 理解我国公民权利的广泛性、现实性、平等性，懂得公民在享有权利的同时必须履行相应的法定义务，懂得不承担法定义务或触犯法律要承担法律责任。

4. 懂得法律维护社会秩序，能够协调人与自然、人与社会的协调发展。着重了解与学生生活密切相关的刑事、民事、行政管理等方面的法律知识。

5. 了解预防未成年人犯罪法的有关内容，知道违法和犯罪的含义，认识违法犯罪的危害，知道不良行为容易导致违法犯罪，违法犯罪会受到法律的惩罚。抵制不良诱惑，养成遵纪守法的习惯。懂得未成年人要在保证自身安全的条件下见义勇为，知道揭发检举、及时报警、正当防卫等是同犯罪做斗争的有效手段。

6. 懂得未成年人权益应当受到国家保护，知道未成年人保护法关于家庭保护、学校保护、社会保护、司法保护的主要内容，掌握自我保护和维权的方法，学会采用诉讼或者非诉讼方式维护合法权益。

（三）普通高中学生法制教育的内容

高中阶段的法制教育要适应学生已有知识水平和身心发展特点，须着力进行以下几方面的教育。

1. 了解法律反映了个人自由与社会秩序之间的关系，理解法律规范存在的价值，形成理性的法律意识和法治观念，懂得依法治国是我国社会主义建设的重要方略。

2. 知道法律是国家意志的体现，了解法律具有维护社会秩序、实现社会公正、规范法律主体行为、调整利益关系的功能，促进个人、社会、环境的协调发展。

3. 了解规范我国政治、经济和文化生活方面的主要法律。理解宪法关于我国国体、政体、国家机构的设置和职权的相关规定，了解与公民参与政治生活相关的法律。理解宪法关于我国基本经济制度和基本分配制度的规定，了解发展社会主义市场经济的相关法律法规。了解我国加强教育、科学、文化等社会主义精神文明建设的相关法律。

4. 了解国际法的基本原则和我国批准的重要国际公约，特别是国际人权公约、世界贸易组织公约、保护人类环境的国际公约等有关知识，树立全球意识。

5. 理解公民权利和义务的关系，了解公民权利的主要内容，懂得公民在享有权利的同时必须履行相应的法定义务，树立正确的权利观和义务观。

——节选自《中小学法制教育指导纲要》

三、遵守纪律教育

纪律是指一定的社会组织为自己的成员所规定的具体的行为准则。凡是社会组织，无论其目标、性质和规模有怎样的不同，都需要有规范其成员行为的纪律。社会主义社会的纪律是社会组织各项活动顺利进行的保证，也是整个社会生活有序进行的保证。没有纪律，工作、学习、生活秩序就无法保障，社会主义现代化建设就难以正常进行。早在改革开放初期，邓小平就指出："中国在国际上处于落后状态，中国要发展起来，要实现四化，政治局面不稳定，没有纪律，没有秩序，什么事情都搞不成功。"[①] 中国特色社会主义进入新时代的今天，习近平特别强调党的政治纪律和政治规矩。所以，无论是过去还是现在，我们都有必要加强遵守纪律教育。

进行遵守纪律的教育，首先要引导人们正确认识纪律和自由的关系。纪律和自由是对立统一的，两者相互制约、相辅相成。纪律是自由的保证，没有纪律，个人自由就无法保障。不受任何制约的绝对自由在现实生活中是根本不存在的。其次，要培养人们的纪律观念。社会组织应制定科学而合理的纪律，使人们有所遵循。在此基础上，要引导人们正确认识纪律的合理性和必要性，形成遵守纪律光荣、违反纪律可耻的意识。最后，要帮助人们养成自觉遵守纪律的习惯。提高人们遵守纪律的自觉性，促使人们在日常工作、学习和生活中都能自觉地用纪律来约束和规范自己的行为。

第六节　道德观教育

一、个人品德教育

中国特色社会主义进入新时代，对公民道德建设提出了新的更高要求。《新时代公民道德建设实施纲要》指出："要把社会公德、职业道德、家庭美德、个人品德建设作为着力点。"[②] 个人品德，即个人的道德品质，也称德性或品行，是个体依据一定的道德行为准则行动时所表现出来的稳固的心理特征和行为倾向。个人品德就其实质来说，是道德价值和道德规范在个体身上内化的产物。从其对个体的功能来说，个人品德则是个体社会行为的内部调节机制。

个人品德教育是整个道德体系建设的落脚点和支撑点，也是其最终落实处。一方面，在个人品德教育中体现出的道德主体性为社会公德、职业道德、家庭美

---

① 邓小平．邓小平文选：第3卷．北京：人民出版社，1993：249.

② 中共中央国务院印发新时代公民道德建设实施纲要．人民日报，2019-10-28.

德提供了个体能动性的基础；另一方面，个人品德教育是社会公德、职业道德、家庭美德建设的基础性环节，相较之下更具有优先性。个人品德教育关系到个人的成长成才，也关系到民族、国家的蓬勃发展。进行个人品德教育，就是要倡导培育以爱国奉献、明礼遵规、勤劳善良、宽厚正直、自强自律为主要内容的个人品德，鼓励人们在日常生活中养成好品行。当前加强个人品德教育应该主要围绕以下几个方面扎实推进：

首先，要进行爱国主义教育。引导人们坚持爱党、爱国与爱社会主义的统一，不断深化对我国历史和国情的认识，不断增强人们的民族自尊心、自信心和自豪感，进一步激发爱国热情、锤炼爱国情怀、坚定爱国信念，增强社会责任感和自身使命感，争当爱国奉献、圆梦复兴的新时代奋斗者。

其次，要进行集体主义教育。帮助人们认识到集体主义强调集体利益和个人利益的辩证统一，强调重视和保障个人的正当利益。要培养人们的集体主义情感，帮助人们形成良好的集体主义行为习惯。

再次，要进行中华民族传统美德教育。要从中华优秀传统文化中汲取养分，在结合时代特点对中华民族优秀传统文化进行创造性转化和创新性发展的过程中，对人们进行以“天下兴亡，匹夫有责”为重点的爱国情怀教育，以善良正直、自强自律为重点的人格修养教育，以明理遵规、立己达人为重点的社会关爱教育，引导人们做一个知荣辱、守诚信的时代新人，做高素质、有爱心的时代新人，做有自信、能自强的时代新人。

最后，推动个人品德实践。通过教育培养人们品德实践的高度自觉性，并形成稳定的行为倾向和行为习惯，是进行个人品德教育的内在要求和最终归宿。品德教育不是脱离实际的理论教育，而只有与客观的实践活动相联系，与具体的道德行为相联系，与全部的道德实践过程相联系，才能够让人们在参与中不断实现自我教育，养成优良的道德品质和道德人格。必须要适应社会形势的发展变化，不断强化实践环节、创新实践形式，引导人们在实践中检验道德知识和观念的真理性，在实践养成中将道德认知转化为自己的思想道德素质，并外化为道德行为，在内化与外化的相互作用中不断提升自身的品德水平。

二、社会公德教育

社会公德是全体公民在社会交往和公共生活中应该遵循的行为准则，涵盖了人与人、人与社会、人与自然之间的关系。在现代社会，公共生活领域不断扩大，人们相互交往日益频繁，社会公德在维护公众利益、公共秩序，保持社会稳定方面的作用更加突出，成为公民个人道德修养和社会文明程度的重要表现。

进行社会公德教育，就是要大力倡导以文明礼貌、助人为乐、爱护公物、保护环境、遵纪守法为主要内容的社会公德，鼓励人们做一个好公民。首先，在人与人之间关系层面上，要倡导文明礼貌、助人为乐。做到举止文明、礼貌大方、互敬互谅，尊重他人、尊重个性、尊重差异；“以团结互助为荣、以损人利己为耻”，积极参加公益事业，力所能及地关心和关爱他人，在对他人的关心和帮助中获得人生的快乐。其次，在人与社会之间关系层面上，要倡导爱护公物、遵纪守法。自觉爱护公共财物，珍惜和爱护社会共同劳动成果，反对损坏公物、化公为私；“以遵纪守法为荣、以违法乱纪为耻”，既要遵守国家颁布的有关法律、法规，也要遵守特定公共场所和单位的有关纪律规定。最后，在人与自然之间关系层面上，要倡导热爱自然、保护环境。崇尚自然、善待生命、保护环境、节约资源，树立生态文明观念，关心、支持、参与生态文明建设，为建设生产发展、生活富裕、生态良好的文明社会做出贡献。

当前，我国公民遵守社会公德的状况，总体是好的，但也存在着一些不尽如人意甚至令人忧虑的现象。因此，必须进一步加强社会公德教育，提高社会成员遵守社会公德的自觉性，提高社会公德水平。首先，要努力提高社会成员的科学文化素质、人文素质和心理素质，这是一项长期的工作，也是提高社会成员社会公德素养的基础性工作。其次，要建立全方位的社会公德教育体系。必须把家庭教育、学校教育和社会教育紧密结合起来，相互配合，相互促进。要突出加强社会教育，巩固家庭教育、学校教育的成果，促进公民社会公德教育的深化。再次，要开展多样化的社会公德实践活动。各地各部门要紧密结合实际，组织开展各具特色的社会公德实践活动，如“礼貌月”“排队日”“青年志愿者服务”等，在实践活动中突出思想内涵，强化道德要求，使人们的思想感情在自觉参与中得到熏陶，精神生活得到充实，道德境界得到升华。最后，要营造有利于社会公德教育的社会氛围。一切思想文化阵地、一切精神文化产品，都要宣传和倡导社会公德规范，大力宣传良好的社会公德行为和品质，坚决批评违反社会公德规范的各种不道德行为和错误观念，帮助人们辨别是非，抵制假恶丑，为推进公民社会公德教育创造良好的舆论文化氛围。

三、职业道德教育

职业道德是指人们在职业活动中所应遵循的行为准则的总和，涵盖了从业人员与服务对象、职业与职工、职业与职业之间的关系。随着现代社会分工的发展和专业化程度的增强，市场竞争日趋激烈，整个社会对从业人员职业观念、职业态度、职业技能、职业纪律和职业作风的要求越来越高。因此，必须大力加强职业道德教育，大力倡导以爱岗敬业、诚实守信、办事公道、热情服务、奉献社会为主要内容的职业道德，鼓励人们在工作中做一个优秀的建设者。

第一，加强职业道德意识教育。职业道德意识主要包括职业道德认识、职业道德情感、职业道德意志和职业道德信念等。职业道德认识是人们对职业道德知识的理解和掌握，包括对各行各业在社会中的地位、性质、作用、服务对象和服务手段等方面的认识。职业道德情感是人们根据一定的职业道德观念，在处理职业关系、评价职业行为时所产生的内心体验，主要包括对所从事职业的荣誉感、责任感等。职业道德意志是指人们在履行职业义务的过程中，自觉地克服困难和排除障碍的毅力。职业道德信念是人们发自内心地对职业道德原则和规范的真诚信仰。通过职业道德意识教育，使全体从业人员具有明确的职业道德意识，是职业道德教育的基本任务。

第二，加强职业道德规范教育。社会主义职业道德规范可分为核心规范、一般规范和行业具体规范三个层面。为人民服务是社会主义职业道德的核心规范，是从业人员在职业活动中应遵守的最根本的准则。职业道德规范教育的首要任务就是帮助从业人员树立为人民服务的思想。职业道德的一般规范是《新时代公民道德建设实施纲要》所指出的“爱岗敬业、诚实守信、办事公道、热情服务、奉献社会”，这是对各行各业提出的共同的职业道德要求。职业道德规范教育的基本任务就是帮助从业人员掌握并践行这些规范，树立爱岗敬业意识、勤业精业意识、职业规范意识。行业具体规范是从事该行业的从业人员必须遵守的职业规范，帮助从业人员了解并严格遵守各行各业的具体职业道德规范，也是职业道德教育的重要任务。引导各行各业的人们从自己的工作实际出发，把握并遵守上述不同层次的道德规范，必将大大提高全社会的职业道德水平。

第三，加强职业道德行为教育。职业道德行为是指从业人员在一定的职业道德认知、情感、意志和信念的支配下，在实践活动中履行职业道德义务的实际行动。职业道德行为和习惯，是职业道德意识的综合表现和结果，通过职业道德行为和习惯的实际体验，又会反过来提高职业道德意识水平。职业道德行为教育是职业道德教育的关键，是职业道德教育的最终落脚点。

四、家庭美德教育

家庭美德是每个公民在家庭生活中应该遵循的行为准则，涵盖了夫妻、长幼、邻里之间的关系。家庭生活与社会生活有着密切的联系，正确对待和处理家庭问题，共同培养和发展夫妻爱情、长幼亲情、邻里友情，不仅关系到每个家庭的美满幸福，而且有利于社会的安定和谐。《新时代公民道德建设实施纲要》明确提出，应当弘扬中华民族传统家庭美德，倡导现代家庭文明观念，推动形成爱国爱家、相亲相爱、向上向善、共建共享的社会主义家庭文明新风尚，让美德在家庭中生根、在亲情中升华。

进行家庭美德教育，就是要大力倡导以尊老爱幼、男女平等、夫妻和睦、勤俭持家、邻里互助为主要内容的家庭道德，鼓励人们在家庭里做一个好成员。首先，引导人们树立“老吾老以及人之老，幼吾幼以及人之幼”的观念。作为子女，要孝敬父母，敬重长辈，关心他们的物质和精神生活，理解并尊重老人的意愿；作为家长，要精心抚育子女，以平等、民主的态度对待孩子，鼓励他们自强自立、积极向上。其次，引导人们树立男女平等的观念，夫妻之间要实现权利和义务上的平等、人格地位上的平等，要平等地对待自己的子女；引导人们正确处理夫妻关系，倡导互敬、互爱、互信、互谅的风气，做到夫妻双方忠诚爱情，珍惜、保护、发展已经建立起来的情感。再次，引导人们弘扬勤俭持家的风气，勤劳节约，量力而行，量入为出，妥善安排家庭生活。最后，引导人们正确处理邻里关系，邻里之间要以礼相待，做到互谅互让、互帮互助、宽以待人、团结友爱。

复习思考题

1. 思想政治教育内容系统主要由哪些要素构成？
2. 确定和运用思想政治教育内容的要求主要有哪些？
3. 世界观教育、政治观教育、人生观教育、法制观教育和道德观教育各主要包含哪些内容？
4. 如何进行中国精神教育？
5. 如何进行社会主义核心价值观教育？
6. 如何进行理想信念教育、人生价值观教育以及生命价值观教育？

阅读书目

1. 陈万柏，张耀灿. 思想政治教育学原理. 2版. 北京：高等教育出版社，2007.
2. 张耀灿，等. 现代思想政治教育学. 2版. 北京：人民出版社，2006.
3. 张孝宜. 人生观通论. 北京：高等教育出版社，2005.
4. 毕红梅. 全球化视野中的思想政治教育. 北京：中国社会科学出版社，2006.
5. 梅萍，等. 当代大学生生命价值观教育研究. 北京：中国社会科学出版社，2009.

第九章 思想政治教育原则

要点提示

● 思想政治教育原则是教育者依据思想政治教育的客观规律，在总结思想政治教育实践经验的基础上而确立的思想政治教育活动的准则。

● 思想政治教育原则确立的依据是思想政治教育的客观规律。

● 思想政治教育原则体系是思想政治教育的子系统，具有整体性、层次性、辩证性和发展性等特点。

● 思想政治教育的主要原则包括：方向原则、民主原则、主体原则、求实原则、激励原则、渗透原则、层次原则和示范原则。

关键词 思想政治教育原则　方向原则　民主原则　主体原则　求实原则　激励原则　渗透原则　层次原则　示范原则

思想政治教育原则是思想政治教育客观规律的主观反映，是教育者从事思想政治教育活动必须遵循的基本准则。做好思想政治教育工作，提高思想政治教育效益，除了要明确思想政治教育的目的、任务、内容外，还必须在教育活动中遵循思想政治教育的原则。

第一节　思想政治教育原则体系的特征和依据

一、思想政治教育原则体系的特征

思想政治教育原则为人们规定了从事思想政治教育活动的基本标准或规则，

对思想政治教育活动的有序进行具有重要意义。思想政治教育需要处理多方面的复杂关系，开展多方面的活动；处理不同的关系需要遵循不同的准则，在不同的活动中也有相应的准则必须遵守，因而思想政治教育原则是多元的。这些不同的原则相互联系、相互协同，构成思想政治教育的原则体系。作为思想政治教育的子系统，思想政治教育的原则体系具有与其他子系统不同的一些特征。

> 思想政治教育原则是教育者依据思想政治教育的客观规律，在总结思想政治教育实践经验的基础上而确立的思想政治教育活动的准则。

1. 整体性

思想政治教育原则体系是一个由不同层次原则构成的丰富而完整的体系，具有整体性特征。首先，思想政治教育原则体系是以思想政治教育规律作为贯穿始终的客观依据而构建起来的，各原则层次之间和各具体原则之间相互联系、相互作用、相互补益，构成具有紧密内在联系的整体。上一层次原则对下一层次原则具有规范、指导作用，下一层次原则从某种意义上讲是上一层次原则的具体化，又对上一层次原则产生一定的影响。如果对此认识不足，对思想政治教育原则的把握和运用就有可能出现偏误。其次，思想政治教育原则体系的整体功能大于各个具体原则功能的简单加和。思想政治教育原则体系由从属层次、关联层次及运行层次等层次的众多具体原则构成，但并不等于这些原则功能的简单相加；这些原则通过相互联系、相互作用而使思想政治教育原则体系产生主体功能，即保证思想政治教育的性质和方向，指导教育者正确选择教育内容和方法、采取正确的教育行为等。因此，在运用思想政治教育原则时不能顾此失彼，而应充分考虑其相互协同，对其综合运用，以充分发挥整体效应。认清思想政治教育原则体系的整体性特点，有助于我们全面认识并把握思想政治教育原则体系，充分发挥其整体功能。

2. 层次性

思想政治教育原则体系可依照由整体到局部、由一般到个别的次序，分层次加以排列，每一层次原则都在一定的范围内和条件下起作用，都有自己特殊的功能和意义。如从属层次的原则反映了思想政治教育与经济基础和上层建筑之间的本质联系，是处理两者关系的基本准则；关联层次的原则反映了思想政治教育与其他社会子系统之间的紧密联系，是处理思想政治教育与经济工作、管理工作等平行子系统之间关系的基本准则；运行层次的原则反映了思想政治教育系统各要素之间的内在关联，是处理思想政治教育各要素之间关系的基本准则。三个层次的原则区分明显，有主次之分，呈现出明显的层次性。即使是同一层次中的各个具体原则也有主次之别，表现出一定的层次性。例如，在关联层次原则中，求实原则体现了正确思想路线的要求，对同一层次的其他原则具有指导意义，同一层次的其他原则基本上是这一原则的展开和具体化。再如，在运行层次原则中，民主原则涵盖面宽，具有总的指导意义，同层次的其他原则从某种意义上讲都是民主原则的具体化，因而带有基本原则的性质。

3. 辩证性

辩证性是指人们对思想政治教育原则的认识和把握既具有绝对性又具有相对

性，是绝对性和相对性的统一。首先，思想政治教育原则体系是人们在辩证唯物主义和历史唯物主义指导下对思想政治教育客观规律主观认识的产物。它和其他真理性认识具有共同的特征，即绝对真理与相对真理的辩证统一。人们对思想政治教育规律和反映这一规律的思想政治教育原则的认识具有绝对真理性的成分，这种认识每向前一步，都意味着我们对思想政治教育原则的认识达到一个新水平；随着思想政治教育实践的发展和人们认识能力的提高，对思想政治教育原则认识的水平从总体上说在不断提高。但由于思想政治教育是一个不断发展的过程，新事物、新情况、新问题层出不穷，人们对思想政治教育的规律和原则的认识总是有局限的、不全面的，加上不同认识主体的认识能力、认识水平存在差异，因而人们对思想政治教育规律和原则的认识又具有相对性。这也是关于思想政治教育原则存在一些不同意见的重要原因。其次，思想政治教育原则的划分具有相对性。将思想政治教育原则划分为不同层次，是为了更深入地认识和把握原则，更好地运用原则开展思想政治教育活动。实际上，思想政治教育不同层次原则之间以及具体原则之间既有区别又有联系，对各个原则的认识不能绝对化，要看到它们之间的相容性、交叉性、衔接性。最后，思想政治教育原则是对思想政治教育所涉及的各种关系的辩证抽象，只有深刻理解思想政治教育过程中的各种关系，对思想政治教育原则的认识和把握才能符合实际，避免片面性。例如，热情关怀与严格要求相结合的原则，有人片面强调前者而忽视后者；对教育与自我教育相结合的原则，有人片面夸大自我教育的作用而否定思想政治教育的影响，不懂得真正的自我教育内在地包含着教育对象积极接受教育影响的自觉状态；等等。从某种意义上讲，这都是对思想政治教育过程的各种关系把握不当、对思想政治教育原则的辩证性认识不清导致的。总之，思想政治教育原则是人们对思想政治教育规律的真理性认识，和其他真理一样，是绝对性和相对性的辩证统一。

4. 发展性

思想政治教育原则是在思想政治教育实践活动中形成和发展的一个多层次的动态体系，不是孤立静止、僵死不变的。首先，随着社会历史条件的变化，人们社会实践的发展，思想政治教育的新经验将得到不断总结，新规律将会不断被认知，反映这些规律的新原则将会不断出现。例如，过去竞争被看作资本主义社会所特有的东西，随着我国改革开放的深入和社会主义市场经济的发展，我们社会的各个领域都出现了竞争，促进了我国社会的发展。这一情况使思想政治教育者认识到，要更好地开展思想政治教育并取得实效，也必须在思想政治教育活动中引入竞争，确立竞争激励原则，努力培养教育对象的竞争意识；否则，思想政治教育就会缺乏生气，难以适应社会主义市场经济建设的要求。其次，即使是同一原则，其内涵也会随着实践的发展而不断丰富。例如，在延安整风时期，党中央提出“惩前毖后、治病救人”的宗旨和“既要弄清思想，又要团结同志”的方针，使整风运动取得巨大成就。新中国成立初期，随着人民内部矛盾突出起来，毛泽东提出了“团结——批评——团结”的公式，丰富和发展了延安整风时期的正确方针。党的十一届三中全会以后，党中央深刻总结了正反两方面的丰富经验，将解决人民内部思想问题、认识问题所应遵循的准则进一步总结概括；之后又进一步深化，将其概括为民主原则。这是对同一原则认识深化、发展的范例。最后，思想政治教育原则的运用随着时间、地点、条件的不同而变化，因而在思想政治教育具体活动中运用哪些原则，运用某种原则时侧重点是什么，都必须从实际出发，依具体情况而定，绝不可一成不变，这也是思想政治教育原则发展性的重要表现。总之，只有在思想政治教育实践的不断发展中认识、把握和运用思想政治教育原则，才能避免认识上的僵化、实际工作中的机械，从而充分发挥思想政治教育原则的整体效应。

二、确立思想政治教育原则的依据

> 原则不是研究的出发点，而是它的最终结果；这些原则不是被应用于自然界和人类历史，而是从它们中抽象出来的；不是自然界和人类去适应原则，而是原则只有在符合自然界和历史的情况下才是正确的。
>
> ——马克思，恩格斯．马克思恩格斯选集：第 3 卷．2 版．北京：人民出版社，1995：374．

要正确把握并运用思想政治教育原则，必须明了思想政治教育原则确立的依据。根据马克思主义的观点，思想政治教育原则是从思想政治教育实践中抽象出来的，只有符合思想政治教育实际情况、反映思想政治教育规律要求的原则，才是正确可行的原则。可见，思想政治教育的客观规律是确立思想政治教育原则的内在依据。

规律是客观事物之间内在的、本质的、必然的联系。思想政治教育的规律就是思想政治教育过程中各种相关因素之间的内在的、本质的、必然的联系或者关系。思想政治教育原则及原则体系是由这一联系或关系决定的。思想政治教育全部活动所涉及的关系主要包括以下三个层次：一是思想政治教育系统与经济基础、上层建筑之间的关系；二是思想政治教育系统与经济工作、行政管理工作、文化教育工作以及人们日常生活等社会平行子系统之间的关系；三是思想政治教育系统内部各构成要素，即思想政治教育者、教育对象、教育目标、教育内容、教育载体、教育方法等各子系统之间的关系。这三个层次的关系构成了思想政治教育的关系体系。思想政治教育原则正是根据这一关系体系所确定的。

从思想政治教育系统与经济基础、上层建筑之间的关系来看，思想政治教育是上层建筑的有机组成部分，是意识形态的重要内容之一，与经济基础和上层建筑的其他部分处于相互联系、相互作用之中。思想政治教育是经济基础和上层建筑其他部分的反映，为经济基础和上层建筑的其他部分所决定；同时又反作用于经济基础和上层建筑的其他部分，为其服务。因而思想政治教育具有鲜明的党性和阶级性。任何阶级社会的思想政治教育都必须与该社会的经济基础和上层建筑相一致并为其服务，都必然要向社会成员灌输反映经济基础和上层建筑的主流意识形态。思想政治教育与经济基础和上层建筑之间的这种本质联系决定了思想政治教育原则体系的性质和方向。依据这种本质联系而确立的思想政治教育原则主要有方向性原则，这一原则在思想政治教育原则体系中占有特殊地位，具有特别重要的意义。在建设中国特色社会主义的实践中进行思想政治教育，首先应该坚持把正确的政治方向放在第一位，用马克思列宁主义、毛泽东思想、中国特色社会主义理论体系武装人们的头脑，以马克思主义中国化的最新成果作为思想政治教育的根本指针，以社会主义核心价值体系作为思想政治教育的中心内容，引导社会成员坚持党在社会主义初级阶段的基本路线、基本纲领、基本政策，牢固树立正确的世界观、人生观、价值观，从而为社会主义现代化建设和改革开放提供精神动力，为巩固和发展社会主义经济基础和上层建筑服务。这就是现阶段思想政治教育坚持正确的政治方向的具体体现。如果思想政治教育不能为党在社会主义初级阶段的基本路线服务，便违背了社会主义经济基础和上层建筑的本质要求，就会出现方向性问题，失去其存在的价值。

从思想政治教育系统与社会平行子系统之间的关系来看，思想政治教育系统与经济工作、文化工作、教育工作、行政管理工作等系统的关系是一种平行融合关系。思想政治教育既不是一个孤立的、自我封闭的系统，也不是一个仅仅与经济基础、上层建筑发生纵向联系的系统，而是一个与其他社会子系统有着纵横交错的复杂联系的、相互交融的开放系统。从横向看，思想政治教育系统与社会各平行子系统相互联系、相互作用、相互促进，都以各自特殊的作用和方式共同服务于一定的经济基础和上层建筑。

思想政治教育系统和其他平行子系统之间的这种关系，首先是由我国的社会主义性质决定的。我国社会主义经济基础和上层建筑，决定了经济工作、文化工作、教育工作、行政管理工作的性质和方向，要求社会各方面活动都要有利于社会的稳定、经济的发展、公民思想道德素质的提高。因此，它必然要求思想政治教育系统对其他子系统发挥“生命线”的作用，为它们提供精神动力、方向保证；也要求社会各平行子系统主动接受思想政治教育的影响，并通过各自的工作强化思想政治教育对社会成员的积极影响。其次，这种关系也是由人的思想品德发展规律和思想政治教育自身的特点决定的。人的思想品德是在社会实践的基础上，在包括经济工作、文化工作、教育工作、行政管理工作和日常生活在内的多种因素影响下形成、变化和发展的，是这些因素共同作用的结果。思想政治教育只是影响人的思想品德形成发展的外部因素之一，必须与社会其他平行子系统相协调、相一致，才能充分发挥其育人作用。为了充分发挥思想政治教育的作用，有效提高人们的思想道德素质，思想政治教育要不断与外界特别是与其他各平行子系统进行沟通和交换，使思想政治教育融入社会的各子系统中，以便对教育对象形成全方位的积极影响；同时，还应主动协调包括经济工作、文化工作、教育工作、管理工作等在内的对人们思想品德发生作用的众多的教育途径和影响源，努力促使其形成最大的“正合力”，以不断提高教育对象的思想道德素质。

综上所述，思想政治教育系统与社会各平行子系统之间有着紧密的内在联系。思想政治教育系统对其他平行子系统发挥着极为重要的促进保证作用，各平行子系统也为思想政治教育提供赖以存在和发展的条件、载体和实践场所等。依据思想政治教育系统与各平行子系统相互依存、相互作用的关系所确立的思想政治教育原则，可称为关联层次的原则，主要有求实原则、渗透原则、激励原则等，它们都是各平行子系统间的本质联系和平行融合这一规律的反映或具体表现。

从思想政治教育系统内教育者、教育对象、教育目标、教育内容、教育载体、教育方法等各子系统之间的关系来看，它们之间是一种相互联系、相互作用、协调运行的关系。根据系统论观点，系统是由相互联系的要素（子系统）按一定的结构组成、具有整体功能的统一体。只有明确系统内部的构成要素并把握各要素间的相互关系，才能推动系统的正常运行和整体发展。就思想政治教育系统而言，其内部构成要素主要包括教育主体（教育者）、教育介体（包括教育内容、方法、载体等）、教育客体（教育对象）；在思想政治教育过程中，这三大子系统相互依存、相互制约、相互作用，思想政治教育过程就是不断解决这几个系统之间的矛盾并使之协调运行，从而最大限度地发挥思想政治教育系统整体功能的过程。依据思想政治教育系统内各子系统之间的本质联系而确定的思想政治教育原则，可称为运行层次的原则，主要有民主原则、示范原则、层次原则等。

第二节　思想政治教育的主要原则

一、方向原则

方向原则是指全部思想政治教育活动要始终与我国社会主义社会发展的要求相一致，坚持正确的政治方向不动摇。这一原则反映了思想政治教育的本质要求和基本规律，是思想政治教育的根本原则。在2018年全国宣传思想工作会议上，习近平强调思想政治教育要举旗帜，坚持正确的政治方向。“要高举马克思主义、中国特色社会主义的旗帜，坚持不懈用新时代中国特色社会主义思想武装全党、教育人民、推动工作”[①]。在2018年全国教育大会上，习近平再次强调，“在党的坚强领导下，全面贯彻党的教育方针，坚持马克思主义指导地位，坚持中国特色社会主义教育发展道路，坚持社会主义办学方向”[②]。当前，方向原则主要体现为思想政治教育要旗帜鲜明地坚持社会主义和共产主义方向，与中国共产党的根本宗旨、基本纲领、基本路线相一致。党的最终目标是实现共产主义，近期目标是

① 习近平在全国宣传思想工作会议上强调　举旗帜聚民心育新人兴文化展形象　更好完成新形势下宣传思想工作使命任务．人民日报，2018-08-23.

② 习近平在全国教育大会上强调　坚持中国特色社会主义教育发展道路　培养德智体美劳全面发展的社会主义建设者和接班人．光明日报，2018-09-11.

实现“两个一百年”的奋斗目标，建设社会主义现代化强国。党的根本宗旨是全心全意为人民服务。这一目标和宗旨反映了我国社会发展的根本要求。新时代思想政治教育要以此为方向，既要对社会成员进行社会主义初级阶段党的基本路线、基本方针、基本政策的教育，又要进行共产主义理想教育，引导教育对象树立全心全意为人民服务的思想；既要引导社会成员认真踏实地做好本职工作，为社会主义现代化建设尽心尽力，又要引导人们将自身的工作与我国社会发展的长远目标联系起来，帮助人们坚定共产主义信念，从而为中国特色社会主义的发展和实现共产主义创造物质和精神条件。

坚持方向原则对我国的思想政治教育活动具有重要意义。首先，只有坚持这一原则，才能保证我国无产阶级思想政治教育的本质特色。无产阶级思想政治教育与其他阶级思想政治教育的本质区别就是它的共产主义方向，旗帜鲜明地坚持这一方向，就能保证我国思想政治教育的社会主义特色。其次，只有坚持方向原则，才能统一人们的思想与行动，充分发挥思想政治教育的作用。明确的政治方向是统一人们的思想、协调思想政治教育各方面的力量，使之同向发挥作用的重要保证。因此，思想政治教育在任何时候都要把坚定正确的政治方向放在首位，坚持共产主义方向不动摇。最后，坚持方向原则是实现思想政治教育价值的根本要求。思想政治教育价值实现与否，必须以是否达到教育目的以及达到的程度来衡量；要达到培养担当民族复兴大任的时代新人的目的，就必须坚持社会主义方向。可见，坚持方向原则是达到思想政治教育目的、实现思想政治价值的内在保证。

在思想政治教育过程中坚持社会主义方向，首先必须始终坚持以马克思列宁主义、毛泽东思想和中国特色社会主义理论体系作为思想政治教育的指导思想。马克思主义理论正确地反映了自然、社会和人类社会发展的客观规律，集中地代表了无产阶级和广大人民群众的根本利益。只有坚持以马克思主义基本理论，特别是马克思主义中国化的最新成果为指导，思想政治教育才能真正实现阶级性与科学性的统一，理论与实践的统一；才能在建设中国特色社会主义的过程中，增强自觉性，减少盲目性，始终沿着社会主义方向前进。新时代思想政治教育要以习近平新时代中国特色社会主义思想为指导，吸收最新成果，并积极推动其大众化的进程。

其次，增强坚持思想政治教育方向原则的自觉性。邓小平指出：“我们干的是社会主义事业，最终目的是实现共产主义。这一点，我希望宣传方面任何时候都不要忽略。”① 作为以培育时代新人为己任的思想政治教育，更要始终牢记这一点。思想政治教育者应充分认识到，坚持思想政治教育的共产主义方向，是有效开展思想政治教育活动的根本保证，因而在实际工作中要自觉运用这一原则，将其精神落实到具体的思想政治教育活动中。同时，也要帮助教育对象认识到，坚持正确的政治方向，不仅是社会发展的需要，也是个体实现全面发展的内在需

① 邓小平．邓小平文选：第3卷．北京：人民出版社，1993：110.

要，从而提高他们坚持方向原则的自觉性。

最后，坚持方向原则须讲求科学性。在思想政治教育过程中坚持方向原则，必须将坚定的原则性与方法的灵活性结合起来，努力使思想政治教育渗透到社会生活的方方面面，渗透到人们的日常生活中，从而潜移默化地影响社会成员。思想政治教育者要努力探寻方向原则与思想政治教育具体目标之间的契合点，并以方向原则统摄各种具体目标，使思想政治教育始终沿着共产主义方向发展。

二、民主原则

民主原则是指思想政治教育活动应体现和落实人民是国家的主人这一社会主义制度的本质特征，在思想政治教育中发扬民主精神，坚持民主作风和民主方法。马克思主义认为，民主就是人民主权、人民意志的实现，就是人民自己创造、自己建立、自己规定国家制度，并运用这种国家制度管理自身事务。党和国家一直非常强调以人民为中心的立场，坚持人民性，重视群众路线。习近平在全国宣传思想工作会议上强调，“坚持人民性，就是要把实现好、维护好、发展好最广大人民根本利益作为出发点和落脚点，坚持以民为本、以人为本”①。从这个意义上讲，思想政治教育就是人民的自我教育，因为无论是教育者还是教育对象，都是人民的一部分，思想政治教育是在人民内部进行的，不存在一个来自人民之外的教育主体。由此可见，思想政治教育民主原则的实质内容，就是要在思想政治教育中充分体现、尊重人民群众的主人翁地位，保障人民群众的民主权利，尊重教育对象的人格，创造条件让教育对象充分发表自己的意见，并加以正确的引导，以培养教育对象的民主精神，为建设社会主义法治国家创造条件。

在思想政治教育中坚持民主原则，是由社会主义制度的性质决定的。从本质上来说，社会主义制度就是一种民主制度，社会主义的权利主体是人民，发展民主是社会主义的本质要求，没有民主就没有社会主义。民主的核心内容，是人民当家作主。社会主义的政治、经济、文化等制度，都是建立在以人民当家作主为核心的社会主义民主制度基础上的。社会主义的这一性质要求思想政治教育必须坚持民主、平等的原则，坚持民主集中制和群众路线。对于民主原则，我们必须有一个完整的理解，在思想观念层面，它是指民主观念、民主精神；在行为方式层面，它是指民主作风、民主的工作方法。因而不能仅仅将民主原则简单地理解为“让人讲话”，让“各种意见和观点充分讲出来”。民主原则强调的是思想政治教育本质上是人民群众民主权利的一种体现，是人民群众自我教育、自我实现、自我提高的过程；思想政治教育者本身就是人民群众的一员，而不是高高在上的救世主和精神导师。因此，在具体的思想政治教育过程中，教育者对教育对象应坚持双向交流，说服教育，循循善诱，启发他们的觉悟，引导他们团结起来为自

① 习近平．习近平谈治国理政：第1卷．2版．北京：外文出版社，2018：154.

己和社会的共同利益而奋斗。从这个意义上说，民主原则可看作思想政治教育的基本原则。

坚持民主原则是由思想政治教育的特点和规律决定的。在思想政治教育过程中，教育对象既是教育客体，从某种意义上讲，又是教育主体。任何教育只有经过教育对象的内化才能发生作用，只有调动教育对象的积极性使其积极主动地接受教育影响，教育才能产生预期效果。这是思想政治教育特点和规律的重要表现。这一特点要求在思想政治教育中必须坚持民主原则，尊重和维护教育对象的主人翁地位，营造一种民主的教育环境和氛围。只有这样，才有可能发挥教育对象的积极性、主动性和创造性，思想政治教育才能确实有效。从现实情况来看，改革开放以来，我国社会主义民主和法制建设不断发展，公民的民主意识、主体意识、平等观念普遍增强，因而思想政治教育与过去相比更需要坚持民主原则，以满足教育对象精神世界发展的新需要和时代发展的新要求，从而推进社会主义民主政治建设。

坚持民主原则是由思想政治教育所要解决的矛盾的性质决定的。思想政治教育所要解决的基本矛盾是社会发展的客观要求同人们实际的思想品德水准之间的矛盾。这一基本矛盾及其制约下的具体矛盾都属于人民内部的矛盾，不具有对抗性质；思想政治教育所要解决的问题也主要属于思想性质的问题。而“凡属于思想性质的问题，凡属于人民内部的争论问题，只能用民主的方法去解决，只能用讨论的方法、批评的方法、说服教育的方法去解决，而不能用强制的、压服的方法去解决”①。这就决定了在思想政治教育中必须坚持民主原则，以更好地解决思想政治教育的基本矛盾和教育对象的思想认识问题，促进教育对象的思想品德向社会要求的方向发展。

在思想政治教育中坚持民主原则，对思想政治教育者提出了更高要求。首先，思想政治教育者要准确理解和把握民主原则。如前所述，民主不仅仅是指民主作风、民主方法，更重要的是指民主精神、民主观念、民主制度。思想政治教育者应树立强烈的民主意识，全面把握和确实坚持民主原则，在思想政治教育工作中充分发扬民主精神。教育者必须清醒地认识到自己也是人民群众中的一员，是与教育对象完全平等的社会一分子，并无高高在上的特殊地位和特权；人民群众民主权利的实现是社会主义民主政治的题中应有之义，而不是任何人的赏赐与恩典；从一定意义上讲，进行思想政治教育就是为了维护和实现人民群众当家作主的民主权利。

其次，教育者应明确，坚持民主原则与同错误倾向做斗争不是矛盾的，而是相辅相成的。讲民主并不是要放弃对错误思想和行为的斗争，如果对少数人的错误思想和行为一味放任自流，放弃思想斗争，就会极大地损害广大人民群众的根本利益，损害人民群众当家作主的民主权利，破坏社会的繁荣和进步。因而民主原则内在地包含着对错误思想、错误倾向开展批评和斗争的内容。教育者还应认

① 毛泽东．毛泽东著作选读：下册．北京：人民出版社，1986：762.

识到，坚持民主原则，强调教育者和教育对象之间的关系是一种平等关系，并不意味着否定两者之间的教育关系，也不是要放弃教育者的责任，而是为了更好地对教育对象进行教育和引导，使思想政治教育取得更好的成效。总之，只有全面准确地认识和把握民主原则，才能在思想政治教育中运用好这一原则。

最后，要畅通渠道，营造氛围，发扬民主，广开言路。思想政治教育者要采取各种措施，努力创造民主氛围，使教育对象敢讲真话，能讲真话；只有这样，思想政治教育者才能了解真实情况，集思广益，更有针对性地开展教育活动。教育者要以平等的态度与教育对象交流思想，交换意见，善于吸收教育对象的合理意见，努力创造条件以满足他们的合理要求，从而调动他们接受思想政治教育并进行自我教育的积极性和主动性，促进他们健康成长。

三、主体原则

主体原则是指思想政治教育者在开展教育活动时，应充分尊重教育对象的主体地位，注重调动其自我教育的积极性和主动性以实现思想政治教育目标的行为准则。一般来讲，在思想政治教育过程中，教育者是教育主体，教育对象是教育客体。但教育对象并不是被动地接受教育影响，他们在接受教育影响的同时，也在不断地进行自我教育，因而从某种意义上说，他们也是思想政治教育的主体，在教育过程中发挥着重要作用。思想政治教育对教育对象的教育影响只有通过他们自身积极主动地接受并内化，才能真正地起作用；教育对象的主观能动性是影响思想政治教育效益的一个极其重要的因素。因此，为提高思想政治教育效益，就必须坚持主体原则，充分发挥教育对象在教育过程中的主观能动作用。习近平在全国高校思想政治工作会议上曾强调，“思想政治工作从根本上说是做人的工作，必须围绕学生、关照学生、服务学生”①。思想政治教育要坚持主体原则，围绕教育对象展开，充分发挥其主体性和积极性。

坚持思想政治教育的主体原则，首先是由社会主义国家人民群众主人翁地位决定的。人民群众是创造历史的动力，是社会主义国家的主人翁。但人民群众只有在先进思想的指导下，才能更好地从事改造自然和社会的实践活动，因而有必要对他们进行思想政治教育。但这种教育不是外在于人民群众的，而是在人民群众中进行的。社会成员的思想道德水平和认识水平，总是参差不齐的，因而在一定时期，由先进分子依据社会要求对其他成员进行教育是必需的，但这在本质上仍然是人民群众自己教育自己的自觉活动，是人民群众主体性的一种表现。人民群众的教育和自我教育以及相互教育是一致的，从这个意义上讲，教育对象当然也是思想政治教育的主体。社会主义国家的思想政治教育必须尊重人民群众的主

① 习近平在全国高校思想政治工作会议上强调 把思想政治工作贯穿教育教学全过程 开创我国高等教育事业发展新局面. 人民日报，2016-12-09.

人翁地位，充分发挥教育对象在教育过程中的主观能动作用。

其次，坚持主体原则是发展社会主义市场经济、推进社会主义现代化的内在要求。在市场经济条件下，人们的利益、目标追求和思想观念日趋多元化，人们对生活的理解、对事物的看法日益多样化，人们的自我意识日益增强；而大众传播迅速发展，使人们的信息来源渠道更加广泛、更加多样，进而使思想政治教育者在拥有信息方面失去了过去曾经有过的优势。面对这种情况，过去思想政治教育片面强调教育者的主体作用，单纯灌输现成结论的所谓“替代选择”方式，已经不能适应新形势需要了，而必须采用“双向交流、引导选择”的新方式。这就要求思想政治教育要充分尊重人民群众的民主、平等权利，引导教育对象进行自我教育、自主选择，努力提高教育对象对是非、善恶、美丑、正确与错误的辨别能力，从而提高教育对象自觉参与市场经济建设和社会主义现代化建设的积极性。

最后，坚持主体原则是正确处理主客体关系，提高思想政治教育有效性的内在要求。从某种意义上讲，思想政治教育活动是教育主体与教育客体进行思想、情感双向交流和沟通的活动；教育目的是在教育者发挥主导作用和教育对象发挥能动作用、相辅相成的过程中实现的。因此，应当辩证地看待并正确处理思想政治教育的主客体关系。一方面，思想政治教育者的主导地位不能忽视，因为教育对象主体作用的发挥离不开教育者的引导，那种片面夸大自我教育的作用而否定教育者主导作用的观点是错误的。另一方面，又必须看到，思想政治教育者对教育对象提出的教育目标，最终必须通过教育对象内在思想矛盾运动才能达到，教育者不应也无法包办代替。因为教育者的“教育”只是教育对象思想道德素质提高的必要外因，教育对象自身自我教育的主体性才是内因。只有当教育对象不仅能正确认识自己、评价自己，而且能自觉地按照社会要求进行自我教育、自我调控，主动向社会要求的方向发展，教育的目标才算达到。任何教育，如果不能调动教育对象自我教育的主动性，是难以取得实质效果的。思想政治教育主客体之间的这一辩证关系，要求教育者在教育过程中必须坚持主体原则。

坚持主体原则，首先要充分发挥教育者的主导作用。强调主体原则，并不是要否定和取消思想政治教育者的主导作用，相反，是要更好地发挥思想政治教育者的主导作用。实践证明，教育者的主导作用发挥得越好，教育对象的主观能动性就越能得到充分调动。充分发挥教育者的主导作用，是贯彻主体原则的内在要求。为了发挥教育者的主导作用，必须采取多种措施加强对思想政治教育者的培训，以提高其思想政治水平、科学文化素质和工作能力；同时应提倡并督促思想政治教育者加强自我学习、自我修养，注意以身作则，率先垂范，从而为其主导作用的发挥奠定牢固基础。其次，要着力培养教育对象的自我教育能力。著名教育家陶行知说“教是为了不教”，其意是说通过教育使教育对象具有主体意识和自我教育的能力后，他们就可以通过自我教育实现自我发展，从而达到教育目标。而这正是思想政治教育主体原则的核心内涵。因此，教育者在引导教育对象时，不仅要“授之以鱼”，更要“授之以渔”，即要引发其自我教育的积极性、主动性、自觉性，着力提高他们的自我教育能力。为此，就要引导教育对象通过各种形式加强马克思主义理论学习，引导他们积极参与社会实践活动，在实践中正确地认识自我，恰当地评价自我，科学地设计自我，合理地调节自我，自觉地规范自我，从而形成较强的自我教育能力，进而促进教育对象实现知、情、意、信、行诸心理因素的和谐发展，形成良好的思想品德。最后，要注意将每个人的自我教育与集体成员间的互帮互教结合起来。思想政治教育的主体原则，既强调每一个教育对象的自我教育，又提倡集体成员之间的相互教育、相互帮助。这是因为自我教育和相互教育是相辅相成、相得益彰的；一个健康集体的自我教育实际上既包括集体成员个体的自我教育，又包括集体成员间的相互教育。思想政治教育者应善于通过集体力量去教育每一个人，着力提高整个集体的自我教育能力和水平，以此促成每个个体自我教育能力的提高。为此，思想政治教育者要善于发现、选择、培养好集体的带头人，以形成集体自我教育的核心；要注意在集体中营造良好的氛围，为每个成员自我教育能力的提高和思想品德的发展创造良好条件。

四、求实原则

> “实事”就是客观存在着的一切事物，“是”就是客观事物的内部联系，即规律性，“求”就是我们去研究。
>
> ——毛泽东．毛泽东选集：第3卷．2版．北京：人民出版社，1991：801.

求实原则，是指思想政治教育要始终坚持理论联系实际，一切从实际出发，实事求是的思想路线和原则。实事求是是马克思主义理论的精髓，求实原则正是这一精髓在思想政治教育活动中的具体体现，是思想政治教育的基本原则之一。“做好高校思想政治工作，要因事而化、因时而进、因势而新。”[①] 在思想政治教育活动中坚持求实原则，首要的就是坚持“求是”，也就是必须遵循思想政治教育规律，遵循教书育人规律，遵循学生成长规律，不能仅凭自己的主观愿望办事，这是求实原则最基本的要求。具体来讲，就是要立足于思想政治教育的客观实际和教育对象的思想实际开展教育活动，在教育实践中努力探求思想政治教育内部各要素之间的联系及其与外部环境的联系，从中探寻思想政治教育的客观规律，以此指导思想政治教育活动，提高思想政治教育的针对性和实效性。

坚持求实原则对思想政治教育具有重要的现实意义。邓小平指出：“实事求是，是无产阶级世界观的基础，是马克思主义的思想基础。过去我们搞革命所取得的一切胜利，是靠实事求是；现在我们要实现四个现代化，同样要靠实事求

① 习近平在全国高校思想政治工作会议上强调　把思想政治工作贯穿教育教学全过程　开创我国高等教育事业发展新局面．人民日报，2016-12-09.

是。”[①] 思想政治教育当然也不例外，必须倡导实事求是，坚持从社会生活和人们的思想实际出发，而不是从概念和抽象的人出发进行思想政治教育，避免主观性和盲目性。这是进行思想政治教育的基本要求，求实原则较好地体现了这一要求。实践表明，切实坚持求实原则，有助于思想政治教育更好地贴近教育对象的思想实际，贴近生活，使思想政治教育落到实处，取得较好的效果。反之，就会导致思想政治教育“空对空”或“自说自话”。过去以至今天一些地区或单位思想政治教育之所以成效不佳，一个重要的原因就是思想政治教育的具体活动脱离社会生活实际、脱离教育对象的思想实际，教育者“一厢情愿”地说大话，说空话。这从反面告诉我们，思想政治教育要确实发挥作用、取得实效，一定要从教育对象的思想实际和社会生活的实际出发，有针对性地开展教育工作。

在思想政治教育活动中坚持求实原则，首先，要树立强烈的求实精神。思想政治教育者应努力做到不唯上、不唯书、只唯实，也就是说，要深入实际，加强调查研究，努力探求和把握教育对象和思想政治教育的实际情况，努力追求思想政治教育的实效；要诚实守真，在任何情况下都说实话办实事，不回避问题或错误，不弄虚作假，不做表面文章，不搞“花架子”。其次，要切实将理论与实际结合起来。思想政治教育者要认真学习马克思主义基本理论，掌握唯物辩证法的精髓，并将其贯穿到思想政治教育具体工作中，力求做到认识与实践相结合、主观与客观相统一，因人、因事、因时、因势制宜地开展教育活动，以增强思想政治教育的针对性和有效性。再次，要注意运用科学的方法。“求实”须调查研究，“求是”要分析推理，而这都离不开科学的方法。没有科学的方法，求实原则就难以真正落实到思想政治教育活动中。思想政治教育者要努力学习并掌握辩证唯物主义方法论，认真钻研社会调查方法以及现代科学所提供的其他方法，以提高坚持求实原则的科学性。最后，要坚持与时俱进。“求实”内在地要求思想政治教育要与时俱进，因为社会生活在不断发展变化，教育对象的思想也在不断发展变化，因而教育者要注意不断地对思想政治教育的目标、内容、载体、方法等进行调整，使之与不断变化的实际情况相协调。为此，思想政治教育者要特别注意用发展的观点在动态中分析和把握各种思想现象和社会现象，善于透过现象抓住本质、探求规律，并据此调整工作，从而使思想政治教育活动常变常新。可见，只有坚持与时俱进，才能更好地坚持求实原则。

五、激励原则

激励原则是指思想政治教育者运用各种激励手段，对教育对象施加外在刺激，以引起其心理和思想的变化，使其产生社会所期望的行为反应，从而达到思

① 邓小平．邓小平文选：第2卷．2版．北京：人民出版社，1994：143．

想政治教育目的的行为准则。对教育对象坚持进行激励尤其是进行正强化，是思想政治教育者在教育过程中必须坚持的基本准则。

激励，从狭义上讲，是指激发和鼓励；从广义上讲，则是指运用各种有效手段激发人们的动机、热情，调动人们的积极性、主动性、创造性和潜能，使其朝着社会所期望的方向前进。此处主要是在广义上使用激励这一概念。从这一角度讲，激励的内容包括物质激励和精神激励；激励的形式包括正激励和负激励。正激励是指表扬和奖励，即对教育对象良好行为及其后果加以褒扬，给以积极肯定，以促使教育对象保持和增强这种行为，从而强化教育对象的良好动机，不断提高思想品德水平；负激励是指批评和惩罚，即对教育对象不良行为及其后果予以否定、批评甚至惩罚，以促使教育对象中止并转变不良行为，使其原有行为动机消退，并警示他人，引导教育对象朝着社会要求的目标迈进。可见，坚持运用激励原则对教育对象的行为及其动机进行调节，对做好思想政治教育工作，帮助教育对象形成良好的思想品德具有重要意义。

在新时代思想政治教育中坚持激励原则十分必要。首先，坚持激励原则是人的思想品德形成发展规律的要求。人的行为受到动机的直接支配，而动机的形成受到人的内在需要和外部刺激的制约。需要固然是人的行为的内驱力，是人的行为的内在基础，而外部刺激通过肯定或否定人的需要对动机的形成也产生不可忽视的重要作用。只有在既存在内在需要又出现合理且适度的外在刺激的情况下，人们才会产生满足需要的欲望和冲动，即行为动机。思想政治教育的激励原则正是基于人的行为活动的这一规律提出来的。通过奖惩两种刺激方式可以较好地满足教育对象的心理需要，促使其形成良好的动机，并引导其将个人目标与社会目标有机地结合起来，从而更好地向社会所要求的方向发展。其次，坚持激励原则是我国社会发展的客观要求。随着社会主义市场经济的发展，我国社会经济成分、组织形式、就业方式、分配方式日益多样化，人们的利益意识日益增强，人们的思想和行为与实际利益之间的联系较以前更为直接和紧密。这一情况是客观的，也无可厚非，因为“人们奋斗所争取的一切，都同他们的利益有关”①，但这一情况也对思想政治教育提出了新挑战和新要求。在人们的利益意识日益强烈的情况下，思想政治教育如果只进行空洞的说教，往往难以取得实效，必须从人的内在需要出发，运用激励原则，将物质激励和精神鼓励结合起来，奖优罚劣，激励人们为组织和个人的共同利益与目标而奋斗，并在奋斗过程中不断提高自身的思想道德水平。最后，坚持激励原则是完成当前思想政治教育主要任务的要求。调动广大人民群众参与社会主义现代化建设的积极性，是当前思想政治教育的主要任务。而运用多种激励手段有助于教育对象形成良好的行为动机，有助于调动其参与现代化建设的积极性、主动性和创造性。

在思想政治教育中坚持激励原则，首先，应建立健全合理的激励机制。合理的激励机制是对教育对象进行有效激励的基础工作，应予以高度重视，下大力气

① 马克思，恩格斯. 马克思恩格斯全集：第1卷. 北京：人民出版社，1956：82.

抓好。思想政治教育要配合各项管理工作，建立切实可行的激励制度和合理的激励机制。要建立健全思想政治教育的考核、评比、监督、奖惩等制度，并严格执行，将其切实落实到教育活动中；要综合运用多种激励手段如目标激励、参与激励、物质激励、荣誉激励、职位激励、榜样激励、关怀激励等，从而形成多种激励手段并用、优势互补的思想政治教育激励体系。其次，激励手段的运用应与思想政治教育目标相一致。在思想政治教育中，运用激励手段是要通过外部刺激强化教育对象接受思想政治教育的积极性、主动性，以实现思想政治教育的目标。各种激励手段的运用都不能有违思想政治教育的目标，而应有利于调动教育对象工作、学习和自我教育的积极性，有利于教育目标的实现。

六、渗透原则

渗透原则是指思想政治教育应融入经济工作、文化工作、管理工作等各方面工作乃至人们的日常生活中去，结合各项具体工作的实际进行。要把思想政治教育贯穿教育教学全过程，实现全程育人、全方位育人。马克思指出："意识在任何时候都只能是被意识到了的存在，而人们的存在就是他们的现实生活过程。"[①] 人一生中的大部分时间都是在工作中度过的，人的物质需要和精神需要主要是通过工作来满足的，人们的思想问题往往与日常的工作、学习和生活紧密相连。因此，思想政治教育只有渗透到各方面具体工作中，融入生活中，贴近生活，贴近教育对象，才能更好地满足教育对象的需要，才能及时发现并解决问题，从而增强思想政治教育的针对性和时效性，促进各项工作正常有序地开展。新时代人们对思想政治教育的渗透性越来越重视，相应的期待值也越来越高。习近平在讲话中多次强调"落小落细落实""日用而不觉"，要将社会主义核心价值观融入人们的日常生活，使其"日常化、具体化、形象化、生活化，使每个人都能感知它、领悟它，内化为精神追求，外化为实际行动"[②]。在论及学校思想政治教育时，强调将思想政治理论课这一主渠道和其他路径结合起来，形成教育合力。"要用好课堂教学这个主渠道，思想政治理论课要坚持在改进中加强，提升思想政治教育亲和力和针对性，满足学生成长发展需求和期待，其他各门课都要守好一段渠、种好责任田，使各类课程与思想政治理论课同向同行，形成协同效应。"[③]

坚持渗透原则对开展思想政治教育活动具有重要意义。首先，坚持渗透原则，有助于调动各方面的积极性，形成思想政治教育的合力。思想政治教育渗透到各项具体工作和日常生活中，结合各项具体工作去做，就意味着思想政治教育不再是教育者的"独角戏"，而成为各项业务工作人员都参与的工作，从而避免

---

① 马克思，恩格斯．马克思恩格斯选集：第1卷．2版．北京：人民出版社，1995：72.

② 中共中央文献研究室．习近平关于社会主义文化建设论述摘编．北京：中央文献出版社，2017：118.

③ 习近平在全国高校思想政治工作会议上强调　把思想政治工作贯穿教育教学全过程　开创我国高等教育事业发展新局面．人民日报，2016-12-09.

思想政治教育与经济等工作的“两张皮”现象；就要注意调动各方面工作人员参与思想政治教育的自觉性和主动性，进而形成思想政治教育的综合作用力。其次，坚持渗透原则，有助于更好地发挥思想政治教育的作用。思想政治教育不是孤立存在的，而是与教育对象的工作和生活紧密相关的。离开经济工作、文化工作、管理工作以及教育者的日常生活，思想政治教育就会失去依托，无的放矢，因为各项具体工作是思想政治教育的用武之地。只有结合各项具体工作开展思想政治教育活动，教育者才能及时了解并把握教育对象的思想情况，才能有的放矢地做好工作，使教育对象在不知不觉中受到思想政治教育的影响。总之，只有结合各项具体工作开展思想政治教育，才能更充分地发挥其作用。

在思想政治教育中坚持渗透原则，首先，要强化教育者结合各项具体工作开展思想政治教育的渗透意识，使其自觉地将思想政治教育融入各项具体工作和人们的日常生活中，以对教育对象实施全方位的、潜移默化的影响。缺乏渗透意识或渗透意识不强，思想政治教育就难以与各项具体工作结合在一起，“两张皮”现象就难以消除。其次，要注意协调各方面力量，形成齐抓共管的思想政治教育格局。要做好思想政治教育工作，仅靠专职思想政治教育者是不够的，必须调动广泛的社会力量参与其中。为此，应要求各部门、各单位在开展各项具体工作时承担相应的思想政治教育职责，使其在思想政治教育过程中发挥一定的作用。要动员各种力量，开展全方位的思想政治教育，形成党、政、工、青、妇齐抓共管，专、兼职思想政治教育者密切配合的社会化教育网络体系。最后，要把思想政治教育渗透到各项具体工作的方方面面。做到哪里有经济工作、管理工作等，哪里就有思想政治教育，坚持“两个任务”一起下，“两副担子”一起挑，“两个成果”一起要。只有这样，思想政治教育才能确实落到实处。

七、层次原则

层次原则是指思想政治教育者应从实际出发，承认差异，根据教育对象的不同思想情况，区别对待，因材施教，分层次进行教育。层次原则是在总结思想政治教育的经验教训、发展社会主义市场经济的过程中确立起来的思想政治教育的重要原则。其基本精神就是既鼓励先进，又照顾多数，将思想政治教育的先进性要求与广泛性要求有机结合起来。同时要根据思想政治教育的任务，善于抓住重点人群。习近平在提到社会主义核心价值观的培育和践行时强调：“要面向全社会做好这项工作，特别要抓好领导干部、公众人物、青少年、先进模范等重点人群。”①

在思想政治教育中坚持层次原则，首先是由思想政治教育教育对象的层次性特征决定的。人的思想品德的形成发展，从根本上说是由各个人所处的社会关系

---

① 中共中央文献研究室．习近平关于社会主义文化建设论述摘编．北京：中央文献出版社，2017：118.

决定的。同时，个人的生理、心理素质的差异也影响其后天接受外界影响的性质和程度。现实生活中的人总是千差万别的，教育对象也因此呈现出多样性特征。改革开放以来，我国社会发生了巨大的变化，社会阶层不断分化，形成了不同的利益群体，人们的思想观念、价值取向、生活方式更趋于多样化。所有这些都表明思想政治教育对象客观上存在着复杂的层次性，因而必须分层次对其进行思想政治教育，以使教育更具有针对性。社会生活越复杂，社会发展越快，教育对象的层次性就会越突出，越需要在思想政治教育活动中坚持层次原则。需要指出，将教育对象分为不同的层次，仅仅是为了针对不同教育对象的实际更有针对性地开展思想政治教育，以取得更好的教育效果，绝不能将层次片面地理解为划分等级，也不能将层次绝对化。

坚持层次原则是提高思想政治教育针对性和实效性的要求。受传统计划经济体制以及“以阶级斗争为纲”错误理论的影响，过去，思想政治教育往往搞“一刀切”“一锅煮”，目标单一，要求过高，急于求成，脱离实际，因而很多时候收效不大。实际上，教育对象不仅具有复杂的层次性特征，而且在一般情况下，其中的先进分子总是少数，如果将对先进分子的要求作为大多数人的教育目标，就会脱离大多数教育对象的实际，结果必然是欲速则不达，难以收到实效。因此，教育者一定要正视教育对象的思想实际和生活实际，分层次开展教育活动。思想政治教育在鼓励先进的同时，任何时候都不能忘了照顾多数；要以教育对象的实际情况作为教育的基点。只有这样，才能从不同层次教育对象的基础出发，循序渐进，使不同层次、不同起点的教育对象都能有所进步。

坚持层次原则也是培养创造型人才的迫切要求。只有坚持层次原则，对教育对象因材施教，使教育对象在达到基本目标的同时，个性、兴趣、爱好、才能也得到和谐发展，才能使各种创造型人才脱颖而出，满足我国社会主义现代化建设事业对人才多方面的需求。

由此可见，层次原则在思想政治教育中有着重要的意义。我们必须坚持层次原则，使思想政治教育有效地作用于不同类型、不同层次的教育对象。

第一，深入实际，加强调查研究，准确了解和把握教育对象的思想特点。思想政治教育对象之间的差异性是客观存在的，并且随着社会的发展在不断发生变化。只有准确了解和把握教育对象的实际情况，并将其放到一定时间、场合等特定条件下加以考察，才能科学地认识和把握每一个教育对象的思想特点，从而有针对性地对其开展教育工作。

第二，整体规划，统筹安排，根据不同层次教育对象的具体情况确定不同的教育目标和内容，选择不同的教育载体和方法。在调查研究、分清层次的基础上，要针对不同层次教育对象的具体情况确立适宜的教育目标、内容、载体、方法等，以便在思想政治教育中做到循序渐进，使不同层次的教育对象都能在原有基础上获得发展。就教育目标和要求而言，对共产党员、领导干部和先进分子，应坚持高标准，要求他们树立集体主义价值观和全心全意为人民服务的思想，激励他们在中国特色社会主义建设中起先锋模范作用。对广大群众，则应要求他们爱祖国、爱人民、爱劳动、爱科学、爱社会主义，努力做好本职工作，为现代化建设做贡献；同时，又要旗帜鲜明地在广大人民群众特别是青少年中宣传共产主义理想和共产主义道德，激励他们向远大目标迈进。

第三，要创造良好的条件，营造适宜的氛围，满足不同层次教育对象的个性、特长发展的需要。分清层次，区别对待，从根本上讲是为了培养大批创造型人才，使他们在社会主义现代化建设中充分发挥作用。为此，就必须创造生动活泼、民主和谐的教育氛围，使其既能满足教育对象发展的共同要求，又能满足教育对象个体个性发展的特殊需要，从而使教育对象获得自由全面的发展。

八、示范原则

示范原则是指在思想政治教育过程中，教育者应注重以自己的模范行为去影响和感染教育对象，以促进其思想品德水平不断提高，因而这里所说的“示范”，不是指作为一种思想政治教育方法的“榜样示范”，而是指思想政治教育者的“以身作则”。示范原则是教育者在思想政治教育过程中必须遵循的基本行为准则。

从某种意义上讲，思想政治教育过程也是思想政治教育者用自己的模范行为对教育对象进行启迪和示范的过程。思想政治教育要真正发挥作用，一是靠真理的力量，二是靠人格的力量。所谓真理的力量，就是思想政治教育者向教育对象所传导的知识理论必须合乎实际，符合社会发展的客观规律和社会进步的趋势；所谓人格的力量，就是思想道德观念和规范的倡导者、教育者必须言行一致，以身作则，率先垂范，努力践行自己所倡导的道德观念和行为规范。好老师要有道德情操。老师的人格力量和人格魅力是成功教育的重要条件。这就要求教育者既要努力宣传符合社会发展要求的先进思想和价值观念，更要真诚地去实践这些思想和观念，力求将身教和言教有机结合起来。2014 年 9 月 9 日，习近平在同北京师范大学师生代表座谈时指出：“老师对学生的影响，离不开老师的学识和能力，更离不开老师为人处世、于国于民、于公于私所持的价值观。一个老师如果在是非、曲直、善恶、义利、得失等方面老出问题，怎么能担起立德树人的责任？”[①]也就是说，教育者要以身作则，言行一致，以自己的模范行为影响和感染教育对象，以实现思想政治教育的目的。教育者要努力做到“以心换心、将心比心”，用真诚的言行来感染、感动教育对象。在思想政治教育过程中，教育者的以身作则，是顺利开展思想政治教育、提高思想政治教育效益的一个重要因素。

反映我国社会发展要求的思想观念、政治观点、道德规范，要真正在社会生活中发挥作用，不仅离不开思想政治教育的宣传和倡导，而且离不开广大人民群众的践行。实践表明，科学社会主义理论是通过无数革命先烈和英雄模范人物的

① 习近平. 做党和人民满意的好老师. 光明日报，2014-09-10.

行动而逐渐深入人心的。广大人民群众一方面通过理论学习，另一方面通过社会先进人物的示范作用，才能逐步内化这一理论，并将其外化为自己的行为。在这一过程中，思想政治教育者的示范作用十分重要。因为思想政治教育者承担着向教育对象传导先进思想和正确价值观的任务，教育对象是否认同和践行这些思想和观念，不仅取决于这些思想和观念是否正确，而且也取决于教育者本身的行为是否体现这些思想和观念。如果思想政治教育者说的是一套，而做的却是另一套，言行不一，先进思想和正确价值观的效应就会大打折扣，思想政治教育的作用就难以发挥，甚至有可能起到相反的作用，使教育对象产生严重的怀疑和逆反心理。可见，教育者的以身示范是使思想政治教育产生实效的必要条件。在思想政治教育环境极其复杂、思想政治教育任务极其艰巨的条件下，应该特别强调思想政治教育者特别是其领导者在思想政治教育过程中的示范作用。习近平在2019年学校思想政治理论课教师座谈会上强调，思想政治理论课教师人格要正，“用高尚的人格感染学生、赢得学生，用真理的力量感召学生，以深厚的理论功底赢得学生，自觉做为学为人的表率，做让学生喜爱的人”①。

坚持示范原则，就是教育者要以身作则，为人师表。从事塑造灵魂、塑造生命、塑造人的工作，要“把教书育人和自我修养结合起来，做到以德立身、以德立学、以德施教”②。首先，思想政治教育者要加强理论学习和人格修养，努力提高自身的思想道德水平。思想政治教育者的影响力主要是“非权力影响力”，它和主要由职位因素赋予的带有强制性的权力性影响力不同，主要是由品德、才能、知识、情感等因素赋予的，而品德因素在“非权力影响力”中居于核心地位，是非权力影响力的首要条件和本质性因素。思想政治教育者良好的品德，对教育对象会产生无形而持久的影响，会增加教育者所传导的思想观念、政治观点、道德规范的道义力量。因此，思想政治教育者一定要注意自己的品德修养，以使自己所从事的思想政治教育具有更大的影响力、吸引力和感染力。其次，思想政治教育者要身体力行，带头践行自己所倡导的价值观念和道德规范。教育者的以身示范是一种无言的教育力量，对教育对象的思想和行为有着“言教”不可代替的作用，所谓“桃李不言，下自成蹊”说的就是这个道理。因此，思想政治教育者一定要以身作则，凡是要求教育对象做到的，自己首先要做到，或者努力去做；凡是要求教育对象不做的，自己坚决不做；用自身的模范行为影响和教育教育对象，从而提高思想政治教育的影响力和实效性。

复习思考题

1. 思想政治教育原则体系的基本特征有哪些？
2. 确立思想政治教育原则的依据主要是什么？
3. 思想政治教育有哪些主要原则？如何在思想政治教育中坚持这些原则？

---

① 习近平主持召开学校思想政治理论课教师座谈会强调 用新时代中国特色社会主义思想铸魂育人 贯彻党的教育方针落实立德树人根本任务. 人民日报，2019-03-19.

② 习近平. 在北京大学师生座谈会上的讲话. 人民日报，2018-05-03.

阅读书目

1. 张耀灿，等. 现代思想政治教育学. 北京：人民出版社，2001.

2. 张耀灿，陈万柏. 社会主义市场经济条件下思想政治工作领导研究. 武汉：华中师范大学出版社，1999.

3. 陈万柏，张耀灿. 思想政治教育学原理. 2版. 北京：高等教育出版社，2007.

第十章 思想政治教育方法和艺术

要点提示

● 思想政治教育方法是教育者在思想政治教育活动中所采取的各种方式和手段的总和，包括思想方法和工作方法。

● 思想政治教育的主要方法包括理论灌输法、实践锻炼法、榜样示范法、比较鉴别法、自我教育法和咨询辅导法等。

● 思想政治教育艺术，是指教育者为了有效地达到思想政治教育的目的而创造性运用的具有感染力的教育技能和技巧的总和。

● 思想政治教育艺术主要包括运用语言、选择时机、选择突破口、把握适度、综合运用各种教育方式等艺术。

关键词　思想政治教育方法　思想政治教育艺术

思想政治教育是一个多要素相互作用的过程，方法和艺术就是其中不可或缺的重要因素，对思想政治教育活动的进行及其效果有着重要影响。因此，在开展思想政治教育时，不仅要注意教育目标的正确性和针对性、内容的思想性和完整性，还必须注重思想政治教育方法和艺术的科学运用。

第一节　思想政治教育方法

一、思想政治教育方法的意义

方法是人们为了认识世界和改造世界，达到一定目的所采取的活动方式、程序和手段的总和。思想政治教育方法是教育者在思想政治教育活动中所采取的各种方式和手段的总和，包括思想方法和工作方法。思想方法是思想政治教育者在认识教育对象、认识思想政治教育过程、认识思想政治教育环境等活动中所采用的方法。工作方法是具体开展思想政治教育活动、促进教育对象思想品德发展的方法。运用思想政治教育方法，是为了将教育内容更有效地作用于教育对象，以更好地达到思想政治教育目的。

思想政治教育方法虽然不是思想政治教育活动的实体因素，但总是与思想政治教育活动联系在一起的，离开思想政治教育实践活动，思想政治教育方法就失去了存在的基础与价值。思想政治教育方法是人们在长期的教育实践活动中形成的关于思想政治教育活动的法则，就其本质而言，是人们对思想政治教育客观规律的科学把握与自觉运用。作为思想政治教育活动的法则，方法首先是思想政治教育活动的中介因素。方法是达到思想政治教育目的的一种手段和工具，教育者与教育对象正是通过思想政治教育方法才得以在活动中相互联系、相互作用从而达到教育目的的。其次，方法服务于思想政治教育的目的和任务。不同的思想政治教育目的和任务，要求有不同的思想政治教育方法；目的和任务发生变化，相应地要求方法也发生变化。在新的历史条件下，我们特别强调思想政治教育方法的创新，其原因就在于此。最后，思想政治教育方法与思想政治教育理论紧密相连。无论是思想政治教育实践经验上升为理论，还是思想政治教育理论指导、运用于教育实践，都要靠一定的方法来完成。

思想政治教育方法，对于思想政治教育活动具有重要意义。第一，思想政治教育方法是实现思想政治教育目的的重要手段。人与动物的区别之一，在于人的全部活动都具有明确的目的性以及选择合适的方法实现自己目的的能力。“我们不但要提出任务，而且要解决完成任务的方法问题。我们的任务是过河，但是没有桥或没有船就不能过。不解决桥或船的问题，过河就是一句空话。不解决方法问题，任务也只是瞎说一顿。”① 毛泽东的这一形象比喻，生动具体地说明了方法对达到目的和完成任务的重要性。恰当地选择和运用思想政治教育方法，是实现思想政治教育目的、完成思想政治教育任务的关键。第二，思想政治教育方法是教育者与教育对象互动的纽带。在思想政治教育过程中，教育者和教育对象是两个基本因素，方法则是中介因素。从某种意义上讲，思想政治教育过程就是教育者借助一定的方法与教育对象进行互动的过程；方法便是两者互动不可或缺的纽带。只有恰当运用符合人的身心发展特点和思想品德形成发展规律，以及思想政治教育规律的科学方法，才能使教育者和教育对象之间建立起良性协调的互动关系。教育者和教育对象之间的互动，以及建立在这种互动基础上的思想政治教育的运行及其效果，都离不开思想政治教育方法；离开了方法，两者之间的互动就无从进行。第三，思想政治教育方法是思想政治教育成效的重要影响因素。影响思想政治教育成效的因素很多，方法就是其中的一个重要因素。思想政治教育要

---

① 毛泽东．毛泽东选集：第1卷．2版．北京：人民出版社，1991：139.

取得实际效果，就得讲究方法。方法科学、恰当，就可使思想政治教育内容更好地为教育对象所接受、所内化，产生更好的教育效果；不讲方法或方法不当，就会事倍功半，甚至劳而无功、事与愿违，难以产生好的效果。可见，选择和运用好思想政治教育方法，是不断增强思想政治教育有效性的内在要求。

二、思想政治教育的主要方法

思想政治教育活动丰富多彩、形式多样，每种活动或形式都有相应的方法与之相联系，因而思想政治教育的具体方法多种多样。限于篇幅，这里仅对几种常用的工作方法进行简要讨论。

1. 理论灌输法

理论灌输法，是教育者有目的、有计划地向教育对象进行马克思主义理论教育，引导教育对象逐步树立正确的世界观、人生观、价值观的方法，主要包括理论讲授、理论学习、理论宣传、理论培训、理论研讨等具体形式。理论灌输法是思想政治教育最基本、最常用的方法之一。

理论灌输法以马克思主义灌输理论为依据。20世纪初，列宁针对当时俄国社会民主党内存在的崇拜自发论的工联主义倾向，提出了灌输理论。他在《怎么办》一书中指出，“工人本来**也不可能有**社会民主主义的意识。这种意识只能从外面灌输进去”[①]。所谓“从外面”灌输，主要包括两层含义：一是指“从经济斗争范围外面”向工人灌输先进思想和政治意识，即科学社会主义理论；二是指“从工人同厂主的关系范围外面”向工人灌输明确的阶级意识，引导工人认识无产阶级与资产阶级对立的性质，明确无产阶级的历史使命。列宁强调在资本主义条件下，工人阶级的阶级意识必须依靠灌输即宣传、教育、学习等自觉的方式才能形成，而不可能自发地形成；这种灌输来自“外面”，即那些创造并掌握了科学社会主义理论的优秀知识分子。

> 各国的历史都证明：工人阶级单靠自己本身的力量，只能形成工联主义的意识，即确信必须结成工会，必须同厂主斗争，必须向政府争取颁布对工人是必要的某些法律，如此等等。而社会主义学说则是从有产阶级的有教养的人即知识分子创造的哲学理论、历史理论和经济理论中发展起来的。
>
> ——列宁．列宁选集：第1卷．3版．北京：人民出版社，1995：317-318.

在社会主义社会，理论灌输仍然是十分必要的。一方面，对于教育对象个体而言，正确的思想和理论即科学的世界观和方法论，不可能不学而知、不教而会，必须通过各种形式的灌输即教育，才能内化为他们的意识。另一方面，无论何时何地，人的实践活动都要受到一定思想和理论的支配，不同的思想和理论对人的社会实践活动会产生不同的影响。在当代复杂多变的社会生活中，人们比以

---

① 列宁．列宁选集：第1卷．3版．北京：人民出版社，1995：317.

往任何时候都更加需要正确的思想和理论来指导自己进行正确的决策和选择，以便更有效地认识、适应和改造环境，并使自身得到全面发展。以科学的理论武装人，是新时代思想政治教育的一个基本理念，它所强调的正是理论灌输法的当代价值。

在思想政治教育中运用理论灌输法，必须讲求科学性，注意运用具体条件。首先，必须正确把握“灌输”的内涵。理论灌输法中的“灌输”体现的是这种方法的本质特征，而不是具体形式。教育对象不是思想和理论的吸纳容器，而是具有主观能动性、能对教育者传递的教育内容和信息进行主动认识、自主选择和积极反馈的学习与接受主体。因此，运用理论灌输法，必须采用有利于教育对象学习和接受的形式，反对“我说你听，我打你通”、强行硬灌等简单、粗暴的教育方式。其次，要注意联系实际进行理论灌输。理论只有与实际生活和人们的思想实际发生联系才能产生作用，因而在运用理论灌输法时一定要注意联系实际。既要联系社会生活实际，注意引导人们运用马克思主义立场、观点和方法观察问题、分析问题和解决问题；更要联系教育对象的思想实际，注意有的放矢，坚持正面引导，以理服人。最后，教育者要不断提高自己的理论水平和践行科学理论的自觉性。要用科学的理论教育教育对象，教育者首先就得用这一理论武装好自己。要运用好理论灌输法，教育者不仅应完整准确地理解科学理论的精神实质和内容体系，以便更好地向教育对象传导科学理论，杜绝望文生义、断章取义、曲解篡改等弊端；而且更应坚定地践行先进思想和科学理论，始终做到言行一致，否则，教育对象在教育者言行不一的表现面前就有可能产生思想上的混乱，理论灌输就难以取得成效。因此，必须采取多种措施加强对教育者的培训，同时引导教育者自觉学习和践行科学理论，从而提高教育者的理论水平。

2. 实践锻炼法

实践锻炼法是指在思想政治教育者的指导下，通过有目的、有组织的实践活动，培养教育对象思想品德和行为习惯的方法。

> 人的思维是否具有客观的真理性，这不是一个理论的问题，而是一个**实践的**问题。人应该在实践中证明自己思维的真理性，即自己思维的现实性和力量，自己思维的此岸性。
>
> ——马克思，恩格斯．马克思恩格斯选集：第1卷．2版．北京：人民出版社，1995：58.

实践锻炼法的直接理论依据是马克思主义认识论和实践观。马克思主义认识论和实践观认为，社会实践是人的思想形成发展的源泉和动力，是人的思想认识的目的，也是检验人的思想是否正确的唯一标准。简言之，实践活动是人们形成正确的世界观、人生观、价值观的必由之路，对培养教育对象的思想品德具有极其重要的作用。一是有利于更好地提高教育对象的思想觉悟和认识能力。实践活动的过程，就是教育对象把思想观念、政治观点、道德规范付诸实践并通过实践对此进行检验的过程。这一过程显然有助于增强教育对象认识和改造世界的能力，有助于其更好地明辨是非、善恶与美丑，从而提高思想觉悟，形成良好的思想品德。二是有利于教育对象形成和巩固良好的思想品德和行为习惯。教育对象良好的思想品德的形成，不仅有赖于持续而有效的理论教育，而且更有赖于社会实践的锻炼；从根本上讲，教育对象良好的思想品德只有经过反复的实践锻炼才能形成和巩固，良好的思想品德最终也要通过实践活动才能体现出来。通过引导教育对象在实践活动中反复践行思想品德规范，有助于他们形成高尚的思想品德和良好的行为习惯。三是有利于强化思想理论教育的效果。社会实践活动创设了理论联系实际的现实条件，教育对象在多种形式的社会实践活动中，在与人互动的过程中，会进一步深刻地体认通过理论教育接受的思想观念、政治观点、道德规范，逐渐将其内化为自身的品德意识，并在实践活动中外化为相应的行为，这无疑会大大强化和巩固思想理论教育的效果。

在思想政治教育过程中运用实践锻炼法应注意以下几点：第一，应根据教育对象的实际选择合适的实践锻炼方式。实践锻炼的方式多种多样，具体采用什么方式，应根据教育对象的年龄、职业特征和思想实际以及具体的教育目的、教育内容来决定。比如，引导教育对象认识社会生活实际，研究社会问题，深化对理论和政策的认识，增强社会责任感，可选择社会调查、参观访问和社会考察等方式；帮助教育对象掌握社会要求的思想品德规范，培养高尚的道德情操和良好的行为习惯，可选择社会服务和创建文明社区、文明单位、文明家庭等活动形式；培养教育对象尤其是青少年热爱劳动、热爱劳动人民的思想感情，树立正确的劳动观念，养成良好的劳动习惯，形成艰苦奋斗、勤俭节约的优良品质，可选择公益劳动、勤工俭学等实践活动形式等。第二，坚持不懈开展实践锻炼活动。一次两次实践锻炼活动对教育对象思想品德的影响是有限的，必须把实践锻炼作为思想政治教育的经常性活动，长期坚持下去，使教育对象在反复的实践锻炼中不断提高认识，进而将品德规范转化为内心信念，形成良好的思想品德以及行为习惯。第三，建立稳定的社会实践活动基地，为教育对象的实践锻炼创造良好条件。稳定的社会实践基地能保证实践锻炼的系统化、经常化、制度化，可有效避免“蜻蜓点水”“走马观花”之类的形式主义，促进实践锻炼活动循序渐进、扎实稳定且富有成效。

3. 榜样示范法

榜样示范法也称典型示范法，是指通过具有典型意义的人或事的示范引导、警示警诫作用，引导教育对象提高思想认识、规范自身行为的方法。所谓“具有典型意义的人或事”，既包括先进的人和事，也包括落后的人和事，它们都可以成为榜样示范法所运用的资源。“大多数人类行为是通过对榜样的观察而获得的”①，“榜样”是教育对象成长过程中不可或缺的重要因素。作为思想政治教育的一种基本方法，榜样示范在激发广大群众的积极性，培养其思想道德素质，促进社会主义物质文明、精神文明、政治文明、生态文明建设方面发挥着重要作用。在社会生活日益多元和复杂的情况下，我们要坚持运用榜样示范法教育广大群众，给教育对象以正确的引导。

① 班杜拉．思想和行为的社会基础：社会认知论：上册．上海：华东师范大学出版社，2001：63.

榜样示范法的运用与人们心理活动的特点和规律密切相关。班杜拉指出："观察者能通过观察他人的行为习得认知技能和新的行为模式"，"榜样表现出观察者原本不具备的新的思维模式和行为模式，通过观察，观察者也能形成同样形式的思维和行为"①。根据班杜拉的观察学习理论，榜样对人们思想行为的影响，是一个连续的心理活动过程，是一个包括注意、保持、运动再现和动机作用四个环节的观察学习过程。其中首要的是注意过程，它决定着观察学习的方向及对榜样示范信息的筛选和吸收。影响注意过程的因素包括示范榜样的复杂性、可辨别性和个人特征等，例如，简单的行为易于模仿，后果直观的行为容易借鉴，在教育对象认知水平以及能力所及范围内的思想和行为更具有可学性；榜样思想行为中最基本、最重要的部分如能被突出出来，具有清晰易辨特点，就容易迅速吸引人们的注意；榜样的权威性、可信任性、吸引人的程度以及与观察学习者之间的相似程度等个人特征，也都会影响榜样示范的效果。可见，榜样示范法所运用的榜样，必须具有可学性、易辨识性、权威性、有吸引力等基本特征，这是榜样教育的心理基础，也是榜样教育的基本要求。

在思想政治教育中运用榜样示范法，必须遵循以下具体要求：第一，必须实事求是地选择和运用榜样。榜样的力量首先在于真实。以"高大全"的标准塑造出的"榜样"，往往游离于人们现实生活世界与精神生活世界之外，难以真正得到教育对象的普遍认同，也难以发挥榜样应该发挥的作用。因而思想政治教育所宣传的榜样，其事迹一定要先进而又真实，切忌任意拔高，切忌随意添枝加叶。第二，应尽可能让先进人物现身说法。让有理想的人讲理想，守纪律的人讲纪律，有牺牲精神的人讲牺牲精神，具有诚信品质的人讲诚信，榜样示范就会产生更强的感染力和说服力，也更能打动人心，产生最佳教育效果。最近几年在全国各地开展的英雄模范人物巡回报告，就是让先进人物现身说法，产生了广泛的社会影响和良好的教育效果。实践表明，这是榜样示范的一种好形式，必须继续坚持下去。第三，注意利用多种途径和方式开展榜样示范教育。随着现代社会的迅速发展和科学技术的突飞猛进，人们的思维方式、生活方式、行为方式以及获取信息、接受外界因素影响的方式等都发生了深刻变化。在运用榜样示范法开展思想政治教育时，教育者应主动因应这些变化，积极采用现代化教育手段，充分利用报刊、广播、电视、网络等大众传播媒介宣传典型，尤其应注重运用多媒体技术塑造、呈现生动的榜样形象，从而强化榜样示范的效果。第四，注意运用正反两方面典型开展教育。既要大力培养、宣传正面典型，发挥先进典型的示范效应和带动作用，也要善于利用反面典型进行教育，注意发挥其威慑、劝阻、警示作用。

4．比较鉴别法

比较鉴别法是对两个或两个以上事物的属性和特点进行对比，引出正确的结论，从而提高教育对象思想水平和认识水平的方法。比较鉴别法是人们认识客观

---

① 班杜拉．思想和行为的社会基础：社会认知论：上册．上海：华东师范大学出版社，2001：49．

事物的基本方法之一，也是对人们进行思想政治教育的重要方法之一，对提高教育对象的认识能力和思想道德素质具有重要作用。一是有助于提高教育对象的认识水平，使其认识更符合客观实际。有比较才能有鉴别。客观事物既存在真善美与假恶丑之分，亦存在此长彼短之别。通过比较，能引导教育对象更好地认识客观事物的本质和特点，提高其认识能力。二是有助于激发教育对象奋发向上的精神。比较可以使教育对象更清晰地认识自己的国家、地区、单位以及自身的长处和不足，明确目标和方向，从而努力奋斗，积极主动地做好工作，同时在改造客观世界的过程中全面提高自己的思想道德素质。

在思想政治教育实践中，比较鉴别法大致可分为异质比和同质比两大类。异质比包括纵向比较与横向比较两种情况：纵向比较是把在不同时间内的两种本质不同的事物加以比较，通过比较加深对客观事物的认识和理解，例如，组织回忆对比、忆苦思甜对新旧中国社会状况进行比较；横向比较是把两种不同空间的本质不同的事物加以比较，从而获得对事物的正确认识，例如，通过中国同其他国家的比较进行中国特色社会主义理论教育，较易取得好的效果。同质比也包括两种情况：一是对两个处在不同历史时期的本质相同的事物进行差异性比较以认识事物的发展变化。例如，通过比较党的十一届三中全会前后中国社会所发生的巨大变化，使教育对象认识到改革开放以来我国社会各方面所取得的巨大成就，从而进一步增强贯彻执行党的基本路线、基本纲领、基本政策的自觉性和坚持改革开放的信心。二是把本质相同的同一类别的两个事物在同一时期内表现出来的差异进行比较，例如，引导当代大学生将自己与抗洪英雄、抗震英雄等先进个人和集体进行比较，找出自身的差距，从而增强加强自身思想道德修养的自觉性。

无论是进行哪一种类别哪一种形式的比较，都应注意：第一，所比较的对象必须具有可比性。要选择在性质或特点方面有某种联系的人和事物进行比较，使比较具有客观性和科学性。第二，要注意进行全面动态的比较。现实的人和客观事物往往具有多面性且在不断发展变化，只有进行全面、动态的比较，才能避免片面性和表面化，才能把握事物的本质和发展趋势，才能使比较鉴别真正发挥教育作用。第三，要运用多种形式进行比较，注意比较鉴别的生动性。比较不仅要通过语言文字进行，而且应借助多媒体等先进技术手段进行，使比较更为生动直观，更具有吸引力，从而增强比较鉴别的教育效果。

5. 自我教育法

自我教育法是指在思想政治教育者的引导下，教育对象通过自我学习、自我修养、自我反思等方式，主动接受符合社会要求的思想观念、政治观点、道德规范，以提高自身思想道德素质的方法。在思想政治教育过程中，之所以强调运用自我教育法，强调教育对象的自我教育，是因为对于教育对象的思想品德形成发展来说，思想政治教育活动和社会环境影响一样，只是一种外因，只有通过教育对象积极主动的自我教育活动，社会要求才能内化为教育对象的思想品德；思想政治教育效果在很大程度上取决于教育对象自我教育的状况。运用自我教育法，就有助于提高教育对象自我教育的自觉性和能力，进而促使教育对象更积极、更主动、更有效地参与教育活动，进行自我教育，从而更好地达到思想政治教育目标。

自我教育可分为个体自我教育和集体自我教育两种类型。个体自我教育主要指教育对象个体进行自我修养、自我行为管理，其具体形式包括自学、反省、反思、自制和自律等。集体自我教育是指在集体内部成员间相互影响、相互激励、相互促进，自己教育自己的活动过程，其具体形式包括评比竞赛、讨论会、演讲会、辩论会、民主生活会等。集体自我教育的过程也是集体中每个成员进行自我教育的过程，因为个人在帮助和影响别人时，自己也会受到感染和教育，因而教育对象之间的互帮互助是一种更为广泛的自我教育。

运用自我教育法，强调教育对象自己教育自己，并不意味着教育者放弃责任，放任不管，相反，它对教育者提出了更高的要求，教育者更须充分发挥自己在教育活动中的主导作用。一是要善于激发教育对象自我教育的动机。动机源于个人的需要和追求，支配个人行为；缺乏自我教育的需要与动机，就难以产生自我教育的行为。因此，教育者要善于激发和引导教育对象精神世界发展的需求，帮助他们形成以自我发展、自我完善为指向的动机系统，为自我教育提供不竭的动力源泉。二是要大力营造自我教育的良好氛围。思想政治教育者应注意开展丰富多彩、形式多样的实践活动，如读书活动、评比竞赛活动、创建文明班级文明寝室活动、为您服务活动等，为教育对象的自我教育创造条件、营造氛围，使其在实践活动中更自觉地进行自我教育，提高自我教育的能力。三是要注意把个体自我教育和集体自我教育有机结合起来。一方面要加强集体建设，增强集体的凝聚力；要开展丰富多彩的集体活动，营造积极向上的集体生活氛围，充分发挥集体的教育作用，使集体的每个成员在和谐、健康的集体氛围中受到影响、感染、陶冶。另一方面，教育者应注意在集体生活和集体活动中引导教育对象个体进行自我教育，帮助教育对象在与他人交流互动、对照比较中明确自我修养的目标和要求，掌握自我修养的方法，自觉调控自己的行为，逐步形成符合社会要求的思想品德与行为习惯。

6. 咨询辅导法

咨询辅导法是指思想政治教育者运用相关理论和咨询、指导的专门技术，通过语言、文字等形式与教育对象进行交流沟通，对其思想、心理和行为等给予帮助、启发和引导的方法。咨询辅导法的本质是疏导，是引导和帮助教育对象自主地做出合理的判断和选择，从而促进教育对象健康成长。因而其应用范围非常广泛，除人们较为熟悉的心理咨询这一典型形式外，还包括学习辅导、职业指导、人际关系辅导、婚姻家庭问题咨询等方面。

人的思想品德是在主体社会实践的基础上，内在主观因素和外界客观因素相互作用的结果。在这一过程中，由于观念、知识、能力所限，在纷繁复杂的社会生活中，教育对象难免会产生思想困惑、内心苦闷、生活困难、选择矛盾等问题，希望得到他人的帮助和指导。咨询辅导法便是针对这一情况所采取的方法，它有助于化解教育对象的思想困惑和内心苦闷，有助于引导教育对象在生活中做出正确的抉择，是思想政治教育的重要方法之一。

咨询辅导法在应用于解决不同问题时各有不同的具体要求，但也有一些共同要求。第一，咨询者（教育者）应与被咨询者（教育对象）建立良好的关系，营造民主和谐的氛围。咨询辅导法以咨询者与被咨询者之间的人际关系为基础，良好的人际互动是咨询辅导的基本前提。因此，在咨询辅导过程中，思想政治教育者应对被咨询者抱有同感、理解、关心的态度，注意与教育对象建立并保持良好的关系，从而营造平等、民主的氛围，为解决教育对象的思想心理和其他方面的问题创造条件。第二，咨询者应坚持保密原则。在咨询辅导过程中，咨询对象无疑会谈到一些不愉快甚至痛苦的事，其中不可避免地会涉及一些个人隐私；了解这些隐私并对此予以保密，是思想政治教育者做好咨询辅导工作的重要前提。只有这样，教育者才能更好地取得教育对象的信任，才能更深入地了解教育对象方方面面的情况，加强与教育对象的沟通，与教育对象形成互相信任和谅解的氛围；也才能在解决问题的过程中，更好地发挥教育对象积极参与和配合的作用。第三，思想政治教育者应不断提高自身素质和运用咨询辅导技术的能力。咨询辅导法以推动咨询对象的综合认知与心理活动过程为基本策略，以提高咨询对象的认知水平和能力素质为基本目标。为达到此目标，思想政治教育者应加强专业学习，努力提高自身素质和咨询辅导能力，以便为教育对象提供更加专业和更高水平的服务。

三、运用思想政治教育方法的基本要求

1. 运用思想政治教育方法必须讲求针对性

在思想政治教育中，运用思想政治教育方法必须讲求针对性，即要从实际出发，有的放矢，针对不同的问题或不同的任务，采取不同的方法。针对性的实质是要求思想政治教育方法的运用符合人的思想品德形成发展的规律和思想政治教育的规律，“一把钥匙开一把锁”，切实解决人们的思想行为问题。这是思想政治教育科学性和针对性的重要体现。

针对性要求具体表现为：一是根据思想政治教育的目的和任务以及具体内容选择和运用方法。方法是教育者完成思想政治教育任务，达到思想政治教育目的的工具和手段，是为目的和任务服务的，受到目的和任务的制约。因此，在思想政治教育过程中，教育者一定要根据具体的教育目的和任务选择和运用恰当的方法，这是思想政治教育目的和任务与方法之间辩证关系的要求，体现了思想政治教育方法的合目的性特征。二是根据教育对象的具体特点和实际思想状况选择和运用方法。教育对象有个体和群体之分，更有年龄、职业、收入、文化程度、社会地位之别，还存在思想品德的差异。在运用思想政治教育方法时，必须考虑教育对象的个性特点、个人经历、文化水平、家庭环境等因素，还须考虑不同教育对象在思想道德水平方面的差异和思想道德活动特点方面的不同，做到因人而

异、因人而宜。三是针对具体的思想热点问题选择和运用不同的方法。一定时期出现的思想热点问题，是社会发展变化和人们思想发展变化的反映，往往为思想政治教育提供了重要的教育时机。思想政治教育者一定要敏锐地抓住思想热点问题，正确把握其性质和特点，准确判断思想热点问题的影响范围和程度，深入分析引发思想热点问题的原因，以便有针对性地采用不同的教育方法解决这些问题或给予有力引导。

2. 注意综合运用多种教育方法开展工作

由于人自身需求的丰富多样性和社会环境影响的复杂多变性，在现实生活中，教育对象的思想以及思想问题往往非常复杂，且处在不断变化之中，这就要求思想政治教育者综合运用多种教育方法对其进行教育引导。所谓综合性要求，就是指教育者在综合分析影响教育对象思想品德和思想政治教育的各种因素的基础上，同时或先后选择一种以上的教育方法运用于教育过程，并在把握不同教育方法特征的基础上对多种方法的运用进行有效的协调，使其有机地构成为教育目标和任务服务的统一性方法体系，形成整体性优势，产生综合性效果。可见，综合运用思想政治教育方法的核心问题，就是多种方法在思想政治教育过程中如何构成协调、有序的关系，形成教育合力，产生综合成效。在思想政治教育实践中，思想政治教育方法的运用已经形成多种具体的综合方式，主要有主从式综合方式与并列式综合方式、协调式综合方式与交替式综合方式、渗透式综合方式与融合式综合方式等。综合运用思想政治教育方法，就是要根据不同的教育目标、教育任务、教育内容、教育对象、教育环境的不同特点，选择具体的综合方式，以达到最佳的教育效果。

3. 创造性地运用思想政治教育方法

创造性地运用思想政治教育方法，是教育者的认识能力、实践能力发展的体现，是思想政治教育不断发展的内在要求。思想政治教育方法的发展史，就是教育者在思想政治教育实践过程中对思想政治教育方法不断继承和创新的过程。新时代的思想政治教育者应该不断研究新情况，创造性地运用传统的教育方法，总结和探索新的教育方法。

创造性地运用思想政治教育方法，必须努力做到以下几点：一是坚持实事求是、解放思想、与时俱进的思想路线，以增强思想政治教育的实效性为基本要求，自觉探索新方法。在急速变化的现代社会中，思想政治教育的对象及其环境发生了很大变化，并在继续发生变化，仅仅运用过去曾经发挥过积极作用、产生过良好效果的思想政治教育方法，已不足以完成思想政治教育的新任务、解决思想政治教育的新课题，必须在继承的基础上进行方法的创新。不重视方法运用的创新性，就难以适应思想政治教育发展的新要求。二是注意吸取和运用相关学科的研究成果创新思想政治教育方法。思想政治教育方法不仅以马克思主义理论为指导，也以哲学、心理学、教育学、社会学等学科理论为基础；因而要创新思想政治教育方法，就需要在马克思主义指导下，不断综合运用这些相关学科所取得的新的研究成果，丰富和发展思想政治教育的方法体系。三是注意运用现代科技成果，努力实现教育手段的现代化。互联网的迅速发展，多媒体技术的普遍应用，“三微一端”（微博、微信、微视频以及客户端）的出现和迅速普及，为当代思想政治教育提供了新的载体和条件。思想政治教育者必须努力掌握这些新的手段，改进和创新方法，以取得理想的教育效果。

第二节　思想政治教育艺术

一、思想政治教育艺术的含义

在思想政治教育过程中，科学方法的运用固然重要，思想政治教育艺术的运用也是必不可少的。所谓思想政治教育艺术，是指教育者为了有效地达到思想政治教育的目的而创造性运用的、具有感染力的教育技能和技巧的总和。它是思想政治教育者的学识、才能、智慧、品格、经验、胆识和灵感的综合体现。

思想政治教育是客观存在的社会活动，有科学的理论基础，有特定的工作对象，有一套科学的方法，其工作过程具有逻辑性，因而是一项科学性的活动。但因此而认为思想政治教育只是严格按照既定规则和方法，去对待教育对象精神世界发展的需要及其在这一过程中出现的问题，则是不全面的。思想政治教育环境的复杂性、教育任务的艰巨性和教育对象的层次性，要求思想政治教育者要审时度势、娴熟地运用各种方法和技巧去开展教育活动，这就决定了思想政治教育具有很强的艺术性。习近平指出，好的思想政治工作应该像盐，但不能光吃盐，最好的方式是将盐溶解到各种食物中自然而然吸收。思想政治教育要像用盐一样，讲究重要性、科学性、渗透性，艺术性。从某种意义上讲，思想政治教育又是一种艺术性的活动。

第一，思想政治教育需要灵活运用教育方法和技巧。在长期的实践中，思想政治教育已经积累了许多行之有效的教育方法，以满足教育对象精神世界发展的需要和应对各种思想认识问题。但由于教育对象精神世界发展需要的丰富性，思想问题的复杂性、特殊性，简单地、机械地使用一种方法进行教育往往难以奏效，需要将不同的方法结合起来灵活运用、对症下药，方能产生好的效果。例如，同是学习不努力，其原因可能多种多样，教育者应根据不同对象的不同情况，采用不同的具体方法，有针对性地对其进行教育引导，帮助其明确学习目的，形成良好的学习动机，调动其学习积极性。灵活地运用方法和技巧，就是一种创造，就是一种艺术。

第二，思想政治教育需要细致地分析、巧妙地应对各种情况和问题。思想政治教育是培育人、引导人的活动，是教育者与教育对象双向互动的过程。在这一过程中，教育者和教育对象双方的举动以及各种环境因素都可能对教育过程及其效果产生影响。为了实现教育者与教育对象的良性互动，达到期望的效果，思想政治教育者应仔细地分析教育对象的处境和双方互动的情景，巧妙地设计教育活动方案，精心安排每一次活动，机智地应对各种情况和问题。“仔细”“巧妙”“精心”“机智”，所强调的都是因人、因时、因事、因势而变，而这正是艺术的特征。艺术最反对“千人一面”“千腔一调”，思想政治教育也忌讳用一种固定的方法、固定的模式去面对不同的教育对象和不同的问题。可见，思想政治教育与艺术有相通之处，具有某些艺术的表征。

第三，思想政治教育需要随着形势的变化不断创新。随着我国社会的巨大变化，思想政治教育环境和教育对象都发生了多方面的变化，出现了一些新的情况和新的问题。思想政治教育在面对新的变化和新的问题时，原有的理念、方式和方法可能不完全奏效而面临着挑战。例如，对自由职业者、私营者、农民工等教育对象的思想政治教育，就缺乏既成的教育模式及经验；越来越多的人通过网络获取信息，网络已成为影响人们生活和思想的重要因素，因而通过网络对教育对象进行教育引导就成为迫切的现实要求，而思想政治教育在这方面也无现成的经验可借鉴；等等。可见，在已有的思想政治教育模式和经验的基础上进行创新，以应对新的挑战和问题是十分必要的。这种创新也在一定程度上体现了思想政治教育的艺术性。

二、思想政治教育的主要艺术

思想政治教育艺术贯穿于思想政治教育过程始终。思想政治教育者履行职责的过程，从某种意义上讲，就是科学因素和艺术因素彼此交织、相互结合的过程。思想政治教育的各个方面、各个环节都存在如何运用思想政治教育艺术的课题，可从不同角度对此进行阐述。限于篇幅，本书仅对以下一些常用的思想政治教育艺术做简略探讨：

1. 运用语言的艺术

语言是人们在社会生活中表达思想、交流感情、相互沟通的主要工具，也是思想政治教育者开展工作、与教育对象互动的主要工具。教育者对教育对象的任何一个方面的工作，都离不开语言的运用。语言运用得好不好，对思想政治教育成效有重要影响。苏联著名教育家苏霍姆林斯基说过：“语言是一种最精细、最锐利的工具，我们的教师应当善于利用它去启迪学生们的心扉。”① 这一论述对于思想政治教育者也是完全适用的。在思想政治教育中，教育者一定要讲究语言运用的艺术，以便取得最佳教育效果。

第一，语言应准确通俗。列宁在谈到对群众的宣传教育时曾经说过：“应当善于用简单、明了、群众易懂的语言讲话，应当坚决抛弃难懂的术语、外来语，背得烂熟的、现成的但是群众还不懂、还不熟悉的口号，决定和结论等一系列重

① 苏霍姆林斯基. 怎样培养真正的人. 北京：教育科学出版社，1992：4.

炮。在解释社会主义问题和当前俄国革命问题时，要善于运用掌握的事实和数字，不要讲空话，不要讲大话。”① 这一论述启示我们，准确通俗是语言艺术运用的首要准则。思想政治教育者在对教育对象进行教育时，一定要使用意义明确的词语，不可模棱两可、含糊不清；措辞要掌握分寸，恰到好处，不说过头话；要深入浅出，通俗易懂，反对故弄玄虚；要说实话，坚决反对打官腔，说空话。

第二，语言要形象生动。思想政治教育既需要依靠抽象的逻辑思维来证明真理，也需要依靠生动具体的形象来“显示真理”。因此，思想政治教育者应善于运用生动活泼、声情并茂的语言表述思想政治教育的内容。教育者要有幽默感，善用比喻等各种修辞手法，灵活运用典故、谚语、寓言、警句、名人逸事等，以增强语言的生动性和形象性，进而增强思想政治教育的吸引力。

第三，语言风格要力求多样化。思想政治教育者要在不同场合讲话，要和不同的对象谈话；不同的场合有不同的情况，不同的对象有不同的特点，因而教育者要力避千人一腔，“到什么山唱什么歌”，在不同的场合、对不同的对象要运用不同风格的语言，以增强讲话的针对性和亲切感。例如，对文化水平较高、理性思维能力较强的教育对象，可较多地使用经过提炼的规范化语言；而对文化水平较低、理性思维能力较弱的教育对象，则应更多地使用通俗化的口语。

第四，注意语气语调的运用。语气语调的把握也是语言艺术的一个重要方面。同样的内容，用不同的语气语调表达，其效果可能大不一样。因此，思想政治教育者一定要根据不同的情况，针对不同教育对象把握语气的缓急、语调的高低；或平和或高亢，或娓娓道来或抑扬顿挫，都应与具体情境相协调，恰到好处，以增强语言的愉悦性和感染力。

总之，语言运用能力是思想政治教育者的基本功，对教育者的工作有重要影响。教育者对此要给予足够重视，注意提高自己的语言运用能力。一方面，要学点语言知识，包括语音、语法、词汇、修辞等，增强自己的语言素养；另一方面，要在实际工作中有意识地加强训练，掌握并运用好语言艺术，以提高思想政治教育的水平。

2. 选择时机的艺术

在思想政治教育过程中，时机的选择非常重要，时机选择得好，则可事半功倍；错过了时机，则往往事倍功半。选择时机是指善于选择对特定教育对象进行特定内容教育的最佳时间，具体地说，就是对教育对象的思想政治教育要及时和适时。

所谓及时，是说当教育对象萌发精神世界发展的需要时，思想政治教育者就应及时地给予教育和引导，创造条件尽可能满足其需要；当教育对象遇到重大变故或思想发生重大变化时，教育者应迅即抓住端倪，立即介入，对其进行深入细致的工作，使其生活恢复正常，思想健康发展；当社会环境发生巨大变化之初，教育者就应敏锐地感知这种变化，尽快调整思想政治教育目标、内容、方法，以

① 列宁．列宁全集：第14卷．北京：人民出版社，1988：89.

应对环境的变化，引导教育对象适应这种变化；当某个问题或某些倾向刚露出苗头时，教育者就应敏锐地抓住这种苗头，及早进行教育，防微杜渐，把问题解决在萌芽状态，防止问题的恶性发展。及时的基本精神就是强调思想政治教育者对教育对象思想行为的发展变化以及环境的变化要快速反应，同步工作，以便为争取理想教育效果创造条件。所谓适时，是指对特定教育对象进行的特定内容的教育，不能过早或过晚；过早则条件不成熟，可能达不到预期的效果，过晚则事过境迁，于事无补；要恰到好处，把握最佳时点。从客观上讲，要善于根据社会生活的需要，适时进行相应内容的教育，以提高教育对象的思想认识；从主观上讲，要善于捕捉教育对象提升自己精神品质和解决问题的愿望，适时给以帮助，以满足他们发展的需要，解除他们的烦恼、困惑，使其轻装上阵，不断进步。例如，对大学新生的适应性教育，就存在及时和适时的问题。早了，他们对大学生活还没有感受，教育者的引导可能激不起他们的反应，自然谈不上什么教育效果；晚了，少数学生的不良心理已经形成，纠偏起来难度就大了。必须在其适应性问题刚刚出现且有强烈的解决愿望时及时介入，通过请老教授做报告、高年级学生谈体会以及个别工作，帮助大学新生解决适应性问题，以使他们较好地融入大学生活。可见，教育是否及时和适时，对思想政治教育效果有重要影响。

思想政治教育是有目的、有计划、有组织的活动，它对教育对象的影响是建立在人的思想品德形成发展的规律以及思想政治教育规律基础之上的，带有必然性。但教育对象精神世界发展的丰富性及其思想的多变性、社会环境的复杂性，又使得思想政治教育中确实存在许多“时机”，带有一定的偶然性，思想政治教育者应该敏锐地捕捉它们，以有效地开展教育工作。当然，抓时机不是碰运气，因为时机既在意料之外，又在情理之中，起作用的仍然是必然性。这就要求思想政治教育者要做有心人，善于捕捉各种思想信息和教育时机，及时做出准确判断和决策，适时地开展思想政治教育，以提高思想政治教育的效果。

3. 选择突破口的艺术

选择突破口是与选择时机既有联系又有区别的一种教育艺术。选择时机重在教育最佳时点的选择，而选择突破口则重在把握教育对象思想上的特点、矛盾以及认识上的焦点，从而找到思想政治教育的入手之处。突破口选择得好不好，对思想政治教育的运行及其效果有重要影响。选择恰当，不仅能直接解决与突破口有关的问题，取得较好的教育效果；而且能带动思想政治教育向纵深顺利展开，使教育效果扩展和倍增。反之，教育工作就容易出现忙乱，流于表面，难以深入，自然也就难以取得好的效果。因此，教育者在思想政治教育具体工作中一定要注意选好教育工作的突破口。

思想政治教育的突破口多种多样。从群体教育看，大多数人共同关心的热点、认识上普遍存在的疑惑之点、情感上的敏感点以及容易发生共振的共鸣点等，都是思想政治教育的突破口。例如，当前国企职工关心的国有企业的改革问题，农民关心的新农村建设问题，中学生关心的升学问题，大学生关心的就业问题等，都可以分别成为对他们进行教育的突破口。抓住这些热点、疑点、敏感点、共鸣点，有的放矢地开展教育工作，就能引导教育对象不断提高思想认识，明确自己努力的方向和在社会生活中的责任。从个体教育看，应把教育对象身上的长处、优点即所谓闪光点作为主要的突破口，这样做能更好地增强教育对象的自信心、上进心，使其充分发挥内在的积极因素，形成自我教育的能力，自觉克服缺点和不足，不断提高自己的思想品德水平。当然，教育对象所遭遇的一些重大变故、重大事件、严重挫折，也可成为对其进行教育的突破口；教育者此时强力介入，对其进行有针对性的教育引导，有助于他们正确看待这些变故、事件、挫折，缓解其情绪，使其恢复到正常生活，甚至有可能促使教育对象实现积极的重大转变。可见，选好突破口对教育对象进行教育引导，是思想政治教育的重要节点，必须给予充分重视，并做好这一工作。

如何选择突破口，以上只是就一般意义而言的。在思想政治教育实际工作中，每一次突破口究竟该怎样选择，需要根据实际情况具体确定。思想政治教育者既要综合了解各方面情况，在总体把握教育对象实际的基础上，经过比较确定较佳的突破口，还要权衡从此入手的影响，考虑到突破以后教育工作展开的可能性。只有这样，才能使突破口成为思想政治教育的亮点，成为思想政治教育持续发展的关键点。

4. 把握适度的艺术

> 教育的伟大艺术与普通教育技巧的不同之处，正在于善于准确地把握分寸。可以说，任何真正的艺术，其“微妙之处”就在于此。
>
> ——马尔库沙. 家庭教育的艺术. 天津：天津人民出版社，1982：15.

度是一定事物保持自己质的数量界限，在这个界限内，能够最好地满足人们实际需要的量，叫作最佳度。把握适度，就是要寻求并准确地把握这种最佳度，也就是把握“火候”或“分寸”。把握适度的艺术是思想政治教育中最重要也最难掌握的艺术。为了使思想政治教育取得最佳效果，思想政治教育者必须准确地把握“分寸”。

思想政治教育是指一定阶级或社会集团以一定的思想观念、政治观点、道德规范，对社会成员施加有目的、有计划、有组织的影响，以提升其精神品质的活动。在教育对象精神品质形成发展的过程中，除了思想政治教育影响外，还有人的社会实践活动以及各种社会环境因素等对其产生影响；思想政治教育的影响也是与这些因素结合在一起发生的，而不是单独产生的。因此，对思想政治教育影响教育对象的作用要恰当估计，既不能夸大它的作用，也不能无视甚至贬低它的影响；对教育对象所施加的教育影响也要恰当，既不能“过”，也不能“不及”。这就是所谓“适度”的问题。由于人的思想品德和思想政治教育的许多方面难以量化，因而在思想政治教育中，适度不能完全用量来衡量，但它却是一个可以为我们所把握的客观存在。思想政治教育的各个方面、各个环节都存在适度的问题。例如，对教育对象的要求高低应适度，过低的要求难以形成有效的激励机制，过高的要求由于难以达到易使教育对象将其束之高阁，要求必须既能激励教育对象奋发向上，积极进取，又切实可行，通过一定的努力可以达到；思想政治教育内容的深浅、分量要适度，应与特定教育对象的生理心理发展水平、思想品德状况、社会生活经验相协调，注意循序渐进，由“小”到“大”，由浅入深；思想政治教育活动的量要适度，过多过滥的活动会使教育对象“消化”不良，甚至会使其产生厌烦情绪，因而活动应有阶段、有节奏地展开，切不可“狂轰滥炸”；思想政治教育者对教育对象的管理宽严要适度，要做到宽而不纵，严而不苛。此外，思想政治教育者对教育对象态度的刚柔、对问题处理的冷热等，都要适度，不可偏执一端。凡此种种，都说明在思想政治教育中客观地存在适度的问题。适度是思想政治教育理想的工作状态；把握适度就能更好地提高思想政治教育的成效。因此，思想政治教育者应强化适度意识，在思想政治教育实践中努力把握适度艺术，以便使思想政治教育取得理想成效。

5. 综合运用各种教育方式的艺术

思想政治教育的方式多种多样，每一种方式都不能“包打天下”“包治百病”，而是各有各的适用条件和适用范围，各有各的优势和局限。离开特定条件，超出适用范围，某种方式就难以正常地发挥作用。这就要求思想政治教育者在教育实践活动中要综合运用各种教育方式，使其优势互补，相互促进，以形成一种1＋1＞2的综合效应。恩格斯曾经指出：“许多人协作，许多力量结合为一个总的力量，用马克思的话来说，就造成‘新的力量’，这种力量和它的一个个力量的总和有本质的差别。”① 同样，多种教育方式的有机协调、综合运用，显然会形成较强的教育合力，有助于思想政治教育取得更好的效果。

思想政治教育的方式方法是整个思想政治教育大系统的一个子系统，包括多种多样具体的方式方法；各种方式方法不是孤立存在的，它们之间有着密切的联系。综合运用各种教育方式方法，首先就要注意把握它们之间的辩证关系，使各种方式方法相互补益、相互协调，同向起作用。例如，在长期的思想政治教育实践中，形成了多种方法及形式多样的载体，教育者应深入了解和把握这些方法和载体的特征、功用以及适用条件，辩证地把握其关系，并有针对性地运用这些方法和载体开展思想政治教育活动，充分发挥各种方法和载体的作用；同时注意对各种方法和载体进行协调，使其向社会要求的方向发挥作用。其次，要根据教育对象的实际情况，交替使用各种方式，并使它们恰当地配合，实现优化组合。在这方面，要特别注意使各种方式合理结合，以充分发挥思想政治教育方式的系统功能。例如，要帮助大学生形成良好的思想品德，既要注意通过思想政治理论课的形式对其进行教育，以提高其思想认识；又要注重通过学习管理、生活管理的形式以规范他们的行为，使其养成良好的行为习惯；还要注意通过多种实践活动如参观、访问、参加公益活动等，使其践行社会要求并逐渐将其内化，成为自己的品德意识。在这一过程中，教育者无疑会运用多种教育方式方法，但显然不能同时运用这些教育形式，而需要根据实际情况交替运用这些形式，并使其相互衔接，使每一种形式都充分发挥作用，进而形成思想政治教育合力。

① 马克思，恩格斯．马克思恩格斯选集：第3卷．2版．北京：人民出版社，1995：469.

三、思想政治教育艺术的功能

思想政治教育不仅是一种科学性的活动，而且也是一种艺术性的活动。在思想政治教育实践中，既要强调科学性，注意科学方法的运用；也要讲究艺术性，注意教育艺术的运用。这对提高思想政治教育水平、增强思想政治教育实效性具有重要意义。

第一，运用教育艺术有助于提高思想政治教育水平。在过去乃至目前的思想政治教育中，我们不太讲究甚至忽视教育艺术的运用，往往仅凭“科学”来对待各种教育因素，处理各种教育关系，应对各种思想问题，因而思想政治教育表现出某种程度的程式化、刻板化，其作用的发挥和水平的提高受到限制。对于思想政治教育来讲，“科学”是必不可少的，但是仅此还不够，必须加进“艺术”元素。因为思想政治教育的对象是人，对于包括人在内的思想政治教育的各种因素，必须在科学的基础上加以艺术性的处理，才能使其更好地相互协调、相互作用，形成思想政治教育强大的合力。例如，对于思想政治教育者和教育对象的关系，思想政治教育科学只能给我们提供处理这一关系的一般原则和方法，教育者还须根据具体情况灵活地、创造性地运用这些原则和方法，才能真正处理好两者之间的关系；至于每一具体关系中的许多微妙的东西，只能靠教育者运用思想政治教育艺术去敏锐地把握和处理，所谓“运用之妙，存乎一心”，讲的就是这一情况。再如，对教育对象的某一思想认识问题，是该冷处理还是热处理，从什么角度处理，处理以后会产生什么后果等，都需要教育者仔细斟酌权衡，这里无疑包含了更多的“艺术”考量。总之，自觉运用思想政治教育艺术，有助于教育者更圆熟地处理思想政治教育方方面面的关系，更有针对性也更有效地应对和处理各种思想和认识问题；当众多的思想政治教育者都普遍这么做时，整个思想政治教育的水平就会得以提高，其影响力也会更大。

第二，运用教育艺术有助于增强思想政治教育的实效性。思想政治教育是提高人的思想道德素质的活动，要使这一活动富有成效，既要遵循思想政治教育科学所提供的原则和方法，更要对其创造性地加以运用，也就是要遵循思想政治教育艺术的法则。在实际工作中，常见教育条件大致相同而教育成效相去甚远的情况，除了其他因素以外，教育者是否注意并善于运用思想政治教育艺术是一个不可忽视的重要因素，有时甚至是关键因素。只有创造性地运用思想政治教育的理论和方法，才能全面把握教育对象复杂的思想和行为及其影响因素，思想政治教育才能更好地满足教育对象精神世界发展的需要和社会发展的客观要求，才能使思想政治教育更生动、更有吸引力和感染力，更有成效。实践表明，思想政治教育艺术是提高思想政治教育实效性不可或缺的重要因素。思想政治教育者应该加强对思想政治教育艺术的研究，并在实际工作中熟练地掌握和运用教育艺术，以增强思想政治教育的适应性、吸引力和感染力，提高思想政治教育的效益。

复习思考题

1. 什么是思想政治教育方法？思想政治教育方法对思想政治教育有何意义？
2. 思想政治教育的主要方法有哪些？联系实际论述其中一种方法。
3. 运用思想政治教育方法应遵循哪些基本要求？
4. 什么是思想政治教育艺术？运用思想政治教育艺术有什么意义？
5. 联系实际说明一种思想政治教育艺术。

阅读书目

1. 陈万柏，张耀灿. 思想政治教育学原理. 2 版. 北京：高等教育出版社，2007.
2. 郑永廷. 思想政治教育方法论. 北京：高等教育出版社，1999.
3. 祖嘉合. 思想政治教育方法教程. 北京：北京大学出版社，2004.
4. 刘新庚. 现代思想政治教育方法论. 北京：人民出版社，2006.

第十一章 思想政治教育载体

要点提示

● 思想政治教育载体是指承载、传导思想政治教育多种因素，能为教育者所运用，且教育者与教育对象可借此相互作用的一种思想政治教育活动形式。

● 思想政治教育载体是思想政治教育过程的综合组织形式或具体的活动形式，是思想政治教育过程各要素相互联系的枢纽及其相互作用实现的形式。

● 思想政治教育载体具有客观性和主观性、实践性和发展性、承载性和传导性等特征。

● 新时代思想政治教育的主要载体包括活动载体、管理载体、文化载体、大众传播载体（包括网络载体）等。

● 运用思想政治教育载体的基本要求：必须具有明确的目的性，应与思想政治教育的其他要素协调一致，注意发挥多种载体的综合效应，根据新情况不断创新思想政治教育载体。

关键词 思想政治教育载体　活动载体　管理载体　文化载体　大众传播载体　网络载体

思想政治教育要通过一定载体才能进行，载体是思想政治教育系统不可或缺的重要组成部分。思想政治教育目标的达成，教育内容的传导，教育方法的运用，教育者和教育对象之间的互动，都离不开一定的载体。根据思想政治教育的总体要求和不断更新的内容，根据社会发展的新情况和教育对象思想的新变化，选择合适的载体，是加强和改进新时代思想政治教育的一个重要方面。

第一节　思想政治教育载体的含义、形态与特征

一、思想政治教育载体的含义

思想政治教育是教育者向教育对象传导我国社会主导价值观、政治观、道德观等，并引导教育对象内化这些观念，逐渐形成良好的思想道德素质的过程。在这一过程中，教育者需要选择一定的形式开展教育活动，并借助这些形式与教育对象进行互动，这些形式就是思想政治教育载体。概括地说，思想政治教育载体是指承载、传导思想政治教育多种因素，能为教育者所运用，且教育者与教育对象可借此相互作用的一种思想政治教育活动形式。如谈话、会议、理论学习、管理工作、文化建设、大众传播、精神文明创建活动等，都可作为思想政治教育载体。教育者正是通过这些形式对教育对象进行教育引导并与其进行互动，从而达到一定的教育目的。

作为思想政治教育载体，必须同时满足下列两个基本条件：第一，必须承载思想政治教育的目的、任务、原则、内容等信息，并能为思想政治教育者所操作。例如，开会、办研讨班、大众传播等，也可以是其他活动的组织形式，只有当它们有了明确的思想政治教育指向性，蕴含着思想政治教育信息以后，才可作为思想政治教育的载体。如通过开会这样的形式，教育者可将思想政治教育内容或信息传导给教育对象，并适时得到反馈，因而开会可作为思想政治教育载体加以运用。其他如谈话、管理、各种活动等同样如此；在实际工作中，它们也在这个意义上经常为思想政治教育者所运用。第二，必须是联系思想政治教育者和教育对象的一种形式，两者可借助这种形式发生互动。思想政治教育过程不是教育者单方面的活动过程，而是教育者和教育对象共同参与、相互作用的过程。作为这一过程综合组织形式的载体，必须能提供教育者和教育对象相互作用的场域。谈话、开会、文化建设、精神文明创建活动等都符合这一特征，因而可看作思想政治教育载体。总之，只有同时具备上述两个条件的活动形式，才能将其看作思想政治教育载体，而不能同时满足上述条件的，则不能看作思想政治教育载体，应作为另外的范畴加以讨论。

二、思想政治教育载体的形态

思想政治教育载体究竟有哪些具体形态？可分为哪些类别？这是迄今尚未得到深入研究的一个问题。我们认为，思想政治教育载体是思想政治教育实践的产物，对其首先应做经验性的分析，明确在思想政治教育历史和现实活动中存在哪

些载体，在此基础上再从思想政治教育实践的需要出发对其进行分类。

在长期的思想政治教育实践中，思想政治教育者创造并运用了与不同时期思想政治教育实践相适应的大量的思想政治教育载体，其具体形态丰富多彩，篇幅所限，难以一一罗列，在此将其概括为八大类：开会、谈话（心）、理论教育、党组织及群众团体组织生活、管理、文化建设、大众传播和活动，每一类又包括许多具体形式。

关于这一分类，有几点需要说明：第一，从广义上讲，上述思想政治教育载体的前七类也都属于“活动”范畴，而单独列出的“活动载体”，则是从狭义上做出界定的，是指教育者和教育对象参与其中的、带有明显“行动”特征的那一类活动，教育对象在这类活动中直接践行着社会要求。而在前七种载体中，教育对象并不一定直接践行社会要求，至少主要的不是践行社会要求，而是接受社会要求。将活动单独作为思想政治教育载体的一类正是出于这一考虑。第二，这一分类大体涵盖了思想政治教育载体的主要形式，即思想政治教育活动的所有载体都包括在这些类别中。如学习班、报告会，可根据具体情况，有些分在开会一类，有些则分在理论教育一类。第三，这一分类是从思想政治教育对载体实际运用的角度做出的一个大致划分，而非严格的逻辑分类。有些类别可能互有包含，如文化建设载体中的社区群众性文化活动等具体形式又可以分在活动载体一类，活动载体中的精神文明创建活动等具体形式有时也可归于文化建设载体中，其他类别也有类似情况。因而这一分类只具有相对的意义，主要是为了我们更好地认识、把握和运用思想政治教育载体而做出的一个划分。

在上述各类载体中，党组织及群众团体组织生活、谈话（心）、开会、理论教育等是思想政治教育的传统载体，在思想政治教育中曾得到广泛的运用，积累了丰富的经验，本书不再专门讨论。本章着重讨论改革开放以来为思想政治教育所运用的活动载体、管理载体、文化载体、大众传播载体等。

三、思想政治教育载体的特征

思想政治教育载体同其他事物一样，具有多重属性，从不同角度可概括出其不同的特征。这里主要从载体与思想政治教育系统的其他因素如目的、任务、内容、原则、方法等相区别的角度，对其特征加以说明。

1. 客观性和主观性

客观性是指思想政治教育载体是与物质紧密相连的一种现实的活动形式，是一种客观存在，不是人们的主观臆造物。例如，大众传播是当代思想政治教育的重要载体，而大众传播的工具——报刊、广播、电视、网络等都有其物质基础。其他如开会、校园文化建设、企业文化建设等载体，都是由一定物质基础支撑的教育活动形式。没有一定的物质基础和技术条件，这些形式都将不复存在。从这个意义上讲，思想政治教育载体具有明显的客观性；正因为它是一种客观存在，才能为思想政治教育者所认识、把握和运用。

主观性是指对思想政治教育载体的选择和运用体现了人们的主观认识，是一种主体活动。人们是否选择某种形式作为思想政治教育载体，虽然受制于该形式的性质和特征，但也明显地受到人们的思想观念和认识水平的影响。互联网出现后很长一段时间，都未进入思想政治教育者的视野。直到 20 世纪 80 年代后期，思想政治教育者逐渐认识到互联网对人们的生活和思想的影响越来越大，思想政治教育对此不能视而不见；同时认识到互联网的特征决定它可以作为思想政治教育载体，于是互联网才被作为思想政治教育的重要载体加以广泛运用。可见，思想政治教育载体除了具有明显的客观性特征外，还具有主观性特征。当然，不能因为思想政治教育载体具有主观性，就否认它的客观性。事实上，人的认识也受制于客观条件，正如恩格斯所说："我们只能在我们时代的条件下进行认识，而且**这些条件达到什么程度**，我们便认识到什么程度。"① 认识的内容及其达到的程度都具有某种客观性。但由于人们的认识条件、认识能力的差异，思维方面可能出现的缺陷或偏差，因而主观认识不可能都符合客观事实。正是在此意义上，我们说人的认识影响思想政治教育载体的确定和运用，因而表明思想政治教育载体具有主观性特征。

思想政治教育载体的客观性与主观性紧密相连，其联系突出地表现在确定和运用思想政治教育载体的过程中。一种形式是否可作为思想政治教育载体，不是凭人们的主观意志决定的，而首先是基于这种形式是否符合思想政治教育载体的条件，同时还要考虑社会发展的要求和教育对象的思想状况等客观条件，当然，人们对它的认识也在其中起作用。可见，在确定和运用教育载体时，客观性因素和主观性因素是联系在一起发生作用的，这是思想政治教育载体的一个突出特征。

2. 实践性和发展性

载体是思想政治教育实践活动的要素和方式，其形成及运用都具有突出的实践性。第一，载体是思想政治教育实践活动的产物。开会、文化建设、大众传播等，都是在长期的思想政治教育实践中形成与发展的。这并不是说这些形式都不单独存在，而是说作为教育载体，它们都依存于思想政治教育实践，这种依存性明显地表明了其实践性。第二，载体是思想政治教育实践活动的形式。思想政治教育活动是教育者借助一定的形式与教育对象相互作用的实践活动，载体就是活动的形式，其实践性特征显而易见。第三，载体直接影响思想政治教育实践活动的成效。思想政治教育的成效受到多种因素的影响，载体是其中不可或缺的重要因素。如果载体选择恰当并得到较好的运用，思想政治教育活动就能顺利开展并取得预期效果，从而推动思想政治教育实践不断发展；反之，就可能事倍功半，效果不佳，对思想政治教育实践活动产生负面影响。载体对思想政治教育实践活动效果的这种直接影响也是其实践性的突出表现。

---

① 马克思，恩格斯. 马克思恩格斯全集：第 20 卷. 北京：人民出版社，1971：585.

思想政治教育载体的发展性是与其实践性紧密相连的一个特征，指思想政治教育载体随着思想政治教育实践的演变而不断变化发展。这种发展性突出表现在两个方面：一是思想政治教育载体的形式呈现由少到多、日益丰富的趋势。过去，思想政治教育较多地运用开会、办学习班、理论学习、文体活动等载体，而今天除了继续运用这些载体以外，还大量运用管理载体、文化载体以及广播电视、计算机网络等大众传播载体。随着社会生活的发展和科学技术的进步以及思想政治教育实践的发展，思想政治教育载体日益丰富且多样化，可供选择和运用的载体越来越多。二是许多思想政治教育载体的内涵在不断丰富发展。例如，通过大众传播对人们进行教育是思想政治教育的传统，但由于条件所限，早期党的思想政治教育主要是通过报刊、书籍这样的形式进行，后来才有了广播；而在当时的历史条件下，其覆盖面受到很大限制。新中国成立后，书籍、报刊、广播的覆盖面大大提高，其内容日渐丰富多彩；20 世纪 50 年代末，电视出现并在 80 年代以后迅速普及；20 世纪 90 年代以来，计算机网络在我国迅速发展，这些都使得大众传播的内涵与外延比过去大大扩展，从一个侧面表现了思想政治教育载体的发展性。

3. 承载性和传导性

承载性是指载体承载着思想政治教育的诸多因素，如教育者、教育对象，教育目标、内容、原则和方法等，并且是这些因素相互作用的形式的特征。这些因素都是可以独立存在的思想政治教育因素，当它们独立存在、互无联系时，就没有现实的思想政治教育活动。只有当这些因素相互联系、相互作用时，才产生现实的思想政治教育活动。载体承载着这些因素，是这些因素相互联系、相互作用的“场所”，是思想政治教育活动的现实表现形式。革命传统教育是思想政治教育的重要内容，可采取多种形式进行，如请革命前辈做报告、参观革命纪念地等。这些活动的因素很多，包括教育者、教育对象、教育目的、革命传统内容、凝结着革命传统的历史遗迹和文物等；报告会、参观活动就是承载这些要素并将其联系起来的形式，没有这些形式，革命传统教育就无从进行。可见，承载性是思想政治教育载体区别于其他教育因素的一个重要特征。

传导性是与承载性紧密相连的思想政治教育载体的又一个特征，指思想政治教育载体具有传导思想政治教育信息的功能。承载教育因素并不是思想政治教育载体的目的，承载只是为传导提供了前提和条件，向教育对象传导社会要求的观念、观点和规范，并引导教育对象将其内化，才是思想政治教育载体的目的和主要功能。思想政治教育过程是一个以传导思想政治教育内容为中心的过程，载体就是这一传导的基本渠道。当载体承载着思想政治教育的各种因素并使其相互作用时，“传导”就开始了。也就是说，只有依托各种载体，思想政治教育者才能向教育对象传播各种教育信息，并引导其正确地接受这些信息。例如，各级各类学校正是通过思想品德课和思想政治理论课教学，向青少年传导系统的思想政治教育内容，并通过课堂教学、小组讨论、社会实践等形式帮助他们将这些内容内化。

第二节　思想政治教育的主要载体

一、思想政治教育活动载体

1. 活动载体的含义和特征

活动载体即“以活动为思想政治教育载体”之意，是指教育者为达到一定的教育目的，有意识地开展各种活动，寓思想政治教育内容于活动之中，使教育对象在活动中受到教育，从而提高其思想道德素质。在“活动”这一教育形式中，教育对象在接受教育的同时也在直接践行教育要求，这是活动载体区别于其他思想政治教育载体的一个显著特征。教育者施加教育影响、教育对象接受教育影响、进行自我教育与实践教育要求在活动中有机统一在一起。

作为思想政治教育载体的活动，是指职业活动以外的一般的社会活动，如文化体育、社会服务、社会调查、参观访问、学习英雄模范人物、精神文明创建活动等，也包括围绕经济、业务工作所开展的各种有益活动。在社会生活中，人们除从事职业活动以外，还要参加大量的其他社会活动，以满足自身精神文化生活和精神世界发展的需要。随着社会的发展和生活的多样化，人们闲暇时间增多，职业活动以外的社会活动越来越丰富多彩，对人们的生活和人的发展的影响也越来越大。这种情况既要求思想政治教育注重寓教育内容于活动之中，善于运用活动载体开展教育工作，又为思想政治教育运用活动载体创造了有利条件。

思想政治教育活动载体的具体形式多种多样，每一类甚至每一具体形式都有各自不同的特点，但总的来看，它们都具有以下共同特征：一是明确的教育目的性。与一般活动不同，作为教育载体的活动是围绕着思想政治教育目标而开展的，具有明确的引导性、组织性和目的性。教育目的性是将作为思想政治教育载体的活动和一般活动区别开来的重要标志，也是我们判定某一活动是不是思想政治教育载体的标准。例如，文体活动本身是一类独立的活动，只有将其纳入思想政治教育视野，融教育因素于其中，使其产生某些教育功能，我们才将其看作思想政治教育载体。实践表明，活动只有具有明确的教育目的性，才能更好地发挥其思想政治教育作用。二是广泛的群众参与性。作为思想政治教育载体的活动，其指导者是教育者，但其主体则是广大群众。广大群众积极主动的参与，既是思想政治教育活动顺利开展的基本条件，也是实现活动载体教育功能的保证。三是突出的社会实践性。与思想政治教育的其他载体相比，活动载体的实践性最为突出，因为活动本身就是一种社会实践形式。其一，活动的过程就是实践和检验思想政治教育理论的过程。其二，活动是教育对象践行思想政治教育传导的思想道德观念及规范的过程。在理论教育等其他载体中，教育对象主要是接受教育内容，而在活动中，教育对象在接受教育内容的同时，也在践行这些内容，接受和践行完全同一。在活动载体中，接受和实践思想政治教育内容紧密相连、相互促进。这既是活动载体实践性特征的重要表现，也是活动载体独特功能的体现。

2. 确定活动载体的依据

社会生活在本质上是**实践的**。凡是把理论导致神秘主义的神秘东西，都能在人的实践中以及对这个实践的理解中得到合理的解决。

——马克思，恩格斯. 马克思恩格斯选集：第1卷. 2版. 北京：人民出版社，1995：60.

选择活动为思想政治教育载体是坚持马克思主义实践观的要求。马克思主义把实践看作认识的基础和检验真理的标准，认为社会生活在本质上是实践的，强调实践活动在社会生活过程中的作用。马克思主义的实践观启示我们，实践活动是人的发展的决定性因素。第一，实践活动是人们形成正确认识和思想观念的基本途径之一。人的思想认识不会自发产生，它一方面来自书本知识，另一方面有赖于社会实践。而书本的正确知识是对社会实践的科学概括和总结，归根到底也来源于社会实践，因而人们的思想认识从根本上讲来源于社会实践，其中有相当部分必须亲身经历才能获得。第二，实践活动是人们认同、接受正确的思想观念并使之内化为自身的品德意识的重要环节。思想政治教育不仅要帮助教育对象认识正确的思想观念，而且更重要的是要使其认同、接受并践行这些思想观念，而这显然离不开个人的实践活动。只有在不断反复的实践中，正确的思想观念才能被人们深切感悟、真正认同和不断巩固。第三，实践活动是人们不断发展和走向成熟的必由之路。只有在活动中，人们才能将内化的思想观念付诸实践，向社会要求的方向发展；只有在正确思想观念的指导下并通过实践活动，人们才能确实学会正确地对待社会和人生、他人和自己，才能恰当地处理各方面的关系，才能逐渐成熟起来。总之，马克思主义非常强调实践在人的发展中的作用，而活动是社会实践的一个重要方面，以活动为思想政治教育载体就能较好地体现实践的这种作用，是坚持马克思主义实践观的要求和体现。

选择活动为载体是对思想政治教育优良传统的继承和发展。通过各种活动对人们进行教育和引导，是党的思想政治教育的好传统。在过去各个历史时期，党都非常注意通过多种活动对党员、干部以及广大群众进行思想政治教育，积累了丰富的经验。然而过去的做法主要是经验型的，活动方式相对单一。而新时代思想政治教育对活动载体的运用，既继承了思想政治教育的好传统，又有新发展。主要表现在：明确提出以活动为思想政治教育的载体，重视活动在思想政治教育过程中的作用；创造了大量的新的群众性精神文明创建活动形式，如“为您服务活动”“青年志愿者”活动等。这些活动有很多本身就是作为思想政治教育活动开展起来的，有明确的教育目的性，蕴含着丰富的思想政治教育信息，因而其效果明显。可见，改革开放以来，思想政治教育活动载体无论是内容还是形式都比过去有了较大发展。活动载体的新发展是思想政治教育与时俱进的重要体现。

选择活动为载体是思想政治教育的内在要求。思想政治教育重在引导人们形成良好的思想品德并促使人们将其外化为相应的行为，而良好的思想品德只有通过教育引导并在社会实践中才能得以形成和巩固，符合社会规范的行为也只有通过社会实践才能得以表现。思想政治教育的过程及其结果都离不开实践活动，这是思想政治教育的特点所在。而活动是人们社会实践的重要内容，以活动为载体，积极组织和引导人们参加各种社会活动，使人们在活动中逐渐提高自己的思想道德素质，是促使思想政治教育顺利进行并取得实效的内在需求。

奉献的思想，只有在奉献成为思维的方式、个人对待集体的方式、劳动和为社会服务的方式的时候，才会纳入儿童的心灵之中，变为他的理想。善的思想，只有在一个人对善的追求与对恶的毫不妥协斗争成为生活目的的时候，才会成为生活实践的方针、行为的准绳。

——苏霍姆林斯基. 怎样培养真正的人. 北京：教育科学出版社，1992：3-4.

3. 活动载体的功能

第一，活动载体能更好地“活化”教育内容，使其潜移默化地为人们所接受。思想政治教育有认知性的教育成分，因而通过理论教育等形式对人们传导思想道德知识是必要的。然而思想道德知识本身是一种实践智慧，来自人的各种实践活动。要使人们真正理解并内化这些知识，离不开实践活动。一方面，教育实践活动使思想政治教育内容得以生动、形象、具体地体现出来，使教育对象能够直接感知它，并将对教育内容的理性理解和感性认识结合起来；另一方面，教育对象在活动过程中又在践行思想政治教育内容，从而产生直接经验，能够更好地将教育内容内化。这样，思想政治教育内容就通过活动中的人和事得以“活化”，即变成活生生的现实图景，能更好地教育和感染教育对象，使其思想道德素质呈现一种潜滋暗长的态势。这正是思想政治教育所要追求的较理想的效果。

第二，活动载体能更好地增进教育对象的自我教育，并使其实现教育和自我教育的统一。思想政治教育过程是教育者和教育对象相互作用的过程，教育目的总是在教育者发挥主导作用和教育对象发挥能动作用且两者相辅相成的过程中实现的。在这一过程中，教育者对教育对象提出的教育要求，最终必须通过教育对象自身内在的思想矛盾运动才能达到。只有当教育对象不仅能正确认识和评价自己，而且能自觉地按照社会要求进行自我调控、主动向社会要求的方向发展时，思想政治教育的目的才算达到。这种“无教之教”应当是思想政治教育的理想状态。要达到这一状态，就必须帮助教育对象形成自我教育机制，使其能够将自己作为一个“对象”去时时反省、改进和提高。以活动为思想政治教育载体，可以使教育对象在社会实践中获得自我反思、自我评价、自我学习的机会，从而提高自我教育即自我认识、自我监督、自我激励、自我控制、自我调节的能力。不仅如此，活动载体还是教育和自我教育相统一的重要形式。把思想政治教育内容有机地融入活动中，并积极组织教育对象参加活动，这是教育的过程；而教育对象通过活动在受到感染、不知不觉接受教育的同时，又会自我鉴别、比较、判断、取舍，从而提高认识，使自己的思想品德向社会要求的方向发展，这又是自我教育的过程。可见，以活动为载体，有助于促进教育与自我教育的有机统一。

第三，活动载体在一定意义上使思想政治教育的客体主体化，有助于扩大教育面。在思想政治教育过程中，教育者处于主导地位，起着重要的引导作用。但教育者主体性发挥的出发点和最终归宿都是为了更好地调动和发挥教育对象的主体性；只有调动起教育对象的主观能动性，教育才算成功。而教育对象的积极性调动起来后，会对其他的教育对象产生教育影响，从而在一定程度上发挥教育者的作用，这就是思想政治教育客体主体化的含义。活动载体就具有这样的功能。参加各种活动的群众相对于教育者来说，是教育对象——思想政治教育客体；他们在受到教育、提高自身思想道德素质的同时，又以自己的行动感染、教育着其他的参与者或未直接参加活动的众多的人，影响、改变着社会风气，从而在某种程度上扮演教育者的角色，使教育面大大扩展。如“青年志愿者”活动，使千千万万参加者的行为得到规范，文明程度得到提高，为人民服务的意识得到加强；同时，他们的优质文明服务又会把社会主义精神文明带给更多的人，使广大群众通过他们的服务活动受到感染，言行举止趋向文明化，社会风气也得以改善。

4. 活动载体的具体运用要求

第一，加强对活动的指导，精心组织好各种活动。要把活动纳入思想政治教育范围，增加活动的教育含量；要指定专人筹划组织各种活动，对教育对象自发开展的活动加以积极引导；要加大投入，在经费、场地、设施等方面为活动的开展创造条件。第二，各项活动都应有明确的目的，并据此确定活动的内容和形式。在借助活动开展教育时，对每一项活动应达到什么目的要有明确规定，并应注意将其分解成具体目标，使其具有可操作性，以便激发更多的人参加活动。第三，活动应因地制宜，丰富多彩，具有吸引力。要从本地、本单位实际出发开展活动，即使是上级统一安排的活动，各单位也应注意与本单位实际联系起来，创造性地开展活动。活动应力求形式多样、特色鲜明，以吸引更多的人参与，从而达到通过活动广泛教育群众的目的。第四，活动应讲求实效，不可过多过滥。应力戒形式主义、走过场、哗众取宠和铺张浪费，注重实际效果。活动应有阶段、有节奏，一个活动的目的基本达到以后，再开展新的活动，切不可一哄而上。过多过滥的活动会使教育对象“消化”不良，甚至会使其产生厌烦情绪，从而使活动效果大打折扣。第五，充分发挥活动参与者的主动性和创造性。活动参与者的主动性和创造性是活动顺利进行并取得成效的基本条件，因为真正有效的活动应当是“一种发自主体内部的、自内向外的主动积极的参与，是一种真正的自我教育的活动”①。因此，在开展活动时，教育者应注意不要包办代替，而要调动教育对象的主观能动性，使其想办法创造条件，自主地参与活动。总之，组织好各项活动，是以活动为载体的基本要求，也是充分发挥活动载体思想政治教育功能的保证。

① 魏贤超．现代德育原理．杭州：浙江大学出版社，1993：106－107．

二、思想政治教育管理载体

1. 管理载体的内涵及其依据

思想政治教育管理载体，是指寓思想政治教育内容于管理活动之中，并与管理手段相配合，以达到提高人们思想道德素质、规范人们的行为、调动人们工作和学习的积极性的目的。管理载体是在新时代为思想政治教育者所明确认识并广泛运用的思想政治教育的基本载体之一。以管理为载体，是由管理自身的特征、管理与思想政治教育的内在联系以及思想政治教育自身发展的要求决定的。

> 必须坚持教育与管理相结合。……要抓紧建立健全有关的法律法规和制度，依法加强对社会生活各个方面的管理，把我们倡导的思想道德原则融于科学有效的社会管理之中，使自律与他律、内在约束与外在约束有机地结合起来。
>
> ——《中共中央关于加强和改进思想政治工作的若干意见》(1999 年).

第一，管理活动的普遍性为思想政治教育以其为载体提供了外在条件。管理是一种遍及社会生活各个领域的基本活动，与每一个人的工作和生活都有密切联系。思想政治教育具有广泛的社会性，其对象包括所有的社会成员，相应地要求它所运用的载体也必须具有广泛的覆盖面，管理活动正好具备了这一要求，为思想政治教育以其为载体提供了外在条件。

第二，管理活动以人为本的实质为思想政治教育以其为载体提供了内在根据。管理活动的基本内容虽然是协调社会（组织）内部的人力、物力和环境之间的关系，但其实质是调适人与人之间的关系，调动人的积极性，从而达到一定的目标，因而管理活动必须以人为本。思想政治教育以促进人的全面发展为己任，着眼于培养担当民族复兴大任的时代新人。在此根本任务的规定下，思想政治教育的一个重要任务，就是通过各种教育手段协调人们之间的关系，充分调动人们工作和学习的积极性和主动性。在这一点上，管理活动和思想政治教育活动有很高的契合度，这是以其为思想政治教育载体的内在依据。

第三，我国社会生活的巨大变化对以管理为思想政治教育的载体提出了客观要求。改革开放以来，我国社会生活出现了许多新变化，传统的借助开会等载体通过单位进行思想政治教育的模式对许多人已不适用，需要通过社会化的管理对人们进行教育。如对个体工商户、务工农民及其他流动人员，就很难用开会、理论学习这样的形式对他们进行日常教育，需要通过工商管理、社区管理等对其进行经常性的思想政治教育。可见，巨大的社会变革既迫切要求运用管理载体开展教育以实现全方位的思想政治教育态势，又为思想政治教育运用这一新的载体提供了历史舞台和现实条件。

第四，以管理为载体是新时代思想政治教育自身发展的内在要求。今天，我们正处在建设中国特色社会主义的新时代，完成全面建成小康社会、建成富强民主文明和谐美丽的社会主义现代化强国的历史任务，要求思想政治教育有更大的发展。面对经济成分和经济利益多样化、社会生活方式多样化、社会组织形式多样化、就业岗位和就业方式多样化的趋势，思想政治教育必须从多方面予以改进和加强，而探寻新载体就是其中一个重要的方面。在上述“多样化”的情况下，在党中央系列文件明确新时代思想政治教育的指导思想、目标、任务、原则、内容的条件下，教育载体的选择和运用至关重要。如果缺乏具有广泛适应性的载体，思想政治教育就难以覆盖日益分散而复杂的所有社会成员，有些人就有可能成为思想政治教育的盲点。同时，如前所述，载体是思想政治教育活动的形式，这一形式是否适宜，直接影响思想政治教育各要素之间的互动和功能的发挥，进而对思想政治教育的发展产生重要影响。以管理为载体，有助于思想政治教育紧密结合各项具体工作深入进行，有助于把思想政治教育落实到城乡基层，而这无疑会促进思想政治教育向更高水平发展。由此可见，选择并运用管理载体是新时代思想政治教育获得更大发展的内在要求。

2. 管理载体的特征和功能

管理载体除具有思想政治教育载体的一般特征外，还具有以下两个突出特征：一是普遍性。管理载体遍及社会生活的各个领域、各个方面，与人们的工作、学习、生活息息相关，具有广泛的覆盖面。二是制度化。从某种意义上讲，管理是依据法律、规章、纪律调适人与人之间的关系、规范人的行为的过程，因而管理必须依据由法律、规章、纪律所构成的制度来进行。这就决定了思想政治教育管理载体具有制度化特征，带有某种强制性。思想政治教育在运用管理载体时，不能对其随意变更，只能利用既成渠道进行。例如，教学管理是对学生进行思想政治教育的重要载体，一般来讲，思想政治教育者不能随意改变教学管理的规章、程序，而只能利用这一载体引导学生树立正确的学习目的，形成理性的学习态度和积极的学习动机。在运用管理载体时，一定要注意把握其制度化特征，并依据其特征进行相应内容的教育，而不能企望把所有的思想政治教育内容都渗透于其中。

管理载体的特征表明，运用它对人们进行广泛的思想政治教育是可行的；不仅如此，管理载体还具有其他载体不可替代的作用。

第一，有利于更好地将思想政治教育与经济、业务工作结合起来。思想政治教育与经济、业务工作相结合，是思想政治教育的重要原则和优良传统，而以管理为载体便是将两者结合起来的最佳选择。一方面，管理活动需要思想政治教育的支撑。管理是提高经济、业务工作效益的重要活动，要使这一活动充分发挥作用，就需要思想政治教育的密切配合。如果思想政治教育深入细致效果好，人们对管理就会产生认同感，自觉遵守制度、法规、政策、纪律，经济、业务工作就会秩序井然，顺利进行。可见，在管理中渗透思想政治教育，是使管理活动顺利而有效进行的客观要求。另一方面，思想政治教育也需要管理的支持。这不仅是因为有效的管理是思想政治教育的重要基础，而且也因为只有通过有序的管理活动，思想政治教育才能更好地渗透到经济、业务工作中，切实促进经济等工作的发展。总之，思想政治教育与管理的关系，犹如车之两轮、鸟之双翼，合则双美，离则两伤。以管理为载体能够有效地克服过去那种思想政治教育与经济、业务工作相脱节的“两张皮”现象，使思想政治教育更好地结合经济、业务工作一道去做，从而更好地为经济建设和其他工作服务。

第二，有利于对人们进行深入细致的思想政治教育，增强思想政治教育实效性。以管理为载体，可使思想政治教育更深入、更贴近人们的思想实际。例如，在管理要求人们遵守规章制度的同时，辅之以爱岗敬业的职业道德教育、遵纪守法的法制观教育，就能更好地引导人们把管理要求其履行的各种规范以及相应的观念内化，使人们将管理要求其所做的被动行动升华到自觉去做的境界。这样，职业道德教育、法制观教育就可落到实处。同时，人们在具体工作中产生的思想认识问题最多也最复杂，而这些问题往往首先反映在管理活动过程中。以管理为载体，就能及时发现各种思想认识问题，并采取措施予以解决，从而提高人们的思想认识水平，为管理工作的顺利进行提供思想基础。

第三，有利于人们养成良好的品德行为习惯。培养人们具有良好的思想品德及行为习惯是思想政治教育的重要目的，而运用管理载体有助于达到这一目的。管理活动客观上具有一定的养成教育的功能，它通过一定的规章制度约束、规范和协调人们的行为，从而促使人们养成良好的行为习惯。以管理为思想政治教育载体，就是自觉强调并强化管理的养成教育功能。在管理用严格的规章制度约束人们的同时，通过思想政治教育帮助人们认识和理解规章制度的意义，就能促使人们从应该遵守它变为习惯于遵守它；久而久之，人们就会将规章制度的外在要求内化为自己的思想品德和行为习惯，无须外来监督，人们的行为就会符合规章制度的要求。从这个意义上讲，通过管理进行的思想政治教育可以看作一种养成教育，即寓思想政治教育于严格的管理中，引导人们逐渐养成良好的思想品德和行为习惯的过程。

3. 管理载体的运用要求

第一，提高思想政治教育者运用管理载体的自觉性。只有对管理的思想政治教育功用有明确认识，才能自觉地将管理作为思想政治教育载体加以运用，使其思想政治教育的功能得到充分发挥。因此，必须采取切实措施提高教育者对管理载体的认识及运用的自觉性，恰当地运用管理载体开展思想政治教育，以充分发挥管理承载和传递思想政治教育内容的作用。

第二，提高管理人员的思想政治素质和思想政治教育意识。要使管理载体充分发挥其思想政治教育功能，除了教育者的努力外，还要调动管理人员开展思想政治教育的积极性，即在管理中融进思想政治教育内容，运用思想政治教育方法。为此，要帮助管理人员克服那种把管理和思想政治教育分离开来的错误认识，努力将两者结合起来，自觉承担一定的思想政治教育职能；要采取多种措施提高管理人员的思想政治素质，将其作为管理人员培训的重要内容。这既是运用好管理载体的要求，也是加强管理、提高管理水平的需要。

第三，建立健全“一岗两责”制度。所谓“一岗两责”，是指在可能的情况下，教育者和管理者都实行一个岗位、两种责任，既从事管理又开展思想政治教育。这样做，既能较好地解决思想政治教育和经济、管理工作分离的问题，又能满足干部人事制度改革对人员精减的需要，是用好管理载体的一个重要举措。实际上，很多单位已经在这么做了。如高校学生辅导员的主要任务是对学生进行思想政治教育，但同时他们也几乎承担了学生全部的日常管理工作，这是一种典型的“一岗两责”制度。可见，建立“一岗两责”制度不仅必要，而且可行；这既是管理工作的内在需要，也是“以管理为载体”内容的一部分。

第四，将思想政治教育的某些要求和内容制度化，即变成管理的目标和内容。这主要包括两层含义：一是将思想政治教育的导向性要求如集体主义价值、社会主义民主要求、促进人的全面发展的目标等体现在相关法律法规以及政治、经济、文化制度中；二是将思想政治教育的某些具体内容体现在各地区、各单位的规章及其具体管理制度中，如通过“市民文明公约”等形式体现社会公德的要求，通过企业规章体现职业道德的要求等。这样做有助于形成良好的制度氛围，促使人们更好地规范自己的行为，并将体现在制度中的社会要求逐步内化为个人意识。法律和制度是不可忽视的重要教育因素，对人的发展具有根本的意义。将思想政治教育的要求和内容渗透其中，就能更好地发挥法律和制度的思想政治教育功能。

第五，促进管理水平的提高，为思想政治教育管理载体的运用创造良好环境。以管理为载体，就要努力促进全社会管理水平的提高，因为管理水平的高下对思想政治教育有着重要影响。因此，思想政治教育者应积极支持各级管理人员大胆管理，并自觉介入管理过程，包括主动参与制定并积极宣传规章制度、大力督促规章制度的执行、协调各种关系等，努力促进管理水平的提高。这是运用好思想政治教育管理载体的内在要求和重要前提，也是“以管理为载体”的题中应有之义。

三、思想政治教育文化载体

1. 文化载体的内涵和特征

思想政治教育文化载体是指思想政治教育者充分利用各种文化产品开展教育活动，并将思想政治教育内容寓于文化建设之中，以此影响人、感染人，以达到提高人们思想道德素质的目的。这一概念包含以下两层含义：

第一，发掘、利用既成的文化产品中的教育因素，发挥其思想政治教育功能。就具体的思想政治教育过程来讲，对文化产品主要是利用的问题，即挖掘其内含的思想、道德因素，运用其开展思想政治教育，以达到育人的目的；至于如何引导创作者在作品中“弘扬主旋律”，则主要属于文化建设的问题，而不是具体的运用问题。由此可以认为，文化的载体和思想政治教育文化载体是有区别的。人类创造物包括物质产品和精神产品，都是文化的载体，都凝聚着一定时代的价值观和规范，承载着一定的文化。而思想政治教育文化载体则是指思想政治教育利用文化产品来开展活动，如书籍、音乐、绘画、戏剧、电影等作品只是内含了某种思想道德观念，其本身还不是思想政治教育载体，组织、引导人们阅读、欣赏、观看这些作品才是思想政治教育的载体。思想政治教育要注意发掘这些作品中的教育因素，引导人们在“听”“读”“看”的过程中接受思想政治教育的影响。

第二，将思想政治教育内容渗透到文化建设中去，通过文化建设过程感染人、教育人。我国的社会主义文化既通过文学艺术、新闻出版、图书馆、博物馆等文化事业表现出来，又通过社区文化、企业文化、校园文化、村镇文化等群体文化表现出来。这些文化形式与人民群众的关系非常密切，对满足人的精神需求和促进人的精神世界的发展具有非常重要的意义，因而必须加大建设力度。以文化为载体，在很大意义上讲，就是把思想政治教育渗透到包括上述形式在内的文化建设中去，使人们在不知不觉中受到教育。

与其他载体相比，思想政治教育文化载体具有以下显著特征：一是形式多样性。“文化载体”是对各种文化活动和文化建设的一个抽象概括，其具体表现形式则是多种多样的。既包括文学艺术、新闻出版、广播电视、图书馆、博物馆、科技馆、体育馆等文化事业，又包括社区文化、村镇文化、企业文化、校园文化、家庭文化等。每一类又都有许多更具体的形式，如通过文艺事业这一载体对人们进行教育，就包括引导人们阅读文学作品，欣赏绘画、书法、音乐、舞蹈，观看电影、电视剧、戏剧等多种形式。二是对人的影响的全面性。既包括价值观念和道德规范等方面的影响，又包括科学文化知识和专业技能等方面的影响，也包括对人的思维方式和审美意识的培养等。这些方面的影响往往紧密结合在一起，很难将其明确划分开来。三是影响方式的渗透性。寓于文化载体之中的思想政治教育内容，是在不知不觉、润物无声中影响教育对象的，教育对象往往“习焉不察”，在潜移默化中受到其感染和陶冶。

2. 确定文化载体的依据

第一，文化的内在特质和外在表征为思想政治教育以其为载体提供了根据和条件。思想政治教育的基本任务是要向人们传导符合我国社会发展要求的价值观以及相应的法律、道德规范，以使人们形成社会发展要求的思想品德素养。而文化的核心是价值观及其具体化的规范，其本身就蕴含大量的思想道德信息，对人的影响本来就包含思想政治教育方面的影响，因此文化具备作为思想政治教育载体的内在特质和依据。同时，文化是人类的创造物，普遍存在于社会生活的各个领域，每个人的生存和发展都与文化息息相关，都受到文化的深刻影响。思想政治教育是面向全体社会成员的，其所运用的载体必须具有广泛的社会性。文化显然具备这一要求，其普遍性特征为思想政治教育以其为载体提供了条件。

第二，以文化为载体是社会生活方式多样化和就业形式多样化的现实要求。改革开放以来，广大人民群众的生活内容、生活方式和就业方式等都发生了深刻变化，呈现出日益多样化的趋势。这种情况对思想政治教育载体的运用提出了新要求。人们生活方式的多样化以及思想的复杂化，要求思想政治教育摒弃过去那种整齐划一的教育方式，而采取与人们实际情况相适应的形式多样的教育方式，文化载体就是其中的一种重要方式。广泛开展丰富多彩、健康有益的文化活动并将思想政治教育融入其中，既能满足人们精神生活多方面的需求，又能适应不同教育对象的思想实际而对其产生有效的教育影响。就业岗位和就业方式的多样化，表明过去那种仅仅依托企事业单位开展思想政治教育的模式已难以适应新形势的需要，如对个体劳动者以及大量的流动人员，这种方式就覆盖不到，难以起作用；而文化载体则可弥补这一不足，通过具有广泛社会性的文化活动，可以有效地对上述社会成员进行思想政治教育。可见，以文化为载体是我国社会发展的客观要求和思想政治教育的现实选择。

第三，以文化为载体是有效开展思想政治教育的内在需要。思想政治教育的效果是多种因素相互作用的结果，其中，载体对思想政治教育的成效起着重要作用。载体是连接思想政治教育诸要素的枢纽，对各要素之间的互动及其整体功能的发挥进而对思想政治教育效果都有重要影响。以文化为载体，无疑会使思想政治教育的覆盖面大大扩展，使人们在享受丰富而健康的文化“大餐”的同时，自觉不自觉地受到思想政治教育的影响，从而提高思想政治教育的成效。

3. 文化载体的思想政治教育功能

第一，有利于增强思想政治教育的吸引力、渗透力，扩大其影响面。文化具有渗透性强、影响持久以及形象、生动、直观等特点。将思想政治教育内容寓于文化建设和文化活动之中，自觉地以文化为载体，会使思想政治教育更加生动活泼，更具有吸引力，更容易为人们所接受；能更好地产生“润物细无声”的效果，使人们在不知不觉中受到其内容的熏染。那些蕴含丰富的思想道德内容的优秀文艺作品以及各种文化活动，对人们产生了强烈而持久的吸引力，对提高人们的人文素质和思想道德面貌具有深远影响，就说明了这一点。各种形式的文化建设也具有同样的作用，如生动活泼的校园文化活动，对参与活动的大学生的思想品德、智慧才能、情趣爱好等方面的发展，都具有潜移默化的熏染和陶冶作用。同时，文化的覆盖面非常广，影响到每一个人；以文化为载体，就能较好地扩大思想政治教育的影响面，使其在最大范围内发挥作用。

第二，有利于全面提高人们的思想道德素质和科学文化素质。如前所述，文化对人的影响具有全面性。以文化为载体，就是要充分发挥文化对人的这种全面影响，即在通过各种文化活动提高人们的文化科学知识素养和专业技能的同时，充分发掘文化内含的思想政治教育资源，并赋予其新的时代内容，以此去潜移默化地感染人、影响人，从而促进人们把社会要求内化为自己的品德素质。可见，文化载体有助于更好地满足人们全面发展的多方面需要，是把思想道德素质的养成和科学文化素养的培养有机结合起来的有效途径。

第三，有利于形成与社会主义现代化相适应的全民一致的价值观。引导人们树立正确的价值观，进而在全体社会树立社会主义核心价值观，是当前思想政治教育的重要任务。以文化为载体是完成这一任务的重要环节。文化的核心是一定的价值观，而就其心理机制而言，文化可看作一定群体所形成的共同的心理程序，即群体成员对一定的社会刺激产生的类似反应。例如，在特定社会里，为文化所否定的事物和行为，必定为大多数人所鄙弃；被文化所肯定的事物和行为，必定为大多数人所追求。文化的这一机理显然有助于形成全社会共同的价值观。以文化为载体，将社会主义核心价值观融入文化建设中，可更充分发挥这一机理的作用，使人们经过文化的熏染，在社会生活的基本方面形成大体一致的价值观。

4. 文化载体的运用要求

运用好文化载体，关键是要大力加强文化建设，使文化载体的思想政治教育功能得以充分发挥。

第一，坚持文化建设的社会主义方向，充分发挥文化载体培养时代新人的作用。文化建设的性质最终是由思想建设的内容决定的，因而在文化建设中，必须坚持包括马克思主义指导思想、中国特色社会主义共同理想、以爱国主义为核心的民族精神和以改革创新为核心的时代精神、社会主义荣辱观等在内的社会主义核心价值体系，坚决贯彻执行党的路线、方针、政策，以确保文化建设的社会主义方向，更好地为社会主义现代化服务，为培养社会主义新人服务。这是新时代文化建设的重要保证，也是发挥文化载体的思想政治教育功能的基本要求。

第二，大力发展各项文化事业，提高文化建设的水平，满足人民群众日益增长的精神文化需求。要坚持百花齐放、百家争鸣的方针，努力促进我国各项文化事业的繁荣和发展；要积极引导文艺工作者弘扬主旋律，树立精品意识，努力创作优秀的文化作品，给人民群众提供丰富的精神食粮；要大力加强文化体育设施建设，吸引更多人走进这些场所，以便充分发挥其在文化建设和思想政治教育中的作用。

第三，要大力加强群体文化建设，把思想政治教育落实到城乡基层。群体文化对生活于其中的人们有着直接的、深刻的影响，对与其有着这样或那样联系的人们也有着某种程度的影响。要加强包括社区文化、村镇文化、企业文化、校园文化等在内的群体文化建设，使其形式多样，生动活泼，为人民群众所喜闻乐见，使寓于其中的思想政治教育内容更好地为人们所接受。

第四，促进文化市场的健康发展，为文化载体的运用创造良好的环境。改革开放以来迅速发展的文化市场对于丰富人民群众的精神文化生活，推进社会主义精神文明建设等，起到了重要作用。但毋庸讳言，由于各种原因，文化市场也存在一些亟待解决的问题，例如，有的文化出版单位放弃社会责任，制作和传播格调低下甚至有害的东西；少数人为牟取暴利，进行非法出版、盗版、制黄贩黄活动；一些娱乐场所色情服务屡禁不止；等等。这些问题损害了人们尤其是青少年的身心健康，削减了思想政治教育的影响力。因此，必须采取多种措施加强文化市场建设，例如，积极培育和完善文化市场，大力扶持健康的文化产品和文化服务；抓紧制定和完善有关法规，加大管理力度，进一步规范文化市场行为；坚持不懈地开展“扫黄”“打非”斗争，努力净化文化市场；等等。

总之，加强文化建设，使各项文化事业和各种群体文化良性发展，是思想政治教育运用好文化载体的前提和至关重要的一环。要努力发挥思想政治教育的优势，积极促进我国文化建设的发展，使思想政治教育与文化建设协调互动。

四、思想政治教育大众传播载体

1. 大众传播载体的内涵和特征

思想政治教育大众传播载体，是指思想政治教育主体通过各种大众传播工具向广大群众传导思想政治教育内容，使人民群众在广泛接触社会信息的同时，接受思想政治教育，从而提高自己的思想道德素质。这一概念内在地包含两层意思：一是更好地制作、传导思想政治教育信息，使其内容正确、鲜明，具有时代特色，丰富多彩，不断出新，以有效地吸引广大群众。二是积极引导广大群众的阅读、收听、收看等行为，包括有组织地开展读书活动，收听、收看重要会议、领导人讲话、英雄模范人物报告实况转播，看电影等，从而帮助人们更好地接受大众传播所传导的思想政治教育的影响。

大众传播载体因其使用的媒体不同，表现为许多具体形式，如报纸、期刊、书籍、广播、电视、电影、录音、录像、网络等传播载体。不同的形式具有各自不同的特点，但总的来看，它们都具有以下共同特征：一是覆盖面广。大众传播形式众多，深入社会的每个角落，影响到每一个人；电子媒介特别是互联网的出现和普及，更使大众传播的覆盖面大大扩展。以大众传播为载体，能使思想政治教育广泛地作用于社会各阶层、各群体乃至每一个人，使思想政治教育真正具有全民性。二是传递迅速，时效性强。大众传播媒介利用其庞大的通信网络、先进的通信手段和熟练的通信技巧，正日益缩短着信息传播所需时间，往往可在事件刚一发生时就迅速及时地进行传播，甚至同步传播。这一特点有助于我们利用大众传播及时对人们进行教育，增强教育的时效性。三是影响具有增殖力。思想政治教育的其他载体如谈话、开会等所作用的对象是个人或少数人，而大众传播同时作用于众多的人，因而教育内容一经大众传播，其影响便迅速扩展，呈倍加之势。一个人在十余人的小组会上的讲话，如经过大众传播，其社会影响便会远远大于一人未经大众传播而在数千人大会上所做的报告。同样，一个先进典型的事迹，如果只是依靠开会宣传，其影响可能只限于一个企业、一个行业、一个地区，而如果经过大众传媒报道，就可能在全国产生广泛的影响。同时，我国大众传媒尤其是由权威部门主办、历史悠久、享有盛誉的媒介往往具有权威性，人们往往特别重视这些大众传媒所传播的内容，大众传播对人们的影响因此而加强。

2. 确定大众传播载体的依据

第一，大众传播的迅速发展及其影响的日益增长为思想政治教育以其为载体提供了客观条件，提出了基本要求。改革开放以来，我国大众传播迅速发展，已形成覆盖面广、辐射力强、完整的大众信息传播网络。今天，几乎所有人都是大众传播的受众，都受到大众传播广泛而深刻的影响。大众传播媒介的急速发展为日益社会化的思想政治教育以其为载体提供了科技条件和物质基础，而其越来越大的影响力也要求思想政治教育必须以此为载体，对人民群众进行广泛的宣传教育。

第二，以大众传播为载体是继承和发扬思想政治教育优良传统的要求。通过大众传播进行思想政治教育并非从今日始，而是思想政治教育的优良传统，以大众传播为载体，就是对这一传统的继承和发展。这主要表现在：明确提出以大众传播为思想政治教育载体；注重通过多种形式的大众传媒开展教育，形成了全方位运用大众传播载体的格局；与时俱进，积极运用互联网开展网络思想政治教育。可见，新时代思想政治教育对大众传播载体的运用，既有对其优良传统的继承，又有许多创造性的新发展。

第三，以大众传播为载体是更好地发挥大众传播的积极作用、抵制其消极有害影响的需要。在现代社会，大众传播信息本身就包含思想道德方面的内容，对人们思想品德的形成发展产生影响。但这种影响大多是自发的、无序的，既可能是积极的，也可能是消极的。以大众传播为载体，一方面是要通过大众传播系统地对人们进行思想政治教育；另一方面，就是要更好地协调和整合大众传播已有的教育因素，使其成为积极影响人们思想品德的一种力量。此外，也应看到，我国的大众传媒是参差不齐的，在为人们提供有益精神食粮的同时，也有少数媒体传播了一些糟粕，对人们产生了消极有害的影响。在运用法律、行政等手段抑制这些影响的同时，通过大众传播强化思想政治教育以应对这些消极影响，也是必不可少的。借助各类大众传媒丰富多彩的形式，向广大群众生动、直观地宣传马克思主义理论、党的路线方针政策、社会主义道德、民主和法制等内容，能帮助人们形成正确鉴别、选择大众传播信息的良好的心理机制，提高分辨是非的能力，从而有效地抵制和消除大众传播中的消极影响。

第四，以大众传播为载体是扩大思想政治教育覆盖面、增强其实效性的要求。过去，思想政治教育主要通过“单位”进行，通过大众传播实施的教育只起一种辅助作用。改革开放以来，出现了大量的个体户、农民工、下岗职工等，还有许多人职业岗位变动频繁，“单位”已很难对他们施加思想政治教育影响了。然而所有这些人无论走到哪里，无论做什么工作，都要读书、看报、听广播、看电视、看电影、上网等，因而通过大众传播对他们进行思想政治教育，是一个现实可行的选择，能较好地将思想政治教育覆盖到这些其他形式难以覆盖到的人群。同时，今天人们的闲暇时间增多，精神文化生活需求增强，即使是仍然工作在国有、集体企事业单位的人们，读书、看报、听广播、看电视、看电影、上网的时间也比原来多很多，受大众传播的影响也比原来大得多。因而通过大众传播对这部分人实施教育也是必要的，它可以补充单位思想政治教育的某些不足，在一定程度上强化单位思想政治教育的效果。

3. 大众传播载体的思想政治教育功能

第一，有助于直接促进社会主义精神文明建设，促进全国人民建立共同的理想。大众传播向人们传导社会主流价值观，具有引导人民形成共同理想、组织激励人民齐心干事业的作用。我国是社会主义国家，大众传播从根本上反映了人民的利益和愿望，直接传达党和政府的声音。它的一个重要任务，就是要向人民群众宣传马克思主义理论、党的路线方针政策、社会主义思想以及代表时代精神的新人新事。大众传播的这种广泛、深入、持久的宣传教育，对于提高社会主义精神文明水平，提高全体社会成员的思想道德水平，使广大人民树立建设中国特色社会主义的共同理想具有特别重要的作用。

第二，有助于满足人们社会化的需要，促进人们不断地与时俱进。在现代社会，人的社会化与大众传播之间的相互作用越来越密切。虽然学校学习在今天仍然是人的社会化的主要途径，但绝大多数现代人接触大众传播的时间要比在学校学习的时间多得多，因而他们对大众传播满足他们社会化的需求也越来越迫切。同时，随着现代传播媒介的发展与普及，大众传播对人的社会化的影响也越来越大，其作用主要表现为：帮助人们获得各方面信息，增长知识和技能；帮助人们形成一定的价值观及其制约下的规范体系；帮助人们更好地学习和扮演社会角色；等等。总之，大众传播能较好地满足人们社会化尤其是继续社会化的需要，促进人的社会化进而促进人的全面发展正是思想政治教育的重要任务，通过大众传播施加以价值观为核心的社会化教育，就有助于这一任务更好地完成。

第三，有助于通过调剂人们的生活提升人的精神生活质量。思想政治教育的一个重要作用是满足人们精神世界发展的需求，提升人们精神生活的品质。而大众传播通过对人们生活的调剂，有助于这一作用的充分实现。例如，通过大众传播，人们可以开阔眼界，了解外部世界许多有趣的事物；可以"游览"名山大川、"领略"异域风情；可以读小说、诗歌等文学作品，听音乐、戏剧，看体育比赛、电视剧等，从中感受到快乐、得到休息；可以从大众传播的内容中感受到某种刺激，使单调的生活激起一点波澜，使平静的心灵增加一点激情；等等。这无疑会从一个方面丰富人们的生活，提高人们的生活质量，使人们得到多方面的发展。

第四，有助于营造良好的教育氛围，强化思想政治教育效果。思想政治教育总是在一定社会环境中进行的，其效果与社会环境状况密切相关。思想政治教育向人们传导的思想道德观念和规范，只有在社会生活实践中为各种环境因素所肯定、所强化，才能更好地被人们所接受，并逐渐内化为个体意识，成为其行动指南。因此，营造良好的教育氛围，就成为新时代思想政治教育的重要任务。大众传播是社会环境的重要因素，并且对整个社会环境状况产生重要影响。大众传播长年不断地宣传社会主义核心价值观，宣传反映时代精神的先进人物、先进事迹，鞭挞落后腐朽的事物，有助于形成积极强大的"舆论场"，由此带动社会风气的好转，促进社会环境的优化，从而为思想政治教育营造良好的氛围。同时，大众传播对先进思想的倡导，对先进人物的表彰，对先进事物的宣传，对不良现象的批评，对魑魅魍魉的揭露和抨击，会持续不断地作用于人们，使人们从中取得正面的经验和积极的体验，避免获得反面的经验和消极的体验，以进一步理解社会要求的正确性和合理性，从而强化思想政治教育效果。

4. 大众传播载体的运用要求

第一，坚持大众传播的社会主义方向以及提高公民的思想道德素质和科学文化素质的目标。大众传播本身就是社会主义精神文明建设的重要阵地，必须坚持正确的政治导向；而以其为载体开展思想政治教育，更必须保证大众传播始终坚持社会主义方向，努力为培养时代新人服务。实践表明，大众传播的政治方向正确与否，对思想政治教育成效有重要影响。因此，要充分发挥大众传播载体的思想政治教育功能，必须保证大众传播坚持以马克思主义理论为指导，坚持党的路线方针政策，始终沿着社会主义方向发展；坚持正面宣传为主，做好释疑解惑工作，给人们以积极引导。

第二，注意不同传媒的优势互补，发挥传媒的综合效应，形成大众传播全方位的思想政治教育态势。大众传播的不同媒体各有不同的特点和优势，教育者应注意把握不同传媒的特点，选择与教育内容和教育对象相适应的传播载体，以充分发挥每一传播载体的特长和作用；同时，还应综合运用或交替运用多种传播载体，以形成通过大众传播全方位开展思想政治教育的格局。

第三，引导广大群众积极参与大众传播过程，实现传播者和受众之间的有效互动。受众参与传播过程，就是受众不仅接受传播，而且也在一定程度上参与传播的决策、制作、表现、反馈等传播活动的过程。这是当代大众传播的一个重要特征，也是用好大众传播载体的需要。应该运用多种手段和方法如发表读者、观众、听众的来信、来稿，在传媒上开展主题讨论，征招栏目方案，群众提供新闻线索、新闻话题，群众点播，请群众客串记者、编辑、主持人等，以调动广大群众参与传播过程的积极性，充分发挥大众传播载体的思想政治教育功能。

第四，注意大众传媒的局限性，努力消除大众传播的负面影响。大众传播内容庞杂，影响复杂，既对人们的生活有积极影响，也不可避免地会产生一些负面影响。大众传播中的某些不良信息，会给人们尤其是青少年的成长造成消极影响，对思想政治教育的正常运行造成干扰；某些传媒形式如电视、计算机有可能使人们尤其是青少年沉溺于其中；不同的信息使大众传播的教育作用可能出现相互抵触、相互干扰的矛盾现象；等等。对此，应加强对大众传播的宏观管理和指导，坚决取缔非法出版物和音像制品，倡导网络道德，努力净化传播内容，使之积极健康向上，反映社会主义的时代精神，并向同一方向发挥作用。只有这样，才能更好地发挥大众传播的思想政治教育功能。

5. 思想政治教育网络载体

网络载体是大众传播载体的一种具体形式，由于它是一种较新的思想政治教育形式，有其独特的表征，且影响日益扩大，因而这里再对其做一点讨论。

思想政治教育网络载体，就是通过互联网这一电子信息交换系统，向人们传播正确、丰富、生动的思想政治教育信息，以帮助人们形成社会主义核心价值观以及健康的精神状态。与传统的大众传媒如报纸、广播、电视等载体相比，网络载体具有以下明显特征：第一，信息的海量化和专门性。与传统媒体如报纸、期刊、广播、电视等不同，互联网不受版面和播出时段的限制，其信息滚动播出，源源不断；所传播的信息浩如烟海、包罗万象，几乎涵盖人类活动的所有方面，而且可以越过千山万水同时覆盖遍布全球的用户。这就给思想政治教育提供了丰富的信息资源，有利于扩大其覆盖面。第二，信息传播和更新的快捷性。与传统媒体相比，网络的传播速度和更新周期都极快。互联网可在瞬间将信息发送给用户；其信息的更新周期以分钟计算。这使得互联网可在事件发生的第一时间发布信息，网民则可以迅速、及时、便捷地了解世界各地刚刚发生甚至是正在进行的重大事件。在迅速变化的新时代，这种便捷性有利于教育者通过网络及时传播教育信息，增强思想政治教育的动态性和时效性。第三，传播手段的兼容性，即多媒体化。互联网兼容了传统媒体的多种优势，不仅具备电视声音、文字、图像合一的特点，还具备报纸的可保持性特点。网络信息因而声色俱全、图文并茂、动静结合，更能吸引人，为提高思想政治教育的影响力、有效性提供了新的空间。第四，传播方式的交互性。传统媒体一般采取单向传播方式，即信息主要由传播者单方面制作并提供，受众只能被动接收，其反馈也往往滞后。而网络媒体采取的是交互式的传播方式，媒体将信息传递给网民，网民可随时随地在网上发表见解，也可根据自己的需要选择网上信息，在接收信息的方式上具有主动性。网络传播方式的交互性为在网上实现教育者和教育对象之间的双向互动提供了技术条件，拓展了思想政治教育的空间。

之所以要以网络为思想政治教育载体，是因为：第一，以网络为载体是扩大思想政治教育覆盖面、增强其吸引力的需要。截至 2020 年 3 月，我国网民已达 9.04 亿，互联网普及率达 64.5%，而且这一数量还在增加，越来越多的人主要依靠网络获得信息。通过网络进行思想政治教育，可以扩大其覆盖面和影响力，使网民在通过网络获得信息的同时，也受到思想政治教育的影响，从而不断提高自己的思想道德素质。不仅如此，网络这一新的信息传播方式与其所传播的信息一起，在今天已形成一种文化，它不仅对直接上网者产生影响，而且对未上网的民众也产生着广泛的影响。因此，网络思想政治教育不仅作用于网民，而且也通过网民影响其他广大人群；对其他载体的思想政治教育影响构成一种补充，并与其相互作用，从而形成全方位的思想政治教育态势，而这就能大大增强思想政治教育的影响力和有效性。第二，以网络为载体是用先进文化占领新的思想阵地的迫切要求。随着互联网覆盖面越来越广，受众越来越多，网络已成为一个重要的思想阵地且其影响越来越大。思想政治教育必须进入网络，用以社会主义核心价值体系为主导的先进文化构建网络阵地，让先进文化在网络中充分发挥作用，以抵御国内外敌对势力的攻击，消除各种反文化的负面影响，使网络成为人们尤其是青少年接受先进文化的重要渠道。第三，以网络为载体是实现思想政治教育现代化的要求。思想政治教育现代化包括多方面内容，其中一个重要方面就是载体现代化，即运用最能体现社会发展时代特色和未来趋势的教育载体。而网络传播与过去任何一种传播方式相比，都更具时代特色，更能体现当代社会的信息化、网络化的发展趋势；以此为载体，就能加快思想政治教育载体现代化的步伐。同时，网络载体的运用还会对思想政治教育其他方面的现代化产生重要影响，例如，会进一步促进思想政治教育者树立明确的现代信息观念，更加注重采用平等交流、双向互动的方法，形成网络管理组织，改变思想政治教育的管理机制等。

网络载体对于思想政治教育的重要性，要求我们必须注意充分运用这一新载体，大力传播与我国社会发展要求相一致的思想观念、政治观点、道德规范以及其他先进文化。要努力建立思想政治教育网络系统，构筑网络化的思想政治教育阵地；要加强网络思想政治教育人才培养，打造一支网络思想政治教育队伍；要建立健全网络思想政治教育管理制度，加强网络思想政治教育管理；要充分运用网络技术开展形式多样、生动活泼的网上思想政治教育。只有这样，网络载体的思想政治教育功能才能得到充分发挥。

第三节 思想政治教育载体的运用

一、载体在思想政治教育过程中的地位

思想政治教育载体与思想政治教育过程密不可分。要运用好思想政治教育载体，就必须对其在思想政治教育过程中的地位有清晰的认识。

1. 载体是思想政治教育过程的综合组织形式或具体的活动形式

思想政治教育过程是教育者根据一定的社会要求和教育对象的思想实际，对教育对象施加有目的、有计划、有组织的教育影响，并引导教育对象自主接受这种影响，从而形成一定社会所期望的思想品德的过程。这是对思想政治教育过程的一个理论抽象，实际上，思想政治教育过程总是具体的，如对青年工人的职业道德教育、对中学生的爱国主义教育、对大学生的理想信念教育等，都是一个一个具体的思想政治教育过程。而这些教育过程都要采取一定的组织形式，载体就是这样的组织形式。例如，对大学生进行理想信念教育，可通过思想政治理论课、先进人物报告会、校园文化活动、参观革命圣地、参加公益活动、社会调查等多种不同形式进行，这些形式就是大学生思想政治教育载体。它们承载着大学生思想政治教育的目的（帮助大学生树立崇高的理想信念）、内容（共产主义理想、社会主义信念）、原则（方向原则、渗透原则、主体原则、激励原则等）、方法（说理引导法、榜样示范法、实践锻炼法等），且教育者与大学生可借此相互作用，因而它们是思想政治教育过程的综合组织形式。没有这些形式，理想信念教育就无从进行。其他内容的教育过程或对其他对象的教育过程也都是如此，都要表现为一定的形式或者说通过一定的形式进行。

由此看来，载体又是思想政治教育过程的具体的活动形式。思想政治教育过程的实质是把一定的社会要求转化为教育对象个体的思想品德。这一转化须在一个较长时段内通过一个个具体的教育活动才能逐步实现。以大学生思想政治教育

为例，可将其分成大一、大二、大三、大四等阶段，每个阶段又由有目的、有组织、有计划的多种活动如思想政治理论课教学、开会学习、座谈讨论、个别谈心、社团活动、校园文化建设、参观访问、社会实践活动等构成；这些不同形式的具体活动就是思想政治教育载体，大学生思想政治教育正是通过这些载体展开的。其他群体如工人、农民、公务员、教师的思想政治教育也不例外，都要借助相应的载体进行，即都表现为一个一个具体的活动。可见，思想政治教育过程，不论其内容如何，作用于什么对象，都必须借助于一定载体通过一个一个具体活动进行；思想政治教育过程就是教育者和教育对象通过一定载体进行互动，从而达到思想政治教育目标的过程。载体是思想政治教育过程的现实的、具体的表现形式，不可或缺；没有载体，思想政治教育过程无从显现。

2. 载体是思想政治教育过程各要素相互联系的枢纽及其相互作用实现的形式

思想政治教育是一个系统，其运行过程由教育者和教育对象在一定教育目的的指导下，借助一定的手段和方法相互作用所构成。教育者、教育对象以及包括教育目的、内容、原则、方法等在内的教育介体是这一过程的基本因素。在思想政治教育过程中，这些要素通过一定的形式相联结，载体就是各要素的联结点。例如，对职工进行职业道德教育，教育主体是企业的党组织以及思想政治教育工作者，教育对象是企业的职工，目的是提高职工的职业道德水平，内容是职业道德意识及职业道德规范等，原则包括方向原则、激励原则、示范原则等，方法是说理引导、榜样示范、自我教育等，将这些要素联系起来的是职业道德教育的一些具体形式即教育载体，例如，开会学习、企业文化建设、创建文明服务岗活动、严格的管理等。可见，在现实的思想政治教育过程中，教育者、教育对象、内容、原则、方法等因素正是通过载体联结起来而相互作用的。换言之，思想政治教育的各要素一进入教育过程，就要通过一定的载体相联系。没有载体，思想政治教育过程就不能成为现实的运动过程。

二、思想政治教育载体运用的基本要求

在讨论思想政治教育主要载体时，我们对有关载体运用的具体要求都略有说明，这里从总体上对思想政治教育载体的运用要求进行探讨。

1. 确定和运用载体必须具有明确的目的性

思想政治教育具有明确的目的性，载体是思想政治教育活动的形式，其运用应为实现思想政治教育目的服务，当然也应有明确的目的性。第一，必须根据思想政治教育的根本目的选择和运用思想政治教育载体。我国思想政治教育的根本目的是提高全体国民的思想道德素质，提高人们认识世界和改造世界的能力，为建设中国特色社会主义、实现共产主义努力奋斗。从根本上讲，所有思想政治教育载体的运用都是为了更好地达到这一根本目的。凡是有利于这一目的实现的载体，就是恰当的，应该积极运用；凡是不利于这一目的实现的载体，就是不适宜

的，应该毫不含糊地舍弃，或加以改进。要言之，思想政治教育载体的确定与运用必须为思想政治教育内容或信息的有效传导服务，为思想政治教育的根本目的服务。第二，在具体运用思想政治教育载体时必须有明确的目的性。在思想政治教育过程中，教育者必须明了运用某一载体或某些载体要达到什么目的。只有这样，载体的运用才能达到预期效果。一是目的必须具有针对性。运用某一载体的目的应当有的放矢，或针对本部门、本单位思想政治教育中存在的问题，或针对教育对象精神世界发展的某种需求，或针对教育对象思想道德素质方面存在的主要倾向等。二是目的必须具体明确。目的词义的表达应当清晰，不能含糊不清和空洞抽象；必须有衡量目的是否达到的具体标准，即对目的进行具体分解，以便于操作；必须有目的实现的具体时间要求和约束条件等。三是目的必须具有可行性。目的不仅是“应该”“可能”，而且必须“可行”；既要积极先进，能激励人们奋发进取，开拓向上，又要切实可行，通过一定努力可以达到。四是目的必须分清主次缓急。思想政治教育面对的问题是复杂的，所需要进行的教育内容也是多方面的，因而常常出现多个要达到的目的，其中有些目的是近期内或一定时期内必须达到的，有些则是希望达到的。一般来讲，运用某一具体载体所能达到的目的是有限的，在规定目的时必须分清主要目的和次要目的，同时权衡轻重，列出先后次序，通过努力一个一个加以实现。总之，只有目的明确，思想政治教育载体的运用才能达到预期效果。

2. 载体运用应与思想政治教育的其他要素协调一致

思想政治教育载体的作用不是独立发挥的，而是在与思想政治教育的其他因素相互联系和相互作用的过程中实现的。这种相互联系和相互作用表现在多个方面，例如，思想政治教育载体既从横向上受到社会经济状况、政治状况、文化生活、科技条件、社会风气等社会环境因素的影响，又从纵向上受到社会生活不断变革和发展的制约；既受到思想政治教育目标和内容的制约，应与目标内容相一致，又受到教育对象的工作、学习、生活以及思想品德状况的影响，要与教育对象的状况保持适度张力，有广泛的群众性和明确的针对性；教育载体还需要由具有一定思想道德素质和科学文化素质的教育者来运用，因而又受到教育者状况的影响；等等。只有注意使载体与其他教育因素乃至各种环境因素密切联系、协同作用，才能将思想政治教育信息有效地传导给教育对象，充分发挥思想政治教育载体的影响和作用。

3. 综合运用思想政治教育载体，发挥多种载体的综合效应

在思想政治教育载体系统内，没有哪一类或哪一种载体可以“包打天下”，取代别的载体。各种载体都有各自的特点、功用及适用范围，都有它存在的价值；同时，它们之间又互相联系、互相渗透、互相补充、互相作用。例如，思想政治理论课教学一般被认为是大学生思想政治教育的主要载体，高校通过这一载体对大学生进行系统的世界观、人生观、政治观、道德观、法制观教育。但这一形式的教育还需要通过理论学习、讨论会、演讲辩论会以及个别辅导等载体来补充，其效果需要通过社会实践活动、各种公益活动等载体来强化。同时，思想政

治理论课教学不可能满足学生精神世界发展方面的所有需要，不可能解决学生所面临的所有问题，因而有必要运用开会、谈话、校园文化建设、学生社团活动、各种文体活动、文明寝室创建活动、创“三好”活动等多种载体对大学生进行多方面、多层次的思想政治教育。在实际的思想政治教育活动中，这些载体相互联系、相互补充、相互作用，共同为培养时代新人服务。由此可见，我们不仅应该根据思想政治教育的不同内容和教育对象的不同情况，选择相应的载体，以充分发挥每一种载体的思想政治教育功用；而且更应该学会交替运用或综合运用多种载体，使多种载体合理组合、互相补充、协同作用，以发挥其综合效应，形成全方位的思想政治教育态势。

4. 根据新情况不断创新思想政治教育载体

思想政治教育载体不是固定不变的，而是在不断发展变化的。随着社会历史条件的变化和科技的发展，随着思想政治教育实践的发展，思想政治教育载体日益增多，已有载体的内涵、特征和作用都在不断发生变化。这就要求思想政治教育者要有创新观念和敏感意识，根据新情况选择和运用新载体开展思想政治教育。例如，截至 2020 年 3 月，我国的手机网民规模已达 8.97 亿，手机成为人们进行信息和情感交流的重要途径，思想政治教育应该也完全可以运用这一载体开展教育活动。再如，微博在我国发展迅速，截至 2020 年 2 月，微博月活跃用户已达 5.16 亿；其简单易用、主动性和及时性强、发布平台具有开放性与多样性等特点，为思想政治教育以其为载体提供了条件。事实上，现在已有很多思想政治教育者尤其是大学生思想政治教育者运用这些新载体开展思想政治教育，并取得一定成效。由此可见，在社会发展的过程中，可供思想政治教育选择的载体在不断涌现，教育者一定要根据思想政治教育的实际创新载体，以使思想政治教育与时俱进，取得更好的成效。

复习思考题

1. 简要说明思想政治教育载体的含义和特征。
2. 管理载体、文化载体、活动载体、大众传播载体各有什么特征和功能？
3. 简述载体在思想政治教育过程中的地位。
4. 如何根据实际情况运用好思想政治教育载体？

阅读书目

1. 陈万柏．思想政治教育载体论．武汉：湖北人民出版社，2003.
2. 张耀灿．中学德育理论与实践．武汉：湖北教育出版社，1994.
3. 郑兴东．受众心理与传媒引导．北京：新华出版社，1999.
4. 谢海光．互联网与思想政治工作概论．上海：复旦大学出版社，2000.
5. 罗国杰．中国精神文明建设 20 年．郑州：中州古籍出版社，1998.

第十二章 思想政治教育管理

要点提示

● 思想政治教育管理是指思想政治教育领导部门、主管机构及其管理人员，运用计划、组织、指挥、协调和控制等管理手段，对思想政治教育资源进行有效整合，以实现思想政治教育目的和任务的创造性活动过程。思想政治教育管理具有方向性、民主性和开放性等特征。

● 我国目前思想政治教育管理的基本模式是党领导下的社会参与管理模式；思想政治教育管理的主要手段是计划、组织、指挥、协调和控制；主要内容包括目标管理、计划管理、规范管理和队伍管理。

● 思想政治教育管理过程可分为三个阶段：思想政治教育决策、决策的执行和总结反馈。

关键词 思想政治教育管理　思想政治教育决策

思想政治教育是人类教育实践活动的一种特殊形式，是一个由诸多活动要素、活动内容构成的有机统一整体，思想政治教育管理就是其中的一个重要方面，在思想政治教育活动中具有重要地位。要使思想政治教育活动有序运行并取得实效，科学的管理是必不可少的。运用现代管理学原理，遵循思想政治教育基本规律，在科学总结历史经验教训的基础上，建立健全具有活力的科学管理制度，形成系统科学的管理内容和充满活力的管理组织体系，以有效地调控思想政治教育活动，是当前思想政治教育管理的重要任务。只有这样，才能保持思想政治教育组织系统良好的机能状态和思想政治教育者良好的精神状态，进而协调好各种教育因素并使之同向发挥作用，形成思想政治教育的强大“合力”，保证思想政治教育功能的充分发挥以及根本任务的顺利完成。

第一节　思想政治教育管理的内涵和特征

一、思想政治教育管理的内涵

什么是管理？管理就是“确切地知道你要别人去干什么，并使他用最好的方法去干”①。从人类为对抗大自然的威胁、解决个体生存发展的诸多难题而自愿结成各种群体开始，管理就作为协调人的活动的活动出现了。此时，管理承担着协调人群，使每个个体积极工作，共同努力实现大家共同目标的使命。因此，管理既是人类各项活动中最重要的活动之一，又渗透在人类的各项活动之中。

在诺贝尔经济学奖获得者赫伯特·西蒙看来，管理者所做的一切工作归根结底是在面对现实与未来、面对环境与员工时不断做出各种决策，使组织的一切都可以不断运行下去，直到获得满意的结果，实现令人满意的目标要求。因此，“管理即制定决策”②。现在中外管理学者比较一致的看法是，“管理就是由一个或更多的人来协调他人的活动，以便收到个人单独活动所收不到的效果而进行的活动”③，“管理是对组织的资源进行有效整合以达成组织既定目标与责任的动态创造性活动”④。

法国学者亨利·法约尔认为，管理是所有的人类组织（不论是家庭、企业或政府）都有的一种活动⑤。思想政治教育是人类社会普遍存在又非常重要的一种实践活动，也是人类管理活动重要的领域之一。要保证思想政治教育活动顺利进行并实现预期目标，无论如何都离不开管理的作用。正因为如此，自思想政治教育学学科与专业创建以来，对思想政治教育管理理论与方法的探索就从没停止过；从不断增强有效性的角度探讨思想政治教育的管理问题，已经成为思想政治教育管理研究的重要内容。

探讨思想政治教育管理问题，当然首先要对其进行科学界定。目前，思想政治教育学界大致从两个方面对思想政治教育管理进行界定⑥。一是从管理学的角度，认为“思想政治教育管理是指思想政治教育的领导机构与管理者，通过对思想政治教育进行科学决策、计划、组织、调控和评价，以实现思想政治教育目标

① 泰罗. 科学管理原理. 北京：中国社会科学出版社，1980：157.
② 西蒙. 管理决策新科学. 北京：中国社会科学出版社，1982：37.
③ 唐纳利，等. 管理学基础：职能、行为、模型. 北京：中国人民大学出版社，1981：18.
④ 芮杰明. 管理学：现代的观点. 2 版. 上海：上海人民出版社，2005：15.
⑤ 法约尔. 工业管理与一般管理. 北京：中国社会科学出版社，1982：10.
⑥ 秦在东. 思想政治教育管理论. 武汉：湖北人民出版社，2003：25.

和增强思想政治教育系统功效的过程”①。二是从领导学的角度，认为“思想政治教育管理是指思想政治教育的管理机构，通过管理者对思想政治教育进行科学决策和正确指挥，以实现思想政治教育目标的领导行为科学”②。在此基础上，秦在东提出，“所谓思想政治教育管理，是指一定的社会政治组织或一定的政治利益集团，依据思想政治教育的目的和发展规律，通过借助科学管理的各种功能，有意识地调节思想政治教育系统内外各种关系和资源，以便最大程度地实现思想政治教育效率的社会控制过程”③。

思想政治教育管理是人类社会的一种特殊形式的管理活动，既具有管理活动的一般特征，又与思想政治教育有着密切联系，反映着思想政治教育的属性。第一，思想政治教育管理是一种活动，是一种在特定组织中、特定时空环境下、特定条件基础上发生发展的人类重要的管理活动，是将人类管理活动的一般规律运用于思想政治教育领域的特殊管理实践活动。第二，思想政治教育管理活动具有明确的思想政治教育目的性，即这一管理活动是围绕着思想政治教育目的而进行的，所有的活动都是为了实现思想政治教育的根本目的以及依据这一目的而确定的具体目标；思想政治教育管理活动以有效实现这些目标为目的。第三，思想政治教育管理的主要对象是思想政治教育的资源。思想政治教育的人、财、物等资源总是有限的，思想政治教育管理就是对这些资源进行科学整合、优化配置，以最大限度地发挥这些资源的作用，有效实现思想政治教育目标。因此，整合资源、提高效率，是思想政治教育管理的核心与实质。综上所述，我们认为，思想政治教育管理是指思想政治教育领导部门、主管机构及其管理人员，运用计划、组织、指挥、协调和控制等管理手段，对思想政治教育资源进行有效整合，以实现思想政治教育目的和任务的创造性活动过程。

二、思想政治教育管理的特征

管理是对组织的资源进行有效整合以达成组织既定目标与责任的动态创造性活动，动态性、科学性、创造性、艺术性以及经济性是其基本特性。思想政治教育管理作为一种特殊的管理活动，除具备上述人类管理活动的共同特性外，还具有方向性、民主性和开放性等鲜明特征。

1. 方向性

思想政治教育管理必须为实现思想政治教育目的、完成思想政治教育任务服务。无论在什么情况下，思想政治教育的意识形态使命都不会改变，都必须有明确的政治方向，这是其阶级本质的基本要求和具体体现。“一个阶级是社会上占

① 勾永才. 思想政治教育管理学. 北京：人民出版社，1993：10.

② 王礼湛，等. 思想政治教育学（修订版）. 杭州：浙江大学出版社，2001：363.

③ 秦在东. 思想政治教育管理论. 武汉：湖北人民出版社，2003：27.

统治地位的**物质**力量，同时也是社会上占统治地位的**精神**力量。支配着物质生产资料的阶级，同时也支配着精神生产资料”①。因此，任何统治阶级都十分重视思想政治教育工作，总是通过各种方式教育民众，确保代表本阶级意志和利益的思想在社会意识形态领域和人们精神生活领域起主导作用。而管理是思想政治教育坚持正确的政治方向，确保用占统治地位的意识形态教育影响人民群众的重要手段。坚持思想政治教育管理的方向性，是由思想政治教育的性质决定的，是思想政治教育管理活动顺利进行并取得实效的重要保证。

我国社会主义基本制度的性质决定了思想政治教育的根本性质与基本方向，即必须代表广大人民群众的根本利益，体现党的基本路线和基本纲领的要求，以培养担当民族复兴大任的时代新人为根本目的。思想政治教育管理的方向性特征，就是思想政治教育方向性原则在管理活动中的具体体现。以马克思列宁主义、毛泽东思想和中国特色社会主义理论体系为指导，坚持党的领导，以党和国家有关方针政策为依据，正确处理管理活动中的各种关系和问题，确保思想政治教育向预定目标发展，全面提高社会成员的思想道德素质，是思想政治教育管理的根本任务，也是其方向性特征的突出体现。

思想政治教育管理的方向性，首先体现在思想政治教育的决策和计划中。思想政治教育的决策和计划是思想政治教育目的的具体表达，直接体现思想政治教育的任务要求。只有使决策和计划具有正确的方向性，才能保证思想政治教育管理活动的方向性。其次，体现在思想政治教育管理者的思想观念和管理行为中。它要求管理者在思想政治教育目标和任务上达成充分的共识，在管理过程和管理活动中一致行动。如果思想政治教育管理者不能在思想政治教育目标和任务方面形成高度一致的认识，就难以真正理解和贯彻思想政治教育的重大决策，就不能全力以赴地参与计划实施，思想政治教育的实际效果就会受到影响，思想政治教育的目标就难以实现，思想政治教育的任务也就不可能顺利完成。最后，体现在具体的管理运行机制中。它要求合理分配思想政治教育管理权限，赋予不同层次的管理者在执行决策和计划时，有根据本地、本单位实际及当下具体情况对思想政治教育管理工作和思想政治教育活动做适当调整的权力。这实际上也是管理的动态性特征在思想政治教育管理中的体现和要求。通过管理者对实际工作过程中出现的问题进行灵活处理，对思想政治教育管理过程做合理调整，从而保证思想政治教育活动始终朝着预定的目标和方向发展。

2. 民主性

我国已建立起社会主义市场经济体制，社会主义民主政治和法治建设的步伐不断加快。在这一进程中，人们对社会文明、政治民主的要求日益增长，个体的民主意识、法治意识、权利意识明显增强。思想政治教育管理实质上是人对人的管理，即使是对物的管理，其最终成果也要落实到人的身上。因此，思想政治教育管理是以人为中心的管理，必须充分发挥管理者和被管理者的主观能动性、积

① 马克思，恩格斯．马克思恩格斯选集：第1卷．2版．北京：人民出版社，1995：98.

极性和创造性，这就决定了思想政治教育管理是一种民主性的管理。

思想政治教育管理是管理者和被管理者全员共同参与、管理和自我管理相结合、充分发挥各自主体性的管理活动，这是思想政治教育管理民主性特征的突出体现。第一，思想政治教育管理的民主性是人的主体性发展的要求。人的主体性是人的主观能动性高度发展的表现，它在认识和改造客观世界以及发掘人的潜力、保障社会活动的有效性等方面有着极其重要的作用。思想政治教育管理者只有尊重作为管理对象的人的主体地位，与之建立起民主平等关系，才能真正调动他们参与管理的积极性、自觉性，思想政治教育管理工作才会有效。因此，实行民主管理，是实现思想政治教育管理现代化的基本要求。第二，思想政治教育管理的民主性是社会主义根本制度与民主政治的内在要求。社会主义社会必须健全民主制度，丰富民主形式，拓宽民主渠道，保障人民群众当家作主的权利，使人民群众在社会生活的各个领域发扬主人翁精神；为了培养公民的民主精神，思想政治教育必须实行民主管理。第三，思想政治教育管理的民主性是协调日益复杂的思想政治教育活动的内在要求。当代思想政治教育与人的活动和社会生活之间的联系越来越紧密，需要协调的资源和关系越来越多，因而思想政治教育管理过程越来越复杂，传统的专制型、家长式的管理方式已经不能适应这些新变化，迫切要求思想政治教育实行民主化管理。

坚持思想政治教育管理的民主性，首先要求思想政治教育管理者发扬民主精神和民主作风，与被管理者平等相处，以平等的态度交流思想、交换意见、倾听呼声，及时发现、采纳合理的意见和建议，坚持用民主方法履行管理的计划、决策、组织等职能，逐步建立起思想政治教育的民主管理制度。只有发扬民主作风，坚持民主方法，使民主原则贯穿管理过程始终，渗透到每一个管理环节，才能保证思想政治教育管理目标的实现。其次，要求被管理者积极参与管理活动，充分发挥其主体性，积极参与到思想政治教育管理活动中去，正确行使自己的知情权、参与权、表达权、监督权，参与思想政治教育目标、计划的制定和决策等，做到全员管理。最后，要求管理和自我管理相结合。管理和自我管理是思想政治教育管理过程中不可分割的两个方面，它们相辅相成，自我管理必须以管理为基础，管理又是通过自我管理而起作用的，因而必须将两者紧密结合起来。

3. 开放性

思想政治教育管理还具有明显的开放性特征。首先，在开放的信息时代，各种信息急剧增长，传播信息的工具、渠道非常之多，获取信息具有面广量多、速度快的特征，这一情况对人的思想行为的影响作用日益加强。只有采取开放的管理方式，全面把握与思想政治教育有关的信息，才能全面了解和把握被管理者的思想动向和行为规律，思想政治教育管理活动才能收到实效。其次，现代管理理论认为，任何一个组织的有效管理都是一个封闭与开放相结合的系统。思想政治教育管理，既要做好思想政治教育系统内部的计划、组织等工作，又要分析和研究社会环境中的各种因素对管理的影响，充分利用社会资源和外界一切有利条件促进思想政治教育的发展。

思想政治教育管理是一个面向未来的、开放的过程。人的思想观念的形成、行为方式的转变是一个长期的过程，一种新的思想观念的形成往往要经过学习、比较、选择、认同、接受和践行等复杂过程，往往需要在多次反复中完成。因此，思想政治教育必须长期抓、反复抓、抓反复。思想政治教育管理应既立足现实又面向未来，不断推动思想政治教育活动向前发展，不断促进人们思想观念的更新和良好行为习惯的养成。开放是一种现代意识与思维，思想政治教育管理者只有普遍具有这种意识与思维，才能保证思想政治教育管理系统面向社会开放，让思想政治教育管理的触角延伸到社会、家庭和各种社会组织，建立起相互协调的管理网络体系，把思想政治教育的社会资源尽量整合进来。可见，思想政治教育管理的开放性特征，是思想政治教育长期性和社会化的内在要求。

思想政治教育管理同现代生产管理一样，在本质上都具有二重性特点，是自然属性和社会属性的统一、普遍性与特殊性的统一、相对性与绝对性的统一。社会属性是指思想政治教育管理的指导思想不能超越特定的社会、历史阶段和文化背景，不同民族国家在不同的历史时期，其思想政治教育管理的目的和内容会有明显的差异，体现了思想政治教育管理的相对性与特殊性。自然属性是指思想政治教育管理的客观性、绝对性的一面。思想政治教育管理活动是人类社会普遍共有的活动，在任何阶级社会都存在，且其所具有的一般规律不因经济、政治、社会背景差异和历史时期的变化而变化。因此，社会主义国家的思想政治教育管理活动具有面向世界开放的特征，完全应该而且可能在继承和发扬民族优秀文化传统的基础上，最大限度地吸收、借鉴国外先进的管理经验、管理理论和管理方法。当然，吸收、借鉴要从我国的具体国情和实际情况出发，始终把坚定正确的政治方向放在首位。思想政治教育管理的开放性与方向性并不是互相对立而是并行不悖的。

第二节　思想政治教育管理的模式和内容

一、思想政治教育管理的基本模式

管理是管理者为实现组织目标，对组织体系内部人、财、物等资源开发与整合的过程。从管理者与被管理者的关系状况，可将管理分为权威式管理、民主式管理及放任式管理三种基本模式。在权威式管理模式中，所有决策均由上级管理部门或领导做出，下级领导则按照上级决策对本部门、本单位工作任务的分配、人员的组合安排、工作开展的步骤与方法、相关保障条件的配置等单独行使决定权。民主式管理模式则要求主要政策由组织成员集体讨论决定，各级领导者采取鼓励与协助的态度，通过讨论使其他人员对工作有所认识，并在一定范围内赋予下级部门和下属人员自由决定工作步骤和工作方法的权力。在放任式管理模式中，组织成员或群众有完全的决策权，各级管理部门和领导者放任自流。他们只负责给组织成员提供工作所需要的条件和咨询，而尽量不直接参与，也不主动干涉，组织目标的实现、工作的展开依赖组织成员各负其责。我国思想政治教育管理经历了由传统向现代的转变过程，上述三种管理模式在思想政治教育管理实践中均出现过。总结不同管理模式的优势与缺陷，从我国基本国情和思想政治教育实际出发，我们认为，目前我国思想政治教育管理的基本模式以“党领导下的社会参与”管理模式为佳。

“党领导下的社会参与”管理模式，是指在中国共产党各级党组织的统一领导部署下，行政系统、生产业务部门、群团组织、社会力量在各自职责范围内行使思想政治教育管理职能，通过齐抓共管形成强大的思想政治教育合力的一种管理模式。这一管理模式，有利于整合社会各方面的力量，从不同层面强化思想政治教育管理，从而促进思想政治教育工作与经济建设等各项工作的有机结合，保证思想政治教育活动的顺利进行。

实践证明，“党领导下的社会参与”的思想政治教育管理模式，是符合我国思想政治教育实际、与社会主义市场经济体制相适应的思想政治教育管理模式。第一，“党领导下的社会参与”的思想政治教育管理模式，体现了党的领导在思想政治教育管理中的核心地位。长期以来，我国各行各业的思想政治教育都是在党委的领导下进行的。党的领导是加强思想政治教育的根本保证，这是被历史反复证明了的一条重要经验。第二，“党领导下的社会参与”的思想政治教育管理模式，强调充分发挥行政、生产和业务部门的作用，体现了思想政治教育工作与经济建设、业务工作紧密结合的原则与要求。生产业务活动，是人民群众的基本实践活动。人们的不少思想问题，也是由生产业务中的矛盾引起并在生产和工作过程中发生的。在社会主义市场经济条件下，人们的许多思想问题，仅靠说服教育是不够的，需要借助经济的、行政的、法律的措施才能得到解决。因此，必须将思想政治教育渗透到经济、业务工作中去，结合经济、业务工作开展思想政治教育工作。这就要求生产和业务管理干部自觉担当起思想政治教育的责任，思想政治教育管理部门则应主动与他们协调一致，齐抓共管，努力做好思想政治工作。第三，“党领导下的社会参与”的思想政治教育管理模式，强调发挥群团组织、社会力量的作用，体现了习近平在高校思想政治工作会议上所讲的“各级党委要把高校思想政治工作摆在重要位置，加强领导和指导，形成党委统一领导、各部门各方面齐抓共管的工作格局”① 的思想。在我国，共青团、工会、妇联、学生会等群众组织都负有一定的思想政治教育责任，担负着一定的思想政治教育任务，在长期的实践中形成了开展思想政治工作的传统，积累了丰富的经验。“党领导下的社会参与”的思想政治教育管理模式有利于把这些群团组织的力量以及其他各种社会力量统一起来，加强领导，协调步伐，使思想政治教育更加有效地覆盖到社会的方方面面，在社会主义建设事业中发挥应有的作用。

① 习近平．习近平谈治国理政：第2卷．北京：外文出版社，2017：379.

二、思想政治教育管理的主要手段

思想政治教育管理是一种开发与整合思想政治教育多方面资源的活动，需要借助一些具体手段进行管理，以使实际结果与预期目标相一致。计划、组织、指挥、协调和控制，是构成管理活动的五项基本要素，也是思想政治教育管理的主要手段。

计划，是指对思想政治教育未来的行动或活动以及未来资源供给与使用的筹划，包括预测未来和拟订行动计划。思想政治教育管理通过计划手段，指导思想政治教育系统循序渐进地实现思想政治教育的目的。思想政治教育的各级领导部门和管理机构的计划，分属于不同的类别和不同的层次，构成一定范围内的思想政治教育计划体系。其中，决策性的战略计划是最高层次的计划，对思想政治教育各方面的活动都具有长远的指导意义；职能计划与部门工作计划则是中层计划，对一定范围或一定方面的思想政治教育活动具有指导作用；而基层单位和管理者的工作计划则为近期的具体计划，具有很强的操作性。以大学生思想政治教育为例，中央制定的方针政策，中央有关部委和各省区市制定的相应政策、规划，各高等学校及其思想政治教育工作机构提出的具体实施方案和工作计划，就构成一定时期全国范围内的大学生思想政治教育计划体系。运用计划这一管理手段，可以更好地按照中央提出的要求和战略部署，循序渐进、协调一致地开展工作，从而减少未来工作过程本身可能产生的不确定性和盲目性及其对思想政治教育工作的冲击，保证党中央关于大学生思想政治教育工作的决策得到真正的落实。

计划的制订和实施，离不开具体的机构、人员和必要的物质条件，因而组织就成为思想政治教育管理不可或缺的重要手段。作为一种管理手段的组织，包括建立一个从事相应活动的人的机构和物的序列。在思想政治教育管理中，运用组织手段，可将思想政治教育所涉及的各种人、财、物资源按照一定的原则及程序要求有序地进行配置，以降低思想政治教育活动中的不确定性因素，减少乃至消除教育活动的无序状态，从而为思想政治教育计划的顺利实施和思想政治教育目的的实现提供切实有效的保障。

指挥是思想政治教育管理的另一个重要手段。在具体的管理活动中，指挥发挥着多方面作用：第一，根据外界环境的变化，及时引导思想政治教育系统内所有人员与资源相互配合，采取适当行为以适应环境；第二，调动思想政治教育系统内所有成员的积极性，激励他们奋发努力，给他们创造发展的机会；第三，有效地协调思想政治教育系统内的人际关系，其中主要是教育者之间的关系和教育者与教育对象之间的关系，营造良好的思想政治教育氛围；第四，督促思想政治教育系统内所有成员尽自己的努力按照既定的目标与计划做好自己本职范围的工作。因此，在思想政治教育管理中，运用指挥这一管理手段，可以优化工作系统，营造良好氛围，调动各方面的积极性，使思想政治教育系统中的所有人都能同心协力去执行思想政治教育计划，确保思想政治教育具体目标的实现和任务的完成。

协调，就是将思想政治教育所有的活动和工作整合起来，包括将资源按照规则和配比进行安排，将分工负责实施的各项工作和活动进行有序整合，使之统一和谐，同向发挥作用。思想政治教育是一项复杂的系统工程，在工作体系内部进行专业化分工是十分必要的。然而，将思想政治教育的工作任务分配给不同部门和不同人员承担后，相互间的配合显得至关重要。如果配合得当，思想政治教育工作就容易取得成效；配合不当则可能使总体效率下降，甚至产生负效用。运用协调这一管理手段，就是为了防范这种状况的出现，使各方面工作形成合力。

控制，是指根据既定目标不断跟踪和调整思想政治教育者所采取的行为，使所有工作都按照既定计划和指挥来完成，以实现预想的目标。在思想政治教育实践中，由于各种不确定性因素的影响，教育者和管理者（工作部门和个人）的具体行为，都有可能会偏离预定要求和方向。为了及时纠正这种偏离，防止这种偏离状况对思想政治教育决策计划的执行产生严重影响，在思想政治教育管理系统中，建立反馈调节机制，以对思想政治教育活动和管理工作进行及时有效的调控，是非常必要和不可缺少的。

三、思想政治教育管理的主要内容

思想政治教育管理活动总是表现和落实到具体的管理内容上。思想政治教育管理的内容，是思想政治教育管理任务的体现和具体化。这些内容相互衔接、相互作用，构成一个有机整体。其主要内容包括目标管理、计划管理、规范管理和队伍管理等。

1. 思想政治教育的目标管理

思想政治教育目标是人们在进行思想政治教育活动前就确立的希望达到并争取达到的思想政治教育结果，是实施教育活动后应该达到的状态标准。思想政治教育目标是思想政治教育根本目的的具体化，贯穿思想政治教育的全过程，是思想政治教育在不同时间、地点、条件下的应然指向。因此，思想政治教育的科学管理，首要的、基本的内容就是目标管理。

在我国，思想政治教育的根本目标，就是要提高人们的思想道德素质，提高人们认识世界和改造世界的能力，为建设社会主义、实现共产主义而奋斗。这一目标，既规定了教育对象应达到的要求，也对思想政治教育提出了目标性要求。可见，思想政治教育的目标管理，包括对教育目标的管理和对工作目标的管理两方面，而后者是目标管理的基本内容。

思想政治教育的目标管理，关键是确立明确而可行的目标。一个令人振奋、切实可行的奋斗目标可以起到明确方向、鼓舞斗志、激励人心的作用，有利于思想政治教育向社会要求的方向发展；而目标如果含混不清又不切合实际，思想政治教育管理者、教育者及教育对象可能无所适从，思想政治教育就难以顺利进行，难以取得实效。确定思想政治教育目标，必须坚持一切从实际出发、实事求是的原则，既要认真贯彻上级的工作要求，又要从本行业、本单位群众的思想实际出发，注意解决人们的实际思想问题。制定目标，起点要高，必须经过努力才能达到，如果目标太易实现，对人们就缺乏激励作用；但思想政治教育目标起点又不能过高，不能脱离多数教育对象的思想实际，否则，人们会因为目标难以实现而放弃对目标的追求。思想政治教育目标也不能脱离思想政治教育工作系统的现实状况，如工作发展水平、工作队伍状况以及工作条件状况等，脱离这些实际状况所提出的目标要求，不仅难以实现，而且会影响思想政治教育者、管理工作者对目标和目标管理的认同，有可能导致目标的权威性受损，其管理的功效就不会得到实现。

思想政治教育目标的实现是一个动态的过程，只有遵循目标的阶梯原则进行目标管理，才能提高目标管理的效率和效果。在思想政治教育管理过程中，一般在确定总目标后，应将目标的实现过程划分为若干层次，使它呈现阶梯形，然后由低到高、一步一步实现不同层次的目标。阶段性目标减缓了前进坡度，使思想政治教育管理者易于取得成效，这不仅给人以成就感，给人以争取更大成果的鼓舞，有利于实现总的奋斗目标；而且可以使管理者在实现阶段性目标的过程中，锻炼、增长才干，摸索、积累经验，从而为总目标的实现进一步创造条件。因此，在思想政治教育管理工作中，要注意把阶段性的具体目标和总目标有机结合起来，根据教育对象的思想特点，根据管理工作的实际状况，在不同的阶段、时期选择不同的教育重点和工作重点，确立相应的目标，动员大家共同奋斗，以形成螺旋式上升的教育过程、管理过程和阶梯式上升的目标实现过程。

2. 思想政治教育的计划管理

人们为了把目标变成现实，预先进行的行动安排就是计划。它包括对事项的叙述、目标和指标的排列、所采取手段的选择以及进度的规定等。计划是将目标具体化，变为可操作的实施方案。思想政治教育目标确定后，也要制订切实可行的计划，以克服工作中的随意性，保证教育活动向目标规定的方向顺利进行。思想政治教育计划应该是具体的，计划的内容要具体，时间安排要具体，实施的措施也要具体。符合具体性要求的计划，才容易为思想政治教育管理者和教育者所了解、所接受，才能使其明确各自的任务和权责，才具有可操作性，也才能使计划切实落到实处。

思想政治教育的计划管理，是通过编制思想政治教育工作方案，并有效实现其方案，以实现思想政治教育目标的过程。思想政治教育计划管理的主要内容可概括为以下几方面：

第一，制订内容完整的计划。在管理学理论中，计划的内容常用5W1H来表示：Why——为什么做？原因与目的。What——做什么？活动与内容。

Who——谁去做？人员。Where——在什么地方做？地点。When——在什么时间做？时间。How——怎样做？手段和安排。① 同样，思想政治教育计划要做到全面、详尽，不仅要有思想政治教育的目标、内容的阐述，还要有实施的途径、方法及管理措施；不仅要明确计划实施的主体（机构与人员），还要做到长计划、短安排，在时间进程上提出明确的要求，使计划便于执行和检查。

第二，确定计划的层次性。思想政治教育及其管理是一项综合性的复杂工作，牵涉方方面面，因而必须现实地、分层次地探讨问题和解决问题。计划对不同层次的管理者应提出不同的要求，如领导决策者在科学决策思想政治教育目标时，要考虑在时间和资源可能的条件下，最大限度地为思想政治教育提供政策保证；职能部门则应侧重于制定完成计划的各种操作规程、工作方法和时间安排；基层单位则应以职能部门的计划为指导，根据本单位的具体实际提出实施细则，保证思想政治教育计划落实到基层。

第三，抓好计划的落实。首先，计划实施的责任人要按计划要求组织好人力、物力，保证必要的时间和条件，按计划开展工作。其次，思想政治教育的管理部门必须对实施情况进行检查，要根据不同情况，分阶段、分项目进行抽查，做到执行一部分、检查一部分，随时执行，随时检查，随时分析。对检查中发现的问题要提出整改建议，帮助思想政治教育者解决实施中的具体困难。当发现计划需要调整时，应本着实事求是的科学态度，及时加以调整。思想政治教育计划实施检查是保证计划得以实现的重要步骤，因此也是计划管理的重要一环。

3. 思想政治教育的规范管理

思想政治教育规范是思想政治教育者在教育活动过程中所应遵守的准则、规则的总和。思想政治教育规范管理，主要是制定和运用管理制度、行政法规、纪律等，以建立规章明确、机制协调、运行有序的思想政治教育管理体系，保证思想政治教育目标的实现和工作任务的完成。制定并运用思想政治教育规范，有助于统一思想政治教育者的思想和行为，调动其积极性，增强其责任感；有助于促进思想政治教育的制度化，克服管理中的随意性，促进思想政治教育及其管理的科学化。思想政治教育的规范管理主要包括如下内容：

第一，岗位职责。岗位职责是对思想政治教育机构和专职人员所担负的思想政治教育责任（包括任务、职权范围及工作方式）的规定。确立明确的岗位职责，可使教育者做到任务明确、职责分明，避免工作中的相互推诿、扯皮现象，保证思想政治教育各项工作落到实处，提高教育和管理效益。

第二，教育制度。教育制度是指对日常思想教育内容及形式如政治学习、党团组织生活、班组活动、爱国主义教育、形势政策教育、法制教育、文明创建活动、文艺活动等方面的规定。这些经常性的教育活动和形式，在工作实践中逐步形成制度，对思想政治教育规范化起到保证作用，也为思想政治教育的日常管理提供了基本依据。

---

① 周三多．管理学原理与方法．2版．上海：复旦大学出版社，1997：182.

第三，管理制度。思想政治教育的管理制度，包括日常生活管理、行为管理、纪律管理等方面的制度与规定，也包括奖励和处罚制度。这些制度是思想政治教育管理重要而有效的手段，对思想政治教育管理的顺利进行以及帮助人们形成良好的思想品德习惯具有重要而独特的作用。通过评比、奖励先进个人和先进集体，可以倡导新风与正气，提高本单位、本地区精神文明建设的水平；而严肃处罚违反纪律和有关管理规定的行为，可以起到震慑、警示的作用。

第四，工作制度。工作制度是对思想政治教育机构和人员的常规工作和工作方式进行的统一的规范要求，主要包括会议制度、请示汇报制度、理论学习制度、考核评估制度等，是维持思想政治教育体系正常运转的制度保证。

第五，行政法规。思想政治教育及其管理应该朝着法制化方向发展，对涉及思想政治教育的重大事项、重点措施、全局性问题等有条件以法律、行政法规形式确定下来的，应该及时列入全国或地方立法计划，以全国性或地方性法规予以确定，为思想政治教育工作和管理工作提供法律依据和法制保障。

根据思想政治教育实践的需要，从人们的思想实际出发，遵循人的思想活动发展规律和思想政治教育规律，制定必要的行政法规、工作制度和工作规程、岗位职责，是思想政治教育制度化、规范化的要求，是思想政治教育规范管理的基础性工作。但思想政治教育规范管理，不仅仅是制定上述规范，还包括严格地实施这些规范，即在管理过程中遵守科学的程序规范和方法规范，严格按规章制度办事，确保用公认的客观标准分析、判断和选择事物，从而使思想政治教育管理工作协调有序地顺利运行。认真执行思想政治教育的规范制度，依法办事，照章管理，以相应规范为依据，对思想政治教育者和责任部门在工作中的表现给予奖励和处罚，必定会提高思想政治教育效率，保证思想政治教育目标的实现。

4. 思想政治教育的队伍管理

> 政治路线确定之后，干部就是决定的因素。
>
> ——毛泽东. 毛泽东选集：第2卷. 2版. 北京：人民出版社，1991：526.

思想政治教育的正确方针和科学决策，必须依靠一支强有力的工作队伍来落实。因此，思想政治教育队伍的建设和管理，是思想政治教育管理的重要内容。

我国的思想政治教育以马克思主义理论为指导，党性、政策性、综合性和实践性很强，不同于一般社会管理工作，对工作人员具有较高要求，因而其队伍管理也有特殊要求。首要的是按照政治强、业务精、作风正的要求，建设一支专兼职结合的思想政治教育队伍。在社会主义市场经济建设和和谐社会建设的新的历史条件下，思想政治教育面临许多新情况、新问题和新课题，需要一大批训练有素的专职人员集中较多的精力去探索、研究，以适应新形势的需要。他们是经过专门训练的，用马克思列宁主义、毛泽东思想和中国特色社会主义理论体系武装起来的，具有较为广博的科学文化知识，懂得思想政治教育基本规律的专门人才。他们既是从事思想政治教育实践活动的骨干力量，又是能进行思想政治教育科学研究的理论工作者。除此之外，还要发动、组织更多的人一起来做思想政治教育工作，建设一支兼职思想政治教育队伍，从而形成以专职思想政治教育人员为骨干、人民群众广泛参与的思想政治教育的生动局面。

专职思想政治教育者是思想政治教育队伍的主体，是思想政治教育队伍建设和管理的重点。为了满足新的历史条件下思想政治教育的新要求，应在总结历史经验的基础上，按照职业化、专业化的发展思路建设和管理好这支队伍。首先，抓紧建立思想政治教育者职业资格认定制度。没有专门的职业规范和资格认定制度，就会把思想政治教育工作岗位混同于一般的管理岗位、干部岗位，按一般公务员的选拔标准选拔人才，按普通行政干部的管理制度与方式管理思想政治教育者，这就难以体现思想政治教育工作的特殊性，有可能导致思想政治教育队伍构成不合理、人员素质不符合要求，思想政治教育就缺乏有力的组织保证。因此，必须加强思想政治教育队伍的职业化建设，其基础的工作就是要建立健全思想政治教育者职业资格认定制度，即建立统一的从业资格标准、准入制度、职业规范和管理办法等。这样，就可以按照思想政治教育的特殊要求选拔、培养、管理从业人员，思想政治教育者就可安心地将这项工作作为自己的终身职业。这既有利于思想政治教育者的职业发展和提升其职业形象，也有利于思想政治教育队伍的基本稳定和整体素质的提高，真正培养出一批高水平的思想政治教育理论工作者和实际工作专家。其次，把提高思想政治教育者的素质作为队伍建设和管理的重点，努力培养一大批专业化、专家型的思想政治教育者。应当承认，我国思想政治教育者的整体素质还不是很高，应采取切实措施提高其素质。加强思想政治教育学的学科建设，以思想政治教育学学科建设和人才培养体系为依托，通过学历教育、职前培训、在职研修、实践锻炼和自我提高等多种形式，有计划地提高思想政治教育者的思想素质和业务能力，是思想政治教育管理的重要内容，也是当前思想政治教育的重要任务。最后，引入竞争机制，实行思想政治教育队伍的动态管理，促进思想政治教育者的合理流动。通过竞争上岗，目标考核，优胜劣汰，保持一支相对稳定的专职骨干队伍和适当流动的兼职队伍，大胆提拔使用和向其他党政管理岗位输送表现优秀的思想政治教育者，促进队伍整体素质和工作水平的提高。

第三节　思想政治教育管理过程

一、思想政治教育决策

管理的核心问题是决策。所谓决策，是指为了实现一定的目标，提出解决问题和实现目标的各种可行方案，依据评定准则和标准，在多种备选方案中，选择一个方案进行分析、判断并付诸实施的管理过程。简单地说，决策就是针对问题和目标，分析问题和解决问题的过程。从这个意义上讲，决策过程就是管理过程。思想政治教育管理过程，是一个动态的、开放的过程，即从目标要求和实际问题出发，在观察分析形势和收集与实现目标、解决问题有关的一切信息的基础上，制定思想政治教育决策，运用计划、组织、领导、协调和控制等管理手段，实施思想政治教育决策，有效解决思想政治教育管理过程中出现的种种问题，从而实现思想政治教育目标的过程。因此，思想政治教育管理的过程，主要包括决策形成过程、决策执行过程和总结反馈过程。

一般认为，决策的特征是“在任何时候，都存在着大量（实际）可能的备选行动方案；一个人可能选取其中任何一个方案；通过某种过程，这些大量的备选方案，被缩减为实际采用的一个方案了”①。大量的备选方案被“缩减”为一个实际采用的方案，正是决策的过程，也正是决策的本质特征。决策总是针对明确的目标，这里的目标既可以是工作目标、管理目标，也可以是实际工作中面临的急需解决的问题，而实现这些目标、解决这些问题有多个可能的方案。决策就是对这些可能方案进行分析、判断，做出选择。决策是一个循环过程，贯穿于管理活动的始终，一次决策经过执行、反馈又进入下一轮的决策。正因为如此，我们才有可能通过思想政治教育决策形成过程、决策执行过程和总结反馈过程来考察、认识思想政治教育的管理过程。

思想政治教育决策，关系到思想政治教育的方向，影响思想政治教育的效益，制约着思想政治教育管理的全过程。思想政治教育决策承担着计划、部署、指挥的重任，一般由各级思想政治教育领导部门、管理机构或者单位党委、行政首长负责。在基层单位，党委担负着思想政治教育的领导责任，要根据党的路线、方针、政策和上级思想政治教育管理部门的要求，结合本单位思想政治教育的实际状况和群众的思想实际，经常性地提出思想政治教育的目标和任务。行政首长要根据这些任务要求，组织力量进行科学决策，制订具体的工作计划，并负责组织实施，完成思想政治教育的具体任务。

思想政治教育管理系统是一个多层次的工作系统，依据不同层次管理者的不同管理权限与管理责任，思想政治教育决策可分为三种不同的决策类型：战略性决策、管理性决策和工作性决策，如图 12－1 所示。思想政治教育的战略性决策

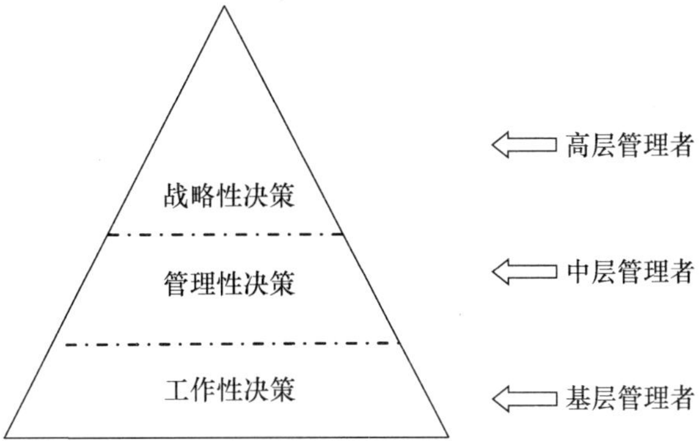

图 12－1　思想政治教育管理者与决策类型

① 西蒙. 管理行为：管理组织决策过程的研究. 北京：北京经济学院出版社，1988：5.

是对涉及思想政治教育目标、任务、战略规划的重大事项进行的决策活动，具有全局性、长期性和战略性的特点，一般由思想政治教育的领导部门和高层管理机构、管理者承担。管理性决策是对某一地区、部门或大的单位投入思想政治教育工作中的人力、资金、物质等资源进行合理配置、布局和调整，对本地区、本部门思想政治教育目标与活动等进行确定、规划和部署，具有局部性、中期性和技术性特征，一般由地区或部门、大单位的思想政治教育领导部门、工作机构负责。工作性决策一般由基层工作单位和工作人员进行，常常表现为根据上级主管部门决策制定出符合本单位实际的具体实施计划的过程，是涉及思想政治教育一般管理和处理日常教育工作、开展教育活动的具体决策活动，具有操作性、短期性和日常性特点。

为提高决策水平，避免错误决策，思想政治教育管理者必须按照决策的流程和科学化、合理化的要求进行有效决策。决策流程可分为八个步骤，如图 12 - 2 所示。从“确定问题和目标”到“确定方案”为决策的形成过程。决策的起点是确定问题和目标，思想政治教育决策目标可能来自思想政治教育根本目的的规定、上级部门的任务要求，也可能来自思想政治教育工作中的实际问题。合理的目标是思想政治教育有效决策的前提，是决策活动的出发点，也是评价决策效果

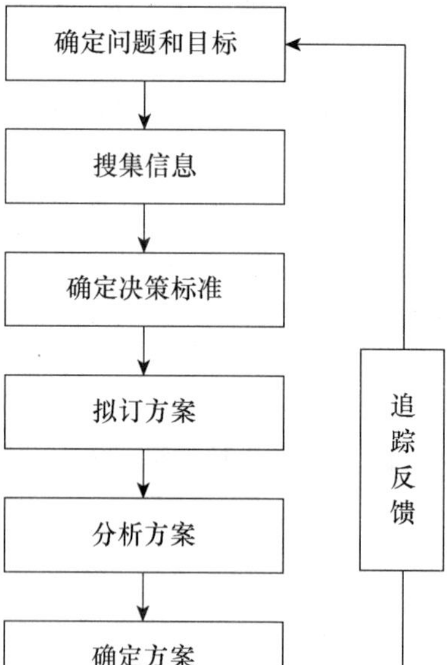

图 12 - 2　决策流程

的依据。确定目标后，必须着手调查研究，广泛搜集信息，并加以整理和分析，为拟订方案打好基础，做好准备。确定决策标准，就是为分析和评价每一个方案寻找一套合适的标准和方法，实际上是对决策目标和要求的进一步明确化；在正式开始拟订可能方案前确定决策标准，有利于思想政治教育决策者提出高水平、高质量的可能方案，以供分析、评价和选择。多种可能方案提出后，要以决策标准为依据，对所提出的可能方案仔细地加以分析和评价，并根据时间、条件等限制性因素对每个方案进行层层筛选、利弊权衡，最终确定一个最优方案。最终确定的决策方案，可以是从多个可能方案中选出的某一个方案，也可以是综合多个可能方案的优点后形成的一个最佳方案。在思想政治教育决策过程中，常常运用专家研讨、集体磋商、系统分析、试点等基本方法来进行方案筛选，做出决策。

为了保证决策方案形成的科学化，必须贯彻民主集中制的原则。一般问题的决策，可由主管领导在职能部门提出的方案中进行比较，做出选择。重大问题的决策，则应将决策的依据、过程和可供选择方案的利弊向有关会议（如党委会或行政办公会）汇报，由集体做出最后决定。对于一些涉及全局性、战略性的重大决策，还可以组织和聘请相关专家参与调研和方案拟订，或者对已经提出的方案进行分析评价，帮助思想政治教育领导管理部门进行有效决策。我国不少单位都设有思想政治教育工作领导小组等组织机构，在思想政治教育决策中，要充分发挥这些组织机构的作用。因为组成这些机构的人员来自各个方面，掌握信息全面，能够从各自不同的角度对方案进行利弊及可行性分析，有利于做出最优化的选择。这些人员和各自的工作部门担负着一定的思想政治教育责任，在参与决策的过程中，可以更加清楚地认识和理解决策方案，明确自己单位在整个决策执行中的地位、作用和任务，增强对所做决策的认同感，有利于决策的执行与实施。

二、思想政治教育决策的执行

决策的执行过程在思想政治教育管理中具有不可或缺的重要作用。只有执行得力，思想政治教育决策才能得到落实，思想政治教育过程及其管理工作才能顺利进行。决策方案在正式实施前，需要做好各种必需的准备工作，如进行必要的宣讲和动员，调配好决策执行必需的人力、资金和物质，协调好有关部门积极给予支持配合等。对于一些重大决策的执行，还应制定出对执行部门、人员的监督实施措施，确定责任部门和责任人。对决策执行的情况（尤其是在关键阶段、关键环节，对关键岗位、关键人员）要加强控制和监督，以保证工作系统内部执行决策方案的及时性、协调性和有效性。

为保证思想政治教育决策方案的有效执行，需要配置必要的思想政治教育人财物资源。“巧妇难为无米之炊”，没有必要的资源做保障，决策执行缺乏条件，决策执行就会落空。对思想政治教育岗位的设置、人员的调配、资金的划拨、物资设备的配给等资源配置，当然可以在决策制定之后，根据决策执行的实际需要进行；但这种临时动议式的人财物配置方式，人为的色彩太重，具有随意性，容易产生负面效果，应该尽量避免。要使思想政治教育资源得到合理配置，需要加强思想政治教育管理规范和制度建设，对思想政治教育资源的类型、配备、调动、划拨等预先做出制度性安排。在思想政治教育决策执行过程中，根据实际工作中出现的新情况、新问题，作为一种调控手段可对资源分配和安排进行必要的微调，但一般情况下应尽可能依章行事、科学配置，以保证决策方案的顺利实施。

为保证思想政治教育决策方案的有效执行，需要充分调动执行单位和个人的积极性、主动性和创造性。实践证明，全面推行目标管理和工作评估，建立以目标为导向、评估为手段的思想政治教育执行机制，能够较好地做到这一点，保证思想政治教育决策的顺利执行。

建立以目标为导向、评估为手段的思想政治教育决策执行机制，就是要运用目标管理的方法去激活思想政治教育工作体系，调动思想政治教育者和管理者的积极性，保证思想政治教育决策的实施。要通过确立明确的、实事求是的、定性与定量相结合的工作目标，将思想政治教育的各级部门和教育者的主要精力集中在统一的目标之下，使思想政治教育逐步实现规范化、制度化、定量化，较好地克服思想政治教育决策执行中的盲目性、随意性。

建立以目标为导向、评估为手段的思想政治教育决策执行机制，首先要把总的思想政治教育目标和具体决策要求分解落实到思想政治教育工作体系和管理体系内部各个工作机构和每个工作人员身上，在一定范围内建立一个相互制约、相互协调的思想政治教育责任制体系，使各部门和全体人员，特别是思想政治教育专职人员，能自觉根据各自承担的思想政治教育责任，从不同的角度，运用不同的方式执行思想政治教育决策，积极主动地开展思想政治教育活动，并形成工作合力，从而实现总的思想政治教育目标，保证思想政治教育决策方案的圆满实施。其次要建立健全思想政治教育的考核制度和考核标准，定期对各单位思想政治教育工作情况进行考核和评估，按有关管理规定进行奖励和惩处，达到奖优罚劣、有效调控的目的。如果将考核与评估结果和各单位及其工作人员的工作业绩、津贴报酬、职务升迁等挂钩，与聘任制、岗位责任制和工资分配方式等内部管理体制改革措施等结合，就能够对思想政治教育机构及其工作人员起到极大的激励作用，引导他们在决策执行过程中积极行动、主动配合、大胆创新，推进思想政治教育工作向前发展。对思想政治教育工作的薄弱环节和重点项目，也可以运用这些措施手段进行调控，从而有效地保证决策的顺利执行以及思想政治教育目标的顺利实现。

三、思想政治教育的总结反馈

总结反馈过程的任务是对思想政治教育决策的执行情况做出评价，检查决策目标是否实现、问题是否解决，找出成绩和差距、经验和教训，为下一阶段思想政治教育活动的开展和今后的决策提供客观依据。总结反馈过程在思想政治教育管理过程中起着承上启下的作用，既关系到前一个决策执行效果的评价、经验教训的总结，又关系到下一轮决策所要针对的问题与目标的确定，其信息对下一个决策的形成、执行有重要的借鉴意义。因此，强化思想政治教育信息反馈系统，完善思想政治教育决策的总结反馈过程，对不断提高思想政治教育管理水平，使其从经验型管理逐步转变为科学型管理具有非常重要的意义。

及时了解教育对象的思想道德现状，掌握思想政治教育决策计划的执行情况，这是思想政治教育领导部门、管理机构科学决策、正确指挥的保证。没有足够、及时、准确的反馈信息，就难以保证思想政治教育决策的科学性。因此，思想政治教育信息反馈系统是思想政治教育管理系统的重要组成部分，应当成为思想政治教育管理体制建设的重点之一。要通过强化信息反馈系统，不断完善思想政治教育的督导机制，使思想政治教育真正落实到基层，渗透到生产、教学、管理、经营、服务等环节中。

思想政治教育总结反馈的重点是对思想政治教育信息的管理。收集掌握充分的思想信息和思想政治教育信息，思想政治教育决策才有科学的依据，领导部门和管理者才能及时地对思想政治教育过程加以准确调控，教育者的具体教育活动才能有更强的针对性和实效性。思想政治教育管理所需要掌握的信息，包括教育对象的思想信息、思想政治教育信息和思想政治教育管理信息。这些信息有的来自思想政治教育体系的内部，属内源信息；有的来自体系之外，属外源信息。内源信息与思想政治教育决策、计划、协调直接相关，是开展和调控思想政治教育活动和管理活动的重要依据，外源信息也对思想政治教育有不可忽视的重要影响。因此，在对思想政治教育进行直接反馈时，既要重视对内源信息的管理，也要重视对外源信息的收集。

真实、及时、适量的信息，是对思想政治教育决策执行情况进行科学总结与正确反馈的重要基础。要使信息真实，一方面需要思想政治教育管理者具备良好的思想素质和业务素质，善于透过表现各异的信息表象捕捉各种真实信息；另一方面也要求思想政治教育管理者在信息的加工、传递、反馈过程中，讲求科学方法，避免信息失真。虚假而非真实、片面而非全面、表象而非本质的信息，会使我们对人们的思想品德现状和思想政治教育的工作状况做出错误的判断及决策，发出错误的调控指令，使思想政治教育偏离既定目标，甚至导致思想政治教育出现重大失误。而及时、适量的信息，有利于对思想政治教育进行客观、实事求是的反馈总结，有利于思想政治教育管理的科学化和规范化。

为了做好思想政治教育决策执行的信息反馈工作，可考虑设置专门的机构如政策研究室或思想政治教育研究室，负责处理来自各方面的有关思想政治教育的信息，对决策执行情况进行反馈，为思想政治教育新决策提供依据。这些负责信息处理的部门，要运用多种形式，如调查表、座谈会、工作汇报、量化评估等，收集思想政治教育信息；要开辟多种信息采集渠道，除在思想政治教育管理体系内建立信息上报的反馈路径外，还可以聘请信息员搜集各种思想政治教育信息。

要加强对工会、共青团、妇联、学生会等群团组织信息工作的领导，使之成为重要的信息反馈途径。要加强对思想政治教育信息的分析，准确预测人们的思想发展趋势，及时调整思想政治教育的目标和计划。

思想政治教育的效果主要体现在基层工作的成效上，体现在教育对象的思想道德水平的提高上。因此，加强对思想政治教育效果的考核和各单位思想政治教育工作的评估，也是加强信息反馈、强化思想政治教育决策执行与质量管理的重要内容。随着各单位内部管理体制改革的深入，建立完善的工作考评办法已成为提高管理效能、促进管理科学化的一项重要措施，要把思想政治教育考评作为各单位整体工作考评的重要内容，纳入内部管理体制改革的整体进程中。要通过对教育对象思想、政治、道德素质的测评和各单位工作的考核，准确了解思想政治教育决策在基层单位的落实情况和思想政治教育的整体效果，从而进一步明确思想政治教育的目标和方向，调整或重新制定思想政治教育的宏观政策、重大决策和工作计划，实现思想政治教育的动态管理，不断提高思想政治教育的管理水平。

复习思考题

1. 简述思想政治教育管理的科学含义与特征。
2. 试论思想政治教育管理的基本内容及其相互关系。
3. 举例说明思想政治教育决策的一般程序。
4. 在对所在学校学生工作部和心理健康教育中心进行调研的基础上，拟订一份“××大学新生心理健康教育活动周方案”。

阅读书目

1. 张耀灿，等. 现代思想政治教育学. 2版. 北京：人民出版社，2006.
2. 陈万柏，张耀灿. 思想政治教育学原理. 2版. 北京：高等教育出版社，2007.
3. 仓道来. 思想政治教育学. 北京：北京大学出版社，2004.
4. 秦在东. 思想政治教育管理论. 武汉：湖北人民出版社，2003.
5. 刘志迎. 管理科学理论在思想教育中的应用. 合肥：合肥工业大学出版社，2005.

后　记

“思想政治教育学原理”是思想政治教育专业的基础课之一。进入 21 世纪以来，思想政治教育专业有了进一步发展，学科研究不断深入。为了反映学科研究的新成果，适应思想政治教育专业发展的需要，我们组织编写了这本教材。希望能借此反映思想政治教育实践的新经验和理论研究的新成果，更好地满足思想政治教育专业的教学需要。在编写中，我们对教材内容进行了精心取舍和安排，对基本概念力求给予科学而准确的界定；同时，在尽可能涵盖思想政治教育学理论知识内容的前提下，叙述力求做到简明扼要。希望通过这些努力，使本书能较全面准确地反映思想政治教育学理论知识体系的概貌。

本书由毕红梅、陈万柏主编，各章撰稿人是：导论：毕红梅、陈万柏；第一章：张耀灿；第五章、第十一章：陈万柏；第六章、第七章、第八章：毕红梅；第二章、第三章：陈华洲；第十章、第十二章：万美容；第四章、第九章：孙清华。本书大纲由主编拟订，经参编人员集体讨论后确定，全书最后由毕红梅统修定稿。

本书在编写过程中得到华中师范大学马克思主义学院的大力支持，中国人民大学出版社的牛晋芳同志为本书的出版付出了辛勤的劳动，在此一并表示衷心的感谢。

本书借鉴参考了大量思想政治教育学研究论著以及相关研究文献，恕不一一恭录，谨致诚挚的谢意。由于编者水平所限，本书难免有不妥之处，恳请同行专家和广大读者批评指正。

编　者

2020 年 1 月

图书在版编目（CIP）数据

思想政治教育学原理/毕红梅，陈万柏主编. --2版. --北京：中国人民大学出版社，2021.1
新编21世纪思想政治教育专业系列教材
ISBN 978-7-300-28827-7

Ⅰ. ①思… Ⅱ. ①毕… ②陈… Ⅲ. ①思想政治教育-教育学-高等学校-教材 Ⅳ. ①D64

中国版本图书馆CIP数据核字（2020）第247001号

新编21世纪思想政治教育专业系列教材
总主编 张耀灿
思想政治教育学原理（第二版）
主　编 毕红梅 陈万柏
Sixiang Zhengzhi Jiaoyuxue Yuanli

出版发行	中国人民大学出版社		
社　　址	北京中关村大街31号	**邮政编码**	100080
电　　话	010－62511242（总编室）		010－62511770（质管部）
	010－82501766（邮购部）		010－62514148（门市部）
	010－62511173（发行公司）		010－62515275（盗版举报）
网　　址	http://www.crup.com.cn		
经　　销	新华书店		
印　　刷	北京溢漾印刷有限公司	**版　　次**	2013年1月第1版
开　　本	787 mm×1092 mm　1/16		2021年1月第2版
印　　张	18.25	**印　　次**	2025年5月第2次印刷
字　　数	380 000	**定　　价**	45.00元